珍藏本·增订本
纪念版

汉译世界学术名著丛书

政治经济学

第一卷

〔波兰〕奥斯卡·R. 兰格　著

王宏昌　译

Oskar R. Lange

POLITICAL ECONOMY

Volume Ⅰ, translated from Polish by A. H. Walker,

1963 Oxford, Pergamon

Volume Ⅱ, translated from Polish by S. A. Klain and J. Stadler,

1971 Oxford, Pergamon

第一卷根据牛津培格曼出版社 1963 年出版的 A. H. 沃克的英译本译出

第二卷根据牛津培格曼出版社 1971 年出版的 S. A. 克莱因和 J. 斯塔德勒的英译本译出

汉译世界学术名著丛书
（120年纪念版·珍藏本）
增订本出版说明

2017年10月，为纪念商务印书馆创立120周年，本馆推出“汉译世界学术名著丛书”（120年纪念版·珍藏本），计七百种。近五六年来，仰赖学界同人倾力支持，订正旧译，增补新译，拓展新著，积累日多。为满足读者需要，本馆在七百种的基础上，继续推出“汉译世界学术名著丛书”（120年纪念版·珍藏本·增订本）三百种。至此，“汉译世界学术名著丛书”累计出版已达千种。

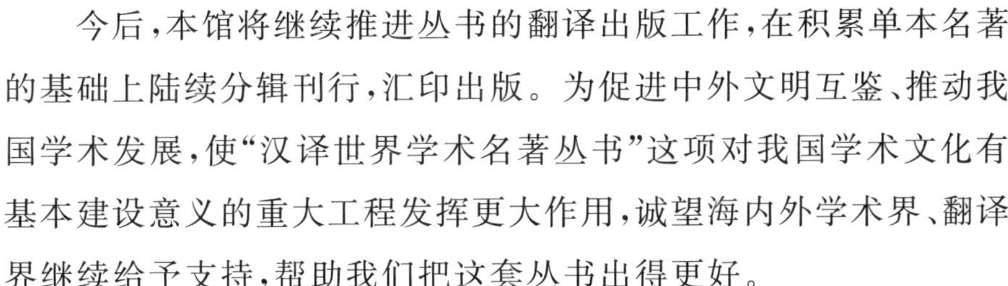

今后，本馆将继续推进丛书的翻译出版工作，在积累单本名著的基础上陆续分辑刊行，汇印出版。为促进中外文明互鉴、推动我国学术发展，使“汉译世界学术名著丛书”这项对我国学术文化有基本建设意义的重大工程发挥更大作用，诚望海内外学术界、翻译界继续给予支持，帮助我们把这套丛书出得更好。

商务印书馆编辑部

2024年2月

汉译世界学术名著丛书
（120 年纪念版·珍藏本）
出 版 说 明

2017 年 2 月 11 日，商务印书馆迎来 120 岁的生日。120 年前，商务印书馆前贤怀揣文化救国的理想，抱持“昌明教育，开启民智”的使命，立足本土，放眼寰宇，以出版为津梁，沟通中西，为中国、为世界提供最富智慧的思想文化成果。无论世事白云苍狗，潮流左右激荡，甚至战火硝烟弥漫，始终践行学术报国之志，无改初心。

迻译世界各国学术名著，即其一端。早在 20 世纪初年便出版《原富》《天演论》等影响至今的代表性著作，1950 年代后更致力于外国哲学和社会科学经典的译介，及至 1980 年代，辑为“汉译世界学术名著丛书”，汇涓为流，蔚为大观。丛书自 1981 年开始出版，历时三十余年，迄今已推出七百种，是我国现代出版史上规模最大、最为重要的学术翻译工程。

丛书所选之书，立场观点不囿于一派，学科领域不限于一门，皆为文明开启以来，各时代、各国家、各民族的思想与文化精粹，代表着人类已经到达过的精神境界。丛书系统译介世界学术经典，引领时代思想，为本土原创学术的发展提供丰富的文化滋养，为推动中国现代学术和现代化进程做出了突出的贡献。

为纪念商务印书馆成立120周年，我们整体推出“汉译世界学术名著丛书”120年纪念版的珍藏本，寄望既利于文化积累，又便于研读查考，同时向长期支持丛书出版的译者、编者和读者致以敬意。

两甲子后的今天，商务印书馆又站在了一个新的历史时间节点上。我们不仅要铭记先辈的身影和足迹，更须让我们的步伐充满新的时代精神。这是商务人代代相传的事业，更是与国家和民族的命运始终紧密相连的事业。我们责无旁贷，必须做好我们这代人的传承与创造，让我们的努力和成果不仅凝聚成民族文化的记忆，还能成为后来人可以接续的事业。唯此，才能不负前贤，无愧来者。

商务印书馆编辑部

2017年10月

目　　录

波兰文第一版前言

本书是一部较大著作的第一部分，要讨论政治经济学中最重要的问题。我在 1957 年年初开始写时，原想只写一卷，但在编写过程中，这部著作的规模却扩大成了三卷，这是其中第一卷。

这一卷讨论了政治经济学的一般问题——它的题材、政治经济学和历史唯物主义解释之间的联系、经济规律、政治经济学使用的方法、政治经济学与合理行为学的关系、经济知识的社会条件和社会功能，等等，并且简短地讨论了政治经济学中的非马克思主义流派。因此，本卷是一本讨论政治经济学一般科学基础的自成体系的著作。

第二卷将对政治经济学中最基本的问题做批判的阐述。它将讨论再生产和积累理论、市场生产和价值规律，并将包括社会形态的一般比较经济分析。最后一卷将致力于对资本主义和社会主义形态的作用方式和“运动规律”进行详细分析。

长期以来，我一直想写一本关于政治经济学的系统论著。随着我在经济研究方面取得进展，以及我在经济政策的实践中得到了更多的经验，这个念头加强了。而由于有着这样的信念，即只有在对这门科学进行系统陈述的基础上，才能解决其中的许多主张和争论，这个念头终于具体化了。各个经济问题捆成一个整体，想孤立地理解它们是很困难的。要辨别这些问题,还必须了解科学文献的当前状况和当代历史经验。只有这样才可能在政治经济学这个园地内发展马克思主义科学思想。

这不是一本教科书,而是一部系统的著作。为此缘故,各章长短不一,对一些问题的讨论,有的较长、较细,有的较多、较粗。我决定将较多的篇幅用于新的和有争论的问题,而不是用于那些有公认的答案的问题;虽则如此,对后者也有所讨论,以便保持著作的系统性。

虽然这不是一本教科书,但我仍然希望它有助于政治经济学中概念和思想的系统化。我也希望,在某种程度上,它将在波兰的社会主义建设中有实际用处。

奥斯卡·R.兰格

1959年4月15日于华沙

英文版前言

本卷打算作为一部政治经济学专著的第一部分。它在1959年年末，首先用波兰文出版了三万册，这一版在十二个月内卖完。1961年出版了波兰文第二版，英文版是它的译文，是由安格斯·H.沃克先生翻译的，对他的努力我要表示谢意。我也要对斯德锡斯劳·萨道斯基博士和亚当·波涅科斯基先生表示谢意，他们帮助我编辑了本书的英文版。

我的书在波兰得到的成功鼓励我把它献给其他国家的读者们。法文版和意大利文版已经面世，其他一些语种的译本正在翻译过程中。

本书是我把在经济科学各个领域中的研究进行综合所做的一个尝试。我觉得，经济科学的现状以及我们在世界各地看到的经济发展历程，使这种综合的条件成熟了。进一步地说，作为评价现代经济发展的基础，我们需要对经济科学有综合的见解。

我认为只有根据政治经济学是在一定的社会历史条件的大轮廓内研究经济发展过程的马克思主义概念，这样的综合才有可能。它必须确立决定现代经济社会的发展规律，并且说明如何成功地利用这些规律来自觉地和有目的地塑造社会经济过程，使它们受人类意志和人类目标的控制。

在采用社会主义经济制度的各国,经济发展是有计划的。这些国家中政治经济学是经济计划工作的基础。不仅自然界,社会和经济发展也逐渐受科学控制。然而对经济计划工作感兴趣的,已不限于社会主义国家。号称"不发达"的各国,由于要寻找经济和社会发展停滞甚至倒退的原因,以及迅速走上经济和社会进步的道路的方法,会对此特别有兴趣。甚至在高度发达的资本主义各国,对经济计划工作的兴趣也在增加,这主要是由于社会主义经济的迅速进步向旧资本主义秩序提出了挑战。

人类不再愿意承认经济和社会发展是某种逃脱不了的命运,是神明或所谓自然规律支配的结果。人们希望把他们的命运掌握在自己手里,塑造社会和经济条件以便加速发展,在福利、公正和文化成就等领域中实现他们的愿望。经济科学必须提供满足这个目标的手段。

这就是启发我的工作的对经济科学的社会作用的见解。读者将判断本书在多大程度上符合这些要求。

奥斯卡·R.兰格

1962 年 9 月于华沙

第一章
政治经济学的主题——基本概念

政治经济学，或社会经济学，是研究满足人类需要的物质资料的生产和分配的社会规律的学问。

人类的需要和满足它们的资料

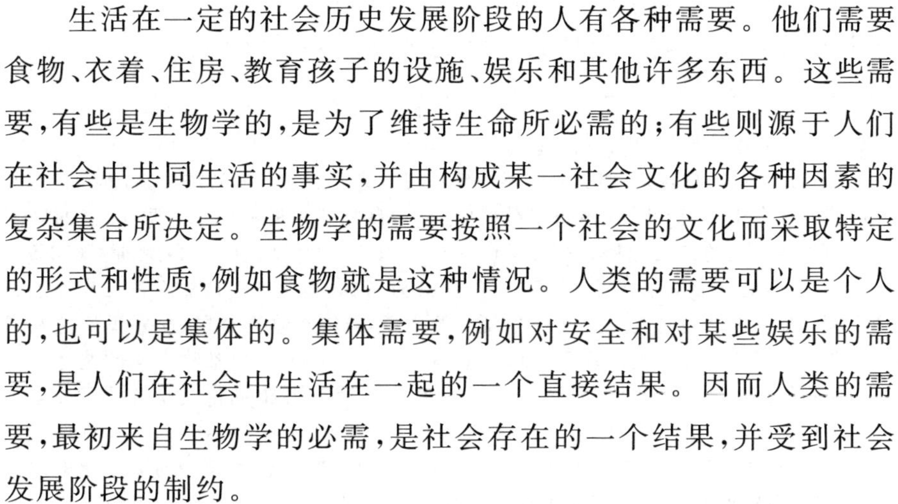

生活在一定的社会历史发展阶段的人有各种需要。他们需要食物、衣着、住房、教育孩子的设施、娱乐和其他许多东西。这些需要，有些是生物学的，是为了维持生命所必需的；有些则源于人们在社会中共同生活的事实，并由构成某一社会文化的各种因素的复杂集合所决定。生物学的需要按照一个社会的文化而采取特定的形式和性质，例如食物就是这种情况。人类的需要可以是个人的，也可以是集体的。集体需要，例如对安全和对某些娱乐的需要，是人们在社会中生活在一起的一个直接结果。因而人类的需要，最初来自生物学的必需，是社会存在的一个结果，并受到社会发展阶段的制约。

满足人类必需的面包、房屋、煤炭、影片、书籍、舞会、人行道、路灯、公共汽车、学校等，我们称之为物品。所以物品是满足人类需要的物质资料。这些资料来自自然，其中有些（例如人类呼吸所必需的空气)不需要人的活动,是自然直接提供使用的。[①] 由于不涉及人的活动,政治经济学不关心它们。然而绝大多数满足人类需要的资料,虽然来自自然,但是要靠采掘和加工改变它们的物理、化学和生物学性质,要在空间里移动它们和在时间中保存它们。

生产和劳动

改变自然资源以制作物品的活动,我们称之为生产,而这种活动的产物,我们称之为产品。因此,政治经济学讨论的是产品。当我们想到物件是满足人类需要的资料时,我们称它们为物品;当我们想到它们是人类生产活动的结果时,我们称它们为产品。

生产是人类改变自然资源以适应自己需要的活动。它是一种自觉的和有目的的活动,而且正是这种自觉性和目的性使人有别于其他动物。[②] 生产包括我们称为劳动的各种活动。

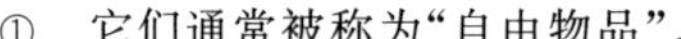

① 它们通常被称为"自由物品"。

② 大多数动物直接利用自然,不需要任何方式改变它。在动物社会,例如在蚂蚁或白蚁的社会中,改变环境(例如建造蚁山)是不自觉的本能的结果。见 L. 克西威斯基:《动物和人类的社会发展。社会学研究》,第 193—200 页。L. 克西威斯基(1859—1941)是著名的社会学家、经济学家、民族学家、宣传家,也是波兰的第一位马克思主义理论家。他在波兰对马克思主义理论发展的作用,与考茨基在德国、拉布里奥拉在意大利和普列汉诺夫在俄国的作用相似。他写了第一篇研究历史唯物主义的波兰文著作,是马克思的《资本论》第一卷波兰文译本的主编,而且在他的论文中宣传了马克思主义。他在晚年,为了全力以赴地从事学术工作,完全放弃了政治活动。马克思已经注意到这点,他写道:"蜘蛛的活动与织工的活动相似,蜜蜂建筑蜂房的本领使人间的许多建筑师感到惭愧。但是,最蹩脚的建筑师从一开始就比最灵巧的蜜蜂高明的地方,是在他用蜂蜡建筑蜂房以前,已经在自己的头脑中把它建成了。……他不仅使自然物发生形式变化,同时他还在自然物中实现自己的目的,这个目的是他所知道的,是作为规律决定着他的活动的方式和方法的,他必须使他的意志服从这个目的。"(卡尔·马克思:《资本论》第 1 卷,第 202 页,人民出版社,1975 年版)

人类依靠劳动作用于自然，并按照自己的需要改变它。同时人类也依靠劳动改造自己——当他能操作并且发展了各种操作时，他自己便被塑造了。马克思写道："劳动首先是人和自然之间的过程，是人以自身的活动来引起、调整和控制人和自然之间的物质变换的过程。人自身作为一种自然力与自然物质相对立。……当他通过这种运动作用于他身外的自然并改变自然时，也就同时改变了他自身的自然。他使自身的自然中沉睡着的潜力发挥出来，并且使这种力的活动受他自己控制。"①

生产资料和消费资料

生产以劳动为基础。但是人在劳动过程中要利用各种物件，例如犁、役畜、机器、卡车、船、钢、硫等等。我们称这些物件为生产资料。生产资料可分为两类：第一类是需要劳动加工的那些生产资料，包括自然资源，如土壤、野生动物、矿物以及像棉花和未完工机器之类的原料和半成品，这类物件被称为劳动对象。第二类是在加工劳动对象时使用的那些生产资料。我们把为了某些操作而制造的物件放进这一类，如斧、锯、机器、化学仪器等等，我们称它们为工具。虽然本身不是工具，但能使工具使用方便的其他物件，如房屋、仓库、港口、道路和土地，也包括在这一类中，我们把所有这些物件称为劳动资料。

虽然生产资料不能直接用来满足人的需要，但是，生产直接满

① 卡尔·马克思：《资本论》第1卷，第201—202页，人民出版社，1975年版。

足人类需要的那些物件却不能没有它们。基于这个原因,我们把它们列入物品一类。为了区别生产资料和其他物品,我们称前者为生产者物品,后者为消费者物品。有时称间接物品和直接物品。生产者物品和消费者物品之间的差别不是物质性的,因为同一物件,例如煤,既可以是生产资料,也可以是消费资料。区别是功能性的,它决定于一种物品满足人类需要的方式。

人类满足自己需要的活动称为消费。消费者物品或消费品,像食物那样,在消费过程中一次完全消费掉;像衣服那样,则在一个时期中消费掉。生产者物品,或生产资料,不是消费的对象。不过,它们在生产过程中,或是像原料一次消耗掉,或是像机器,在一个时期中消耗掉,这个过程有时称为生产性消费。[①] 不过,这不是严格意义上的消费,要在生产资料的一次消耗和逐渐消耗之间进行区别。

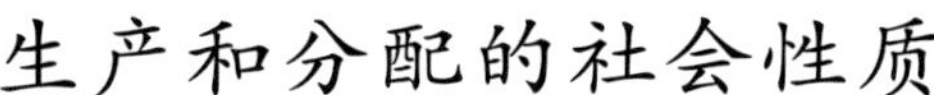

生产和分配的社会性质

满足人类需要的物质资料的生产总是社会生产。在远离人类社会时,从事生产的鲁滨逊·克鲁索是一个实际上不存在的小说人物。第一个对生产的社会性质做出完整分析的马克思写道:“这些个人的一定社会性质的生产,自然是出发点。……我们越往前追溯历史,个人,也就是进行生产的个人,就显得越不能独立,越从属于一个更大的整体……因此,说到生产,总是指在一定社会发展

① 卡尔·马克思:《资本论》第1卷,第208页,人民出版社,1975年版。

阶段上的生产——社会个人的生产。”①

生产的社会性质是劳动的社会性质的一个结果。生产物品的人不是孤立地工作的。一个人的劳动与其他工人的活动密切联系，人们配合而互相为别人工作：一个人的工作在完成生产过程方面的成功要依靠别人的工作。生产中的配合称为协作，人们专门从事各种劳动时，要采取分工的形式，互相为别人工作。因此，一个人的劳动，只是社会所有成员的联合劳动的一部分，是生产直接或间接用来满足人的需要的物品的社会劳动的一部分。

因为产品是社会劳动的结果，它们的性质也是社会的。它们直接或间接地满足个人或集体的需要。这意味着产品在社会成员中的分配。产品分配给个人，供个人消费，也分配给有组织的集体，如供地方当局、团体和机构集体消费。分配的社会性质是明显的：由于它自身的性质，分配是一个社会行动。在社会历史发展的不同阶段，分配采取不同的形式。产品的交换是在社会史上有特殊重要性的一种形式，然而，这不是历史上发现的唯一分配形式。②

① 《马克思恩格斯选集》第2卷，第86—88页，人民出版社，1972年版。

② 恩格斯给政治经济学下的定义：“研究人类社会中支配物质生活资料的生产和交换的规律的科学。”（见弗里德里希·恩格斯：《反杜林论》，人民出版社1970年版，第144页）这与我们上面采用的定义完全一致。我们只是用“分配”一词代替“交换”一词。从文章意思可以看出，恩格斯将“交换”理解为“分配”。读者也将注意到恩格斯使用的“人类社会中的物质生活资料”一词，在我们的定义中被“满足需要的物质资料”代替。恩格斯用的词可能给人一种印象，他考虑的是满足生物学需要的资料，不包括满足其他需要的资料。然而根据他的著作的整体思想，恩格斯显然不是这样想的。

生产性和非生产性劳动(劳务)

产品的分配同样需要自觉的和有目的的活动。商店售货员的活动或分配实物产品的人的活动是劳动。也有一些活动或劳动,例如艺术家或教师的劳动,它们直接满足人类精神的需要,而不生产物件或物品。分配物品涉及的劳动或直接满足人类需要的活动都不生产任何物件,为此通常称它们为非生产性劳动,以与生产性劳动相对比。[①] 与直接或间接满足人类需要有关而不直接导致物品生产的一切活动称为劳务。为简便起见,从今以后,我们将"劳动"一词只用于生产性劳动,即从事物质生产的劳动;而用"劳务"一词代表与满足人类需要有关的一切其他活动。

为了可以从事劳务,必须要有某些物质设备,像学校房屋、影片、乐器等等,我们称这些为进行劳务的资料。其中特别重要的是分配资料,如商店房屋、货架、收款机之类的设施。因为从事劳务满足人类需要是不生产物件的,所以劳务资料必须列入消费品一类,它在满足人类需要的过程中被使用和消耗。

政治经济学——关于经济过程的社会规律的科学

政治经济学研究生产和分配的社会规律。它讨论物品生产和

① 卡尔·马克思:《资本论》第1卷,第205页,人民出版社,1975年版。

把它们分配给消费者，即分配给用物品满足个人或集体需要的那些人的社会规律。它不讨论消费行动自身，研究消费自身是生物学、卫生学、心理学、教育学和其他科学分支的事情。所以消费（连同劳务）标志着政治经济学的兴趣范围的边界。物品的生产和物品的分配——社会活动的两个领域——放在一起，可以称为经济活动。所以，我们可以说，政治经济学是关于经济活动的社会规律的科学。①

物品的生产和分配不是一个简单的、一次性的行动。它涉及某些人类活动的连续和重复。因此，当我们说生产和分配过程以及经济过程时，“过程”一词意味着一种不断重复的人类活动。只有在这样一种过程中，在这样一种人类活动的不断重复中，才能观察到一种规律性的形态。所以严格地讲，政治经济学的任务是研究这个过程中的规律性，研究支配经济过程的社会规律。

经济关系

在经济过程中，人与人之间会发生或多或少的长久关系（社会关系）。社会关系是由于某种连续活动而产生的人与人之间的一定形式的永久（即永久重复）的相互作用。有各种社会关系，例如由行使政治权力产生的支配人和被支配人之间的关系，或者由于教学过程产生的师生之间的关系。在经济过程中出现的社会关系与所有其他种类的社会关系的不同之处在于，它们是与满足人类

① 见本章末“关于‘政治经济学’和有关名词的注”一节。

需要的物件相联系而产生的——是与生产资料或消费资料相联系而产生的。以这种方式产生的社会关系称为经济关系。正如恩格斯所说,“这些关系总是同物结合着”[①]。东西、物件,在这里构成人与人之间的一种束缚性的环节。[②]

所以经济关系可以表示为以下方式:

人→物←人

人与物之间的那些关系,构成人与人之间关系的中间环节,是经济关系的一个组成部分。在生产过程中,这些人与物之间的关系,表现为所付出的劳动与得到的产品数量之间的关系,即劳动生产率。在分配过程中,它们表现为人的需要和各种产品之间的关系,即效用,也称为使用价值。[③] 人与物之间的这些关系只在它们成为人与人之间经济关系中的一个环节的范围内,才是政治经济学的主题。换言之,政治经济学只考虑它们的社会方面,它们的物理方面在政治经济学的领域之外。在生产过程中,这是工艺学(工业工艺学、农艺学、运输工艺学等等)的问题;而在分配过程中,它一部分是技术问题(例如,商业技术、商品专门知识),一部分是生

① 《马克思恩格斯选集》第2卷,第123页,人民出版社,1972年版。

② 见L.克西威斯基:《动物和人类的社会发展。社会学研究》,华沙,1951年版,第201页;以及同一作者:“物质文化、社会关系和世界观的发展”,《世界和人类》,华沙,1912年版,第3期,第86页。或许值得援引克西威斯基举的一个例子:“如果我们调查任何城镇中的土地注册部门,我们在那里会找到什么?顺序编号的大账本,每一个号代表一座房屋。在考察这些账本的内容时,我们发现它们记录录了每座房屋的抵押权和债务,也就是说,它们说明了它的过去和现在的状况。主人和债权人的姓名改变了,但是账本和房屋没有变。”这房屋是人与人之间社会关系的束缚因素。

③ 恩格斯也使用“有用效果”一词。见《反杜林论》,第339页,人民出版社,1974年版。

物学、医学、心理学等方面的问题。所以政治经济学在考察支配经济过程的社会规律时，研究某种特定形式的社会关系。这种特定形式是由经济关系构成的，经济关系也包括构成经济关系中的环节的那些人和物之间的关系。有两类经济关系：第一类出现在生产过程中，称为生产的关系或生产关系；第二类出现在分配过程中，称为分配的关系或分配关系。如果在历史发展的某一阶段，分配采取交换形式，分配关系即称为交换关系。[①]

生产关系和社会生产力

生产关系的特性是在劳动过程中，即人作用于自然的过程中及在作为这一活动的结果的人自身发展的过程中——在马克思所说的“人和自然之间的物质变换”的过程中形成的。生产关系不过是劳动的社会性质的结果，生产过程涉及协作和分工这个事实的结果。因此，生产关系决定于在生产过程中形成的人和物之间的那些关系；也就是说它们决定于人作用于自然的方式和他自己被那种活动塑造的方式。

人在生产过程中作用于自然所用的方式和资料，以及他在活动中的能力，被马克思称为生产力。因为生产过程是一种社会现

① 马克思在他的名著《〈政治经济学批判〉序言》（1859）中引入“生产关系”一词（见《马克思恩格斯选集》第 2 卷，第 82 页，人民出版社，1972 年版）。然而，在 1847 年所做的题为“雇佣劳动与资本”的讲演中，他已经谈到“社会生产关系”（见《马克思恩格斯选集》第 1 卷，第 363 页，人民出版社，1972 年版）。恩格斯也写道：“交换关系”，按广义理解为分配关系。恩格斯认定生产关系和交换关系统称为经济关系（见弗里德里希·恩格斯：《反杜林论》第 24 页，人民出版社，1970 年版）。

象,所以生产力也是一种社会现象。它们是社会生产力。

我们把生产的技术方法、生产资料以及劳动工具归入社会生产力范畴。这个标题下还有人类的经验和人们利用生产资料的能力,以及在这方面有经验的和具有这种能力的人们自己。换言之,社会生产力是决定社会历史发展中某一阶段社会劳动生产率的所有因素的复合体,它们表示"社会的生产潜力"。

在物的生产力和人的生产力之间可以进行区别。[①] 二者在密切的互相依存关系中发展,因为创造生产资料和应用技术方法的是人,同时人的能力自身是在生产产品和使用生产资料过程中发展的。马克思也使用过"物质生产力"一词,[②]以此来强调生产力,表示人与周围物质世界的关系,同时表示那个关系的积极性质。

因为生产关系在生产过程中形成,所以它们要适应社会劳动过程中协作和分工的要求,但这些要求决定于社会生产力的历史发展阶段。马克思描述了这一点:

"人们在生产中不仅仅同自然界发生关系。他们如果不以一定方式结合起来共同活动并互相交换其活动,便不能进行生产。为了进行生产,人们发生一定的联系和关系;只有在这些社会联系和社会关系的范围内,才会有他们对自然界的关系,才会有生产。

"生产者相互发生的这些社会关系,他们借以互相交换其活动和参与共同生产的条件,当然依照生产资料的性质而有所不

---

① 见 H.肯诺:《马克思的历史,社会和国家理论》第 2 卷,第 158 页,柏林,1923 年版。

② 《马克思恩格斯选集》第 2 卷,第 82 页,人民出版社,1972 年版。

同……

“总之，各个人借以进行生产的社会关系，即社会生产关系，是随着物质生产资料、生产力的变化和发展而变化和改变的。”①

分配关系和生产关系

生产关系是按照生产力达到的历史阶段，也就是按照人作用于自然的发展方式形成的，而分配关系自身是依靠生产关系的。产品在社会中分配的方式决定于人们参加社会生产过程的方式。

“分配关系和分配方式只是表现为生产要素的背面。个人以雇佣劳动的形式参与生产，就以工资形式参与产品、生产成果的分配。分配的结构完全决定于生产的结构，分配本身就是生产的产物，不仅就对象说是如此，而且就形式说也是如此。就对象来说，能分配的只是生产的成果；就形式说，参与生产的一定形式决定分配的特定形式，决定参与分配的形式。”②所以分配关系决定于生产关系，它们随着生产关系的变化而变化。

生产关系是全部经济关系的基础。在社会生产过程中，人对周围物质世界的积极态度决定了生产关系，后者又决定了分配关系。这是理解支配人类经济活动的社会过程的规律的钥匙，也是理解政治经济学研究的规律的钥匙。

① 《马克思恩格斯选集》第1卷，第362—363页，人民出版社，1972年版。

② 《马克思恩格斯选集》第2卷，第98页，人民出版社，1972年版。

关于"政治经济学"和有关名词的注

"经济"一词可追溯到亚里士多德,意思是家务管理的科学。它的词源是希腊文 Oikos(意思是房子)和 nomos(意思是规律)。早在 17 世纪,蒙特克立汀(Montchrétien)在 1615 年出版的《政治经济学》中,首先使用了"政治经济学"一词。形容词"政治的"表示这部著作是关于国家经济的原理,因为他的主要兴趣在国家财政。以后"政治经济学"一词开始被广泛使用,表示对社会经济问题的研究。所以"政治经济学"和"社会经济学"两词被认为同义,虽则"社会经济学"或许更好地反映了这门科学的题材。

因此,政治经济学有时被称为社会经济学。例如苏平斯基的著作《社会经济学的波兰学派》(1862—1865)的书名就使用了这个名词。在法国,按照起源于 1615 年的蒙特克立汀的传统,一直到今天仍在使用"政治经济学"一词。不过夏尔·吉德的著名教程《政治经济学原理》(1884)以波兰文出版时,称为《社会经济学原理》,这是有特征性的。19 世纪后期和 20 世纪初期,"社会经济学"一词在波兰被广泛使用。在其他国家也曾有它的支持者。在意大利,路易吉·柯萨出版了《社会经济学》(1891)。在德国,海因里希·笛采儿撰写了《理论政治经济学》(1895)。

在英国,大概是在法国用语的影响下使用"政治经济学"一词。詹姆斯·斯图亚特的《政治经济学原理研究》(1767)的书名首先使用了它。

马克思和恩格斯使用"政治经济学"一词,主要缘于英法两国的传统。他们用它来表示对物品的生产和支配的社会规律的研究；马克思有时称他的著作为"政治经济学批判"，即古典政治经济学学说的批判。自从那时起，在马克思文献中就经常使用"政治经济学"一词。唯一的例外是罗莎·卢森堡，她在阐述政治经济学时，称其为"国民经济学"（罗莎·卢森堡：《国民经济学引论，讲演和论文选集》第1卷，柏林，1951年版）。

"国民经济学"这个词从19世纪中叶起在德国学术界建立了巩固的地位。它是当时学术界的主流。值得注意的是，威尼斯僧侣嘉玛利亚·鄂特斯在他的《国民经济学》（1774）一书中，首先使用了这个词。在波兰，弗德烈·斯卡贝克将他的政治经济学讲义命名为"国民经济科学的一般原理"（1859）。在俄国，一贯使用"政治经济学"一词，起初是在英法两国传统的影响下，以后便是由于马克思主义文献中普遍使用这个名词。

在阿尔弗雷德·马歇尔于1890年出版了《经济学原理》之后，讲英语各国的学术界中，愈来愈多的作者使用"经济学"一词。它在这些地方驱走了"政治经济学"一词，但威廉·斯坦利·杰文斯仍在使用"政治经济学理论"作为其著作的名称（1871）。在波兰，爱德华·泰勒特别重视"经济学"一词（见《经济学导论》，格但尼亚，1947年第2版；并见亚当·克西山诺夫斯基：《经济学基础》，克拉科夫，1919年版），这与经济研究对象的改变有关（一件以后要讨论的事）。现在，在讲英语的各国，"政治经济学"一词几乎只有在马克思主义文献中使用，它有意识地用古典学派的以及马克思和恩格斯的政治经济学反对当代学院"经济学"（参见莫里斯·多布：《政治经济学和资本主义》，伦敦，1937年版）。

第　二　章
生产方式和社会形态——历史唯物主义的解释

生产关系决定于社会生产力

政治经济学在研究支配人类经济活动的社会规律时所遇到的基本规律是由生产关系对社会生产力的依存性形成的。

社会生产力发展到一定水平要求生产过程中要有特定形式的协作和分工。在使用大规模专业化机器和装置的大工厂中的协作和分工，必然不同于使用简单的工具做工的手工业作坊中的协作和分工。使用拖拉机、联合收割机、化学肥料和电力的大农场上的协作和分工，不同于用旧的传统方法耕作土地的小型而落后的家庭田产上的协作和分工。

克西威斯基用一条铁路线的例子很好地说明了这点："在适当的时间必须有某个人在售票处，必须有另外一个人称量行李，必须有其他人开机车，检查车辆，以及收发电报。这些人中每个人的职责严格而精密地与相关的其他人的职责相协调。好像每个人是这个或那个无生命物体——列车、售票处、仓库——的一个活着的助手。这一群人，连同整个铁路线，形成一个统一的整体；不知道时刻表、列车运行的方式和货物的运输，就不能理解他们的活动。”[①]

不过生产关系并不限于进行生产过程的单一经济单位（工厂、农场、铁路线）内。劳动合作的社会过程伸展到在不同生产单位中工作的人们。以洛兹的一个纺织厂为例。它的机器是其他工厂制造的——它们专门生产机器，而且可能专门生产纺织工业用的机器；它们可能位于其他城市，甚至在国外。它用作原料的棉花可能是在乌兹别克、美洲或埃及生产的。它用的煤可能是在西里西亚的一个煤矿开采的。在这个背景下产生了我们称为生产关系和个人之间社会关系的复杂体系。

生产资料所有制是生产关系的基础

为了理解在生产过程中出现的社会关系体系，我们必须从它们中间找出决定全部复杂网络性质的某些基本关系。基本关系从生产资料所有制产生。这种所有权不仅是占有，它还是财产，它的占有权是被社会成员所承认的，是被法律和风俗普遍尊重的社会标准所保护的。如果这些社会规则被触犯，触犯者就要受到处罚，以保卫这种占有权。

生产资料所有制是社会生产过程中人与人之间关系的整个复合体所依据的社会关系——因为生产资料所有制决定使用它们的

① L.克西威斯基：《动物和人类的社会发展。社会学研究》第201—202页，华沙，1951年版。

方式,并因而决定协作和分工采取的形式;而且生产资料所有制决定产品归谁所有的问题,从而决定如何分配它们。

生产资料所有制形成生产关系和分配关系的基础和组织原则。因此,生产关系必须按照是社会的还是私人的生产资料所有制进行分类。

如果生产资料是社会所有,则它们是社会所有成员的共同财产。我们所谓的"社会"是指用协作和分工产生的关系联系起来的所有的人。在一个共同狩猎的原始部落中,"社会"包括那个部落的所有成员;在一个自给自足的农村公社中,它包括村庄所有居民。"社会"一词的当代用法原则上指某个国家的公民,但是由于国际分工,它的范围事实上要更广一些。

私人财产可以是个人所有,也可能属于一群人,如一个家庭、一个合伙企业或一家公司,只要这个集团未包括某一社会中所有的成员。有些财产形式处于中间位置,既不是纯社会的,又不是纯私人的,例如,一个合作社或其他只包括一部分社会成员的团体就是如此。

生 产 方 式

社会生产力以及与它相联系的以一定形式的生产资料所有制为基础的生产关系,共同称为生产方式。[①] 研究人类社会历史发

① "生产方式"一词来自马克思。《马克思恩格斯选集》第2卷,第83页,人民出版社,1972年版。

展使我们能够区分五种基本生产方式，这些生产方式与人类历史的某些时期大致吻合。

第一种是原始社会。那时大多数生产资料，特别是土地，是公共财产。

第二种是奴隶制。那时生产资料和使用它们的人都是别人的财产。奴隶或者是私人财产，或者是国家（即一个帝王）的财产。

第三种是封建主义。在这个制度下，土地一部分是私人财产，一部分是国家（王室）财产，或者属于教会或寺院教派之类团体的财产。耕地的人依附于土地作为“农奴”而不能随意离开它。地主分配给他们小块土地，供他们个人使用。作为报答，农奴被迫耕种地主的土地并付出分配给他们的土地的一部分产品，作为向地主的贡纳。

第四种是资本主义生产。在这种生产方式下，生产为交换而进行，它是我们所谓的商品生产。生产资料是社会的某一部分人——资本家们的财产。这种社会的其他成员形成社会的多数，但不具有自己的生产资料。他们作为自由工资劳动者，使用资本家所有的生产资料。资本家们可以自己占有或共同占有（例如合伙形式）生产资料。这种生产的特征是大生产单位，主要是工厂或农场，在那里大量的雇佣工人被使用，并且那里的协作和分工很发达。在此情况下，生产资料的主人们剥夺了在社会劳动过程中制造的部分产品。

最后是社会主义生产。在这个制度下，生产资料是全社会的财产（社会财产）。在某些条件下，一部分生产资料可以是合作社或城市、农村社会等联合所有。社会，也就是代表整个社会的机关,有意识地规划和指导生产过程,从而满足它所有成员们的需要。

我们已经说过,这些生产方式大致同人类历史发展中的某些时期相呼应。不过在这些时期之间有过渡阶段,同时存在两种或多种不同的生产方式。[①] 而且,即使在某一生产方式为特征的一个时代中,其他某种方式的残余可能长期存在,而且可能比这个时代自身还长寿。例如,在资本主义制度下,许多国家中的封建主义因素继续存在,并且没有最后消灭。把某些生产方式与某些时期对应时,我们想到的是那些生产方式,它们的生产关系决定社会经济关系的发展。和主导生产方式一起存在的其他生产方式,不仅有从过去延传下来的那些,而且也有那些新兴的形式,它们在以后的历史过程中将充分发展。例如,在封建主义盛行的时期中有新兴的资本主义生产形式。

除了这五种生产方式外,还有另一种,虽然未在任何时期占主导地位,始终不断地作为一种附属生产方式出现,但是常常是很重要的一种生产方式。这就是简单商品生产,也称小规模商品生产。在此情况下,生产资料是生产者的私有财产,他们有时和他们的家庭一起使用它们,并用由它们生产出来的产品交换其他生产者的产品。手工业形式的简单商品生产,在封建社会后期起了特别重要的作用。它以私有农民生产的形式,在资本主义下和社会主义发展的初始阶段也发挥了重要作用。

① “……社会史上的各个时代正如地球史上的各个时代一样,是不能划出抽象的严格的界限的。”卡尔·马克思:《资本论》第1卷,第408页,人民出版社,1975年版。

对抗性和非对抗性的生产方式

对上述各种生产方式进行的考察表明，可以按生产关系把它们分成两类。在一类生产关系中，所有社会成员分享生产资料所有权——当生产资料为社会所有时是这个情况，即在原始社会和社会主义社会。假设简单商品生产曾在社会中占主导地位，情况可能相似，因为这时每个社会成员（或每个家庭）会是他所使用的生产资料的所有者。

在其他类型的生产关系中，不是社会全体成员分享生产资料所有权。奴隶没有任何生产资料，而且他们自己是其他人的财产。农奴没有土地，他们附属于农奴主的土地上；农民被束缚在他们工作的土地上，而且必须为分配给他们耕种的土地支付贡纳。在资本主义下，雇佣劳动者使用资本家所有的生产资料。在所有这些生产方式中，生产资料所有权只是社会一部分人的特权，或者像有些人说的垄断权。在此情况下，社会分为不同的社会阶级，因此，整个生产方式是对抗性的。[①]

在一种对抗性的生产方式中，有两个社会阶级：一个由占有生产资料的那些人组成；另一个由被剥夺生产资料的那些人组成。属于第二个阶级的那些人，在从事劳动时，使用第一个阶级成员的生产资料。以这样一种方式使用生产资料，其结果是使生产过程

① 《马克思恩格斯选集》第2卷，第83页，人民出版社，1972年版。

不是服务于整个社会的需要,而是首先服务于生产资料所有者的需要,甚至损害社会其他人的利益,因而具有对抗性。

生产关系和生产力的性质之间必须适应的规律

生产方式是一个内部平衡的整体,其中生产关系,特别是它的基础——生产资料所有制——要适应社会生产力发展的状况。我们知道,对于一定的生产力而言,生产关系不能是任意的。像钢铁厂或机车厂那样的大工业单位,雇了很多人,使用既大又多的专门机器和技术装置,这在简单商品生产的条件下不可能存在。而且这里的生产资料所有制分散于很多人。这样一个生产单位要求资本主义生产关系或社会主义生产关系。

奴隶制作为一种生产方式的特点是,奴隶在使用劳动工具时很不小心。马克思举了下面的例子:“这种生产方式的经济原则,就是只使用最粗糙、最笨重因而很难损坏的劳动工具。正因如此,直到南北战争爆发之前,墨西哥湾沿岸各蓄奴州一直使用旧的中国式的犁。这种犁像猪和鼹鼠那样掘地,但不能把地犁出沟来,不能把土翻过来。”[①]较好的、改进的劳动工具要求不同的生产关系。在封建主义下也不可能发展以现代技术为基础的大规模生产,因为这种发展需要农民从农奴制下解放出来,并且出现一个可能被大工厂雇用的自由雇佣工人阶级。

---

① 卡尔·马克思:《资本论》第1卷,第222页,人民出版社,1975年版。这引语来自J.E.凯尔恩斯:《奴隶劳动》,伦敦,1862年版。

我们可以看到，一定状态的生产力，需要与它合适的生产关系。同时，生产关系也影响生产力的发展。适应生产力要求的生产关系能刺激这些生产力进一步发展。另一方面，不适应生产力的生产关系会妨碍这种发展。例如一个封建农奴比一个奴隶对劳动工具更加小心，但是不适合工厂工作，正如几个国家在18世纪的经验证明的那样。积累——生产资料存量的增加——在生产资料的资本主义所有制下比在小手工业工人那里更容易实现。资本主义所有制是技术进步的一个有力刺激，而手工业工人以对生产方法中任何变革的保守态度闻名。生产资料社会主义所有制一定比资本家所有制有更大的积累和更快的经济增长。来自生产关系的刺激既能帮助也能阻碍生产力的发展。它决定于生产关系适应生产力需要的程度。

生产关系与生产力发展的状态之间的这种关系，说明了这样的事实，在社会发展一定阶段的生产方式是一个内部平衡的整体。马克思以一种简洁而带启发性的方式陈述了这一点："手工磨产生的是封建主为首的社会，蒸汽磨产生的是工业资本家为首的社会。"①

这是生产关系和生产力的发展相适应的基本形态。我们把它称为生产关系与生产力的性质必须适应的规律。②

---

① 《马克思恩格斯全集》第4卷，第144页，人民出版社，1958年版。

② 这是约瑟夫·斯大林在他的《苏联社会主义经济问题》中引入的一个新的用语（人民出版社，1952年版，第5页），现在苏联普遍应用，如《历史唯物主义》（国家政治文献出版社，莫斯科，1954年版，第70页）。根据上面引用的话，很清楚，这个规律是马克思发现和论述的。

这是政治经济学的第一个和基本的规律。不过,当我们讨论下去时,我们将看到,生产关系决定于生产力不仅对一切经济关系的形成而且也对一切其他社会关系的形成有非常重要的意义。为此缘故,我们也将称这个规律为“社会学的第一规律”。我们认为社会学是关于支配人类社会发展的规律的科学。

社 会 意 识

经济关系不是唯一的社会关系,除了通过物质的媒介形成社会联系的经济关系外,还有其他社会关系,直接来自人们互相对待的行为,来自按照一定形态不断重复的行为。这是家庭生活、风俗和社会承认的道德规范产生的社会关系。国家当局的活动产生政治关系,而国家规定的管理人的活动的规则产生法律关系。

上面谈的这些社会关系的特征是,它们都是自觉的关系。人们意识到一个事实,通过显示这些社会关系的行为,他们互相影响;而他们常常——虽然不总是——觉察不到他们之间存在的经济关系。他们通常只知道分配关系——得到工资、利息、租金等等——的存在。

某些生产关系,如奴隶主和奴隶之间的关系,或一个工厂中协作和分工的关系,也是自觉的。然而人们觉察不到简单商品生产和资本主义生产中生产者之间交换产品的分工关系。

一个曼彻斯特工厂的工人和一个在非洲棉花种植园中工作的黑人不会觉察到他们之间的社会关系。同样情况也适用于曼彻斯特的一个纺织工人和生产用来制造纺织机器的钢材的一个谢菲尔德的钢铁工人。列宁写道:“在一切稍微复杂的社会形态中,特别是在资本主义的社会形态中,人们在交往时并没有意识到这里形成了什么样的社会关系,这些关系又是按照什么样的规律发展的,等等。例如,一个农民在出售谷物时,他就和世界市场上的世界谷物生产者发生了‘交往’,可是他没有意识到这一点,也没有意识到从交换中形成了什么样的社会关系。”①

由于人们觉察到社会关系,因而他们头脑中会形成某些思想,通过这些思想会更好地觉察社会关系。思想有法律的、政治的、道德的、宗教的、哲学的和艺术的等等。人们就在这些思想的基础上评价社会关系。这类思想称为社会思想,这类思想体系称为意识形态。随同社会思想,人们也形成了对不同社会关系或多或少清楚的心理态度(例如,有些社会集团成员对国家当局的敌对态度,或者有的社会集团成员对有组织的宗教代表的敬意)。这些态度构成所谓的社会心理学。一种意识形态或社会心理学,可能是整个社会或那个社会的一个组成部分,如社会阶级或其他社会集团的社会思想和社会心理态度的表现。我们把这个社会思想和心理态度的复合体叫作社会意识。人们觉察的和作为社会思想和社会心理态度的主题的社会关系,我们称为社会意识的对象。②

一定的社会中存在生产关系以外的社会关系和社会意识的各

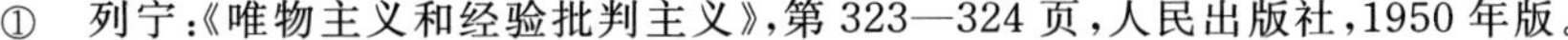

① 列宁:《唯物主义和经验批判主义》,第323—324页,人民出版社,1950年版。

② 因为人们通常会意识到分配关系,这些关系是社会意识的对象。人们意识到的那些生产关系也是社会意识的对象。以后我们将看到在简单商品生产和资本主义生产中,基本生产关系在生产者们的社会意识之外。然而在社会主义生产中,它们变成社会意识的对象。

个因素(即社会思想和社会心理态度)的复杂结构,其中有些是一定的生产方式所不能缺少的。例如,在每种对抗性生产方式中,必须由国家权力机关的活动产生法律的和政治的关系,保护社会的一部分成员通过生产资料所有制享受的特权;必然有道德的、宗教的和哲学的思想使整个社会相信,生产资料所有权是在正当的人手里。除了适当的法律和政治关系之外,封建生产方式需要适当的道德、宗教和哲学思想,农民对他的领主的服从性的社会心理态度是不可缺少的。资本主义生产方式的社会心理学,首先应当尊重私有财产,工人们应当习惯于在工厂一起工作,并且,人们应当感到对他们所做工作的质量有职业上的责任(职业伦理)。

社会意识形态的概念。经济基础和上层建筑

对某种生产方式的存在来说不可缺少的那些社会关系(生产关系以外的)和社会意识,我们称为这种生产方式的上层建筑。生产方式连同它的上层建筑称为社会形态或社会制度,而属于某个社会形态的生产关系被称为经济基础。[1] 上层建筑并不包括某一社会所有的自觉社会关系或全部社会意识。它只包括那些自觉社会关系(除自觉生产关系外,因为这些是基础的一部分)及那些社会思想和社会心理态度,它们是某个生产方式的存在所必需的,它

① “经济基础”、“上层建筑”、“社会形态”和“社会意识”这些词,来自马克思。见《马克思恩格斯选集》第2卷,第82—83页,人民出版社,1972年版。马克思也把生产关系称为“社会经济结构”(见同一文献)。

们使现行生产关系有可能继续，特别是它们能巩固已建立的生产资料所有制体系。①

因此，一个社会形态是一个内部平衡的、和谐的整体，一个确定的客观历史事实。马克思区分为亚细亚的、古代的、封建的和资产阶级的形态，以及与它们相应的历史时期。今天在这张清单上我们可以补充进原始社会和社会主义形态。

这些形态与上述各生产方式相对应——古代形态对应奴隶制，资产阶级形态对应资本主义生产。② 马克思称作"亚细亚"形

① 马克思把上层建筑与社会意识的全部表现和内容等同起来。在《〈政治经济学批判〉序言》中，我们读到"这些生产关系的总和构成社会的经济结构，即有法律的和政治的上层建筑竖立其上并有一定的社会意识形式与之相适应"（《马克思恩格斯选集》第2卷，第82页，人民出版社，1972年版）。斯大林在他的著作《马克思主义和语言学问题》中，区别了社会意识的各种因素："基础创立上层建筑，就是要上层建筑为它服务，要上层建筑积极帮助它形成和巩固，……只要上层建筑拒绝履行这种服务作用，……丧失自己的本质，不再成为上层建筑了。"（人民出版社，1971年版）按照斯大林的意见，语言不是上层建筑的一部分，因为经济基础变化时，它不变化。按照当代苏联社会学家的意见，社会意识的对象和表现，如家庭关系、民族文化和科学，也不是全部属于上层建筑（见《历史唯物主义》第125—131页和第411—422页，莫斯科，1954年版）。考茨基先于斯大林把上层建筑的概念限于当代社会的经济基础发生变化时必须随之变化的那部分自觉社会关系和社会意识。考茨基写道："在每个时代的社会组织、法律形式、理论中，必须区分它从前代接受的那些因素和它自己创造的那些因素。只有后者得自本时代的经济条件。它继承下来的精神形式不是新经济的上层建筑或与它对应的新意识形式的结果，也不是其一部分。根据历史难物主义观点研究历史上的一个时期通常必须从区分意识形态和经济学两方面中的旧东西和新东西开始。于是思想中的新东西直接引导到经济关系。"（见《唯物史观》第1卷，第45—46页，柏林，1927年版）

② 见《马克思恩格斯选集》第2卷，第83页，人民出版社，1972年版。马克思和恩格斯以后得知L.M.摩尔根的研究结果后，在社会形态清单上增加了原始社会。见恩格斯1888年在《共产党宣言》中加的注，《马克思恩格斯选集》第1卷，第251页注，人民出版社，1972年版。

态的基础的生产方式仍然包括许多有待澄清的模糊之处。它以土地的国家所有制为基础,因为它是在依靠人工灌溉的农业中,对于控制河流和建造水库和运河必须进行大规模集体工程而产生的。这种土地的国家所有制曾存在于埃及、美索不达米亚、波斯、印度、中国、锡兰和其他东方各国。马克思说:“在这里,国家就是最高的地主。在这里,主权就是全国范围内集中的土地所有权。但因此那时也就没有私有土地的所有权,虽然存在着对土地的私人的和共同的占有权和使用权。”①对应基于土地国家所有制的生产方式的政治上层建筑采取东方专制主义的形式,其社会功能是中央指挥人工灌溉的集体工程。东方帝王权力的瓦解导致灌溉系统的毁坏、生产力下降和基于这种生产方式的高度发达的文明的衰落。恩格斯写道:“不管在波斯和印度兴起或衰落的专制政府有多少,它们中间每一个都十分清楚地知道自己首先是河谷灌溉的总的经营者,在那里,如果没有灌溉,农业是不可能进行的。只有文明的英国人才在印度忽视了这一点;他们听任灌溉渠道和水闸毁坏……”②

对于亚细亚社会形态使用劳动的类型有分歧意见。有一种普

① 卡尔·马克思:《资本论》第3卷,第891页,人民出版社,1975年版。

② 弗里德里希·恩格斯:《反杜林论》第177页,人民出版社,1970年版。恩格斯在1853年6月6日给马克思的信中写道:“土地的这种人工肥化,在灌溉系统年久失修时立即停顿,说明了否则是奇怪的事实:一度农业发达的整片土地现在成为荒芜而不长东西的地方(巴尔米拉、彼特拉、也门、埃及、波斯和印度斯坦的有些地区)。它说明,只要一次毁灭性战争就能使一个国家几世纪没有人并且毁去它的全部文明。”《马克思恩格斯通信集》第67页,伦敦,1934年版。

遍的见解，其中包括 K.奥斯特罗维强诺夫[①]认为是奴隶劳动。他说这种社会形态是构成奴隶制形式的一种生产方式，其中大多数民众是帝王所有的奴隶。然而，这似乎是一种过于简单化的见解，因为亚细亚社会形态把从原始社会发展来的农村公社维持了几千年。马克思已经注意到这一点。[②] 虽然在古代亚洲社会中无疑存在奴隶制，但在农村公社生活的大多数农民的地位，在很大程度上更像必须向国家支付实物税（收纳这种税是埃及坟墓内壁画上常见的题材）和贡献强迫劳动的农奴。[③] 照马克思的见解，剩余产品采取实物税或劳役的形式。[④] 根据这个观察，有些作者设法使用“官僚封建主义”这一名词，而把亚细亚社会形态定为封建主义的一个变种。[⑤] 这也过于简单化。亚细亚社会形态是一种独立的形

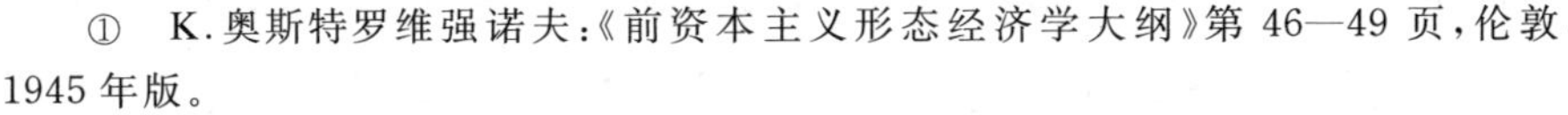

① K.奥斯特罗维强诺夫：《前资本主义形态经济学大纲》第 46—49 页，伦敦，1945 年版。

② 卡尔·马克思：《资本论》第 1 卷，第 396—397 页，人民出版社，1975 年版。“这些自给自足的公社不断地按照同一形式把自己再生产出来，当它们遭到偶然破坏时，会在同一地点以同一名称再建立起来。这种公社的简单生产机体为提示下面这个秘密提供了一把钥匙：亚洲各国不断瓦解、不断重建和经常改朝换代，与此截然相反，亚洲的社会却没有变化。这种社会的基本经济要素的结构，不断为政治领域中的风暴所触动。”

③ 例如在印度，奴隶大多数从事家务，而在农业生产中不起重要作用。见 M.D.马拉维雅：《印度的农村潘卡雅》第 112—194 页，新德里，1956 年版；D.D.柯桑比：《印度史研究导论》第 394 页，孟买，1956 年版。不过 S.A.但格在《从原始共产主义到奴隶制的印度》（新德里，1955 年第 3 版）中提出了一种不同见解。

④ 卡尔·马克思：《资本论》第 3 卷，第 891 页，人民出版社，1975 年版。

⑤ 见《苏联大百科全书》第 32 卷，第 530 和 538 页“中国”条目，1936 年版。李约瑟在《中国的科学和文明》第 1 卷，第 103 和 139 页中，把从汉朝开始的古代中国社会描写为“封建官僚主义”。他也注意到一个事实，奴隶制在生产中不起重要作用，见该书第 109 和 119 页。

态，土地的国家所有制和国家进行的大规模集体灌溉工程，把实物税、强制劳动和奴隶制结合成一种统一的生产方式。

上层建筑和经济基础之间必须适应的规律

上层建筑不能是任意的，它的性质使它与经济基础相适应，成为带有某一历史时期特征的整个生产方式。当基本生产关系变化时(即生产资料所有制变化时)，上层建筑也会变化，即一个新的社会形态诞生了。这称为“上层建筑和经济基础之间必须适应的规律”或“社会学的第二基本规律”。

当经济基础变化的时候，只有与新经济基础的要求不相容的其他那些社会关系和社会意识随之变化。同时，新经济基础和新生产方式不可缺少的那些新社会关系和社会意识得到发展。其他社会关系和社会意识仍然不变。因此，在历史过程中形成的生产关系以外的社会关系和某个社会的社会意识，只有一部分是那个历史时期中存在的社会形态的上层建筑。它们一部分来自更早的时代，是以前社会形态的上层建筑的残留物①——不妨碍新经济

① 克西威斯基和考茨基特别指出了这一点。克西威斯基写道：“社会发展的每个阶段都会在它后面留下一笔遗产。”(见《思想和生活。社会学研究》第 111 页，华沙，1951 年版)考茨基写道：“某一个时期中新的东西只能根据支配它特有的新经济过程的新经济规律来解释。另一方面，老的东西是过去的产物，而且不仅是刚刚前一世纪的产物，更是每个时期都留下它的印记的全部人类历史的产物，每个时期留下给未来若干代的遗产。为了理解一个时期，只知道它的新生产方式是不够的，还必须知道它的发展历史。”见《唯物史观》第 2 卷，第 689—690 页，柏林，1927 年版。

基础发展的残留物。有时这些残留因素被纳入新社会形态的上层建筑之内。

例如，基督教是古代社会衰落时期的上层建筑的一部分，然后变成封建社会形态的上层建筑，在资本主义时期留存下来——一部分作为残留，一部分包括在上层建筑内——并在社会主义的第一阶段还继续存留。

因此，我们可以用下页中的图说明人的社会活动的结构，以及来自那个活动的社会关系、社会思想和社会心理态度的结构。

在两种社会形态之间的过渡时期，不同生产方式共存（例如，资本主义、封建主义和简单商品生产；或者社会主义、资本主义和简单商品生产），或者虽然一种生产方式明显占优势，但仍然存在另一种生产方式的残余，社会意识和社会关系变得复杂得多。在这种情况下，在现行社会关系和社会意识中能找到不是现行经济基础的上层建筑，可能还有已消失了的生产关系的上层建筑的残余和未来社会形态的上层建筑的胚胎。然而我们绘出的图可以把这样的复杂情况分解为几个组成部分，正如马克思所说的，这是揭示人类社会的"解剖学"。

社会的第一和第二基本规律规定了各社会形态的内部和谐和平衡所必需的条件，某一社会形态各个组成部分互相适应的条件。第一规律说，生产关系和生产力的性质必须适应；第二规律说，上层建筑和生产关系（经济基础）必须适应。我们可以把这些规律描述为社会形态保持规律。如果这些规律规定的条件得不到满足，社会形态的内部发生矛盾，那个社会形态的各个组成部分不再互相适应，在这种情况下，原来的社会形态就会瓦解，出现一种新的

社会结构和发展图

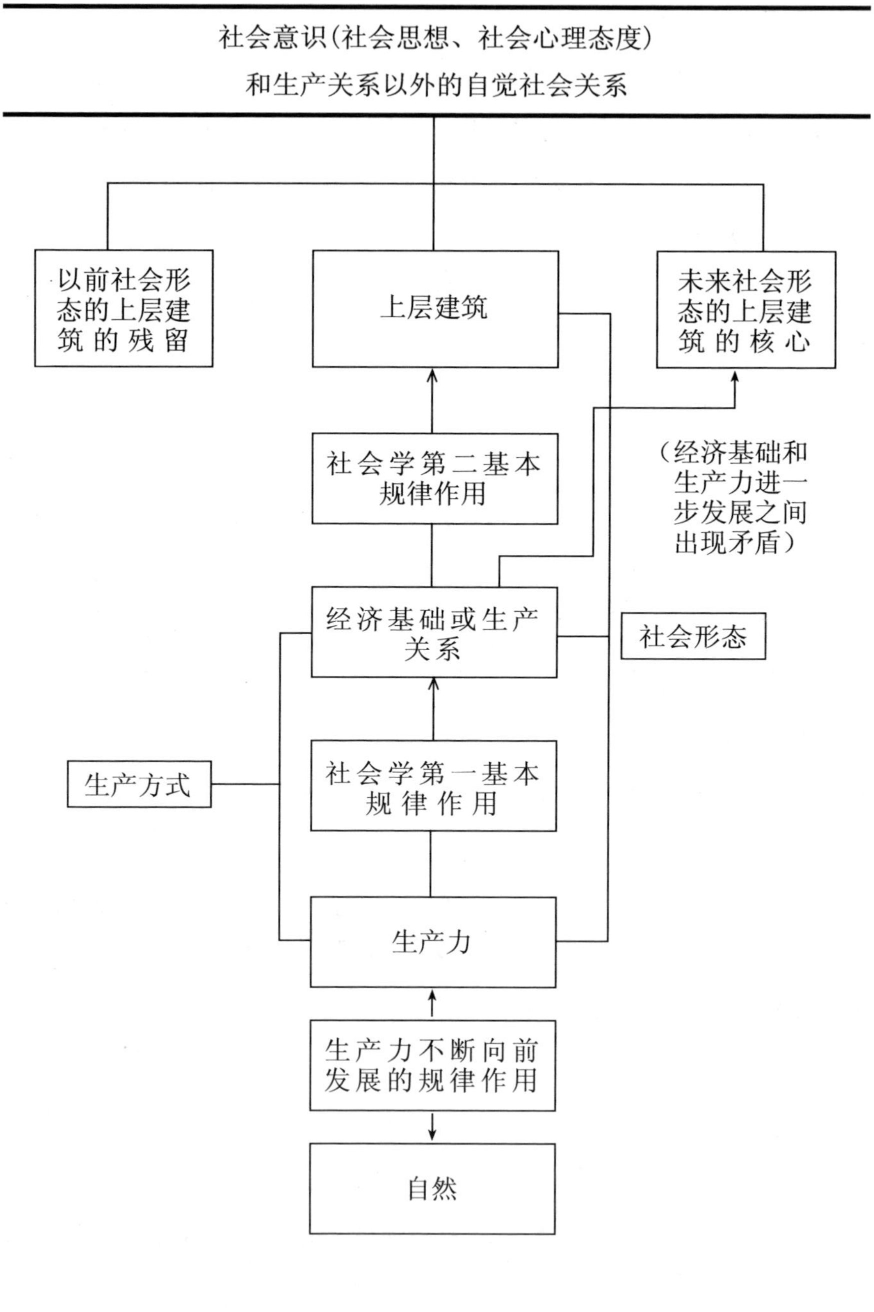

社会意识(社会思想、社会心理态度)
和生产关系以外的自觉社会关系

以前社会形态的上层建筑的残留

上层建筑

未来社会形态的上层建筑的核心

社会学第二基本规律作用

(经济基础和生产力进一步发展之间出现矛盾)

经济基础或生产关系

社会形态

生产方式

社会学第一基本规律作用

生产力

生产力不断向前发展的规律作用

自然

社会形态代替它。

要了解人类社会从一种社会形态转变为另一种社会形态的历史过程，必须知道是什么因素破坏了社会形态的内部平衡，使各个组成部分不能适应，以致社会形态瓦解。这个因素要在生产力的发展中去找。人类改造自然并使它适应自己的需要的才能逐渐增长，导致其在生产过程中对自然作用的方式发生变化。

社会关系和社会意识的保守性质

每个社会过程是一种不断重复的人类活动过程。社会关系是人们互相对待的各种重复行为——这种不断的互相作用，使社会思想和社会心理态度在人们心中出现并且成形。不断重复的行动在社会生活中形成可以辨认的规律性模式的基础，因而有可能科学地去分析它。[1]

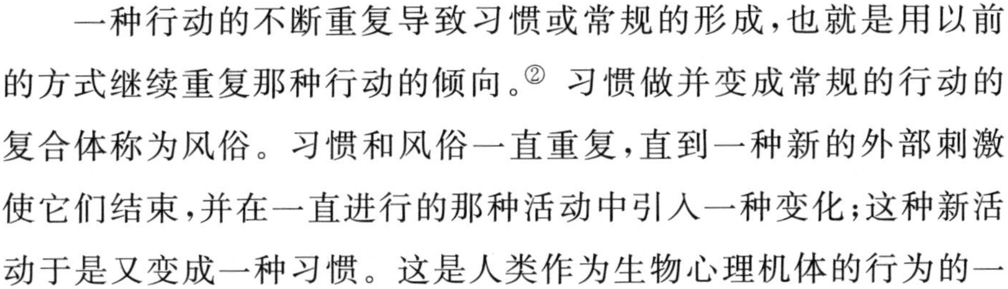

一种行动的不断重复导致习惯或常规的形成，也就是用以前的方式继续重复那种行动的倾向。[2] 习惯做并变成常规的行动的复合体称为风俗。习惯和风俗一直重复，直到一种新的外部刺激使它们结束，并在一直进行的那种活动中引入一种变化；这种新活动于是又变成一种习惯。这是人类作为生物心理机体的行为的一

① 列宁在与社会学中主观倾向论战时提到这点。《列宁选集》第 1 卷，第 1—85 页，人民出版社，1976 年版。

② T.考塔宾斯基把“常规”描述为“特别是靠容易地抄袭过去做过的动作来代替必要的创造性发明”。见《论好工作》第 310 页，罗兹，1955 年版。

般特点。[1] 由于这种规律性的结果,社会关系,说到底不过是不断重复的某些行动,连同从这些社会关系中产生的社会思想和社会心理态度,有发展成为习惯和风俗的社会行为复合体的趋势。由于保守主义和只能靠外界刺激才能克服的特殊惰性的原因,社会关系和全部社会意识有变化缓慢的倾向。

生产力不断向前发展的规律

然而,有一个人类活动领域,习惯和常规永远不能在其中长期不变,因为新的外部刺激不断出现,迫使人们改变他们的行为。那个领域是人类在其中作用于自然的生产过程,而且人类自己在社会劳动过程中要受它的影响。人作用于自然的方式决定于现行生产力,即决定于生产资料,特别是决定于生产工具和使用这种工具的人类的经验和才能。在社会劳动过程中,人改造自然环境并创造一个新环境,它是人类劳动的产物(房屋、城镇、村庄、运河、车间工厂、运输、设备等等)。新环境有时称为人为环境[2]或社会的历

① 每一本现代心理学都提到这点,例如,R. H. 邵来斯在《普通和社会心理学》(第 55 页,伦敦,1951 年第 3 版)中说:“执行一个行动或一个行动系统使以后做起来更方便,……在足够长时间内没有执行一个行动或一个行动系统减少了它们再现的倾向。”这是他所谓的行为修改规律。巴甫洛夫注意到人类行为中的这种规律性来自高级神经功能中的规律性,称为“条件反射”。

② “人为环境”这个词是 A. 拉布里奥里在 1896 年写《历史唯物论》时使用的,并重见于《唯物史观》第 151 页(巴里 1947 年版);卡西米尔斯·克劳斯在《经济唯物主义》第 7 页也用了同一名词(克拉科夫 1908 年版)。卡西米尔斯·克劳斯(1872—1906)是著名社会学家和波兰社会党主要理论家和宣传家。

史物质成就。[①]

这个新的物质环境是引起社会生产过程变革的一种刺激。新的或更好的劳动工具被制造出来,就产生了利用新劳动对象的可能性,并提高了使用工具的才能。这又导致新的“人为环境”的进一步变化,因而创造出一种引起行为变化的新刺激,以此类推。人被人为环境所包围,其复杂性不断增加;这种人为环境不断补充人的自然力,因而加强了他支配自然的能力。人类每个新的行动引起愈来愈多的新外部刺激,这带来了人类活动的新变化。社会生产力通过这种方式不断发展。

所以,虽然社会关系、社会思想和社会心理态度倾向于变化缓慢,生产力却经常在发展并在提高“社会生产潜力”。美国人类学家 A.L.克罗伯提醒人们注意,人类在生产过程中引入变革的容易和在其他活动领域中适应的缓慢之间的差异:在“机械的”或“实际的”事务中,人们能较快地使自己适应新条件的压力……另一方面,如果一种历法变得过时了,仅仅运用意志的简单作用改正它所需要的社会理性,将受到激烈阻挠……考虑到人们的生理欲望,他们与低级动物共有的那些欲望,他们表现出可塑性和适应能力。然而,与此对比,当涉及他的智慧的社会制度化产物时,人们本来最可以指望远见、理智和冷静地计算会有影响力,可是,社会似乎受一种保守主义支配,我们愈深入考察历史,保守主义的力量就愈

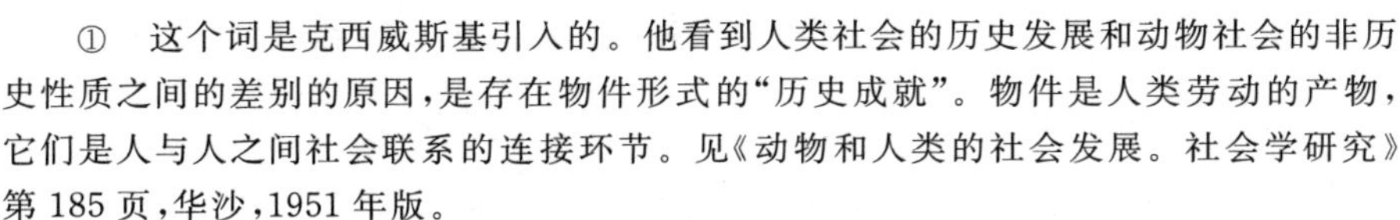

① 这个词是克西威斯基引入的。他看到人类社会的历史发展和动物社会的非历史性质之间的差别的原因,是存在物件形式的“历史成就”。物件是人类劳动的产物,它们是人与人之间社会联系的连接环节。见《动物和人类的社会发展。社会学研究》第 185 页,华沙,1951 年版。

显强大。[①]

对这位研究人类社会的著名学者的这个敏锐观察,简单地说,迅速适应新条件的才能,不是能满足生物学需要的(在任何情况下,在当代文明社会中,它们只构成靠生产满足的需要的一部分),人类的这种灵活性来自我们在上面描述的过程,行为的每次改变产生新的刺激,后者又带来行为的新变化。

上述社会生产力发展的规律性模式称为生产力不断向前发展的规律。这个规律阐述生产力不断变化的必然性,导致愈来愈高的社会“生产潜力”。我们已经说明,这个必然性是不断出现新刺激的结果,后者由于在生产过程中改变了人为物质环境,也造成人与自然之间相互作用方式的变化。这是使人类主宰他周围的物质世界的能力愈来愈大的过程。

社会形态的发展和变化的过程

生产力不断向前发展的规律的作用迟早要破坏生产关系和生产力性质之间的适应。生产方式的内部和谐被打破了,它不再是一个内部平衡的整体,生产关系和新的生产力之间发生矛盾,社会学第一基本规律会发挥作用以恢复生产关系和新的生产力之间的适应;生产关系被调整以适合新生产力的要求。

然而,生产关系的变化破坏了上层建筑和经济基础之间的适应。上层建筑和新经济基础的要求之间出现了内部矛盾。社会学

① A.L.克罗伯:《人类学》第522页,纽约,1948年版。

第二基本规律的作用会恢复上层建筑和经济基础之间的适应；上层建筑发生变化，导致一个新社会形态的出现。

这个过程用社会结构和发展图（见前）来说明。生产力的发展总是社会形态变化的原始刺激，或者用恩格斯的话来说是“归根到底”的刺激。[①] 这是因为社会关系、社会思想和社会心理态度的变化是缓慢的，而生产力却在不断变化并且总在发展上升到更高的水平。根据经济基础和上层建筑两方面的保守性质，可知它们只被调整到社会学两个基本规律所要求的程度。

因此，在前一个社会形态中主导的生产关系的残余，通常到一个新的社会形态中仍然留存（例如在资本主义社会形态中，可能仍然存在封建关系的残余）。因此，上层建筑的变化并不导致所有古老社会关系和全部社会意识的改变，来自以前社会形态的上层建筑的许多因素继续与新上层建筑共存。必须指出，社会学的第一和第二基本规律并不是在不同时期中相继起作用的——它们同时起作用，虽然上层建筑的调节通常比生产关系的调节要花费更多的时间。

而且，新上层建筑并非凭空创造出来的，它从过去和现在的社会关系、社会思想、社会心理态度汲取它的组成部分，并使它们适应新经济基础的需要。A.拉布里奥拉说：“思想不是从天上掉下来的，也不是在我们睡着的时候从上帝那里得到的礼物。”[②]同样，资本主义生产关系在英国产生清教主义形式的上层建筑，而在法

① 《马克思恩格斯选集》第 4 卷，第 477 页和第 505 页，人民出版社，1972 年版。

② 见 A.拉布里奥拉：《历史唯物论》第 183 页。

国产生唯物主义和自由思想家运动。[①] 这是由于这样的事实,在它上面形成新上层建筑的所谓历史根源[②],在两个国家是不同的。常常发生一种情况,正在兴起的上层建筑从早期社会中吸收失效了的社会关系和社会思想,使它们在新社会形态中恢复了它们的效能。例如,罗马民法适合商品生产,它在封建生产方式下已变为过时之物,但在资本主义生产方式下又恢复了它的效能。而且常常发生一种情况,一个社会从其他国家接受一种上层建筑或一种上层建筑的因素,虽然这里新生产关系以及和它相应的上层建筑已经建立并发展得很好。[③] 把从各个时期、各个国家汲取来的各个因素组合起来,成为正在兴起的社会形态的上层建筑。

因此,与一组新生产关系对应的上层建筑,各国有所不同,这由各国的历史根源所决定。在同样的资本主义形态里,不同国家的上层建筑之间也有很大差别。在整个社会意识方面差别更大,除某个社会形态的上层建筑外,许多因素从早期社会形态的上层

---

① 《马克思恩格斯选集》第 3 卷,第 379—403 页,人民出版社,1972 年版。

② 这个词是克西威斯基引入的,他也分析了历史根源在形成一种新上层建筑中的作用。见《思想和生活。社会学研究》。

③ 克西威斯基注意到所谓时间和空间中"思想的移植"。见《思想和生活。社会学研究》第 88—109 页。马克思也注意到过去传统在形成一种新上层建筑的过程中的作用:"一切已死的先辈们的传统,像梦魇一样纠缠着活人的头脑。当人们好像只是在忙于改造自己和周围的事物并创造前所未闻的事物时,恰好在这种革命危机时代,他们战战兢兢地请出亡灵来给他们以帮助,……路德换上了使徒保罗的服装,1789—1814 年的革命依次穿上了罗马共和国和罗马帝国的服装,而 1848 年的革命就只知道时而勉强模仿 1789 年,时而又模仿 1793—1795 年的革命传统。就像一个刚学会外国语的人总是要在心里把外国语言译成本国语言一样。"《马克思恩格斯选集》第 1 卷,第 603 页,人民出版社,1972 年版。

建筑继承下来，例如欧洲的基督教、日本的神道教和佛教，或者英国的国王和北美的共和国。这样的方式，使一定的社会形态显示了多种多样的社会关系和组成社会意识的社会思想和社会心理态度。同一种生产方式可以与不同的社会关系和社会意识的结构甚至与有不同特点的上层建筑结合起来。

社会发展中的辩证过程

所以，从一种社会形态到另一种社会形态的过渡过程，就是从社会中出现矛盾，继而出现一系列调整，使这些矛盾消失。这样一种通过矛盾的出现和消失而实现的发展过程称为辩证过程。[①]

人类社会的发展包括三个辩证过程：第一个过程是在人和自然之间的相互作用中，在社会劳动过程中的"人和自然之间物质交换"中，不断出现矛盾。人类由于创造了人的物质环境，使他以前的活动和这个新环境引起的刺激之间产生矛盾。这些矛盾因活动的变化，也就是因生产力的变化而消除，然而后者又产生新的刺激，从而又产生新的矛盾，所以全部过程持续进行下去。第二个辩证过程从新生产力和旧生产关系之间出现矛盾开始。起初妨碍生产力的那种矛盾，在生产关系已经调整到能适应新生产力时就消

---

① 马克思和恩格斯从黑格尔那里把辩证法移植过来，但是他们把黑格尔的辩证法——观念通过矛盾的兴起和消失而实现的自发发展——改造为一种唯物辩证法，它把真实世界解释为通过矛盾的兴起和消失而实现的发展过程。恩格斯这样来表述它："概念的辩证法本身就变成只是对现实世界的辩证运动的自觉的反映，从而黑格尔的辩证法就被倒转过来了，或者宁可说，不是用头立地而是重新用脚立地了。"见《马克思恩格斯选集》第4卷，第239页，人民出版社，1972年版。

失了。第三个辩证过程从新生产关系,即新经济基础与旧上层建筑之间出现矛盾开始。起初妨碍新经济基础的诞生和发展的那种矛盾,在上层建筑已调整到能适应它时就消除了。这三种辩证过程的结合促进了人类社会的发展。

对抗性形态的社会发展:阶级斗争和社会革命

社会发展过程中的这种模式对所有社会形态都是相同的。这种规律性的来源在于经济基础和上层建筑的保守性质(或者更恰当地说,全部社会关系和社会意识)与生产力的不断发展形成对比。在对抗性生产关系的社会形态中,还有一种因素旨在加强生产关系和它们的上层建筑的保守性质,它维持这些生产关系和与它们相适应的上层建筑,保证它拥有占有生产资料的特权的阶级利益。这个阶级为了自己的利益,或多或少自觉地努力维持现有的经济基础和上层建筑,因而进一步妨碍任何变革的倾向。为了这个目的,它会运用立法和国家机器。其结果,那些利益与生产力发展结合在一起的阶级,会为废除现存生产关系产生的社会特权而斗争,并要求适应这些关系的上层建筑发生变革。

在这些情况下,新生产力和旧生产关系之间,以及新生产关系的要求和旧上层建筑之间的矛盾将导致阶级斗争。而消除这些矛盾主要是通过剥夺与旧生产关系结合在一起的有产阶级的社会特权,即依靠社会革命。一般说这不是逐渐的改变,而或多或少是激烈的动乱,特别是在保护生产资料所有制关系的政治和法律的上层建筑方面。

由于阶级利益在于维持旧生产关系的阶级抵抗变革，而阶级利益在于新生产方式的阶级产生了自己的社会思想和社会心理态度，并在有利情况下，也产生了自己的政治组织，因此社会意识发生了分裂。随同现有经济基础的上层建筑和以前社会形态的上层建筑的残余，社会意识中出现了未来社会形态的上层建筑的胚胎。这个胚胎产生在为新生产关系斗争的阶级中。阶级斗争变成不同思想和全部社会意识形态之间的斗争，不同社会心理态度之间的斗争，而在有利情况下，也变成新政治组织反对现有国家权力的斗争。这种斗争受新社会思想和新社会心理态度的指导。[①]

在旧生产关系下的特权阶级，借助于国家权力、法律关系、意识形态和对它有利的社会心理态度，通常能成功地延长旧社会形态的寿命。因此，从一个社会形态到另一个社会形态的过渡被推迟了，到了终于发生过渡的时候，它不能不是“爆炸性的”。当发展中的新社会力量冲决旧社会形态的堤坝时，“爆炸”发生了，社会发展的辩证过程采取阶级斗争和社会革命的形式。

马克思指出的当生产关系是对抗性的时候，从一种社会形态到另一种社会形态的过渡形式，现已成为经典的记述：

“社会的物质生产力发展到一定阶段，便同它们一直在其中活动的现存生产关系或财产关系（这只是生产关系的法律用语）发生矛盾。于是这些关系便由生产力的发展形式变成生产力的桎梏，

① 克西威斯基在《思想和生活。社会学研究》第 41—150 页中，很好地叙述了新社会思想在这些时期中起的积极作用。

那时社会革命的时代就到来了。随着经济基础的变更,全部庞大的上层建筑也或慢或快地发生变革。”①

阶级和社会阶层

应当补充说明,不仅持有的特权与现有生产资料所有制关系联系在一起的阶级,而且经济地位和社会地位归功于现有社会形态的上层建筑的那些社会阶层,也支持保存生产关系和上层建筑。社会阶层和社会阶级不同,我们理解社会阶层为一个集团,其地位不决定于生产资料所有制关系,而决定于某一上层建筑的具体特点。像行使国家权力职能的国家官吏,或形成一个社会上层建筑的一部分的宗教僧侣之类的集团,可能对于保持旧社会形态有一种“既得利益”,它们是这种社会形态提供的“事业”的一

① 《马克思恩格斯选集》第2卷,第82—83页,人民出版社,1972年版。在1859年写的这篇序言中,马克思假设一次社会革命总能废除过时的生产关系。照此方式,每种社会形态让位于更高生产力阶段的一种新社会形态。当讨论整个人类时,这肯定是对的。另一方面,个别社会历史以生产力、文明和文化的崩溃或停滞告终,其原因在于保卫旧生产关系的阶级太强,而倾向于变革的阶级太弱,并且对它的争取一次胜利的社会革命到来的社会目标,缺乏清醒的概念。亚细亚社会形态的情况似乎更是如此,它们或崩溃和退化到较低的社会发展水平(埃及和美索不达米亚),或以停滞告终(印度和中国)。保持国家管理的灌溉工程的必要性大概使剥夺统治阶级的权力成为不可能。甚至古代社会形态也以生产力下降告终。只是从中世纪以来欧洲生产力的发展才有连续的进展,这种进展得到胜利的社会革命的帮助。这已打破了各种文化和文明相继兴亡的恶性循环。今天回到恶性循环是不可能的,因为所有人类如此被产品、生产力和社会思想的交换结合在一起,以致在有些国家,已经胜利进行了消除生产关系的对抗性质的社会革命,以长期保证一切社会中的社会进步。

部分。[①] 在非对抗性社会形态中，例如，在社会主义形态中，也可能找到社会地位归功于现有上层建筑的这种保守的社会阶层。这些集团的存在，在社会发展中可能产生某种“扰动”，即使是非对抗性生产关系的社会，而且其中没有阶级斗争。然而，社会进步的这些障碍是可以克服的。如果没有阻力和斗争，至少没有社会革命，也就消除了社会要求上层建筑调整适应经济基础的需要——不需要改变生产关系。

历史唯物主义

主张社会发展中有我们叙述的一种规律性模式的理论，称为历史唯物主义，或历史的唯物主义。它把人类社会的全部发展解释为各种辩证过程的一个复合体，其中主要的、不断重复的刺激是社会生产过程中人和物质环境之间的相互作用。马克思发现了这个模式，恩格斯进一步研究了它的主要后果，这样奠定了对人类社会发展的科学分析的基础。恩格斯用下列语言评价这个发现的历史意义：“正像达尔文发现有机界的发展规律一样，马克思发现了人类历史的发展规律。”[②]

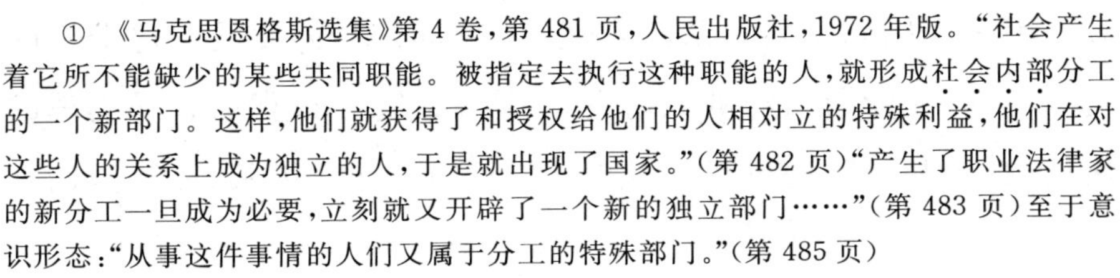

① 《马克思恩格斯选集》第 4 卷，第 481 页，人民出版社，1972 年版。“社会产生着它所不能缺少的某些共同职能。被指定去执行这种职能的人，就形成社会内部分工的一个新部门。这样，他们就获得了和授权给他们的人相对立的特殊利益，他们在对这些人的关系上成为独立的人，于是就出现了国家。”（第 482 页）“产生了职业法律家的新分工一旦成为必要，立刻就又开辟了一个新的独立部门……”（第 483 页）至于意识形态：“从事这件事情的人们又属于分工的特殊部门。”（第 485 页）

② 《马克思恩格斯选集》第 3 卷，第 574 页，人民出版社，1972 年版。

关于"历史唯物主义解释"的一些表达形式和名称的注

历史唯物主义解释的某些表达形式,可在恩格斯的著作中找到。他在《反杜林论》中写道:"唯物主义历史观从下述原理出发:生产以及随生产而来的产品交换是一切社会制度的基础。"从文义可知恩格斯所提到的"交换"一词说的是产品的分配。这不是一种不正确的表达形式,因为分配最终决定于生产关系并与生产方式密切联系。不过,正文中明确了分配是多余的,因为它使表达形式模糊起来。

恩格斯在《家庭、私有制和国家的起源》第一版序言中写道:"根据唯物主义观点,历史中的决定性因素,归根结蒂是直接生活的生产和再生产。但是,生产本身又有两方面:一方面是生活资料即食物、衣服、住房以及为此所必需的工具的生产;另一方面是人类自身的生产,即种族的繁衍。一定历史时代和一定地区的人们生活于其中的社会制度,受两种生产的制约:一方面受劳动的发展阶段的制约,另一方面受家庭的发展阶段的制约。劳动愈不发展,劳动产品的数量,从而社会的财富愈受限制,社会制度就愈在较大程度上受血族关系的支配。"[①]我们发现表达方式有很大差别。

因而,在原始社会中,不仅生产力的发展,而且还有作为一个独立因素作用的家族关系的发展,将决定社会的发展。这个论断受到了 K. 克劳斯(《经济唯物主义》第 71 页)、H. 肯诺(《马克思的历史、社会和国家理论》第 2 卷第 138—142 页)和 K. 考茨基(《唯

① 《马克思恩格斯选集》第 4 卷,第 2 页,人民出版社,1972 年版。

物史观》第1卷第842页)的批判。还可参见K.奥斯特罗维强诺夫的《前资本主义形态经济学大纲》第26页。另一方面,克西威斯基的见解与恩格斯相似,认为马克思表达的历史唯物主义规律不适用于氏族制度(见《社会学研究》第217页)。按照克西威斯基的意见,历史的唯物主义解释的规律只在所谓"地区制度"中才会发挥作用,这时物品变成社会关系中的连接环节。他认为在氏族制度中没有生产关系,唯一的社会关系是基于亲属关系的氏族关系的个人之间的直接关系。这个见解是不正确的,因为在氏族制度中也发现了生产过程,因而有使用物品产生的社会关系,也就是出现了生产关系。

有些作者曾设法引入其他名词来描述历史的唯物主义解释。马克思的女婿保罗·拉法格是首先论述历史唯物主义的一个人,他将他的主要著作命名为《卡尔·马克思的经济决定主义》(巴黎,1909)。乔治·普列汉诺夫称他的历史唯物主义的阐述为《历史的一元解释的发展问题》(圣彼得堡,1894)。使用历史的一元解释一词或许着眼于沙皇的检查制度。在正文中他公开写出唯物主义是理解历史过程的基础。

从那时以后,特别是在20世纪初,许多作者愿意使用"历史的经济解释"一词。卡西米尔斯·克劳斯虽则前后不一致,但原则上是历史的唯物主义解释的拥护者,他提出了"历史的一元经济解释"一词(见《经济唯物主义》第4页)。"历史的经济解释"和类似的名词不合适,因为它们不表示历史唯物主义的实质。按照历史唯物主义,社会发展的主要的和决定性的刺激不是经济关系,甚至也不是构成生产关系的那部分经济关系;它是人和他的物质环境之间相互作用的辩证过程,也就是社会生产力的发展。它确实是名副其实的历史的唯物主义解释。

有些作者喜欢使用“经济唯物主义”一词,以便其与哲学唯物主义,即唯物主义世界观脱离关系。但是历史的唯物主义起源于这种唯物主义世界观,当然不是一种原始的、形而上学的唯物主义,而是考虑了人在了解和改变物质世界中的积极作用的辩证唯物主义。[①]

历史的唯物主义解释不能离开对于它所脱胎的世界的见解而被孤立地讨论。人和他的物质环境之间的相互作用表现在生产力的发展上,它是不依靠人的意志和意识的真实而客观地存在的东西。它是人的客观物质环境,而不是想象、心灵或意志的产物。人类的活动也是真实的、客观存在的世界的一部分,它改变了客观世界,并使它适应人的需要。物质世界是在社会生产过程中被改造的客观实体,没有这样的前提,支配人类社会发展的规律的任何科学分析将失去一切意义,它仅仅是人的幻想。

① 《马克思恩格斯选集》第4卷,第207—254页,人民出版社,1972年版。

第三章　经济规律

一 般 概 念

经济过程是不断重复的人类行动的一个复合体。在某一社会的历史发展阶段所产生的某些条件下，这种活动以某种具体方式自我重复，也就是说，它有它自己的规律性模式。这种模式可以分解为某些元素，即不同行动或行动中包含的各个比较简单的动作之间不断再现的联系或关系。[①] 这类关系或联系称为经济规律。

因果律、同时律和函数关系律

经济规律和其他一切规律，即在自然界和人类社会中不断再现的一切关系，可以分为三类：因果律、同时律和函数关系律。因果律是这样的关系：一个特定事件（在我们的情况中是一个行动或动作）之后总是有某个其他确定的事件。按照时间序列，第一个较

① “联系”和“关系”两词在此可替换使用。

早的事件称为因,第二个较晚的事件称为果。

同时律是两个或多个事件总是联合发生的关系。同时律通常称为结构律,因为连续一起发生的事件形成一种正常结构。最后是函数律,当可以定量测量的事件之间有一种联系或关系时,函数律起作用。这些规律可以表达为数学函数。

在这三种规律中,因果律是基本的,因为同时律和函数律都可以转化为因果律。如果在一个具体结构中某些事件总是联合发生,则这个结构是它的原因的某些较早事件的结果。同时律仅仅是某些(已知或未知)原因的后果的描述。函数律是这样的关系,它们要么是可以定量测量的事件在时间上的不变序列,要么是这类事件的经常同时发生的情况。因而它们是因果律或同时律的特例,其中的事件可以是定量测量的。

这些一般考虑对自然界和人类社会中每种规律都成立,所以也适用于经济规律。因此,我们可以在因果经济律、结构经济律和函数经济律之间进行区别。不过,最基本的是因果经济律,因为其他两类经济规律都可以转化为因果律。

经济规律的客观性质

经济规律是经济过程各个元素之间不断重复的联系(关系)。因此,它们是某个人类行动的复合体所特有的,并表现在那个人类行动复合体中的某些内在关系上。所以经济规律是客观的,即它们是经济过程的一种真实和实际的特征。列宁说:“规律是现象中同一的东西……"[①]我们说经济规律"支配"经济过程，它们"作用"于那个过程之中，以表示这个意思。这些是说明经济规律的客观性质的修辞性语言。

经济规律和政治经济学规律

政治经济学研究这些客观"作用"的经济规律，或者通俗点说"发现"它们。这种研究的结果表述为关于经济规律作用的语言，这些语言称为政治经济学规律。政治经济学规律构成客观经济规律的或多或少如实的反映。表述政治经济学规律的语言符合客观经济规律的实际作用是它们的真理性的判断标准，这些语言是否"反映"客观经济规律，是它们在实际经济过程中有无等价物的判断标准。

政治经济学的规律是经济规律的或多或少充分的反映。这说明经济规律并不反映经济过程中发生的重复出现的联系或关系的一切细节。它们只反映这些关系中必要的即主要的东西。政治经济学的规律的充分性恰好决定于它们从实际发生的关系中选择一切必要的或主要的东西，也就是某种联系或关系每一次实际出现时总是自我重复的一切东西。成为经济规律的恰好是这些必要的即总是再现的联系或关系。政治经济学的规律在它反映必要的即主要的东西的程度上，是经济规律的充分反映。

① 《列宁全集》第 38 卷，第 159 页。参见"规律不是在现象的彼岸而是为现象直接固有的"。

经济过程包含各个单一动作。那些必要的即主要的关系不是孤立地发生的。这些联系或关系不是每当某种活动发生时都出现，而只是随同个别具体动作而出现。这些称为附属的或偶然的关系。[①] 附属的、偶然的关系伴随个别动作，但不是每个情况都再现，干扰经济规律的作用。

为此缘故，只有作为经济过程的元素的人类行动常常重复出现，才能观察到经济规律。交换规律，如价格形成或货币流通规律，在单一、孤立的交换动作中不能显示出来，而只有大量重复这些动作才能显示出来。同样，只有大规模重复生产活动时，作为某些生产关系的特征的规律才显示出来。在单一、孤立的例子中看不出规律性，因为经济规律的作用，有时可能被只发生在一个特例中的附属性联系或关系干扰。因为只有大规模重复人类行动时，经济规律才自我显示，我们称它们是随机或统计规律。[②] 随机或统计规律是只有当某种事件大规模重复时才能观察到的规律。

① 考塔宾斯基给偶然性下的定义："在一般逻辑意义上，在一个特定的物件集合中，某些并且只有这些性质是偶然的，它们只是那些物件中某些而不是所有物件的一种性质。"见考塔宾斯基：《律师用逻辑学教程》第 45 页，华沙，1953 年版。同样属于某个集合的每个物件都有的一种性质可以下定义为主要的或必要的。"主要的"和"必要的"两词可以交换使用，"偶然的"和"附属的"也如此。

② 雅各布·伯努利在他的《猜测术》中首先引入"随机的"一词。1713 年即作者去世后八年，在巴塞尔出版的这本书是关于概率论的第一部系统性著作。"随机的"意思是"可能发生"，也就是在大量事例中可能发生，但不一定在单一事例中发生。它来自希腊文"Stochazostai"，意思是"预见可能性"，现在用来表示除一个必要的或主要的元素外，也包括偶然元素的关系。因为只有在大规模重复某个现象时，一个主要元素才自我显示，也就是在"统计"条件下才自我显示。

经济规律的随机(统计)性质

马克思和恩格斯注意到了经济规律的统计性质。马克思在分析生产过程时写道:“在每个产业部门,个别工人,彼得或保罗,都同平均工人多少有些相偏离。这种在数学上叫作‘误差’的个人偏离,只要把较多的工人聚集在一起,就会互相抵消,归于消失。”① 在讨论市场中的价值实现过程时,马克思写道:“就每种个别情况来看,这个领域是偶然性占统治地位的。因此,在这个领域中,通过这些偶然性来为自己开辟道路并调节着这些偶然性的内部规律,只有在对这些偶然性进行大量概括的基础上才能看到。”②

恩格斯在讨论资本主义制度下平均利润率的形成时写道:“在现实中,利润率是根据各行各业、各个年度的各种不同情况而变化的,一般利润率只是作为许多行业和许多年度的平均数而存在。但是,如果我们竟想要求利润率(比如说是 14.876934……%)在每一个行业和每一个年度直到第一百位小数都完全一样,不然就把它们贬为虚构,那我们对利润和经济规律的本质就误解得太不像话了——它们没有任何其他的现实性,而只是一种近似值,一种倾向,一种平均数,但不是**直接的**现实。其所以如此,部分地是由于它们所起的作用和其他规律同时起的作用互相交织在一起,而部分地也由于它们作为概念的特性。”③

① 卡尔·马克思:《资本论》第 1 卷,第 359 页,人民出版社,1975 年版。

② 同上书,第 3 卷,第 936 页。

③ 《马克思恩格斯选集》第 4 卷,第 516 页,人民出版社,1972 年版。

他继续写道:“或者你可以举工资规律即劳动力价值的实现为例,这个规律也只是作为平均数实现的,而且就连这一点也不是经常的现象,它在每一个地区,甚至在每一个部门都随着通常的生活水平而有所变化。”①

当很多行动大规模重复出现时,用这个方式,再用恩格斯的话,“透过各种偶然性来为自己开辟道路的必然性”②,在大量重复的行动中,零星的、偶然的关系互相抵消,就能清楚地看到必要的或主要的关系——经济规律。当某种事件大规模重复时,在某些条件下发生的偶然关系的结果的互相补偿,以及必要关系的出现,称为大数规律。③ 大数规律使经济规律在经济过程中表现它们自己,或者这样说,它构成经济规律在其中表现它们自己的具体形式。那就是我们说经济规律是随机的或统计的规律的原因。大数规律也起一种基础作用,政治经济学在它上面能形成它的规律,作为实际经济过程中发生作用的客观经济规律的近似的和充分的反映,它有可能在必要的或主要的关系和仅仅偶然的关系之间进行区别。

经济规律不决定于人的意识和意志

经济规律具有客观性质。它们不像唯心主义认识论所说的那

① 《马克思恩格斯选集》第4卷,第516页,人民出版社,1972年版。

② 同上书,第506页。

③ 见奥斯卡·兰格:《统计学理论》第1篇第22—25页,华沙,1952年版。又见,F.利夫席茨:《社会现象中的大(平均)数规律,关于统计学的科学笔记》第1卷,苏联科学院,莫斯科,1955年版。

样，是人类心灵的一种产物，或者作为先验的认识范畴，或者作为方便的常规。它们也不是政治经济学科学的产物；我们已经看到，科学仅仅研究和“发现”规律。另外，它们一直在起作用，不论人们是否意识到也不论它们是否符合人的意图。

因为经济关系特别是生产关系只是部分自觉[1]的，从这类生产关系产生的经济规律也不依靠人们的意识而起作用。例如，在资本主义生产关系下支配产品交换的规律以这样一种方式起作用，以致生产者或者完全没有意识到它们，或者误认为它们是讨论物与物之间的关系而不是生产者之间关系的规律。马克思写道：“价值量不以交换者的意志、设想和活动为转移而不断地变动着。在交换者看来，他们本身的社会运动具有物的运动形式。不是他们控制这一运动，而是他们受这一运动控制。”[2]所以意识到经济规律起作用的事实不是它们起作用的一个条件：缺乏这种意识或者对它们的错误认识并不阻挡经济规律起作用，它们是不取决于人的意识的。

它们也不取决于人的意志。它们作用的结果很可能与参加经济过程的那些人的愿望相违背。以上面提到的资本主义生产关系下的产品交换规律为例。这些规律不仅不依赖于从事生产的人是否觉察它们而起作用，而且也与他们的意志完全无关。这一点的最好证明是作为这类规律的结果的现象——衰退、金融崩溃和破产。因此，经济规律不是任意的。

---

① 见本卷第二章。

② 卡尔·马克思：《资本论》第1卷，第91页，人民出版社，1975年版。

经济规律与人的意志和意识无关,这一点需要更详细的解释。因为,如果经济活动是自觉和有目的的,[①]支配那种活动的规律怎么能不依靠人的意志和意识呢?答案在下面的事实中找到:经济活动以历史发展的物质生产力和人与人之间经济关系的存在为条件。这些条件,特别是生产关系的存在,不允许经济活动是任意的。它们决定了经济活动被迫遵循的轨道,也就是行动的形式和手段,以及各个人或集团的活动在其中互相作用的方式。历史决定的不以人的意志和意识为转移的这些条件,决定了在这些条件中起作用的经济规律。

马克思说明了历史决定的生产力何以使经济规律不可能是任意的:

"……人们不可能自由选择自己的生产力——这是他们的全部历史的基础,因为任何生产力都是一种既得的力量,是以往的活动的产物。所以生产力是人们实践能力的结果,但是这种能力本身决定于人们所处的条件,决定于先前已经获得的生产力,决定于在他们以前已经存在、不是由他们创立而是由前一代人创立的社会形式。"[②]

因此,人类为自己创立并且包括其劳动产物的,或者像克西威斯基所谓的,社会的物质历史成就的人的物质环境,[③]决定了人们

① 这是人的社会活动和动物的社会行为之间的区别——动物受无意识的本能的引导。见 L.克西威斯基:《动物和人类的社会发展。社会学研究》第 93—200 页,华沙,1951 年版。

② 《马克思恩格斯选集》第 4 卷,第 321 页,人民出版社,1972 年版。

③ L.克西威斯基:《动物和人类的社会发展。社会学研究》第 185 页,华沙,1951 年版。

在经济活动中由他们支配的手段。那也意味着——按照生产关系和生产力的性质必须适应的规律——物质环境决定生产关系，它们同样不是任意的。[①] 生产关系和人与人之间的其他经济关系决定了人们在经济活动中为自己规定的目标（例如利润最大化或满足社会需要）以及个人在经济活动中互相作用的方式（例如协作、分工、产品交换、竞争、垄断、联合计划）。

因此，虽然人和集团的单个行动是有意识、有目的地进行的，但这些行动的社会结果不同于从事于经济过程的那些人的意图，而且常常被误解或完全不理解。恩格斯写道："在社会历史领域内进行活动的全是具有意识的、经过思虑或凭激情行动的、追求某种目的的人；任何事情的发生都不是没有自觉的意图、没有预期的目的的。……人们所期望的东西很少如愿以偿，许多预期的目的在大多数场合都彼此冲突，互相矛盾，或者是这些目的本身从一开始就是实现不了或缺乏实现手段的。这样，无数的个别愿望和个别行动的冲突，在历史领域内造成了一种同没有意识的自然界中占统治地位的状况完全相似的状况。行动的目的是预期的，但是行动实际产生的结果并不是预期的，或者这种结果起初似乎还和预期目的相符合，到了最后却完全不是预期的结果。这样，历史事件似乎总的说来同样是由偶然性支配着的。但是，在表面上是偶然性在起作用的地方，这种偶然性始终是受内部的隐蔽着的规律支

① 马克思描写生产关系为"一定的、必然的、不以他们的意志为转移的关系"。《马克思恩格斯选集》第2卷，第82页，人民出版社，1972年版。

配的,而问题只是在于发现这些规律。”①

生产的技术和平衡规律

现在我们来比较仔细地研究物质生产力和经济关系决定经济规律的方式。在生产过程中,在人作用于自然的过程中,在他自己的活动约束他自己的过程中,在马克思提到的“人和自然之间的物质交换”中,人们行动之间的必要关系发展起来。这些关系决定于历史发展的一个特定阶段存在的生产技术条件。为了生产一定的产品需要具体的劳动支出和具体数量的各种生产资料。例如,为了生产一定数量的钢就需要一定数量的劳动、煤炭、矿石、电力等;为了生产一定数量的纺织品,就需要一定数量的原料、机器、建筑物和人的劳动。通过这种方式,从生产技术引出的关系在人们的行为之间发展起来。这是生产中的技术关系。在这方面,物质技术关系决定了某些关系,它们可以称为平衡关系。例如,人们利用的煤不能超过生产出来的煤(加上或减去进口或出口数量,如果有的话);如果全部产出(加上进口的,如果有的话)被用掉,这种产品就不能有储备。平衡关系就来自这样的事实。生产像一切经济活动一样,涉及物质的东西。

如果我们把生产过程看成是一个连续重复的过程,一个再生

① 《马克思恩格斯选集》第4卷,第243页,人民出版社,1972年版。经济规律作为必然关系不以人的意志为转移的这个特点,是马克思在说经济规律是自然规律和给资本主义生产的经济规律(“以铁定的必然性发生作用并且正在实现的趋势”)下定义时心中想到的。见《马克思恩格斯选集》第2卷,第206页,人民出版社,1972年版。

产过程，某些技术和平衡关系就会显得特别清楚。如果生产过程要保持一定水平，就不能把所有产品都消费掉；由于生产资料被消耗掉，有些产品必须用于更新它们，其结果是只有一部分产品能当作消费资料，另一部分要作为必须更新的生产资料的物质。作为生产资料物质的产品数量决定于生产资料被消耗的程度，也决定于生产的技术条件。然而，如果生产资料存量增加（扩大再生产），生产的生产资料数量必须大于更新生产资料所需的数量。生产的消费资料数量必须相应地小一些。生产中的技术和平衡关系要求在生产过程中保持某些必要关系（特定的技术水平）。我们称这些关系为生产的技术和平衡规律。[①]

人类行为规律和人类行动的相互作用规律

存在于历史发展的一个特定阶段的人们之间的经济关系，也在各种经济行动之间产生必然的关系。生产关系决定生产资料所有权并因此决定产品的所有权，因而生产关系决定分配关系、产品分配的范畴（工资、利润、租金等等）以及分配是否以交换或配给的形式进行。生产和分配关系决定人的经济活动的目标（例如，利润最大化，直接满足需要，个人事业）以及达到这些目标的方式（依靠在市场中获得垄断地位，降低生产成本，提高产量，改进专业工作水平，等等）。诱导人们在经济活动中追求一定目标的因素，称为

① 卡尔·马克思：《资本论》第2卷，第435—591页，人民出版社，1975年版。

经济刺激;而目标自身常常被称为经济激励。也可以说生产关系和分配关系是指导人们活动的经济刺激和激励,并且也决定着人们对那些刺激做出反应的方式。经济规律以这个方式出现,它们是现有经济刺激和人们对它的反应方式的表现。这些称为人类行为的规律。

生产和分配关系也决定人们之间的协作和分工的形式、组织生产过程的方式(例如企业的组织和相互关系)、组织分配的方式,等等。这又决定了人们的经济活动互相作用的方式。例如,若有些企业有垄断地位,则参加自由竞争的企业的相互作用有所不同,而且,如果它们都在一个共同经济计划之下,那作用情况又有所不同。由于人类的经济活动相互作用,在生产过程中会出现物质对象之间的平衡关系。例如,在分配过程中,对某种产品的分配量大于供应量是不可能的;一定数量的某种具体产品,有些人购买较大数量就要减少其他人能买的数量。这些平衡关系也使参加经济过程的人的活动互相作用,因而经济关系产生了人类行动相互作用的规律。

有些经济关系——某些分配关系——并不直接依靠生产关系,而是一定生产方式的上层建筑的一个结果。例如,国家征税,调节交换条件,支付薪金和工资,并给予补助;各社会组织收集志愿捐献并把它们花费于各种具体目的;宗教组织禁止某些活动;公认的风俗要求进行某些活动;等等。上层建筑——特别是国家——对分配关系的影响能导致新刺激,修改现有刺激,并影响对某些刺激做出反应的可能性(例如借助于禁止某些活动),它以这种方式变成某些人类行为规律的来源。同时,上层建筑——特别是国家——影响人类相互作用的方式。例如，国家在分配方面可能针对某些商品采取配给和分配，规定它们的价格，命令各企业联合为卡特尔以及禁止某些活动（例如某些形式的股票交易投机），这些都要影响人类行动的相互作用。

所以，根据物质生产力的约束作用和人们之间的经济关系，我们区分三种经济规律。它们是生产的技术和平衡规律、人类行为规律和人类行动相互作用规律。第一种规律从生产过程的物质和技术的必然性产生，这是它们不依赖于人的意志的原因；另一方面，人们一般会意识到它们，参与生产过程的人在他们的活动中会考虑到它们。第二种规律也不以人的意志为转移，虽然它们是有目的的活动。可是一定的经济关系体系（生产关系和分配关系）会不可避免地产生一定的经济刺激和对它们做出反应的方式。对经济刺激的反应自身是有意识和有目的的行为，但是，一定的经济关系创造某些经济刺激而不创造其他刺激这个事实本身（例如，在资本主义生产关系下有一种利润最大化的倾向，以及竞争造成生产成本降低的倾向等）是不以人的意志为转移的，而且人们并不常常能觉察到这一点。某些经济刺激不能与某些经济关系分离。

最后，第三种规律也不依赖于人的意志并且常常不进入人的意识中，或者被误解。每个人和集团的各自行动都是有意识和有目的的，但是，在具体经济关系中发生的这些行动的复合体，正如恩格斯指出的，是无意图和无意识的。在上面我们讨论的资本主义生产关系下的市场规律的作用中可以找到一个例子。资本主义竞争下的平均利润率规律提供了一个进一步的例证。每个资本家努力得到最大利润，但是，竞争又造成各产业的利润率要拉平到一个平均值。超额利润率(即高于平均利润的利润)出现和消失的规律以相似的方式起作用;每个资本家努力依靠引入降低成本的先进技术,得到超额利润,但是竞争迫使所有资本家引入先进技术,以便降低生产成本,以致产品价格下降,超额利润消失。所有这些都是人类行动相互作用的规律的例子。人的行动以各种方式互相作用,而人类行动互相作用的规律发展起来。

经济规律的历史范围

经济规律是物质生产力和经济关系历史发展的结果,它们是人类社会历史发展的产物。它们的作用范围也是被历史决定的。不论在自然界或人类社会,每个规律有其在时间和空间两方面受到限制的作用范围。[①] 因为两个规律是在受到严格确定的条件中发生作用,所以当这些条件改变时即停止作用。由于"自然界也有自己时间上的历史"[②],因此自然规律也会变化。可是,自然界发生变化与人类历史的变化比较,与经济规律作用条件的变化比较,是极其缓慢的。从一个历史时代到另一个历史时代,这些条件会发生变化。恩格斯说:"政治经济学在本质上说是一种**历史的**科学。它所涉及的资料是历史性的,即经常变化的;它首先研究在生

① 见J.佩尔斯、M.普里来斯基、K.山尼亚斯基:《科学规律》,第30—40页,科学出版社,华沙,1957年版。

② 弗里德里希·恩格斯:《反杜林论》第24页,人民出版社,1974年版。《马克思恩格斯选集》第3卷,第450—462页,人民出版社,1972年版。

产和交换的发展上每一个别阶段的特殊规律……”[①]因此，经济规律不是对于所有社会发展阶段都普遍有效的规律，而是针对社会发展一定阶段的历史规律。它们出现在那个过程的某些时刻，在社会向前发展时消失了。正如恩格斯所说，“所谓‘经济规律’并不是永恒的自然规律，而是既会产生又会消失的历史性的规律……”[②]

然而，经济规律的历史持续时间随着说明这些规律作用的条件的持续时间而变化。因此，不同条件及其相应的经济规律的有效范围必须被更精确地加以描述。

生产的技术和平衡规律的范围

历史上作用最广的规律是从生产过程产生的规律——生产的技术和平衡规律。这些规律最一般又最普遍，也就是说从人类出现时开始，它们在生产中是一种自觉的和有目的的活动，在所有社会发展阶段都有效。属于这一类的生产的技术和平衡规律是因生产过程中某些必然的技术和平衡关系的存在而产生的。[③] 在简单

① 弗里德里希·恩格斯:《反杜林论》第 157 页，人民出版社，1974 年版。

② 《马克思恩格斯选集》第 4 卷，第 357 页，人民出版社，1972 年版。不过必须记住，正如恩格斯强调的，自然规律不是永恒的，它们只是与经济规律比较表面上是永恒的。无论如何，有些经济规律可能比有些自然规律（例如气候学领域中的规律）寿命更长。

③ 马克思在 1868 年 7 月 11 日致库格曼的信中写道:“人人都同样知道，要想得到和各种不同的需要量相适应的产品产量，就要付出各种不同的和一定数量的社会总劳动量。这种按一定比例分配社会劳动的必要性，绝不可能被社会生产的一定形式所取消，而可能改变的只是它的表现形式，这是不言而喻的。自然规律是根本不能取消的。在不同的历史条件下，能够发生变化的，只是这些规律借以实现的形式。”《马克思恩格斯选集》第 4 卷，第 368 页，人民出版社，1972 年版。

再生产过程中,也就是因生产资料被消耗掉而予以更新的过程中,也会出现一般的技术和平衡规律。然而,比较具体的生产技术和平衡规律伴随生产力的发展而变化。生产力愈发展,这些规律也愈发展。例如,在某个发展阶段,固定的和流动的生产资料发生分化,为了增加生产资料存量而积累一部分产品,储存物品指定用于被消耗掉的生产资料。与这些新条件相适应的具体生产技术和平衡规律发展起来。这些规律不是普遍适用的,它只在生产力发展的一定水平上出现。不过它们有这样事实上的特性:它们不直接依赖于人与人间的经济关系,而是在人与自然之间相互作用的过程——在生产过程——中发展起来。

由于生产过程自身是一个社会和历史过程,因此生产的技术和平衡规律也在发展变化。因为按照生产力不断发展的规律,生产力在原则上会向一个方向发展,它们的发展将产生新的、多种多样的生产的技术和平衡规律,不过,比较老的、较一般的规律并不会因此停止作用。① 历史上出现的每一个新的社会形态都会继承旧的生产力,并在时间进程中对它们有所增添;它也接过来旧的生产的技术和平衡规律并为新的这类规律准备基础。资本主义从前资本主义接过来这类规律,而社会主义正在从资本主义接手它们。生产规规律不会因为从一个社会形态过渡到另一个社会形态而停止作用,只是从新社会形态中生产力发展所带来的进一步发展的作用方式丰富了它们。

① 生产的技术和平衡规律并不停止作用,但是很明显具体关系式的具体数值会有变化。例如,这些规律若用数学方程式或不等式表示,这方程式或不等式的参数值会有变化,但不是方程式或不等式自身有变化。

专属某个社会形态的规律

至于人类行为的规律和人类行动相互作用的规律，情况就不同了。这些规律是人与人之间经济关系的产物，那些关系变化，规律就随之变化。这些规律可区分为三类。

第一类规律决定于生产关系和相应的分配关系，所以这些规律的作用限于单独一个社会形态，甚至限于一个形态的单独一个发展阶段。它们形成人类行为规律和人类行动相互作用的规律，它们完全来自形成某个社会形态的经济基础的生产关系。

生产资料所有制起决定作用，它制约着构成所讨论的社会形态的经济基础的一切生产关系。生产资料所有制决定了生产资料被引向的目标和某个社会的一切生产力被引向的目标。它也决定了达到那些目标的手段。而且，生产资料所有制决定了所有那些非生产资料所有者的目标和活动。所以生产资料所有制决定了在某个社会形态中起作用的经济刺激，以及对这些刺激做出反应的性质。这是专属资本主义的规律在资本主义形态中发展的方式（例如资本家追求最大利润的努力、决定工资水平的规律，等等）。其他具体的人类行为规律在封建主义条件下起作用，而别的规律在社会主义条件下起作用。在社会主义条件下，生产力是用来保证对社会需要的最佳可能满足的，而达到这个目标的方式——包括对经济刺激做出反应的形式——决定于社会主义生产关系的组织，并决定于生产和分配过程的管理。

形成某个社会形态的经济基础的生产关系也决定着人类某些

行动相互作用的规律。这些规律中有些并非来自专属某社会形态的生产关系的一般性质,而来自这些关系所采取的某些更具体的形式,这些形式随着形态的发展而变化。资本主义企业家们的活动起初通过竞争互相作用。我们已经指出,这产生了平均利润率规律。在资本主义发展的下一阶段,竞争让位给主宰某些生产部门的垄断。对于那些部门,平均利润率规律失去它的作用,而被资本家之间瓜分利润的新规律所代替。在社会主义制度下,各企业的活动是在包括社会的一般计划的基础上相互作用的。可是那种相互作用的细节取决于指挥和计划生产的方式。计划和管理方法的变化形成了企业活动相互作用的方式,并且也使得某些经济规律产生了变化。一般来讲,人类行为规律在某个社会形态存在期间,通常始终专属于它,大部分人类行动相互作用的规律不同,它们在一个形态的历史发展过程中起变化。

不同社会形态的共同经济规律

第二类人类行为规律和人类行动相互作用规律也是生产关系决定的经济规律,而且是在不止一个社会形态中出现的那些关系的性质决定的经济规律。这些规律表达了不止一个社会形态的经济基础的共同特点,在经济基础显示那些共同特点的所有形态中它们都有效。它们是某些社会的共同经济规律。[①] 当生产关系要

① 即就某些社会形态的生产关系的共同特点而言是共同的。生产的技术和平衡规律也是不同社会形态共有的,但是这还不是由于生产关系(人与人之间的关系)共同的特点,而是由于生产力的一般特性,即人与自然之间相互作用的一般特殊性。

求产品交换的时候，这一点会看得很清楚。生产关系的这个特点用价值规律的作用来表示，那个规律决定的分配关系便在市场规律（供求规律、价格形成规律）中得到表现。当交换靠货币进行时，一些货币流通的一般规律也开始起作用。这些规律的历史范围与它们所联系的生产或分配关系的历史范围相重合。[①]

来自上层建筑的影响的规律

第三类经济规律是来自一个社会形态中上层建筑对经济关系的影响的那些规律，或者来自上层建筑的影响产生的规律。在一个社会形态的发展过程中，这类经济规律随同上层建筑作用的变化而变化。例如，在资本主义经济中，可能实行自由贸易或关税保护，可能有基于黄金的通货或者各种形式的信用通货或货币，可能有一个外国通货的自由市场，或者有特别的国外通货管制，等等。所有这些都是上层建筑起作用的结果——是国家规定的法规的结果。这种活动塑造某些经济关系，有确定的经济规律与这些关系相适应。只要从这些国家活动产生的经济关系存在，这些规律就起作用。例如，关于金属通货的流通的格雷欣法则（Gresham's law）说劣币驱逐良币。而当一种金属通货被纸币代替时，这个法

① 在《资本论》第3卷增补中，恩格斯这样谈到价值规律："商品交换在有文字记载之前就开始了。在埃及，至少可以追溯到公元前3500年，也许是5000年；在巴比伦，可以追溯到公元前4000年，也许是6000年；因此，价值规律已经在长达五千年至七千年的时期内起支配作用。"卡尔·马克思：《资本论》第3卷，第1019页，人民出版社，1975年版。

则显然不再发挥作用。但是,即使有金属通货,只有当不同金属含量值的各种货币有同样的法律效力时,它才起作用(或者更广义地说,当各种货币的法定交换率之间的关系,不同于它们所含的金属价值之间的关系时)。如果没有国家规定的交换率,格雷欣法则就不起作用,而各种货币的交换率之间的关系决定于市场规律,与它们所含金属值成比例。所以格雷欣法则是因上层建筑的作用而产生的规律中有代表性的——在此例中是因国家规定各种货币的法定交换率的作用。

所以,在每个由历史决定的社会形态中,作用于它的经济规律,可按照它们在时间上有效性的不同和它们与经济基础联系的不同方式进行分类。这些规律包括生产力的发展阶段所决定的生产的技术和平衡规律。这些规律的大多数是从以前的社会形态继承下来的,并和某社会形态自身产生的规律一起传递到未来的社会形态。而且,它们包括几个社会形态共同的经济规律,以及为一些社会形态独有的某些特点产生的规律。它们也包括专属于某个形态的经济规律——形成那个社会形态的基础的生产关系的具体性质的表示,它将那个基础与所有其他社会的基础相区别。这些具体性质中有一些会在历史发展过程中发生变化。与此同时,专属于那个形态的某些经济规律也会发生变化。所以,这些规律只专属于有关社会形态发展的某些阶段。最后,它们包括从上层建筑的影响产生的规律,这些规律当上层建筑自身——特别是政治和法律的上层建筑——发生各种变化时随之变化。

那些在某社会形态中起作用的经济规律之中,专属于该社会形态的规律特别重要。因为它们表述了那个社会形态与其他社会形态的区别之所在，它们表述了那个社会形态以及相应的历史时代的具体性质。我们将看到，这类规律决定了一个社会形态的性质和发展。

社会形态的作用方式

我们知道，每个社会形态是一个内部平衡的整体。这样一个平衡的整体是由构成生产方式的生产力和生产关系所形成的。生产关系自身也是一个平衡的整体，因为它们形成一个社会形态及其上层建筑的经济基础。一个社会形态的内部平衡，它的生产力和生产关系及上层建筑的相互调节靠社会学的第一和第二基本规律维持——生产关系与生产力性质之间必须适应的规律，以及上层建筑与经济基础之间必须适应的规律。所有这些都说明，一个特定社会形态中的人类行动——人类改造自然的生产过程、生产和分配关系，以及形成上层建筑的一部分的社会关系构成的人与人之间的相互作用——都是互相联系的。它们形成一个整体，一个从内部拴在一起的行动系统。这些内部联系，以及人类行动形成一个整体的事实，说明各社会形态是独立于人的意志和意识而存在的社会发展的客观产物。①

① 所以各社会形态的定义与分类不是一种人为的识别规则的结果，而是客观历史事实的反映。封建主义、资本主义、社会主义和其他社会形态都是不依靠我们的科学分类而存在的实体，它们是内部相互联系的可重复的人类行动（即关系）的系统。它们形成客观的“整体”，意思是这些人类活动系统的性质不同于这些系统的各个部分，即单独考虑的各个人的活动的性质。关于这类“整体”系统，见 L. 柯拉柯夫斯基：《关于普遍性的争论的局部性、科学抽象的哲学和方法论问题》第 154—155 页，科学出版社，

所以在一个社会形态内发生作用的规律并不是通过互相无关的偶然组合发生作用的。它们的作用形成一个整体,表示社会形态的一个经济规律系统发展起来。这种系统称为社会形态的作用方式,有时采用"作用机制"或"功能方式"的名称。它是一个社会形态内存在的因果关系网,各个经济规律形成它的关节。①

理解一个社会形态的作用方式的关键,是要把它放在专属于那个社会形态的生产关系产生的经济规律中。生产的技术和平衡规律(其中大多数是从以前的社会形态继承下来的),以及表示不止一个社会形态的生产关系的共同性质的经济规律,都不能提供这把钥匙。从上层建筑的影响产生的经济规律也不能起到这个作用,因为随着形态的发展,它们的作用在变化。因此,专属于某种形态的经济规律对于理解它的作用方式有特殊重要性,因为这些规律表达了某社会形态中生产关系的具体性质。

华沙,1957 年版。参考 Z. 柴文斯基:《"整体"问题》,1956 年版。以后我们将讨论的一门最新学科——控制论,使我们有可能对这个问题有一种精确的方法。控制论研究相互作用的元素组成的系统。控制论已证明,一个系统的行为不仅决定于它的元素的作用方式,而且也决定于系统的各种元素的作用互相"耦合"的方式——用控制论的术语。以同样方式作用的同样的元素用不同的方式互相连接("耦合"),形成一个行为不同的系统。系统是一个"整体",其性质不同于它的元素的性质。这些单独的性质是各种元素作用的组合产生的,知道其中每个元素作用的方式不足以决定系统作用的方式。见罗思·阿希拜:《控制论导论》第 66 页,伦敦,1958 年版。并参考奥斯卡·兰格:《整体和局部。系统行为通论》,伦敦,1963 年版。

① "作用机制"和"功能方式"两词在此作为比喻使用。它们并不是说因果关系是机械的或生物学的。这些是社会关系,即它们决定于人的动作的相互作用。为这个缘故,最好的名称是一个社会形态的"作用方式"。

社会形态的基本经济规律

我们知道，每个社会形态中的生产关系是从生产资料所有制构成的基本关系产生的。可以说，生产资料所有制是决定全部生产关系的组织原则。在专属于某社会形态的经济规律中，它形成决定那个社会形态的全部功能的单一规律。这称为社会形态的基本经济规律。[①] 从某一社会形态中占主导地位的生产资料所有制形式产生的基本经济规律，决定了社会的生产资料和全部生产力被引向的目标，换句话说，它决定了生产资料所有者的主要经济激励。它也决定了达到这个目标的手段。即某个社会形态的基本经济规律决定那个社会形态内的主要经济刺激以及对那个刺激做出反应的方式。例如，当生产资料为资本家所有时，对资本家的刺激是取得最大利润的愿望；当生产资料所有制属于社会主义所有制时，刺激是最大程度满足社会需要的愿望。[②]

① “基本经济规律”一词是斯大林在《苏联社会主义经济问题》中引讲的。斯大林给一个社会形态的基本经济规律下的定义是，决定一个社会形态的“一切主要方面和一切主要过程”，关于一种生产方式的“实质”和“内容”的规律（见该书第 29 页，人民出版社，1961 年版）。基本经济规律的概念在马克思和恩格斯的著作中能找到，他们说剩余价值规律是资本主义生产方式的一个“特征”、“核心”。马克思写道：“资本主义生产方式的第二个特征是，剩余价值的生产是生产的直接目的和决定动机。”《资本论》第 3 卷，第 996 页，人民出版社，1975 年版。恩格斯写道：“这样，马克思指明了剩余价值是怎样产生的，以及在那种调剂商品交换的规律的支配之下，剩余价值怎样才能产生。马克思既指明了这些，也就发现了现代资本主义生产方式以及以它为依据的占有方式的结构，揭露了整个现代社会制度所依以凝集起来的核心。”（见《反杜林论》第 221 页，人民出版社，1974 年版）因此，我们可以说，马克思和恩格斯相信剩余价值规律是资本主义生产方式的基本经济规律。

② 弗里德里希·恩格斯：《反杜林论》第 102—104 页，人民出版社，1974 年版。

某个社会形态的基本经济规律也决定着那些非生产资料所有者(例如,资本主义制度下的工人和封建制度下的农奴)的目标(激励),而且也决定着支配这些情况中产生的刺激和人们对它的反应方式的经济规律。它也决定着人类活动的相互作用和与它相应的来自生产资料所有制性质的经济规律。所以,某个社会形态的基本经济规律决定了专属于那个社会形态的所有其他经济规律的作用。而且在任何特定的社会形态中,它也影响着那些不止一个社会形态共有的生产关系的特点。例如,资本主义的基本经济规律影响价值规律的作用,它在资本主义制度下导致了剩余价值的生产和剥夺;作为在各种形式的商品生产中发生的人类活动的特殊复合物的竞争,在资本主义制度下导致平均利润率的形成。一个社会的基本经济规律也对生产的技术和平衡规律的作用提供了一种具体形式。在资本主义下,生产资料采取不变资本的形式,它们的更新通过摊销进行;从事生产过程的人的劳动力变为可变资本;技术关系变为生产成本,而平衡关系变为损益。从上层建筑的影响产生的经济规律的后果(例如征税)同样决定于社会形态的基本经济规律。例如,它们在资本主义和封建主义下是不同的,因为在这些社会形态中经济刺激和对它的反应的方式是不同的。因此,一切经济规律的作用从属于某个社会形态的基本经济规律。

经济规律和辩证的社会过程

因此可以说,某个社会形态的基本经济规律决定了那个社会形态的作用方式。它把在某个社会形态中起作用的所有经济规律结合为一个系统的整体，并且对它们的作用加上自己的印记。但是，社会形态不是静止的，它们的出现、发展和衰亡给新的形态让路。我们知道，这是三个辩证过程的结果：①人与自我之间相互作用的过程中不断出现矛盾，这使生产力发展；②新生产力和旧生产关系之间矛盾的积累；③生产力要求新的生产关系（即新的经济基础）与旧上层建筑之间矛盾的出现。被这些矛盾所动摇，社会形态失去了它的内部平衡和一致性。社会学第一和第二规律的作用启动了一个调节过程，它导致了一个新社会形态的诞生。

这些辩证的社会过程影响经济规律的作用。由于某个社会形态中的内部矛盾愈来愈多，并破坏了生产力、生产关系和上层建筑的相互调节，那个社会形态的经济规律作用中的矛盾也开始出现，这些规律不能再适当地相互调节，最后那个社会形态无法运行，走上"老化"的过程，[①]社会形态开始衰落，其结局只能是一个有内部平衡的作用方式的新社会形态的诞生。[②]

经济规律作用中的矛盾，反映出我们列举的社会学矛盾。生产的技术和平衡规律的作用和生产关系产生的具体经济规律的作用之间的矛盾。生产关系产生的经济规律的作用与上层建筑的影响产生的经济规律的作用之间的矛盾。特别是各经济规律的作用和有关社会形态的基本规律的作用之间的矛盾。以后我们将看

---

① 这是一种比喻的说法。与一个机体的老化过程有不可争辩的类似性，这个过程是因为各个生物学规律的作用之间失去了协调。

② 马克思叙述这一点如下："一种历史生产形式的矛盾的发展，是这种形式瓦解和改造的唯一的历史道路。"卡尔·马克思：《资本论》第1卷，第535页，人民出版社，1975年版。

到,诸如资本主义基本规律的作用最终与经济的技术和平衡规律,价值规律,以及上层建筑的影响导致的各个规律的作用之间的矛盾。在特定的社会形态的经济规律的作用中发展的矛盾——特别是社会形态的基本经济规律和其他经济规律之间的矛盾——是它发展和最终衰落的动力。

一个社会形态的“经济运动规律”

在经济规律的作用中表现出来的矛盾会给予社会形态的作用方式一种具体性质。某个社会形态中经济规律的作用形成一个既互相关联又互相矛盾的作用体系,一个社会形态的作用方式变成一种辩证的发展过程。一个社会形态的作用方式的辩证性质,马克思称它为经济运动规律。[①] “经济运动规律”是从某个社会形态的基本经济规律的作用产生的,它通过各种经济规律作用中的矛盾而发挥作用,防止社会形态的凝固,而产生连续的定向的变化。

① 马克思在他的《资本论》第1卷第1版序中写道:“本书的最终目的就是揭示现代社会的经济规律。”他在这里无疑在思考我们所谓的一个社会形态的作用方式,并且认为作用方式是一种辩证的发展过程。他赞成援引《资本论》俄文版的一篇评论证明了这一点(见《资本论》第1卷第2版跋,第20页)。我们在那里读到:“在马克思看来,只有一件事情是重要的,那就是发现他所研究的那些现象的规律。而且他认为重要的,不仅是在这些现象具有完成形式和处于一定时期内可见到的联系中的时候支配着它们的那种规律。在他看来,除此而外,最重要的是这些现象变化的规律、这些现象发展的规律,即它们由一种形式过渡到另一种形式、由一种联系秩序过渡到另一种联系秩序的规律。”

“经济运动规律”导致社会形态的发展，它也规定这种发展的方向。

经济规律作用中的自发性

经济规律是客观现象，它们的存在和作用不以人的意志和意识为转移。但是经济规律可能以一种方式发挥作用，它与人的有意识的目标和企图达到那些目标的活动相符合，它们也可能不以这种方式发挥作用。在第一种情况中，我们说经济规律以人所希望的方式发挥作用；而在第二种情况中，说它们自发地发挥作用。社会主义形态出现之前所有社会形态的大多数经济规律一直是自发地发挥作用的。

即使在前社会主义形态中，某些经济规律可能按人所希望的方式作用，它们也不是决定社会形态的发展规律。在大多数例子中，它们是上层建筑的规律，或者某些生产的技术和平衡规律。生产关系产生的具体经济规律，特别是一个社会形态的基本经济规律，以及表示不止是一个社会形态的生产关系的共同特点的那些规律，并不按照人的目标发挥作用。它们发挥作用的自发性部分地由于一个事实，即经济刺激和对它们做出反应的方式——不是人们希望的，而且在大多数情况下是不自觉的方式——是从生产关系和相应的分配关系的历史安排中产生的，部分地因为各种刺激互相不一致，而且部分地因为人的行动的复合体带来一种联合的结果，它不是涉及的任何个人或集团所希望的。我们再引用恩格斯的话：“人们所期望的东西很少如愿以偿，许多预期的目的在大多数场合都彼此冲突，互相矛盾，或者这些目的本身从一开始就是实现不了的,或是缺乏实现的手段。”①因此,前社会主义形态的作用方式和辩证的发展过程——马克思所说的“经济运动规律”——是自发的。社会形态的诞生、发展和衰落是一个自发过程。

经济规律的偶像化

这个过程的自发性说明了一个事实:虽则它是有意识的和有目的的人类行动的结果,但它的发展像一个自然历史过程。在我们已经援引的那一段中,恩格斯继续说:“这样,无数的个别愿望和个别行动的冲突,在历史领域内造成了一种同没有意识的自然界中占统治地位的状况完全相似的状况。”②马克思以同样的意思论述了资本主义的发展:“我的观点是:社会经济形态的发展是一种自然历史过程。”③这个“自然历史”式的过程,事实上是人类行动的结果。每一个行动单独地看都是有意识和有目的的,但是这些行动得以发生的不以人的意志为转移的条件,以及这些行为的相互作用,使它们的社会结果成为一种自发的过程。

这种自发性说明了人们为什么会误解经济学和社会学规律的性质。他们不认为是自己行动的意外结果而使自己看到某种超人

① 《马克思恩格斯选集》第4卷,第243页,人民出版社,1972年版。

② 见1894年1月25日恩格斯致符·博尔吉乌斯的信:“人们自己创造着自己的历史,但是到现在为止,他们并不是按照共同的意志,根据一个共同的计划,甚至不是在某个特定的局限的社会内来创造这个历史。他们的意向是相互交错着的,因此,在所有这样的社会里,都是那种以偶然性为其补充和表现形式的必然性占统治地位。在这里透过各种偶然性来为自己开辟道路的必然性,归根到底仍然是经济的必然性。”见《马克思恩格斯选集》第4卷,第506页,人民出版社,1972年版。

③ 《马克思恩格斯选集》第2卷,第208页,人民出版社,1972年版。

力量的作用、永恒的“自然规律”的作用，或超自然的神怪力量的影响。于是发生了经济学和社会学规律的一种形而上学的偶像化；[①]它们变为非人道化，而在人类活动范围之外寻找它们的起源。[②]

① “偶像化”一词见马克思《资本论》第 1 卷，第 87 页，人民出版社，1975 年版（《资本论》中译作“拜物教”，“fetish”一词既指崇拜无生命物体，又指盲目崇信某个原则。本书意指后者，故改译为“偶像化”。——译者注）。偶像化在于人们想象经济学和社会学的规律是支配人的超人力量的结果：“他们本身的社会运动具有物的运动形式。不是他们控制这一运动，而是他们受这一运动的控制。”马克思和恩格斯在他们活动的早期，为了说明这个现象，使用了当时德国哲学界常用的“异化”(Entfremdung)一词。他们对异化做如下描述：“受分工制约的不同个人的共同活动产生了一种社会力量，即扩大了的生产力。由于共同活动本身不是自愿地而是自发地形成的，因此这种社会力量在这些个人看来就不是他们自身的联合力量，而是某种异己的、在他们之外的权力。关于这种权力的起源和发展趋向，他们一点也不了解；因而他们就不再能驾驭这种力量，相反，这种力量现在却经历着一系列独特的不仅不以人的意志和行为为转移，反而支配着人们的意志和行为的发展阶段。”《马克思恩格斯选集》第 1 卷，第 39 页，人民出版社，1972 年版。关于这个题目，见 D. 罗森堡：《19 世纪 40 年代中马克思和恩格斯的经济研究的发展纲要》（俄文）和奥格斯特：《马克思主义批判》第 48—54 页，巴黎，1951 年版。

② 经济学和社会学规律的这种非人道化采取两种形式：自然主义的和超自然主义的。第一种形式表现在被认为统治人的社会生活的“永恒自然规律”上。它的理论形式可见于重农学派的经济系统——古典政治经济学中，并在某种程度上见于有些以后的经济理论中，以及社会学中有机的和种族的理论中。后者表现在宗教哲学和客观观念论的历史理论中，这些理论只是宗教想象的比较富于色彩的幻象的抽象变种。完全接受自然科学提供的世界图景的基督教，特别关注根据经济学和社会学规律作用的自发性为宗教世界观寻找根据。例如，英国历史家赫伯特·勃特菲写道：“我们不仅用我的投票而且用我们的行动并用我们之间进行的一切相互作用，从事一种创造历史的工作，将来的历史学家们将必须论述和思考它。然而，必须记住，我们创造历史的模式将不是我的意志、你的意志或任何别人的意志的产物，而在某种意义上不如说是代表这些意志的综合，或者至少是它们的效果的综合——有时，没有一个人希望或预期的某种东西……历史学家们所关注的很大一部分事实上集中于可以说在我们头上进行的那种历史创造，有时歪曲我们行动的结果，有时使我们的目的不由我们自己作主，并且有时把我们的努力引向无法实现的目的。”（《基督教和历史》第 23—124 页，伦敦，1957 年版）这显然是对社会发展过程的自发性的一种分析，很像恩格斯做的分析。然

社会主义克服
经济规律的自发性

科学社会主义是克服社会发展的自发性和建立其中的经济规律会以人所希望的方式发挥作用的生产关系体系的事业。它从一个假设出发:资本主义生产方式的演化为自身准备了条件,使新的社会主义的生产关系体系变得既有可能又有必要。必要的意思是,

而作者得出不同的结论:"因为首先有一个上帝,我们必须认为是在事物构造本身之中。不论我们是不是基督教徒,不论我们相信上帝与否,如果我们不认为我们自己生来就在上帝的秩序之中,我们可能犯严重的技术错误。我们不能用任何手段做我们对那个秩序所采取的任何行动的主人,并且不能用任何手段使我们处于能改造它合乎我们心愿的地位。"(《基督教和历史》第126页)我们援引的那一章,题为"上帝和历史过程"。另外,人在历史中见到的除上帝外还有魔鬼力量的作用。神学家保罗·阿尔绍斯写道:"在人民的意志上面,……历史中还有其他活动的力量起作用——超人的趋势、倾向、'思想'。它们不是人所设计和指挥的……它们压倒他(或压倒全体人民,甚至整个时期),驾驭他为它们自己服务,并强迫他达到一个他不知道的目的,他没有希望的结果……这类历史的精神力量肯定不都是坏的,但是它们之中有坏的魔鬼。例如,我们说力量的魔鬼,……力量本身成为目的;它使用一切手段,打破一切道德约束,并且为此变成一种破坏力。"(《基督教真理。教条教科书》第2卷,第153—154页,1949年第2版)美国哲学家和神学家保罗·铁立奇论述了作为一种超人力量反对人的"个人和社会生活的魔鬼——悲剧结构。"(《系统神学》第1卷,第55页,伦敦,1955年版)同样,现代存在主义哲学谈到"存在情况",涉及人而人无从逃避,它用恐惧和焦虑充满他的存在。恩格斯也谈到经济学和社会学规律是"盲目的、强制性的、破坏性的","违背我们,反对我们","把我们置于它的支配之下",并把它们与控制人的命运的魔鬼力量做比较(《反杜林论》第305—306页,人民出版社,1974年版)。然而,历史唯物论解释不必求助于自然主义的或超自然主义的形而上学构思来说明压迫社会和个人生活的"魔鬼—悲剧结构"。它解释它们是社会生活的某些历史条件中人的活动的相互作用的结果,在这些条件中的社会发展过程是自发的。这样,历史唯物论解释对经济学和社会学规律的作用的自发性给予了人道主义的解释,并在同时证明了克服这种自发性是可能的,而且指出了这样做的必要条件。

它构成一个条件，以便进一步发展生产力，并从资本主义社会形态内部矛盾的自发性积累造成的分崩离析中挽救社会，这些矛盾会不可避免地导致它的崩溃。

控制社会形态的作用方式的基本条件是建立主要生产资料的社会所有制。这使它有可能规定经济刺激，使人们对它的反应符合有组织的社会的意志。当情况如此的时候，人类行为的经济规律以人所希望的方式发挥作用。而且，生产资料的社会所有制使得计划人类行动相互作用的方式成为可能，结果人类行动相互作用的规律也以人所希望的方式发挥作用。最后，生产资料的社会所有制消除了生产关系的对抗性质并且同时排除了享受特权的、既得的阶级利益形成的障碍，这种障碍反对使经济规律以符合全社会意志的方式发挥作用的任何尝试。[①] 通过这种方式，社会主义生产方式提供了控制社会发展和经济规律的作用的机会。

社会主义的经济规律

这并不是说在社会主义社会形态中，经济规律不再独立于人的意志和意识而起作用。生产的技术和平衡规律、人类行为规律以及人类行动相互作用的规律是不依赖于人的意志和意识而客观地起作用的。这一点不会因为是社会主义或任何其他生产方式而

---

① 这并不是说由于其状况依靠它们在上层建筑中占据的地位的某些阶层或社会集团的保守利益，不能发生社会冲突。然而不是建立在生产关系上的这些阶层或集团的反对，从长期看，不能阻挡经济规律的作用按照全社会的意志和利益来调整，也不能恢复社会发展过程的自发性。参见本卷第二章，以及兰格：《社会主义社会经济学》第5—6页，社会研究所，《社会变化丛刊》第16号，海牙，1958年版。

改变。恩格斯对此讲得很清楚,他解释了经济规律在社会主义以前各社会形态中作用的方式与它们在社会主义制度下作用的方式之间的差别:“……它就可以在集体生产者的手中,从魔鬼似的统治者,变成顺从的奴仆。这上面的区别,正如打雷时闪电的破坏力与电报机上和弧光灯上的驯服电流之间的区别一样,也正如火灾时的火与供人用的火之间的区别一样。”①

正如自然规律被当代技术所利用一样,经济规律也可以创造条件来利用,使这些经济规律发挥作用的方式能使它们的效果与人的目标一致。恩格斯说得这样清楚:“人们自己的社会行动的规律——它直到现在一直作为异己的、支配着人们的自然规律而与人们相对立——将被人们十分内行地运用起来,因此也将服从于人们的支配。人们的社会结合,直到现在,作为自然和历史所强加于他们身上的事物而同人们相对立,现在变成他们自己的自由行动。直到现在,统治着历史的客观的异己的力量才受到人们自己的控制。只有从这时起,人们才开始充分自觉地创造自己的历史。只有从这时起,由人们使它起作用的那些社会原因,才将以极大的和日益增加的程度,给予他们以他们所预期的效果。”②

因而控制社会发展不在于消灭经济规律的作用,因为这是不可能的,而在于创造条件,使“由人们推动而起作用的那些社会原因”产生“他们所预期的效果”。但是,因人们推动而起作用的那些社会原因的预期效果是客观规律作用的结果,不以人的意志为转移。必须记住经济规律作用的自发性和它们的客观性之间的区

① 弗里德里希·恩格斯:《反杜林论》第306页,人民出版社,1974年版。

② 同上书,第310页。

别。它们的客观性来自这样一个事实，即它们是在客观实际中进行的实际经济过程的一种特性，也就是不以人的意志和意识为转移；而自发性是经济规律作用方式的一个特性，而且是经济规律的作用不符合人们的愿望的表示。控制经济规律的作用，也就是说，使它们符合人的愿望，是靠适当利用经济规律的客观作用实现的。

经济规律的客观性和自发性

混淆经济规律作用的自发性的概念和经济规律的客观性的概念使某些经济学家得出了错误的结论，即所谓在社会主义形态中没有客观经济规律，而且它们的自发性已被克服这个事实是它们停止发挥作用这个事实的结果。① 要认识这个结论的错误，只要

① 这一点使得有些经济学家断言，在社会主义社会中政治经济学失去了它的题材。它最多只能从事社会主义以前各社会形态的回顾研究。罗莎·卢森堡持这种观点，她把政治经济学的题材限于商品生产特别是资本主义商品生产的规律，因而得出结论："一旦资本主义的无政府经济让位给一个整个劳动社会计划的自觉地组织和指挥的经济，政治经济学作为一门科学的作用就会结束。现代工人阶级的胜利和社会主义的实现，因而意味着政治经济学作为一门科学的终了。"（《国民经济学引论。讲演和论文选集》第 1 卷，第 491 页，柏林，1951 年版）她确实承认社会主义社会中存在着支配再生产过程的技术和平衡规律（见《资本的积累》第 128—131 页和第 321—323 页，英译本，伦敦，1951 年版）。但是，她想的社会主义社会的生产关系如此简单和明显，因而不需要专门的政治经济学。早先鲁道夫·希法亭表示过类似的意见："政治经济学不再以我们以前知道的形式存在而被一门'各国财富'的科学代替。"（见《庞巴维克对马克思的批判》第 191 页，保罗·M.斯威齐主编，纽约，1949 年版）布哈林甚至走得更远，他在他论述过渡时期经济的一本书中写道："主要是，一旦我们考虑一个有组织的社会经济，政治经济学的一切基本'问题'就消失了……所以，一方面这里有一个描述性系统的位置。但是没有一门研究市场的'盲目规律'的科学的余地，因为市场不复存在。所以资本主义商品生产的终了意味着政治经济学的终了。"（《过渡时期经济学》第 12 页，共产主义国际出版社，汉堡，1922 年版）政治经济学不限于研究市场的"盲目规律"。社会主义社会的经济过程中出现的社会关系和与之联系的经济规律需要科学的研究。

知道没有客观经济规律，就不可能自觉地和有目的地指导社会发展；无法计算的混乱会盛行世上，人们将不知所措，不能影响经济过程。客观规律确实继续存在于社会主义形态之中，而且客观性不亚于社会主义以前各社会形态中，但是经济规律在社会主义下的作用方式不同。社会主义生产关系意味着有可能控制经济规律，创造使那些规律的作用愈来愈完美地符合人的愿望的条件。[①]

社会形态中的辩证过程

作为社会形态发展的动力的辩证过程，在社会主义社会形态

① 斯大林在他的《苏联社会主义经济问题》一书中，非常强调社会主义存在客观经济规律："总之，在社会主义下，政治经济学规律是客观规律，它们反映不以我们的意志为转移的经济生活过程的规律性。否认这个原理的人，事实上就是否认科学，而否认科学，也就是否认任何预见的可能性，因而就是否认领导经济生活的可能性。"(《苏联社会主义经济问题》第 6 页，人民出版社，1961 年版)卡尔·考茨基很清楚地阐述了社会主义制度下经济规律的存在和作用问题，他写道："请大家注意即便是在社会主义人士中也并不少见的一种错误，或许是适当的。人们断言它之所以按照某些规律运行是商品生产的一种特殊性。这一点被认为由于这样的事实：商品生产是由很多生产者无政府地进行的，他们每一个人支配自己的生产资料。当社会本身接管生产资料所有权时，情况被认为大相径庭。这时能精确地按照社会认为合适的方式组织生产，完全不依靠一切经济规律。这是一种错误。如果一个工厂主设立一个工厂，虽则他能自由地支配他自己的生产资料，但他不能随心所欲地采取行动。如果不考虑生产的某些自然规律，他的企业将永远不能生产任何东西。社会主义社会也一样……资本主义生产和社会主义生产之间的差别属于另外一种。在资本主义生产中，生产不可能调整以适应经济规律而不发生危机。然而，在社会主义生产方式中，有可能自觉调整生产以适应生产方式的自然规律，并且以此方式保持生产过程循环而没有灾异和危机。当然，这一点是建立在人们研究这些自然规律的基础上的。认为只要控制了生产资料，便能以力量反抗这些规律的观点，总是要失败的。"(《唯物史观》第 1 卷，第 876—879 页，狄茨出版公司，柏林，1927 年版)

中也起作用。作为人和自然之间相互作用的辩证过程的结果,生产力发展了,始终有必要一方面调整生产关系,以适应生产力的发展,另一方面调整上层建筑,以适应生产关系的变化,这种必要性产生了必须解决的矛盾。[①] 这些矛盾像经济规律一样是客观的,而且是实际社会发展的一个性质,不取决于人的意志和意识。这些矛盾又导致了经济规律作用中的矛盾,并且如果不及时排除它们,就会导致经济过程中的扰动。

然而在社会主义形态中,这些社会学矛盾和从它们产生的经济规律作用中的矛盾一样,在它们变成一个无控制过程来源以前,能够加以排除。当生产资料属于社会所有时,特权阶级的利益反对调整生产关系以适应生产力发展的需要,而且有些社会集团和社会阶层可能对保留上层建筑的过时部分有兴趣。可是,从长期看,没有享受任何特权的社会阶级,它们不反对调整上层建筑,以适应社会形态的经济基础的变化。[②] 因此,第一和第二社会学规律在社会主义形态中受人的控制,而不再是社会发展中自发性扰动的来源。这样,即使在社会主义下,发展仍然是矛盾出现和解决

① 所以不可能同意克西威斯基所持的唯物史观的原理不适用于社会主义社会的发展的观点。克西威斯基关于历史唯物论写道:“我们所说的指导社会发展的原理并不代表束缚每个历史时代的一个铁律,……如果地区制度(克西威斯基用它代表氏族制度以后的一切制度——奥斯卡·兰格)有时让位于一个基于在整个国家自觉调节生产的无阶级制度,自发性将消失,并且我们已阐述的原理也会随之消失。”(《动物和人类的社会发展。社会学研究》第 217 页,波兰文)克西威斯基不很清楚哪个类型的社会发展将在社会主义下发挥作用。他认为在原始社会中人口和人类学因素是决定性的——在生产过程中形成了人和自然之间的直接相互作用而不是社会关系。

② 关于在上层建筑的具体形式中有既得利益的社会集团和阶层的作用,以及它们的行动是妨碍社会主义社会发展的一个因素,见第二章及本章有关部分。

的一个辩证过程——在这个过程中,紧张状态产生并被排除。不过所有这一切并不是自发地进行的,而是被有组织的社会的自觉和有目的的活动所支配——这种活动是为了实现人的愿望而利用客观的社会学和经济学规律。[1]

① 在社会主义社会发展过程中不发生矛盾的天真信念,是把社会主义当作在地球上实现天国的宗教最终审判的解释的结果。它是作为宗教最终审判的每种形式的起源的同一深刻的人类愿望的一种表示。它与科学社会主义无关——科学社会主义将社会主义解释为服从历史唯物论形成的一般社会学规律的人类社会发展中的一个新阶段。毛泽东曾告诉人们注意这一点:“许多人不承认社会主义社会还有矛盾……不懂得在不断地正确处理和解决矛盾的过程中,将会使社会主义社会内部的统一和团结日益巩固……在社会主义社会中,基本的矛盾仍然是生产关系和生产力之间的矛盾,上层建筑和经济基础之间的矛盾。……矛盾不断出现,又不断解决,就是事物发展的辩证规律。”(《毛泽东选集》第5卷,第372—375页,人民出版社,1977年版。并见卡洛斯·阿斯特拉达的有趣的书:《马克思主义与最终审判》第228—235页,布宜诺斯艾利斯,1957年版)科学社会主义绝不是最终审判,也就是说它并不期望个人和集体生活的矛盾消失。但是,它是一种有目的的和自觉地解决这些矛盾的事业,靠适当利用科学发现的社会学和经济学规律指导人类社会的生活。征服社会发展中的自发性,消灭了经济学和社会学规律的自然形式和超自然形式两方面非人道化的基础。社会生活因而可以看成是人类活动的产物。这些活动,以前是不自觉的和无企图的,但是现在及将来会日益自觉并符合人的企图。如此来克服压迫人的“妖魔—悲剧结构”。然而这不是消极等待最终审判预言的实现,而是由于人的活动,由于与阻力和矛盾不断斗争,以及由于利用支配自然界和社会生活的客观规律以实现自己人为规定的目标得到的。在这个斗争过程中发生辩证的紧张状态和矛盾,需要始终以积极态度对待实际,需要区分什么是与有待完成的任务要求一致的,什么是不一致的,也就是评价个人和集体生活的事实的一种道德态度。连同经济学和社会学规律的自然主义的和超自然主义的迷信,社会主义社会也抛弃了不论是基督教天国形式的或印度教或佛教涅槃形式的“矛盾和斗争结束”的最终审判的期望。最终审判的幻想是人类活动的自发结果,是像外来的、超人的权力那样统治人的那些社会形态的产物。由于社会过程的自发性被实现社会为自己规定的目标的活动代替,这些幻想消失了。

社会主义形态开辟人类历史的新时代

因为在社会主义社会的发展过程中产生的矛盾被自觉地和有目的地排除，所以作为一切以前社会形态的一个特点的那些矛盾的激化不会发生。生产关系的组织和生产力的要求之间的矛盾，由于自觉地调整这些组织而被及时排除。同样，上层建筑也被调整以适应新条件。由于这一点，社会主义形态不经受“老化”过程而且没有衰落的危险。生产资料的社会所有制有可能自觉和有目的地解决发展过程中出现的经济规律作用中的矛盾。换句话说，社会主义形态有无穷的能力调整它的生产关系和上层建筑，以适应发展社会生产力的要求。因此，它不像以前的一切社会形态那样衰落，它把自己改造为新的愈来愈高的社会发展阶段。①

由于控制了社会发展和创造了有可能自觉地将经济规律用于人类自己的目的的条件，社会主义开辟了人类历史上一个新时代。一个接一个社会形态的发生、发展和衰落的自发的和重演的循环被人所控制的社会发展所代替，这个发展是在能无限调整以适应

① 社会主义形态向前发展的更高阶段，通常称为共产主义（见《马克思恩格斯选集》第3卷，第12页，人民出版社，1972年版）。社会主义的名称，一般只用于基于生产资料社会所有制的社会形态发展的第一阶段（可参见列宁：《国家与革命》第81页，人民出版社，1949年版）。我们可以说，以这个方式设想的社会主义在历史上是过渡性质的，这是对的；但这是一个更广阔的社会形态的过渡阶段，后者自身不是过渡性的，而是最终的。因为以后的社会发展不带来社会形态的变革。

人类社会发展需要的一个社会形态中进行的。[①]

经济规律知识的实际意义

我们知道,经济规律的作用不依靠人的意识,不依靠人们是否意识到它们的作用,并且不依靠人们是否正确地理解了它们的作用。对经济规律的正确理解是控制它们的一个不可缺少的条件。因为人们如果不知道这些规律或者误解它们,就不能控制经济和社会规律(以及自然规律)并且利用这些规律来实现某些目标。如果对支配自然和人们社会生活的规律没有真正的知识,就不可能有什么有效的活动。人所不知道的或误解的规律将始终自发地发挥作用。

所以对经济规律的真正理解是控制它们的一个先决条件,政治经济学作为一门科学的实际重要性就在于此。作为研究支配经济过程的社会规律的科学,政治经济学向人们提供了必不可少的知识,以便利用经济规律的作用为人们的目标服务。所以政治经济学供给的知识是社会实践的一个工具。

从一开始,研究政治经济学的人们就希望它是为社会实践服务的知识来源之一。然而利用政治经济学于实际目的的可能性首

---

① 当马克思提及资产阶级社会形态,并说“人类社会的史前时期就以这种社会形态而告终”时,他心中无疑想到了这一点(见《马克思恩格斯选集》第 2 卷,第 83 页,人民出版社,1972 年版)。自发性的社会发展时期随着资本主义告终而人类自觉和有目的地塑造其历史的时期的开始而开始。自发的“史前时期”结束,而自觉和有目的地塑造的“历史”开始。

先受对经济规律的片面理解所限制，也受另一个事实的限制——由于当时的社会条件，许多经济规律的作用被误解。在政治经济学得到的成果能在社会上有效应用之前，必须满足两个历史条件：第一，为了研究政治经济学的人们有可能正确理解支配社会形态发展的经济和社会规律，需要社会条件。第二，为了有可能控制经济规律，需要社会条件。

我们已经说过，即使在社会主义以前的各个社会形态中，某些经济规律也可能如人们所希望的那样发挥作用。由于这个原因，政治经济学逐渐得到并深化的经济规律的知识，始终有一定的实际重要性。不过，由于这些规律对社会的运转和发展没有根本意义，政治经济学的实际重要性必然很有限。即使在有些情况下，政治经济学对支配经济过程的较重要的规律成功地得到了真正的知识，它在实际中也仍然无效。最多它不过是能理解社会发展的自发性经济过程，人对它不能施加任何影响。只有随着科学社会主义的出现——这是一个历史事业，目的在于控制社会发展，以及创造可以利用经济规律的条件以便得到预期效果——政治经济学才取得一种新的、创造性的、实际的作用。它从自发性经济过程的一个被动观察者变成用于指导那个过程的知识来源。为了行使这个功能，政治经济学必须供给真正的知识，即充分反映在经济过程中发挥作用的社会规律的知识。

第四章　政治经济学的方法

政治经济学是一门理论学科

政治经济学是研究经济规律的学问，也就是研究经济过程各因素之间不断重复的关系的学问。它确认经济规律的存在、它们的性质、历史上的范围、作用方式和相互关系。政治经济学因而是研究经济过程在经济规律中表现自己的特点的学问。它是一门理论学科，与研究一定时间和一定地点的具体经济过程的经济史和描述经济学不同。

各种经济学科——它们的题材和相互关系

研究具体经济过程在时间上的发展是经济史的事情(例如波兰经济史)。描述经济学是描述具体的当代经济过程(例如波兰现在的经济情况)。如果定量表示具体经济过程，这是经济统计学。如果讨论它们在地球表面上的分布，则是经济地理学的事情。经济统计学和经济地理学形成描述经济学的一部分；而就它们谈到时间上的具体经济过程而言，是经济史的一部分。政治经济学、经济史和描述经济学（包括经济统计学和经济地理学）一起形成所谓各种经济学，即研究经济过程的各种学科。

各种经济学科互相依赖。研究具体经济过程需要关于支配这些过程的规律的知识。所以经济史和描述经济学必须利用政治经济学，同时向政治经济学提供关于具体经济过程的信息。

应用经济学和它的分支

政治经济学研究经济过程的整体，其中的各个组成部分被经济规律联系起来。然而，为了实际目标，必须在理论（即有关经济规律）和描述（即关于具体过程）两方面分别分析经济过程的各个领域或特点。应用经济学的各个分支研究这些问题。这些常常被称为部门经济学，包括工业经济学、农业经济学、贸易经济学、银行经济学以及财政学等等。因而应用经济学是政治经济学和描述经济学的各部门的组合，对应的经济过程分为各部门或各方面。在教学研究组织，特别是训练经济过程各个方面合格的专业人员方面，需要这种组合。应用经济学的各个分支当然算作经济科学的一部分。

政治经济学和不同社会形态的经济学

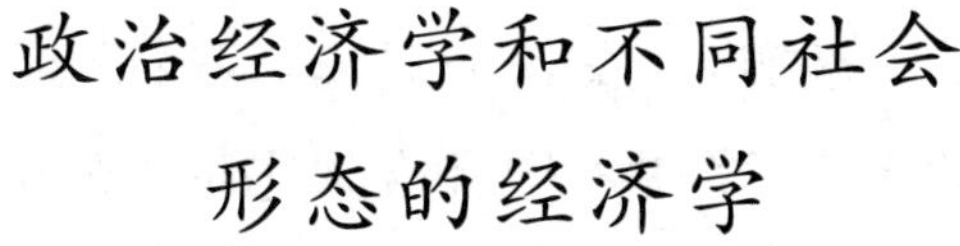

我们知道，经济规律的作用限于历史上的各具体时期，而且这

些规律不是孤立地起作用，它们是在一个特定的社会形态中组合成一个互相联系的系统，称为社会形态的作用方式。这里专属于某一社会形态的经济规律有基本重要性，特别是该社会形态的基本经济规律。所以政治经济学从历史上考察经济规律，分析经济规律在各个社会形态中的作用，研究各个经济规律作用中的相互联系，并努力发现各社会形态的作用方式以便揭示它们“运动的经济规律”。

由于这一点，与历史上各个社会形态相对应，政治经济学分为原始社会的政治经济学、亚细亚和古代形态的政治经济学、封建主义的政治经济学、资本主义的政治经济学和社会主义的政治经济学。这些“政治经济学”讨论它们各自归属的社会形态所特有的经济规律、运转方式以及它们“运动的经济规律”，借以对各种有关社会形态的发生、发展和衰亡的过程提供解释。

经济规律的历史范围与社会形态并不总是处于同样的一个时期。只有某个社会形态特有的那些规律与它同步，而其他经济规律的作用则超出一种社会形态的范围。例如，生产的技术和平衡规律以及表达不止一个社会形态共有的经济基础的特性的那些经济规律，表示属于一种社会形态的基础的某一发展阶段的那些经济规律，以及作用时期较短，由上层建筑的影响产生的规律。在某个社会形态内起作用的经济规律的分类，各个规律在它们的历史范围中并不同步的事实，以及各个规律与各社会形态的经济基础有不同的联系的事实，说明不同社会形态的“政治经济学”并不形成各个独立的学科。它们的研究在某种程度上是交错的，而且是根据同一基础的。

这个共同基础在于这样的事实，不同社会形态中经济过程的各种规律性是同一社会过程，即满足人类需要的物质资料的生产和分配在不同历史条件下的表现。因此，与各个社会形态对应的“政治经济学”是一个单一共同学科——政治经济学的分支。但是政治经济学不只是各个社会形态的政治经济学。它也讨论影响不止一个社会形态的问题，甚至讨论所有社会形态都出现的经济过程的一般性质（例如一些生产的技术和平衡规律）。除了讨论不同社会形态的经济规律和作用方式之外，政治经济学还必须讨论各个社会形态共有的一般问题。①

资本主义前的社会形态的政治经济学

当讨论政治经济学分为对应各社会形态的各部分的时候，必须记住，到现在为止，只有资本主义政治经济学是政治经济学的一个充分发展的分支。古典政治经济学局限于研究资本主义生产方

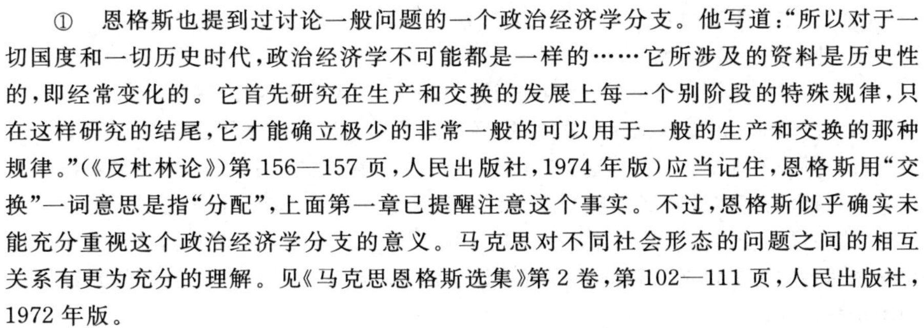

① 恩格斯也提到过讨论一般问题的一个政治经济学分支。他写道：“所以对于一切国度和一切历史时代，政治经济学不可能都是一样的……它所涉及的资料是历史性的，即经常变化的。它首先研究在生产和交换的发展上每一个别阶段的特殊规律，只在这样研究的结尾，它才能确立极少的非常一般的可以用于一般的生产和交换的那种规律。”（《反杜林论》）第156—157页，人民出版社，1974年版）应当记住，恩格斯用“交换”一词意思是指“分配”，上面第一章已提醒注意这个事实。不过，恩格斯似乎确实未能充分重视这个政治经济学分支的意义。马克思对不同社会形态的问题之间的相互关系有更为充分的理解。见《马克思恩格斯选集》第2卷，第102—111页，人民出版社，1972年版。

式,而对待资产阶级以前的社会生产机体形式,“就像教父对待基督教以前的宗教一样”①。马克思自己明确表示他的研究题材是资本主义生产方式,并且“本书的最终目的就是揭示现代社会的经济运动规律”②。马克思所说的庸俗经济学事实上也局限于研究资本主义社会形态的问题。1878 年,恩格斯说:“按广义来说,政治经济学是这样一种科学,它研究人类各种社会中进行生产和交换的条件和形式,以及与此相适应的进行产品分配的条件和形式——这样的广义的政治经济学,尚有待于创造。直到现在,我们所见到的经济科学差不多完全限于研究资本主义生产方式的发生和发展。”③

政治经济学以后的发展没有超过研究资本主义社会的经济过程多远。④ 克西威斯基在 1900 年写道:“第一批经济学家从我们自己这个时代的观点考察了经济现象。”并且补充说:“除了我们自己的形态以外,曾有其他形态,它们也有,或者至少应当有它们自己的政治经济学。而将来的政治经济学应当包括所有那些经济时代,它们前后相继,并且它们的发展互相牵涉。我们事先要弄清

① 卡尔·马克思:《资本论》第 1 卷,第 98 页,人民出版社,1975 年版。

② 同上书,第 11 页。

③ 弗里德里希·恩格斯:《反杜林论》第 160 页,人民出版社,1974 年版。

④ 迈尔维·J.赫斯柯维茨在他的《经济人类学。比较经济制度研究》(第 42—53 页,纽约,1952 年版)中注意到这点。应当补充,以后讨论的一个流派,把政治经济学当作一种普通的科学,即其规律普遍成立而不论历史条件,只是一个表面的例外。实际上,这些假设为普遍适用的规律是只适用于资本主义经济的。所谓政治经济学中的历史学派对资本主义以前的经济关系给予许多注意,这是事实,但是它研究的是经济史而不是政治经济学。

楚，它只是教科书未能填补的缺陷。”[①]

马克思和恩格斯，对资本主义以前各种社会形态，特别是对封建主义的政治经济学，已经做了一些研究。恩格斯说过：“为了全面地进行对于资产阶级政治经济学的批判，光知道资本主义的生产、交换和分配的形式是不够的，还必须对在它之前存在过的或者在发展较差的国度内和它同时存在的那些形式，至少对其主要特征，加以研究，并予以比较。”[②]

列宁在讨论封建因素仍然流行的沙皇俄国的资本主义发展时，对封建主义政治经济学的研究做出了重要贡献。[③] 当讨论资本主义以前的社会形态的政治经济学时，克西威斯基和肯诺的著作特别值得注意。[④] 考茨基对于有关资本主义以前社会形态的政治经济学的问题也进行了大量研究。[⑤] 近年来苏联对资本主义以前社会形态的基本经济规律有许多讨论，有助于阐明这些社会形态的政治经济学的某些问题。波希涅夫为扼要地写出封建主义政

① L.克西威斯基：《政治经济学・自学手册》第 3 卷，第 88 页，华沙，1900 年版。

② 弗里德里希・恩格斯：《反杜林论》第 160 页，人民出版社，1974 年版。除了关于资本主义前社会形态的经济的许多评论散见于马克思和恩格斯著作的各处外，恩格斯在 1884 年出版的《家庭、私有制和国家的起源》中特别讨论了这个题目。

③ 见列宁：《俄国资本主义的发展》，尤其是第三章。

④ 最重要的是克西威斯基的几部伟大著作：《野蛮时代的社会经济制度》，华沙，1912 年版；《原始社会及其生命统计》，华沙，1937 年版。还有收入《光与人》文集第 3 期（华沙，1912 年版）中的他的一篇普及文章——“经济关系的发展”也值得一提。海因里希・肯诺写了《经济通史》4 卷集，柏林，1926—1931 年版。第 1 卷讨论封建社会以前社会形态的政治经济学问题。其余 3 卷讨论从早期封建主义开始的经济史。

⑤ 考茨基在《唯物史观》第 2 卷，特别是该书Ⅰ—Ⅷ部分中，对资本主义以前社会形态的政治经济学的见解有系统的表述。

治经济学做了第一次尝试。①

不过,所有这些研究都是片段性的。因此资本主义以前社会形态的政治经济学,作为政治经济学的一个系统性分支而言,仍然不存在。②

社会主义政治经济学

俄国十月社会主义革命,中欧在第一次世界大战后的革命,社会主义生产方式在苏联的诞生和发展,以及第二次世界大战以后,许多国家开始建设社会主义经济,这些都提出了社会主义政治经济学问题。在 1917 年后的革命俄国和中欧关于这个题目有许多重要的文章或著作,而且它在西欧和美国,特别是在 20 世纪 30 年代大萧条时期,也有响应。在苏联,鉴于社会主义经济计划和管理的实际问题的需要,它得到了进一步的讨论。近年来在所有社会主义国家,特别是在苏联、波兰和匈牙利,讨论特别热烈。社会主义政治经济学的初步轮廓开始出现。③

① 波希涅夫:《封建主义政治经济学大纲》,莫斯科,1956 年版;并见 1953—1956 年《历史问题》关于封建主义基本经济规律的讨论。还值得提起阿伯兰莫斯基做的综合——《封建主义》(E. 阿伯兰莫斯基:《文集》第 3 卷,华沙,1927 年版)。

② A. 波格丹诺夫的普及手册《政治经济学大纲》,莫斯科,1925 年版;K. 奥斯特罗维强诺夫的普及著作;《资本主义以前形态经济学大纲》中,有这种综合的尝试。

③ 对于基本问题和到今天为止的简短而系统的讨论的结论,见兰格的一篇论文"社会主义政治经济学",社会研究所,《社会变革丛刊》第 16 号,海牙,1958 年版。它也讨论了到现在为止对这个题目已进行的研究。在苏联的关于这个题目的出版物中,最重要的仍然是斯大林的《苏联社会主义经济问题》,虽则最近这本书受到严厉的批判,但它对这方面思想的发展有很大影响。苏联科学院出版的《政治经济学》教科书,莫斯

社会主义生产方式还很年轻，而且在许多国家还在初生状态，以及社会主义形态的上层建筑仍然很不定型，这些事实说明了社会主义形态特有的经济规律为什么尚未充分成形。资本主义遗存，在有些国家还有资本主义以前的遗存的分量还能被人感觉出来。出现第一批社会主义社会所处的特定历史条件，它们出现在落后国家以及资本主义世界进行了一场反对社会主义的尖锐斗争的事实，是造成这些社会特别是它们的上层建筑的发展变形的原因，即它们产生了与社会主义社会性质及其进步的要求矛盾的现象。经济规律的作用也受到影响。当代世界是原子能、电脑和空间飞行的世界，生产力发展特别迅速，这使得这些规律的形成更加困难。这种发展比资本主义初期快得多，不用说比更早的社会形态了。因而在社会主义政治经济学领域内得到的成果虽然很多，却仍然只是开始。

政治经济学的方法的一般特性

政治经济学为了达到它理解经济规律，它们的性质、历史范围和作用方式，它们的相互关系以及社会形态的"经济运动规律"的

科，1952 年版，包括一个系统地讨论社会主义的部分。这主要是对组织和管理苏联经济的方式的描述，但是，它也包含论述社会主义政治经济学，即从理论上分析在社会主义社会形态中起作用的经济规律的尝试。1960 年莫斯科出版的 K.N.沙费夫主编的《社会主义政治经济学》，对社会主义政治经济学有较深刻的分析和系统的阐说。对波兰讨论社会主义政治经济学问题的较重要贡献以及这些问题的系统阐述，可见 W.布鲁斯的《关于社会主义经济运转的一般问题》、E.李平斯基的《经济理论和当前经济问题》、B.明茨的《社会主义政治经济学》以及奥斯卡·兰格主编的集体著作《社会主义政治经济学问题》，华沙，1958 年版。

目标,使用了一些系统的应用的认识手段。各种认识手段形成了取得真正知识,即充分反映客观经济规律的知识的一种系统方法,这是适用于这门科学的方法。①

使用一种有效方法,适应人类认识的一般条件以及从主题性质产生的特定的观察条件,这对政治经济学甚至对每门科学都是不可缺少的。

政治经济学的方法包含三个连续的研究程序:抽象、逐步具体化和验证。抽象是把经济过程的主要因素(即在特定情况下不断再现的因素)及它们之间的经常关系分离出来。抽象确立经济过程中的最一般因素以及它们之间的关系。抽象得到的结果逐步具体化是考虑经济过程的愈来愈细的因素和它们之间的关系。做这个工作的方法是引进那些只在比较具体的条件下才重复出现的因素和关系,换言之,非主要的因素和关系。最后,验证是把逐步具体化得到的结果与在特定条件下观察的具体、实际经济过程进行对照。

这三个研究程序是探讨经验世界中发生的过程的一切理论科学共有的。从经验到抽象,以及从抽象逐步具体化,回到经验——这是得到真正知识的一切认识的道路。

---

① “方法”一词在一般意义上是指一种有意识和有目的地使用的正规行为方式,即一定的行动序列。因而一种方法是为了达到一定目的,以一定方式使用的一组手段。科学方法是最广义的方法的一个特例,因为科学研究是一种人类活动,其确切目标是为了得到关于实际和支配它的规律的知识。关于方法在一般人类活动中,特别是在科学研究中的作用,见 T.考塔宾斯基:《方法的概念》,华沙,1957 年版;《论好工作》第 87—89 页及第 189 页,罗兹,1955 年版;以及《律师用逻辑教程》第 156 页,华沙,1953 年版。

这个过程表明了认识的辩证性质。[①] 人的思想是通过与外部客观世界不断摩擦形成的。抽象来自客观验证导致思想再次与客观实际对照。作为这种对照的结果，原来的抽象得到改进，为了使它更加接近实际，接着再一次逐步具体化和验证，而全部过程又重复一次。在重复过程中，思想与实际经验（外部世界在人们头脑中的简化反映）、逐步具体化与验证之间的矛盾逐渐消除。

政治经济学的方法就其一般轮廓而言，与有关经验世界各个方面的其他理论学科所用的方法并无差别。[②] 但是政治经济学的题材性质使这些研究程序采取了特殊形式。阐明这些形式是政治经济学方法论的任务。

抽象在政治经济学中的作用

抽象在政治经济学中起一种特殊重要的作用。这是因为经济过程是很复杂的。经济过程是很大数目（有时达到几百万）的在变

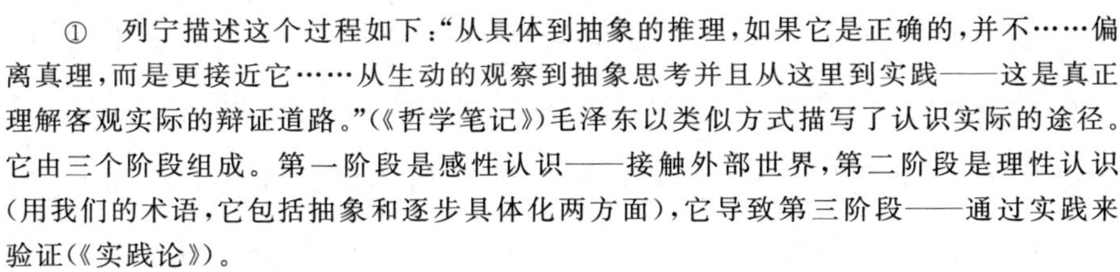

① 列宁描述这个过程如下："从具体到抽象的推理，如果它是正确的，并不……偏离真理，而是更接近它……从生动的观察到抽象思考并且从这里到实践——这是真正理解客观实际的辩证道路。"（《哲学笔记》）毛泽东以类似方式描写了认识实际的途径。它由三个阶段组成。第一阶段是感性认识——接触外部世界，第二阶段是理性认识（用我们的术语，它包括抽象和逐步具体化两方面），它导致第三阶段——通过实践来验证（《实践论》）。

② 这些学科，如物理学、化学、生物学、心理学、社会学，与逻辑及数学不同。后面两门学科不直接研究经验外部世界，而与我们的思想方式有关。所以它们不需要依靠把它们的结论与经验实际对照来验证。辩证唯物论用人类的思想方式是在实际活动中（即在人与外部世界的接触中）形成的事实解释为什么它们适合作为了解实际的工具。

化条件下进行各种活动的人重复许多次的高度多样化行动的集合。而且,每项活动(例如劳动)包括多种不同行动和操作。这些活动影响人的物质环境,他们自己也受它们影响;它们是对各种刺激的反应并以不同方式互相联系。只有利用抽象才能把这个互相联系和重复的人类活动的复合体解开,并且显示人与人之间的经济关系,以及它们的规律性。

抽象是在思考中排除偶然性,即在发生的众多事件中,挑出在一定条件下经常再现、经常重复,即主要的或必要的事件。抽象还在于仔细分离互相交织和混合在一起的因素和关系,以便确认那些属于一定条件特有的因素和关系。研究的题目愈复杂,与主要因素交织的偶然因素愈多,所考察的过程中的主要因素愈多,抽象在研究中的重要性就愈大。因此,抽象在政治经济学中特别重要。

因为政治经济学不能实验,在政治经济学中抽象特别困难。在不受这种方式阻碍的那些学科中,抽象容易得多。实验有可能把偶然因素从观察的实际过程中消除(例如,可以在恒温或恒压下观察物理或化学过程)并且分离出各种组成因素(例如,可以观察一种催化剂的存在对化学过程的效应)。实验用这种方式有可能判断出在一个所研究的过程中哪些因素和关系是主要的。这就提供了思想抽象的基础——所研究的实际过程的充分反映。这一点在政治经济学中是不可能的,因为经济过程是一个不能分解的整体,包括许多人类活动和它们之间的关系,所有这一切合起来形成某种社会形态的作用方式。

因为大规模实验是不可能的,[①]政治经济学中的科学抽象以比较观察和分析所研究的过程为基础。分析是为了区分哪些因素和关系比较普遍,哪些不那么普遍,哪些是主要的,哪些是偶然的。基于比较观察的抽象与基于实验的抽象相比较,对于得到实际过程的充分反映是一种困难得多的方式,因为它要求效率高得多的分析思考。马克思说:“分析经济形式,既不能用显微镜,也不能用化学试剂。二者都必须用抽象力来代替。”[②]

经济范畴以及政治经济学的规律和经济理论

政治经济学科学抽象的结果是创造表达在一定条件下经济过程各因素共有的一般性质,即某些经济活动和关系的共同性质(我们知道,这些性质也可以还原为不断重复的人类活动)的抽象概念。这些概念如劳动、交换、商品、价值、货币、价格、市场、资本、利息、工资、租金等,称为经济范畴。[③] 这些范畴表示在某些条件下

① 我们以后将看到,这并不是说实验必须完全从政治经济学的方法中排除掉。不过,它的用途局限于某些具体过程,并且因此实验可在有限程度上作为一种验证工具,但不是作为科学抽象的一个出发点。而且,即使在这个有限的领域内,只有在社会主义下实验才有了实际重要性。

② 卡尔·马克思:《资本论》第1卷,第一版序言,第8页,人民出版社,1975年版。

③ “范畴”一词有各种意义。亚里士多德首先把它用于逻辑学,它起初的意思是一种断言。以后哲学家们把它用于不同的意义(见T.考塔宾斯基:《认识论,形式逻辑和科学方法论》第59—60页,勒沃夫,1929年版)。马克思常常以该书所用的意思使用“范畴”一词,即表示大类现象的抽象概念。这与“category”一词的通俗用法一致,即指一个“类别”(例如不同类别的农用土地,某产业中的各类工人等)。

不断重复的行动,如劳动或交换,或者某些特定条件下经常出现的经济关系,如价值、资本、工资、利息或租金的一般性质。经济范畴因而是概括实际经济过程的各方面的抽象的结果。

政治经济学在经济范畴之间确立在特定条件下总是出现的关系。我们用这种方式得到政治经济学一般的、抽象的规律,即关于某些经济规律的作用的陈述。这类规律如:供求规律,它表达买者和卖者愿按一定价格交换一定数量的商品的市场关系;价值规律,它陈述商品代表的社会劳动量和相应的交换率之间的关系;平均利润规律,它陈述自由竞争中各个资本家得到的利润率之间的关系。这些规律是在科学抽象的基础上确立的,而科学抽象的目的在于从实际经济过程各因素之间的关系中消除在特定条件下不重要的偶然关系〔例如,平均利润规律不考虑(对资本家之间的竞争过程不是主要的)投资于不同领域有不同程度的风险的事实,以及这些投资有不同期限的事实〕。实际经济过程中的正常形态以这种方式被当作经济范畴之间的抽象关系处理。

最后,以这种方式得到的抽象规律被综合起来形成经济理论的逻辑系统。经济理论反映出经济过程的简化图景,只包括主要的东西而舍弃偶然的东西。例如,价值论反映出交换他们产品的生产者之间的经济关系的简化的、抽象的图景;商品循环理论反映出资本主义经济中再生产周期过程的抽象图景;等等。

理 论 模 型

经济理论规定抽象理论为以一种确切方式联系起来的条件。

在经济理论中规定的条件称为它的假设，而一组这类假设，最近被人称为一个理论经济模型。[①] 例如，我们提到一个自由竞争资本主义模型，即所有资本家在自由竞争条件下经营的资本主义生产关系的抽象图景；或者我们谈到一个再生产过程模型，其中，所有生产资料在同一时期中用掉；或者谈到一个积累过程模型，其中积累由一定百分率的国民收入构成；等等。经济理论和它们的相应模型通常包括经济过程的一部分或一方面，例如货币理论和租金理论。然而，政治经济学的目标是为每一个社会形态构思一个一般理论，它可能抽象地包括那个形态的全部作用方式。这是一个社会形态的经济理论。到现在为止，只有资本主义生产方式存在一个充分发挥的这种理论。[②]

政治经济学的抽象——经济范畴、政治经济学的规律和经济理论——是通过用一种概括的逻辑过程把主要的和偶然的事物分离开来而形成的。因此，它们反映出的实际经济过程的规律性的性质和形态，不仅被简化而且被澄清了。[③] 这一点之所以如此，因为它陈述了经济过程的基本特点和关系，它们在实际中是混乱的、模糊的，并且不是立即可见的。然而，如果这些抽象充分反映实际历史经济过程，也就是说，当它们确实省略掉所有偶然性的东西并

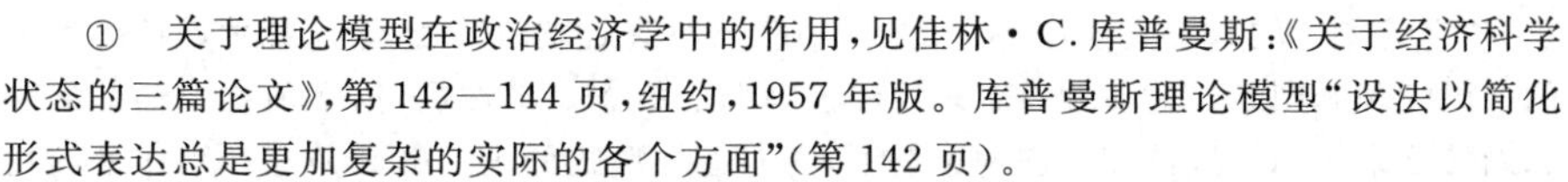

① 关于理论模型在政治经济学中的作用，见佳林·C.库普曼斯：《关于经济科学状态的三篇论文》，第142—144页，纽约，1957年版。库普曼斯理论模型“设法以简化形式表达总是更加复杂的实际的各个方面”(第142页)。

② 马克思的《资本论》阐述了资本主义生产方式的经济理论。

③ 列宁说过，一切科学抽象都是如此：“材料，自然规律的抽象，价值的抽象，等等，总之，一切科学抽象(正确的、严肃的，不是荒谬的)更加深刻，更加忠实，更加完全地反映自然。”(《哲学笔记》)

分离出所有主要的东西的时候,才是如此的。因而政治经济学的抽象——和研究经验现象的每门科学的抽象一样——不能是任意的。这些抽象不能是主观臆造的,而必须决定于经济过程的客观性质,并且必须是这些性质的充分显示。①

政治经济学中抽象的历史基础

政治经济学中的抽象必须以真实的历史经济过程为根据,并

① 因此政治经济学中各种主观主义观点的方法论是错误的,它们主张抽象来自一般心理学考虑或来自经济主体的"选择逻辑",而且它们形成它们的经济范畴,没有考虑经济过程的历史道路。同样错误的是那些观点使用的方法论,它们承认经济过程的历史性质,但是在一种观念论的知识理论的基础上形成它们的抽象,把知识作为先验的认识范畴,因而脱离客观实际。在这一点上值得提起马克斯·韦伯的所谓理想形式。韦伯建议在政治经济学和社会学中设计抽象模型,包括他认为的经济过程的某些主要特点。他称这些模型为理想形式,并以资本主义、封建主义、"城市经济"和手工业为例。韦伯把这些形式与在完全真空中发生的一种物理反应的模型比较(《经济和社会》第10页,杜平根,1947年版)。他还称马克思的著作为"理想形式设计的最重要的例子"(《社会科学和社会政治思想的客观性。科学学说通论》第204页,杜平根,1922年版)。理想形式的方法论表现与我们已讨论的以类似马克思使用的科学抽象为基础的理论经济模型有一定的相似性。这种相似性在于一个事实,即理想形式的抽象以实际历史经济过程为基础,这与古典政治经济学和主观主义流派的非历史抽象相反。不过,韦伯要把什么特点纳入模型是不清楚的。他说过,"片面地突出",根据他的某些例子,他似乎要把不断再现的特点包括进来,而省略那些偶然性的特点——正如上面我们自己提出的假设。一个例子是他所指出的与抽象经济理论相对应的理想形式的特点。"它给了我们基于交换经济、自由竞争和严格理性活动的社会组织的商品市场上的事件的理想图景。"这显然符合理论经济模型的概念。但在同时,韦伯在他信仰的观念论的新康德知识理论和方法的影响下,强调理想形式的虚幻的和完全新想出来的性质,并且不认为它们是实际历史过程的反映;在设计理想形式时,他似乎建议按照从文化价值观点看的它们的"重要性"来选择特性。韦伯对于在设计理想形式时选择特点的问题没有清楚的概念。他的理想形式概念是在政治经济学中设计理论模型的一次不成功的尝试。

与之相符。由此可知政治经济学中的抽象——范畴、规律和理论——既是逻辑的，又是历史的。说是逻辑的，因为它们是分析和概括的逻辑过程的产物；说是历史的，因为它们符合实际经济过程，是历史的发展。恩格斯对这一点讲得很清楚："……逻辑的研究方式是唯一适用的方式。但是，实际上这种方式无非是历史的研究方式，不过摆脱了历史的形式以及起扰乱作用的偶然性而已。历史从哪里开始，思想进程也应从哪里开始，而思想进程的进一步发展不过是历史过程在抽象的、理论上前后一贯的形式上的反映；这种反映是经过修正的，然而是按照现实的历史过程本身的规律修正的……"①因此，政治经济学的范畴、规律和理论的有效性对应于它们反映的过程的确切的历史范围。马克思说："经济范畴只不过是生产的社会关系的理论表现，即其抽象。……所以，这些观念、范畴也同它们所表现的关系一样，不是永恒的。它们是历史的暂时的产物。"②

经济范畴适用的历史时期与具有这些范畴代表的现象的特定条件的历史范围一致。马克思说过："我们前面所考察的经济范畴，也都带有自己的历史痕迹。产品成为商品，需要有一定的历史条件。要成为商品，产品就不应作为生产者自己直接的生存资料来生产。……如果考察一下货币，我们就会看到，货币是以商品交换发展到一定程度为前提的……资本则不然，有了商品流通和货币流通，绝不是就具备了资本存在的历史条件。只有当生产资料

① 《马克思恩格斯选集》第2卷，第122页，人民出版社，1972年版。

② 《马克思恩格斯选集》第1卷，第108—109页，人民出版社，1972年版。

和生活资料的所有者在市场上找到出卖自己劳动力的自由工人的时候,资本才产生;而单是这一历史条件就包含着一部世界史。因此,资本一出现,就标志着社会生产过程的一个新时代。"①

政治经济学的规律和经济理论也是如此。政治经济学的规律的历史效力与它们反映的经济规律一致。价值规律在历史上与商品生产及和它有关的客观经济规律可以追溯到同样远,剩余价值规律的起源与资本主义生产及剩余价值生产的客观过程的出现一样早;货币流通规律的起源与货币的经常使用和与它有关的规律性一样早。经济理论也是如此。价格形成理论只适用于商品用货币交换的那些历史条件,工资理论只适用于有雇佣劳动的那些历史条件,等等。因此,经济理论和经济范畴一样,有确切的历史范围。

政治经济学中的抽象是本身服从历史发展的实际过程的性质和规律性的逻辑分析的产物。抽象有可能把实际过程分为某些发展阶段,并把它的主要特征分离出来,但是,当那个阶段被另一个阶段代替时,它们便会失去效力。这些发展阶段主要是社会形态,因为在每个社会形态之内,各种经济规律的作用组合起来形成一个整体——社会形态的作用方式。政治经济学中的抽象,首先致力于分离出专属于某个形态的经济范畴和规律,它确定一个形态的基本经济范畴并形成相应的基本规律(社会形态的客观经济规律在政治经济学中的抽象反映)。例如,在资本主义形态中,基本经济范畴是剩余价值,而基本经济规律是剩余价值规律。这些是

① 卡尔·马克思:《资本论》第1卷,第192—193页,人民出版社,1975年版。

资本主义政治经济学中的主要基本科学抽象。

马克思在讨论政治经济学的方法时说:“例如,从地租开始,从土地所有制开始,似乎是再自然不过的了,因为它是同土地结合着的,而土地是一切生产和一切存在的源泉,并且它又是同农业结合着的,而农业是一切固定的社会的最初生产方式。但是,这是最错误不过的了。……在资产阶级社会中情况则相反。农业越来越变成仅仅是一个工业部门,完全由资本支配。……不懂资本便不能懂地租。不懂地租却完全可以懂资本。资本是资产阶级社会支配一切的经济权力。它必须成为起点又成为终点,必须放在土地所有制之前来说明。”[①]由此可知,资本产生的剩余价值是资本主义社会形态的基本经济范畴。“资本主义生产方式的第二个特征是,剩余价值的生产是生产的直接目的和决定动机。资本本质上是生产资本的,但只有生产剩余价值,它才生产资本。”[②]封建社会形态则不然。在封建社会,基础由土地所有制形成,而基本经济范畴是地租。马克思写道:“在我们懂得地租的性质之后,我们能理解贡纳、什一税等概念的性质。”[③]

不过,政治经济学中的抽象在某种程度上延伸到个别社会形态的历史范围之外。它们也包括——不偏离它们的历史基础——几个社会形态共有的经济过程中的性质和规律性。从这里导出相应的经济范畴、理论和规律。价值的经济范畴和价值规律是一种这类的抽象。虽然价值范畴的历史效力比资本主义社会形态更

① 《马克思恩格斯选集》第 2 卷,第 109—110 页,人民出版社,1972 年版。

② 卡尔·马克思:《资本论》第 3 卷,第 996 页,人民出版社,1975 年版。

③ 卡尔·马克思:《〈政治经济学批判〉序言》。

广,但这个范畴对理解资本主义是必不可少的,因为在资本主义制度下一切生产都是商品生产。马克思说:"它生产的产品是商品。使它和其他生产方式相区别的,不在于生产商品,而在于,成为商品是它的产品占统治地位的、决定性的性质。"[①]在以前的社会形态中商品生产占社会生产的很大一部分,但在资本主义制度下,一切生产都是商品生产,而且也是剩余价值的生产。资本主义生产方式中的基本经济关系,即使用雇佣劳动和生产剩余价值,也通过商品生产的媒介实现。因此商品和价值的经济范畴对理解资本主义形态中的经济过程是不可少的,因为只有这类范畴有可能称为剩余价值的经济范畴。所以需要有超过个别社会形态范围的和考虑在不止一个社会形态出现的经济过程的这类特征的抽象。

最后,政治经济学产生更广泛的包括一切社会形态的抽象,以反映经济过程在它历史发展的一切阶段出现的最一般的特征。这类抽象包括劳动、劳动资料和劳动对象,生产力和生产关系,简单再生产和扩大再生产,生产资料和消费资料等经济范畴。这些经济范畴的最一般的范畴(如生产力和生产关系)也形成社会学的一部分;社会学陈述社会发展的一般规律,作为历史唯物论的一部分。

政治经济学中的抽象和经济过程的具体性质

一个社会形态的基本经济范畴的定义和基本经济规律的构思

---

① 卡尔·马克思:《资本论》第3卷,第994页,人民出版社,1975年版。

要求很深远的抽象。这种抽象把一切与生产资料所有制的性质无直接联系的事物作为偶然因素省略掉——所有制是形成一个社会的经济基础的生产关系的基础。这种抽象因而省略在特定形态中不总是再现的每个事物。资本主义生产方式最一般的范畴是资本的范畴，即生产资料的资本主义所有制，而它的结果是剩余价值。在这个抽象水平上，无须考虑剩余价值的不同表现形式——利润、利息和地租。它们是在这里不予讨论的复杂情况。

当要分离出剩余价值的经济范畴的时候，不同生产部门的有机构成不同且商品价格并不精确地反映它们的价值，也是不重要的。但这些问题在考虑剩余价值在资本家中的分配时则是重要的。在考虑剩余价值的经济范畴和剩余价值规律时不仅不重要，而且甚至成为一种多余的复杂问题。在其他社会形态中情况也类似。理解它们的作用方式需要很深远的抽象。例如，当确立封建形态的经济范畴——地租——时，必须不管地租的不同表现形式（如贡纳、什一税、劳役等），以及封建经济的许多其他重要特征。

对于分离出各社会形态的基本经济范畴，对于构思这些形态的基本经济规律，以及因而对于得到理解它们的作用方式的钥匙而言，一种高级阶段的抽象是不可少的。为了确立超越个别社会形态的范畴，例如价值范畴或与社会再生产过程有关的范畴，必须同样高级地抽象。不过这种抽象虽则找出了经济过程的主要因素，却使我们离开我们由此出发的实际经济过程。要强调主要特征而以不管许多实际特征为代价，视它们为偶然因素，然而，它们出现在实际经济过程的道路上。所以抽象——经济范畴、规律和理论——不能直接对照有很多具体事实的实际经济过程,它们不能直接验证。

例如,剩余价值本身并不出现在经济过程中。另一方面,它的各种形式,例如工商业企业的利润、贷款的利息、股票的红利、使用农业土地或建筑土地的地租等,代替它出现。同样,价值并不就这样实际出现,它以价格和生产成本的形式出现。

政治经济学的抽象的逐步具体化

因而高度抽象的经济范畴不能直接与实际进行对比,必须有一些中间步骤。这些中间步骤是在从概括程度高的抽象过渡到概括程度低的抽象时,在理论模型中引入较具体的假设。例如,当我们从资本的一般考虑转向较具体的研究时,我们必须考虑一个事实,资本的主人可以分为工业企业的主人、商人、金融家、地主、城市房产主,等等;或者将价值范畴与实际对比时,我们必须考虑一个事实,资本的有机构成因投资的工业部门而异,以及产品在市场中销售,市场中可能有自由竞争、垄断或各种寡头垄断。[①] 有时从较高阶段的抽象过渡到较具体的抽象必须是逐渐的。例如,在剩余价值的基本形式——利润、地租和利息——之间进行区分可能不够,这些形式可能要求更具体的说明。利息必须分为汇票折扣、银行存款利息、债券利息、抵押贷款利息等来考虑,而地租可以分为佃农租金、分享收成、利润分成等等。

---

① “寡头垄断”一词,将在本卷第七章中解释。

高级抽象的政治经济学规律、经济理论和经济范畴一样不能直接验证。它们的验证像经济范畴与实际对比一样，需要用较具体的假设丰富理论模型，以过渡到较低级的抽象。剩余价值规律必须在利润理论、利息理论、地租理论、城市租金理论等理论中具体化。必须把价值规律变为生产价格理论、垄断和寡头垄断价格理论、国际贸易价格理论、地区价格形成理论等较具体的形式。只有降低抽象水平，才可能验证政治经济学构思的规律和理论。①

从较高的抽象水平过渡到较低的抽象水平，常常必须分几步走；每一步都会在理论模型中增添新的、较具体的假设。例如，验证资本主义再生产和积累理论，必须考虑商品按生产价格或按垄断价格销售；除资本家和工资劳动者外，还有其他范畴，即小商品

① 不能在政治经济学中考虑这一点，和其他理论学科一样，会导致一种方法论的错误，逻辑学家和哲学家阿尔弗雷德·诺思·怀特黑德称之为"具体性误置的错误"（《科学和现代世界》第 523 页，纽约，1956 年版）。错误在于错误地认为抽象的东西是具体东西，并从抽象概念或理论得出具体结论。设法验证《资本论》第 1 卷第 707 页（人民出版社，1975 年版）中的"资本主义积累的绝对的、一般的规律"，以及从它产生的贫困化理论时常犯这个错误。这个规律和理论是在不允许它们直接与实际对比的抽象水平上构思的。马克思在陈述这个规律后注意到这一点，他立即补充说："同其他一切规律一样，这个规律在实际中也会由于各种各样的情况而有所变化，不过对这些情况的分析不属于这里的范围。"保罗·M.斯威齐简洁地解释："所讨论的规律是在一个高级抽象上导出的；用来描述它的'绝对'一词是按黑格尔的'抽象'的意思用的，它绝不构成关于未来的一种具体推测。"（《资本主义发展理论》第 19 页，伦敦，1946 年版）列宁以同样方式理解这个问题："马克思谈论贫困的增加和堕落等问题，但在同时指出了一个相反作用的趋势的存在以及唯一能产生那个趋势的真实社会力量。"（"考茨基的'伯恩斯坦和社会民主党纲领'评论"，《考茨基集》第 4 卷）S. G. 斯特鲁米林注意到在考虑资本主义制度下的实际工资趋势问题时需要具体化："抽象理论并不以其充分的历史具体性解决这个有如此巨大的社会意义的问题。而且它不能没有帮助地确切解决它，因为在时间和地点的不同环境中，它遇见整个一系列的互相矛盾的趋势，其比重至今尚未确定。"（《劳动经济学问题》第 547 页，莫斯科，1975 年版）

生产者,甚至有在自然经济范畴中工作的生产者;对外贸易的存在;耐久生产资料的寿命常有变化;企业的折旧基金多少不一;货币流通发生变化;银行的信用机器在工作;国家收税和支出。在资本主义再生产和积累理论的最一般的和抽象的陈述中不考虑这一切。

通过在理论模型中引入越来越具体的假设来降低抽象水平,称为逐步具体化或逐步逼近。在抽象之后,是政治经济学中第二个研究程序,它的方法的第二个阶段。它使我们回到实际经济过程,但在同时区分主要的和附属的、偶然的。在抽象之后,政治经济学的方法经过逐步具体化的道路回到实际,这个实际现在比使它接受抽象的逻辑程序之前被我们理解得更好。武洛兹米尔斯·布鲁斯对这一点谈得很好:"为了给出实际的真实而完备的图景,必须从具体表现出发,并且通过分析它们,也就是通过使用抽象法,得到现象的本质;然后回过头来,从抽象到具体,到现在因了解它们的真实内容而更加清晰的具体表现,并且因而构成一个多方面的整体,丰富而有生命的脉搏。"①

马克思的《资本论》作为逐步具体化的例子

马克思的《资本论》是逐步具体化的一个经典例子。布鲁斯说:"《资本论》第1卷进一步阐述的全部是一种进展,一步一步地,从抽象到愈来愈高的具体化阶段,以陈述资本主义积累的历史趋

① W.布鲁斯:《在马克思的〈资本论〉启示下的辩证法的一些问题》。卡尔·马克思《资本论》第1卷,第195页,华沙,1952年科学讨论会,波兰文,第3版。

势。但是整个第1卷只在一定水平上描绘出资本主义的图景。因为在原则上，它是资本主义生产过程的纯形式的分析，资本主义生产关系的本质的分析。马克思在这里省略了资本的流通以及（与此有关的）资本主义生产关系的主要内容采取的具体形式。《资本论》第2卷有资本流通的分析。而只有在第3卷中，马克思才做出整体视角的资本主义生产过程的分析；在这个整体中，生产过程和流通过程，资本主义生产关系的内容及其具体（拜物教的）形式合为一个单元。而且在第2卷和第3卷中，马克思的阐述都是从抽象到具体。”①

① W.布鲁斯：《在马克思的〈资本论〉启示下的辩证法的一些问题》。亨利·格罗斯曼在他《资本主义制度的积累和崩溃的规律》的导言中，也注意到马克思在《资本论》中所使用的逐步具体化的方法。格罗斯曼写了以下的话：“研究对象是经验特定的事件的世界。然而，要想直接知道它太复杂了。我们只能逐步逼近它。为了这个目的，做了一些简化的假设，使我们可以研究它的基本结构。在马克思的逼近程序中，这是认识的第一阶段，……因而这一点是明显的：由于这些虚幻的假设，我们离开了经验实际，而同时必须澄清的正是这个实际。因此以这种方式得到的知识只能是暂时的，而且在认识的第一阶段之后，接着必须有第二个确切认识的阶段。每个简化的前提要求以后校正，把以前忽略的实际因素考虑进去。全部研究用这种方式逐步逼近复杂的现象世界，并设法与它一致。”格罗斯曼指出，在马克思的著作中，这种逐步逼近一般地表现为两三个阶段（第8页）。马克思的方法——政治经济学作为一门科学的方法——受到了弗里茨·贝伦斯的根据不足的批评。在《政治经济学方法》（柏林，1952年版）中，贝伦斯批评格罗斯曼未能理解马克思的方法，并且说他的理解与辩证法矛盾（第46—47页）。他谈到格罗斯曼使用的“不虚幻的”一词以及格罗斯曼认为（无疑是错误的）马克思的基本的、最一般的抽象是他的再生产图式的事实。然而，如果我们不顾用词和什么是马克思的最一般的抽象，则格罗斯曼准确而清楚地陈述了马克思的理论。马克思的方法（以及政治经济学的方法）被斯威齐同样地理解，他说：“第1卷得到的成果有一种暂时的性质，在许多情况下，虽然不一定在一切情况下，它们在较低抽象水平上受到或多或少广泛的修改，也就是说，这考虑了较多的实际方面。”（《政治经济学方法》第18页）他然后说明第2卷和第3卷的任务是考虑在第1卷故意忽略的因素，即“把分析引到愈来愈低的抽象水平”（《政治经济学方法》第19页）。

经济计量学作为政治经济学规律具体化的一个工具

在这里讨论的具体化程序中,在近三十年来发展起来的经济计量学的一种方法起了重要作用。① 经济计量学根据经济统计学提供的经济过程的具体描述,来研究政治经济学确立的规律的数值具体化;为此目的,它使用数理统计学这个科学工具。

有两个例子作为说明,政治经济学以函数规律的形式写出供求规律,对它可以给一个数学表达式。经济计量学有可能在特定历史条件下确定一种商品的需求与它的价格及消费者的收入之间的函数关系的具体形式。例如,1959 年波兰对黄油的需求与它的价格和体力劳动者及管理人员的收入之间的函数关系。政治经济学陈述再生产和积累过程的规律,并在特定条件下确立生产资料生产增长率和消费资料生产增长率之间的一般关系。经济计量学有可能确立这个关系式在具体历史环境中(例如 1959 年的波兰)的一个具体数值表达式。因此,经济计量学是政治经济学陈述的规律和理论的具体化的一个重要工具,并且构成验证它们的一种手段。

① 1926 年挪威经济学家雷格纳·弗里希在一篇题为"关于纯粹经济学问题"的论文中引入"经济计量学"一词。它是模仿"生物计量学"一词提出的,后者流行已久,描写采用数理统计的生物学研究领域。"人类计量学"一词也被长期使用,表示人体人类学中的一个类似的研究领域。

政治经济学规律和经济理论的验证

规律和理论的验证是第三个和最后一个研究方法，是政治经济学的方法的第三个和最后一个阶段。这个阶段的内容是把按照适当低的抽象水平构思的规律和理论与实际经济过程进行对照，验证科学所肯定的事物与实际是否一致。以这种方式确定那些肯定的事物的真伪，即政治经济学构思的规律和理论的真伪，需要说明一点，并非所有要验证的规律和理论都要按同样的抽象水平构思。在每次验证中，必须将逐步具体化进行充分，以便与实际对照。然而，经济范畴、政治经济学的规律和不同抽象（或具体化）水平上的经济理论可以与具体经济过程的各个方面对照，它决定于这些方面所表示的经验范围。在较大规模上重复的那些方面，即在较广的条件的背景下自我重复的那些方面，有可能将较高的抽象水平上构思的范畴、规律和理论与实际对照。另一方面，它在再现规模较窄的那些方面，即只在比较有限制的条件下自我重复的那些方面，只能将政治经济学较具体的经济范畴、规律和理论与实际对照。换句话说，它们需要一个较详细的经济模型。所以验证所需的具体化程度根据具体经济过程的各个方面重复的范围而有所不同。

政治经济学的规律和理论的验证，首先要求这些规律和理论中出现的经济范畴与具体经济过程的实际性质，即与实际经济活动和关系相对照；其次，它要求将科学陈述的规律与具体经济过程

中出现的规律相对照。这带来两个问题:实际识别的问题和所需一致程度的问题。这是验证程序的两个基本问题,一切理论学科中的命题的验证都存在这两个问题。[①] 但是,在政治经济学中它们造成了特殊困难,这是由它们的题材的复杂性质导致的。

经济范畴的实际识别

经济范畴的具体化即使非常深入,也是一般概念,即它们仍然是抽象的。另一方面,实际经济过程的性质是很具体的。它们始终是个别的,以一种方式或多少有些相似,但永不相同的方式自我重复。因此有必要将一个仍然抽象的范畴经济与实际经济过程具体的各个性质相对照。必须确定实际中的哪些因素与理论上的经济范畴对应,即必须识别我们认为是经济范畴的等价物的那些具体实际因素。在所有研究具体经济过程的经济科学中以及在描述性经济学和经济史中,而特别清楚的是在经济统计学中,都有这个问题。最常见的是,它以经济过程的具体因素的分类和汇总问题的形式出现在这些科学中。

有两个例子可以清楚地说明这一点,在这两个事例中识别的困难决定子分类的困难。例如,在再生产理论中,我们把产品分为生产资料和消费资料。在这个基础上建立理论图式,以表示为了保证再生产过程顺利进行在生产资料和消费资料之间必须存在的关系。然而,到实际识别某些产品属于这个还是那个范畴时,我们

① 关于物理学中实际识别的问题,即确定理论物理学范畴的实验或观察的对应物,G.Y.兰尼奇在《相对论数学》(第169页,纽约,1950年版)中做了很清晰的阐述。

会发现问题并不如此简单。例如，煤炭既作为一种生产资料又作为一种消费资料使用，所以必须按照煤炭的实际用途划分它的生产性质。但是，在一个既是工作间又是家庭住宅的房子里工作的一个手工业工人所烧的煤炭，其实际用途将如何确定呢？

当工业分为生产生产资料和生产消费资料的部门时会发生类似的困难。分类困难的另一个例子是，把农村人口分为劳动农民和农业资本家。在波兰，我们已发现这种分类使得对各个田产阶级的识别不是很容易的。把农村人口分为农民和产业工人时（这时是一个所谓农民—工人的问题，他们有自己的田产，但是也在一个当地工厂中工作）常有类似的困难。在经济统计学和描述性经济学的其他分支中，而且也在经济史中，有许多造成实际识别困难的分类问题，而在经济史中因资料来源稀缺，困难更是加重了。例如，决定某些农村关系是封建的还是资本主义的有困难，再识别有关的具体历史过程，也相应地困难了。

另一种困难在于如何适当汇总。在政治经济学中，我们有商品价格的经济范畴。让我们设法在实践中确定1959年波兰的黑麦价格。我们发现价格在全国各地不同，有地区价差；而且价格在一年中随时间变化。这些价格中哪一个是政治经济学中谈到的真正的"黑麦价格"？而且，黑麦不是一种同质量的商品，有各种黑麦，价格不同。实际比"黑麦价格"这个经济范畴丰富得多。在本例中，实际识别的困难，在于把各种黑麦汇总为一个无规格的总计"黑麦"中，又把随着时间和地点变化的不同价格汇总为一个总计——"1959年波兰黑麦价格"中。

经济范畴的实际识别形成研究具体经济过程的学科的一部

分,像经济史和描述性经济学,特别是经济统计学。应用经济学的各个分支也进行实际识别。我们知道,应用经济学把理论考虑与具体描述性研究结合起来。这些学科得到的结果被用于政治经济学构思的经济范畴的实际识别。然而必须记住,这些学科对经济范畴的识别必然是不精确的,而某些常规的因素是不可避免的。

有时将政治经济学构思的规律与具体经济过程中相应的规律性进行识别是很困难的。我们知道,如果根据商品价格和出售商品数量的时间序列形式的统计数据确定的价格与供给或需求之间存在一种函数关系,那么所得的经验关系式是代表一个需求函数,还是一个供给函数,抑或既不代表需求函数又不代表供给函数,是不清楚的。在经济计量学中设计了一种专门的方法,有可能做近似的识别。①

政治经济学的规律和理论与实际经济过程一致的程度

在经济范畴的实际识别之后,有可能进行政治经济学的规律和理论的验证。其做法是把它们与实际经济过程对照并且检查它们与在那里出现的规律性的一致程度。然而,永远不可能完全一致。首先,在政治经济学的规律和理论中出现的经济范畴的实际识别只是近似的,在某种程度上甚至是任意的(由于某种常规因

① 见兰格:《经济计量学导论》第120—136页,中国社会科学出版社,1981年版。在T.库普曼斯主编的《动态经济模型中的统计推断》(纽约,1950年版)中,对政治经济学构思的理论关系的经济计量研究中的识别问题,有较广泛的讨论。

素)。其次,更加重要的是政治经济学的规律和理论,即使在较低的抽象水平上,只代表经济范畴之间的主要关系。另一方面,实际经济过程是很具体的。除表现在理论构思中的主要因素外,它包含很多重要的偶然因素。

因此,我们知道,在实际经济过程中发生作用的经济规律是随机的,而只有作为经济过程组成部分的人类行动大规模重复出现时才有可能看到这些规律在起作用。因此,政治经济学的规律和理论的验证,只有当它们与大规模发生的实际过程相对照,而不是与一个孤立的例子相对照时才是可能的。可是,即使这种对照也只能与实际中发生的形态建立近似的一致。因为,即使在大规模发生的现象中的这些形态也始终包含干扰经济规律的作用的一个偶然部分。[①] 于是产生了一个疑问:科学论断和实际经济过程之间的一致达到什么程度,它们的验证才是充分的?这是上面提到的所需一致程度的问题。

统 计 验 证

可以区分两种验证,以判断阻挡一个科学论断和实际经济过程之间完全一致的偶然部分的性质。如果所研究的过程可以定量测量,[②]而且,如果偶然部分是很多原因作用的结果,其中每一个

① 兰格:《统计学理论》第 20—21 页,华沙,1952 年版。

② 经济范畴不一定能测量;如果范畴出现的频率是可定量测量的,这就够了,例如"资本家"、"小商品生产者"(农民和手工业者)、"雇佣劳动者"等经济范畴。一个论断可能指这些范畴发生的频率,例如在这句话中,资本家和小商品生产者的相对数目在减少,而雇佣劳动者的相对数目在增加。

原因分别产生比较小的随机效应,就可以应用概率论。在这里可以应用数理统计学确定一种理论论断和实际经济过程之间所需的一致程度。数理统计学发展了一种方法,有可能验证统计假设。[①]如果有一个任意确定的否定一个真假设的概率,这个方法有可能被接受或否定真假设而接受一个伪假设的概率为最小(或者反过来)。[②] 例如,对否定一个真假设的概率采取一定数值(例如,"风险程度"等于1%,即在一百例中可能有一例真假设被否定),或者反过来,对接受一个伪假设的概率("风险程度")采用一定数值,数理统计学在一个假设可以接受为真之前确定假设和实际之间要求的最小一致程度。或者,换句话说,数理统计学确定一个假设和实际之间许可的最大不一致程度,在这个不一致程度下,假设仍然能被接受为真。这种验证称为统计验证。验证政治经济学的规律和理论与实际的一致性的具体统计学方法,在经济计量学中讨论。[③]

不过,在许多事例中,极易明了经济统计学表明的政治经济学的论断和实际经济过程之间的充分一致性。在这类事例中,不需要求助于数理统计学和经济计量学的专门方法就可以进行验证。这称为简单统计验证。

---

① 一个假设是一个有待验证的科学论断(规律或理论)。一个统计假设是以这样的方式构思的一个假设,即它能用数理统计来验证。

② 在现代数理统计学中应用的验证统计假设的方法是J.尼曼和E.S.皮尔逊提出的。这个方法的一个入门性的阐述,可在尼曼的《概率论和统计学初级教程》(纽约,1950年版)中找到。它第一次用波兰文进行的陈述见于尼曼的论文"统计假设的似然性理论"(《统计季刊》,华沙,1928年版)。

③ L.R.克莱因的《经济计量学教科书》(1953年版)讨论了这个方法。并见G.J.特纳:《经济计量学》,纽约,1952年版。

历 史 验 证

如果干扰经济规律作用的偶然部分不允许应用概率论，则采用历史验证。这是在所研究的经济过程不能定量测量时（例如，自由贸易转变为保护贸易），或者当过程虽然可用经济统计测量，但有个别或一组偶然因素，它们有很大的效应，同时又是唯一事件的时候。[①] 这类因素可能是战争、经济政策的变化（例如英国在 1931 年放弃金本位）或自然灾害（如旱灾）那样的历史事件。历史验证包括详细确定可能干扰经济规律的作用的那些历史事件或过程，并且判断这些事件是否足以解释政治经济学的论断和实际经济过程之间的差异。如果不是如此，则有关的论断将被否定。

英国政治经济学家约翰·尼维尔·凯恩斯提出下列历史验证的例子："……我们可以指出，按照演绎法政治经济学的原理，废除谷物条例必然倾向于带来英国小麦价格的永久下跌。可是没有立即发生这种下跌。表面有出入的解释可以在以下这些情况的干扰中找到，例如马铃薯歉收、克里米亚战争，特别是黄金贬值，尽管有自由贸易的存在，它们有助于维持价格直到 1862 年。"[②]

另一个例子：19 世纪末，在最先进的资本主义各国中愈来愈多的大资本的垄断组合开始出现。按照马克思提出的积累理论，

---

① 参见兰格：《经济计量学导论》第 23 页。

② J.N.凯恩斯：《政治经济学的范围和方法》第 235—236 页（纽约，1955 年，第 4 版）。该著作是著名经济学家约翰·梅纳德·凯恩斯之父在 1890 年写的。这是按照古典和早期新古典学派的精神写的，其特点是有很多健全的常识。

这应当导致经济危机的加剧,而事实上,1896—1913 年是轻微和短暂的衰退期。这是否说明马克思的资本主义积累理论是错误的呢?为了解答这个问题,必须研究可能解释资本主义积累和商业循环的实际过程之间不一致的历史事件和过程。1896—1913 年间,事实上是从最先进的资本主义各国大量和迅速输出资本的时期,大量投资于不发达国家的时期,特别在欧洲以外(建造铁路、港口、公用事业和发展与这些国家进行贸易的商船队)。同时,出现了政治变化,其结果是这些国家被最先进的资本主义各国所统治,或至少受它们的影响。这就足以解释马克思的资本主义积累理论与实际历史和经济发展之间的偏离。

对于许多经济学家,特别是美国经济学家主张的理论必须进行相似的观察。按照这个理论,在高度发达的资本主义各国特别是在美国,有一种经济停滞和劳动力就业不充分的趋势。[①] 这个理论的历史验证必须考虑像第二次世界大战、战后欧洲重建、马歇尔计划、大规模军备竞赛、朝鲜战争、对欧洲和亚洲某些国家的军事援助、大量投资由国家进行等历史事件。

在上述事例中,没有一个事例能说历史验证能否定接受这种验证的经济理论——另一方面,它确实说明构思这些理论的抽象水平如此之高,以致所构思的理论与实际经济过程之间的很大出入,已是意料中的事情。理论模型如果要表明更好的一致性,它们必须更加具体。不过,有时在高抽象水平上构思的政治经济学的

① 主张这个理论的主要人物是阿尔文·H.汉森——《完全恢复或停滞?》的作者(纽约,1938 年版)。J.斯坦德尔在《美国资本主义中的成熟和停滞》(牛津统计研究所,1952 年版)中更精确地阐述了这个理论。

规律和理论可以验证而不必再具体化；当考虑社会形态的作用方式和发展的最一般规律时就是如此。例如，马克思的资本积聚和集中理论及与此有关的列宁的资本主义生产日益垄断化，因而从先进的资本主义各国输出资本的重要性渐增，资本主义列强之间冲突渐增，资本主义经济从自由竞争转变为垄断和帝国主义的理论——所有这一切都在实际历史和经济过程中得到证实，而不需要进一步具体化。

历史的和统计的验证

我们知道，政治经济学设法构造社会形态的作用的理论，包括高抽象水平的社会形态的全部作用方式以及它们“运动的经济规律”。这些理论需要以某个社会形态的全部具体经济过程为基础的历史验证。进一步具体化，过渡到较低的抽象水平是不必要的，因为经济过程的许多表现只包括它的有限方面，并且对于整个社会形态的作用方式和发展不是主要的。历史验证也适用于经济过程不能进行统计验证的那些具体规律和理论的验证。简单统计验证和应用数理统计学及经济计量学进行验证，仅限于具体化水平高的规律和理论，它们研究的过程可作为数值测量，其中的偶然性干扰可以应用概率论。这是一个范围狭窄的经济过程，因此历史验证是验证政治经济学的规律和理论的主要方法。而且，在确定这些规律和理论的有效性的历史范围方面，历史验证是必需的。

历史验证和统计验证不是互相排斥的。它们可以互相补充，统计验证通常起到辅助历史验证的作用。当验证的经济理论包括在不同抽象水平、不同方面互相联系的各个规律的复合体中时就是这种情况。这些规律中最一般的规律,连同研究不能定量测量、受唯一历史事件干扰的那些规律,要在历史上加以验证。另一方面,干扰是随机性的,即它们是很多原因的结果,其中每一个原因的效应较小、较具体的规律,要在统计上加以验证。整个验证过程形成一个联合历史——统计验证。这种验证的古典的应用领域是资本主义商业循环。这里,验证既是历史的——根据对资本主义经济中商业循环史的研究;验证也是统计的——通常应用一种数理统计学和经济计量学的复杂工具,只有依靠这些验证方法的联合应用,才有可能评价不同的商业循环理论与实际的一致性。资本主义农业社会经济结构的变化问题,可以作为另一个例子——研究这个问题的不同规律和理论必须受历史—统计验证。①

实验作为政治经济学中的一个验证工具

最后,还有一个验证政治经济学的结果的方法是实验。实验是通过改变经济过程在其中进行的条件,以确定过程的各个性质之间的关系,并且实验要消除可能干扰这些关系的外部影响。我们曾说明,实验不可能是政治经济学中科学抽象的基础,因为它不能以足够的规模进行。不过,它能在有限的规模上作为一种验证

① 值得提起列宁论资本主义制度下(特别是在俄国)农业发展的许多著作。在这些著作中,列宁对资本主义制度下农业发展的不同理论应用了联合的历史和统计验证,并在这种验证的基础上否定了民粹派和修正主义者的理论。见《俄国资本主义的发展》和《有关农业中资本主义发展规律的新事实》等。

方法使用。使用实验的局限性是从这样的事实产生的，即经济过程是人类活动，经济关系及其联系是个复杂而不可分的整体。过程的某些方面不能完全孤立和任意改变，并且不可能创造条件，使一些方面不会影响其他方面。不过在有些领域，如在生产和交换的具体过程中，在货币流通和信贷关系中，在国家的税收政策中，等等，这是可能的。在这些主要是应用经济学研究的情形中，实验是可能的。

考塔宾斯基或许是第一个指出把实验作为政治经济学中的一种验证方法的人，他举出以下例子："例如，对具体路线、某种具体列车，或一天中某些时间内采用往返票、季(月)票，然后收集统计数据以说明某种具体革新如何影响了旅客数量和运输企业的财务状况。采用鼓励某些具体种类的储蓄的措施(例如有奖债券，或某些种类的国家债券免税)，然后进行研究，看看这些措施如何影响了储蓄总额。[①]

1957—1958年，波兰对社会主义工业和建筑企业的管理进行了许多实验。这些实验包括研究不同奖励(例如利润分成、各种奖金)和不同组织形式的效应。

不过，进行这种实验的可能性决定于在其中发生经济过程的社会制度的条件。在自由竞争的资本主义社会中，实验在原则上是不可能的。一个单独的企业，面临竞争，很少有偏离被普通采用的标准形式的自由。它的活动是市场所强加的，而一个企业不可

① T.考塔宾斯基:《律师用逻辑学教程》第148页，波兰科学出版社，华沙，1953年版。

能采取不同的行为而不冒破产的风险。另一方面,奉行自由放任原则的国家不干涉经济关系。所以最多在货币和金融政策等方面有实验的余地。在垄断资本主义下,实验的可能性增加了,因为垄断和寡头垄断企业不必被动地屈从于竞争和市场的自发性,并且由于国家对经济关系的干涉逐渐增强,实验的可能性进一步增加。垄断和寡头垄断企业能对价格政策、广告组织以及与他们接触的其他企业等进行实验。同样,国家取得了更多的实验余地(例如在稳定农产品价格的政策中)。但是只有在社会主义下,在生产资料社会主义所有制之下,才有了验证经济理论的真正的广阔园地。可是在这里,实验必须限于研究整个经济过程的有限部分的具体理论,它更要受不可能从整个经济过程中孤立出来的那些部分的限制。比较一般的规律和理论不能从实验上而只能从历史上和统计上验证。[①]

① 斯比格纽·马德奇在一篇题为“经济科学中的实验方法”的文章中讨论了实验在验证经济理论时所起的作用。他对实验的作用和意义的说明是正确的,但是,他对实验的定义太广。马德奇讨论了整个国民经济规模的实验,并且提出以下例子:“美国的实验包括工业的部分国有化、一种相应的赋税制度和计划经济发展的尝试”,以及西德“在 1949 年开始实验所谓社会市场经济”。按照实验的这个定义,经济政策的每个法案,不论规模如何都是一个实验。有史以来,就有这类关于经济过程的实验。人类的全部经济史就是实验。这样的定义,可能符合“实验”这个词的通俗用途,但是它超出了它的科学含义。一次严格意义的实验是某些条件的一种有目的的改变——同时消除偶然性条件的作用——以得到新的知识。在英国和西德所采取的经济措施,不是科学意义上的实验。它们缺乏实验的主要特点,即只改变少数条件,同时消除一切外部影响的作用。从这些措施得出的结论不是以实验为根据,而是以比较观察为根据的。以这些结论为根据的验证是历史的或统计的验证,而不是实验验证。这些经济措施和实验之间的相似性在于这样的事实,两者都是有某些假设在实践中得到验证。但是它们是不同类的实践。

政治经济学中的推断方式

政治经济学的研究方法会使用某些逻辑，它们就是各种推断方法，也就是根据其他陈述为真而肯定某些陈述为真的推理方法。它们包括：演绎法，即从前提得出结论；归溯法，即根据从前提得出的结论判断前提是否合理；以及归纳法，即从前提得出一般结论，这些前提是这些结论的具体事例。[①] 政治经济学利用所有这些推断方法，其中每一种方法都与构成政治经济学方法的三种研究方法发生联系。

第一种方法，抽象法，即是归纳法。我们已经指出，这里的出发点是对不同的历史条件中的具体经济过程的比较观察。材料靠描述性经济学（连同经济统计学和经济地理学）、经济史以及直接观察当前经济过程提供。比较观察以及根据它的分析，使我们能做某些概括，并且使我们能注意经济过程的各种性质的重现性以及它们之间的联系，注意它们之中的偶然性干扰的程度和性质。于是区分了主要的和偶然的因素，也就是应用了抽象法。最后，人们拟定经济范畴、理论模型以及它们的相应规律和理论。所有这一切都靠归纳法来完成。

① 见 T.考塔宾斯基：《律师逻辑教程》第 118—140 页（波兰文）；K.阿九凯维兹：《逻辑大纲》第 160—188 页，华沙，1955 年版。以前，只在演绎和归纳之间进行区别，归溯被作为归纳处理。然而，归溯是一种不同于归纳的推断方式，它逆转了演绎法推导的方向。而归纳法推断不逆转演绎法，它反映了前提和结论的一种具体结构，即在这里前提是结论的特例。

第二种方法,逐步具体化,属于演绎法原理,而归纳法也起重要的辅助作用。用添加的、更具体的假设使一个理论模型逐步完善起来,在这之后,借助于演绎法推断,使经济范畴、规律和理论更加具体。将更多、更具体的假设引进理论模型是基于对具体经济过程的比较观察的归纳法推断的结果——很像在更高抽象水平的模型中。另一方面,经济范畴的具体化以及从较抽象的规律和理论发展成较完备的规律和理论是靠演绎法完成的。用分类法使经济范畴具体化,即在较概括的范畴内设置详细的范畴,例如,在资本的一般范畴内区分工业资本、商业资本和货币资本。这种具体化分类的标准是靠实际经济过程的比较观察提供的,它们由归纳法推断来建立。但分类一事本身是演绎法推断的应用。较完备的规律和理论的发展也是如此。较高抽象水平的规律和理论连同新添的具体化假设(用归纳法得到的)作为前提,由此得出的结论是更为完备的规律和理论。

最后,第三种方法是验证,这是归溯法。在经济范畴的实际识别之后,使理论模型达到所要的具体程度,引出结论,将结论与具体经济过程的相应方面相对照,作为验证。这些结论的真伪既定,然后才能说它们的前提是真是伪。因此,这是一种归溯法推断,即与演绎法推断所循的方向相反的推断。归纳法、演绎法和归溯法是政治经济学方法使用的三种推断方式。从以对实际的比较观察为根据的归纳法,通过从归纳结果引出可验证的结论的演绎法,到归溯法,它在验证这些结论的基础上,说明第一次进行归纳的结果是否为真——这是政治经济学中的推断次序,和有关研究经验实际的每个理论学科一样。所有三种推断方式在这里都是必需的。

没有归纳法，演绎法推断就会以与实际无关的前提为根据，它不会是与实际经济过程有关的推断。没有归溯法就不可能说出归纳法的结果是否为真，不可能验证这些结果。最后，没有演绎法就不可能从归纳法的结果转变为可验证的结论，使我们有可能判断归纳法的结果是否为真。

演绎法在政治经济学中的作用

演绎法在政治经济学中的作用值得特别注意。根据描述性经济学和经济史，以及经济过程的直接观察提供的材料可以进行归纳；归溯法则将结论与这些同样的材料相对照。政治学经济中所做推理的主要部分是演绎法，即从作为以前归纳结果的一般假设引出可验证的结论。

属于演绎法的那部分政治经济学常与其他部分分开，并且称为经济理论或纯理论。这种分离在这样的条件下是允许的。别忘了“纯理论”只是政治经济学的一部分，政治经济学的整体是一门理论科学，而且它的内容为归纳和归溯的那部分也服务于发现经济规律和验证所得的结果。把所谓纯理论，即使用演绎的那部分政治经济学，与整个学科等同起来是错误的，我们以后将说明这一点。

演绎法的重要性在于这样的事实，只有在这个基础上才能证明在特定条件下某一经济规律的作用的逻辑必然性。特定理论模型所根据的假设能推导出经济规律。我们知道演绎法推断是不会错的，根据前提从逻辑的必然性得出结论。例如，假设某些经济刺激在起作用，并有一定方式的人类行动在经济模型中相互作用，我们用演绎法可得到逻辑上必然的结论。例如,生产的激励是资本的主人得到最大利润的愿望,并且如果生产是在自由竞争的条件下进行,而且资本可以从一个生产部门自由转移到另一个生产部门,则各生产部门的利润率就趋于相同的水平。这是从所采用的前提得到的逻辑上必然的结论。

没有演绎法推断不可能证明这种必然性。这也适用于从事经验实际研究的其他理论学科。"观察的经验永远不能单独充分地证明必然性。先后关系并非因果关系。……这一点如此正确,所以从早晨不断升起的太阳不能推断明天它又将升起。"[①]然而,如果太阳将在明天升起是基于正确的前提(即地球绕它的轴自转)的一个结论,则这是一个逻辑上的必然性。只要前提仍然为真,即只要这些前提的思想反映的客观条件继续有效,那么这个必然性就是一个客观必然性。由此可见客观必然性有一定的历史范围。如果地球停止绕它的轴自转,太阳将不再每天升起。当自由竞争被垄断代替,或者当激励是得到最大利润的愿望的私人资本主义生产被目标为满足社会需要的社会生产代替时,各生产部门的利润率便不再趋于一个相同的水平。

公理化和公式化——数学在政治经济学中的作用

当推断在逻辑上无误时,演绎法得出的结论才是逻辑上必然

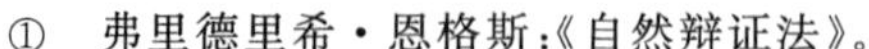

① 弗里德里希·恩格斯:《自然辩证法》。

的，这是明显的。为了保证推断免于逻辑错误可采用两种方法。第一种方法是理论经济模型的公理化，即明白说出形成推断前提的假设，而由形式逻辑的规律起推断指南（即决定推断方式的规则）的作用。[①]

第二种方法是推断的公式化，特别是数学的利用。推断的公式化是利用逻辑确立的程式（公式），而数学不过是一种更加专门的推断公式化，其中除其他特点外，出现了数量。[②] 许多经济范畴，如价值、价格、利润、生产成本、商品数量等等，都是数量；其他范畴不是数量，如工资劳动者、资本家、竞争、垄断等等，但是它们出现的频率是一个数量——一个国家的人口中工资劳动者的数目、社会主义所有制工业中工厂的数目等等。因此数学成为政治经济学中演绎法推断的一个特别重要的工具。

严格来说，研究数量的一切演绎法推断都是数学推断，即使它没有公式化，即它不用数学公式。例如，上面提到的关于各生产部门中利润平均化的推断，虽然没有公式化，也是一个数学推断。全部经济理论充满了这种数学推断。虽则在一本关于这个主题的书

---

① 在一个演绎法推断系统中，公理是一些前提，从它们直接或间接引出一切结论，而它们自身不是从其他前提引出的结论。若不用“公理”一词，也用“公设”一词。这些名词是同义语。在政治经济学中和在研究经验世界中发生的过程的每门科学中一样，出现在演绎法中的公理或公设是用归纳法从经验中引出的，也是从所研究的各个过程的实际道路的各个方面的抽象得到的。最近佳林·C.库普曼斯注意到了经济理论公理化的好处（《关于经济科学状态的三篇论文》第132—149页，纽约，1957年版）。

② 数学是一种公式化的演绎系统，其中除其他特点外，出现了数量。不过不限于数量，因为数学也研究结合、关系、图形、变换等等。伯特兰·罗素和A.N.怀特黑德在1910—1913年出版，现在成为经典著作的《数学原理》中，说明了一切数学定理是从逻辑公理和肯定存在数目无穷的客体的另外一条公理产生的结论。

中,可能没有一个数学公式,不过,政治经济学中数学推断的公式化是必要的,这有两个理由:第一,为了保证推理免于犯错。没有推断的公理化和公式化,当前提很复杂时,在政治经济学的推理中避免错误是很困难的。第二,在研究数量之间的关系时,非公式化推断只是在很狭窄的范围内才是可能的。没有公式化我们将不能解决很多关于数量的问题,例如,为了把运输成本降到最小,如何将货源分配给消费者的问题,或者选择最有效的投资方案的问题。政治经济学的演绎部分,即经济理论,必须应用公式化的数学。当然,如果理论模型的假设不复杂而且推断过程简单,则不需要使用公理化和公式化(而且因此不必使用公式化的数学)。在这类事例中坚持公理化和公式化可能是不必要的学究气,浪费精力。在这里非公式化的语言就足够了。

演绎法中的前提是归纳法的结果

我们已经指出,演绎法得出的结论在逻辑上是必然的。另一方面,只有当演绎法的前提为真时,它们才是客观上必然的,即必然与实际一致。明天太阳将升起是从地球自转这个前提而来的一个逻辑上必然的结论。但是,如果地球确实绕它的轴自转,它才是客观上必然的,并且当地球停止自转时,它将不再如此。因此,无误的演绎法不能保证结论为真。仅当前提为真时,结论才为真。在政治经济学中,正如在研究经验世界的其他学科中一样,演绎法的前提是根据观察的归纳法的一个成果。不过我们知道归纳法不是一种不会失败的推断方式。前提为真,在此例中是具体观察为真，并不保证概括这些结果的结论为真。这是因为归纳法是不完全的。[①] 所以尽管所进行的观察为真，政治经济学中演绎法推理所根据的前提却可能是错的。

为此缘故，对于政治经济学中用归纳法推断的结论必须小心对待。推断的正确性和作为它的前提的基础的观察的精确性并不保证它的结论为真。精确地确定用归纳法得到的结论的有效性的历史范围，特别重要。它们在一定的历史范围内可能为真，而在范围之外为伪。

归溯法推断作为验证工具

根据归纳法提供的前提而用演绎法得出的最后结论要经过验

① 在这里我们不讨论政治经济学中只有在例外情况下出现的完全归纳法。归纳法不是一个可靠的推断方法，这个事实促使一些理论学家用“归纳推理”而不用“归纳推断”一词。把“推断”一词只完全用于演绎法，只有它有逻辑必然性的力量。例如，J.卢卡西维兹：《论科学·自学指南》第1卷第47页（华沙，1951年版）；T.考塔宾斯基：《认识论方法论基础》第262—270页（波兰文）；以及《律师逻辑教程》第118—127页（波兰文）等书有论述。尼曼甚至走得更远，因为他甚至否定“归纳推理”一词而谈“归纳行为”（《概率论和统计学初级教程》第1—2页）。然而必须注意，人在归纳行为中会应用推理。尼曼的书恰好讨论这类推理。阿九凯维兹应用“推断”一词来指归纳法和归溯法推理以及演绎法推理（《逻辑学大纲》第160—179页）。考塔宾斯基最近也采用了这个术语。亨利·格林尼斯基在《归纳法逻辑学基础》（波兰科学出版社，华沙，1955年版）中提出了一个新理由，说归纳法可以化为演绎法。归纳法是基于两类前提的演绎法：(1)假设所研究的过程中发生的关系是唯一地确定的并且经验是可以重复的；(2)具体观察结果。归纳法推断作为演绎法推断的一个特例，是不会失败的推断。归纳法的结果的不确定性，是由于原来观察到的关系的唯一确定性的前提的不确定性。如果这些关系不是唯一地确定的，并且它们的发生只是概率性的，归纳的结果也将是概率性的。

证,然后可以说前提是真是伪。验证因而是归溯法推断。然而归溯法也不是一种不会失败的推断方式,因为一个真的结论既可以从一个真的前提得出,也可以从一个伪的前提得出。例如,“我是在1月出生的,因此我是在冬季出生的”。在演绎法推断中,如果我是在1月出生的这句话为真,则可推知我是在冬季出生的这句话为真。而在归溯法推断中,从我是在冬季出生的这句话,推断我是在1月出生的这句话为真。可是如果我是2月而不是在1月出生的,我也是在冬季出生的。在此例中,用归溯法说,我是在1月出生的是错的,因为这里从一个错误的前提产生一个真的结论。因此,在验证过程中,说演绎法得到的结论为真,这个事实并不保证它的前提为真。

另一方面,归溯法使我们能确定用于演绎法的前提为伪,因为,如果验证表明结论为伪,前提必然也是伪的,因为一个错误的结论只能来自一个错误的前提。回到我们的例子:“如果我不是在冬季出生的,则我一定不是在1月出生的。”因此,政治经济学命题的验证,只能导致其中用演绎法得出的结论被证明为伪的那些命题被认为一定是错误的。至于其结论证明为真的那些命题,只能说它们可能为真,不能肯定它们为真。换句话说,在政治经济学中和在其他研究经验实际的学科中一样,验证只能毫无疑问地否定其结论与实际不符的命题,但是,它不能肯定其结论符合实际的那些命题为真。

然而,在后面的情形中,验证能确定这些命题或许是真的。在实践中验证包括检验从某一前提(即一个理论模型中的一个假设)来的不只一个而是几个结论。如果所有结论证明为真,则它们的数目愈多，前提愈可能为真。如果我又说我是在一个有31天的月份出生的，从我是在冬季出生的这句话推断的我是在1月出生的这个前提变得愈加可能是真的。因为这时原来为三个月——1月、2月、3月——的逻辑可能性的区间减少到两个月——1月和3月。有时，从某一前提来的较多数目的结论的验证如此减少可能性的区间，以致归溯法的结果变为肯定。例如，我生在冬天，在一个有31天的月份，并且在一个没有春分（在3月有一个春分）的月份，则我一定生于1月，因为我生于2月或3月的可能性已被排除。

如果在验证后我们可以说从某一前提来的较多结论为真，则这一点增加了前提为真的概率，因为导致同样结论的其他真的前提的数目被减少了。能通过验证其他结论排除的其他前提愈多，所研究的前提愈有可能为真。所以我们设法从某一前提得出减少其他前提到最少数目的结论。有时仔细挑选经过验证的结论有可能完全消除其他前提：这样前提就肯定为真了。较常见的是，其他前提的数目能如此减少，以致几乎可以肯定地认为某个前提为真——所谓肯定是根据实际的而不是逻辑的观点。研究经验世界的各学科中，大多数经过验证的命题，从这个实际观点看是真的，例如，重力规律和其他确立的物理规律。政治经济学的那些无疑已被确立的规律也是如此，例如，商品交换中的供求规律。

不论前提是否为真，结论可能为真的概率愈小，前提为真的概率愈大，因为在此情况下结论来自其他某真前提的可能性更小。例如，我家的电灯灭了，我可以推断保险丝烧断。这是一个可能的推断，但不是一个肯定的推断。因为电灯不亮可能是由于电站出了毛病。然而,电站愈是不常出毛病,灭灯与保险丝烧断有关的概率愈大,保险丝烧断这个前提为真的概率愈大。

所以,在验证政治经济学的规律和理论的时候,如果我们检查从它们得出的较大数目的结论并且从中选择这样一些结论,即不论所研究的规律和理论是否为真,它们得到证实的概率很小,那么我们可能得到实际结论,说这些规律和理论是真的。[①] 在一次单一的验证中得到这样一个结果并不总是可能的。在情况如此的时候,从所验证的前提可推出更多的结论。如果前提非真,证实它们比较不太可能。这些新增结论的验证,进一步缩小了其他前提的可能性区间。用这种方式可以得到实际上的肯定,并且有时——用逐步逼近的方式——甚至是完全肯定。

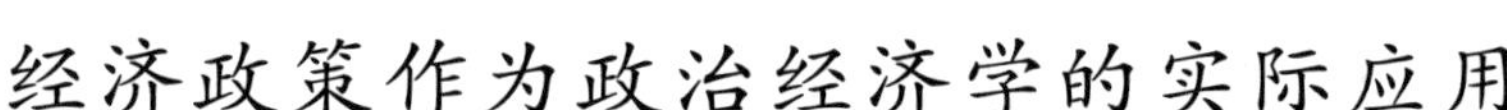

经济政策作为政治经济学的实际应用

政治经济学提供的经济规律的知识可用于一种实际目的。政治经济学发现的规律的实际应用是经济政策的任务。经济政策包括利用经济规律以获得所需的某些结果。我们知道,一切经济规

① 见 T.柴绍夫斯基:《经验科学中的验证》(托伦,1958 年版)。经济学家约翰·梅纳德·凯恩斯在他的著作《概率论》(伦敦,1921 年版)中表明他是最初研究这一问题的人士之一,他赋予前提和结论以一个以数字表示的确定的概率,并且确定了各种推断的概率。这些有关推断的概率,必须与称为概率论的数学分支中的概率的概念相区别;后一概念研究客观实际中发生的大数过程中出现的随机事件,它是客观事件的一种性质并与它们出现的频率有关。在另一方面,与推断有关的概率属于推理的性质。然而,概率推断理论与有关随机事件发生的频率的概率论之间的某些形式上的类似,确实说明两者之间有一种联系。联系就在于,概率推断和概率论都利用集合论的规则。

律可以化为因果规律，即陈述因果之间一种关系的规律。经济政策作用的方式是使这样的原因起作用，这些原因按照经济规律产生它们的效果，即经济政策所要达到的目的。经济政策为它自己规定某些目标并且用某些手段来实现它们。这要求有关于经济规律及其应用的知识。没有经济规律的知识或者不应用它们，经济政策就会失败、无效。

要用经济政策改变的经济过程的某些方面的范围可能较广，也可能较窄，这一点决定了要使用的经济规律范围的大小或具体程度。使用太具体的规律以产生范围较广的一些方面的变化，会导致目标只是局部完成或者完全没有完成。这时我们说所用的手段“太弱”。为了改变经济过程的个别具体方面而使用效力范围较广的经济规律，通常会在所企图的事情之外附带产生不希望有的效应。这好像通过锯腿来治疗扭伤的脚。这时我们说手段“太强”。运用经济政策的实际才能——可以说经济政策的“艺术”——包括挑选适合目标的种类和范围的手段。

经济政策按人们所要的方向影响经济过程的道路。因此，它会努力全部或部分地消除这种过程的自发性。所以，只有在有利于消除经济过程中的自发性的一种社会制度中，一种有效的经济政策才是可能的。在自由竞争资本主义之下，盛行自由放任，没有经济政策的余地，因为经济过程在原则上被听任走它自己自发的道路。经济政策只存在于一个有限的领域之内，国家以货币和信贷政策、关税政策等形式调节经济过程。在垄断资本主义之下，国家对经济生活的干预增多，经济政策作用的领域相应扩大。在垄断条件下，资本家的公司决定它们自己的经济政策，为了它们自己的目的,会利用像市场规律那样的经济规律。然而,由于在资本主义社会形态的发展中起决定作用的经济规律继续自发地作用,经济政策只影响经济过程的某些方面,并且常常证明是无效的,因为所要的结果会受到未加控制的因素的自发作用的干扰。

只有在社会主义制度之下,经济政策发挥作用才有较大的可能性,而且最重要的是,会得到指导整个经济过程发展的可能性。我们可以把经济政策分成两部分。其一是社会经济结构政策,与形成生产关系和其他经济关系的结构有关。其二是当前经济政策,在已知经济关系的框架内解决经济过程及其各方面的发展问题。前者使用高度概括的规律,后者应用较具体的规律,因为它与实现较狭窄的目标有关。随着国家和大资本家组织干预经济过程日益增多,在资本主义制度之下出现了一种当前经济政策的内容。在这些情况下,只有政治经济学的一个有限部分,即对应当前经济政策的需要研究某些具体经济规律的那部分得到了实际应用。而社会经济结构政策虽然其核心的有些部分可在资本主义之下找到,但只有当生产关系开始从资本主义变为社会主义性质时,才能找到广阔的应用范围。只有到了那时候,研究一般经济规律、社会形态的作用方式和发展的那些政治经济学分支——它的最重要分支——才有实际意义。那时,整个政治经济科学将参与到实际中,政治经济学将成为自觉指导社会经济发展的经济政策的一个工具。

第五章 经济理性原理——政治经济学和合理行为学

经济活动和技术

人的经济活动是自觉的和有目的的活动。在生产和分配关系所决定的一般经济条件中，某些经济刺激连同对这些刺激做出反应的方式出现了。这在上面讨论的人类行为的经济规律中已得到体现。经济刺激决定经济活动的目标。对这些刺激的反应包括为了实现这些目标而应用某些手段。经济活动就是利用某些手段实现特定的目的。

用于实际目标的手段的集合连同应用方式是某一经济活动的技术。我们因而谈论生产技术和分配技术，并且更具体地区分为农业技术（种植技术、畜牧技术）、矿业技术、钢铁生产技术、化学生产技术、运输（陆地和水上）技术、贸易技术、财务技术和其他许多技术。从广义上说，“技术”与“方法”同义；我们知道，后者表示一种系统行为方式，用于实现一个特定的目标。①

① 见本卷第四章有关注释中关于“方法”一词的意义。“技术”一词常用于一种类似的意思。例如马克斯·韦伯写道，“每种有目的的人类活动，都有它自己的技术”，并

不过经济活动的技术有这样一个特点,它所用的手段是物质的东西,而且它要达到的目标与物质的东西有关。生产是用生产资料(劳动手段和劳动对象)制造物质的东西,生产资料也是物质的东西。分配是在人们中间分配财物,因而是分配物质的东西;做分配工作需要我们称为分配手段的物质的东西(例如仓库、商店建筑、货架、柜台、天平等器具)的存在。甚至为直接满足人的需要提供的服务,一般地也要求有物质手段(例如,理发师、医生、音乐家、教师的工具,提供服务的场所和这些场所的用具);而且,服务一般会有一种物质效应(理发、医疗、放映电影)。经济活动的技术因而是一种物质技术,是使用物质手段以达到物质目的。[①] 这类技术常常称为技艺。

一种技术使用的手段是原因,它们的效果是所希望的目标。因而这个目标的实现,或者技术的效果,依靠使用这样的手段——它们作为原因,按照那个具体活动领域中存在的因果规律,具有所希望的效果。关于这些规律的知识和利用这种知识的才能构成技

且作为例子列出了祈求技术、思考技术、科学研究技术、记忆技术、教育技术、行政技术、恋爱技术、战争技术、音乐技术、绘画技术等(《经济与社会》第 32 页)。

① W.桑巴特注意到经济活动的技术是一种物质技术的事实,他在《现代资本主义》第 1 卷第 1 部分第 5 页(慕尼黑和莱比锡,1919 年版)上,用“工具性技术”一词来表示经济活动的技术。他给这个词下的注解是:“我把这个词理解为一种行为,它应用真实物体、工具以达到一种技术目的。”F.冯·戈特在一本讨论技术和经济的书中,用“实际技术”一词表示“干涉外部感性世界”的技术。他区分了个人技术(记忆技术、体育技术)、社会技术(战争技术、政府和行政技术)以及智力技术(计算技术、下棋技术)。戈特得到结论,经济活动的特殊技术是“实际技术”。见《经济与技术。社会经济学基础》第 2 部分,第 9 页,杜平根,1923 年版。“物质技术”一词似乎最好地表示了经济活动的技术。

术有效的条件;一种技术的有效程度决定于对适当因果规律的知识掌握程度,并且决定于利用它们的才能。对于用于经济活动的物质技术来说,决定它的有效程度的是物理、化学、生物学以及(在劳动过程中)心理学规律的合适利用。用于经济活动的各种物质技术的研究称为工艺学。例如,我们有造船工艺学、陆地和水上运输工艺学、肉类产品储存工艺学、电影放映工艺学,等等。

工艺学是研究用来实现各种经济活动目标的手段的学问,它研究很多种物质技术。在经济活动过程中实际实现的目标,以及所用的手段,决定于从事经济活动的经济条件,也决定于与这些条件有关的经济活动的某些性质。

自然经济中经济活动的传统性质

在商品生产和商品—货币交换发展以前,或者当这种生产和交换尚未充分发达的时候,生产和分配致力于直接满足需要。这是所谓的自然经济。决定经济活动的目标的刺激是具体需要。很多不同的需要相应地产生不同目标的经济活动。因此,有各种不同的目标,如取得各种不同的食物、衣服、住房、武器、艺术品、娱乐,等等。我们知道,这些需要是我们称为社会文化的那些社会生活条件的产物。所以在某种文化中,人的经济活动有具体的目标。这些目标是风俗和道德所建立的、宗教同意的,有时也是立法承认的。用来实现这些目标的手段,即经济活动技术,是靠集体经验发现和建立的,并且在社会劳动过程中,实际上是靠“试错”法完善起来的。在劳动过程中形成的集体经验发现新的手段,评价它们在实践中的效果,保留有效的手段而舍弃无效的手段。通过这种方式对各种手段进行了一种自发的"自然选择",经济活动的技术得到了发展。

这样确立的经济活动目标连同它们的相应技术靠传统继承下去。每个新的一代都会继承从某种具体文化产生的经济活动目标和技术。经济活动借助于传统确定的手段实现传统确定的目标,但对两者都没有进行理性分析。这种经济活动称为习惯的和传统的活动。在经济活动的目标和手段中会发生缓慢的变化。这是事实,因为在每个社会中,生产力不断发展的规律都或多或少在起作用。我们知道,这是人们在社会生产过程中创造的人为环境相互作用的结果。[①] 这些变化如此缓慢地进行,所以它们不影响经济活动的传统性质。在个人的一生中,这些变化太小了,不足以影响经济活动的传统目标和手段。[②] 只有在生产关系和生产力性质之间存在尖锐矛盾的时期,经济活动的目标和手段才会发生突然的大变化。生产关系和生产力的性质之间一旦重新达到一致,经济活动的一组新的目标和手段就会得以确立,变成习惯,并且靠传统传下去。经济活动又变成一种习惯的、传统的活动。

所以在盛行自然经济的社会形态范围之内,经济活动是习惯

① 见第二章。

② 克西威斯基称这些几乎看不出的小变化为"社会微分":"在社会的,即文明社会的中心,微小的差异在物质基础中积累,最终在一切社会生活领域中产生一种革命……生产力形成中的小变化——社会微分,缓缓积累,正好像土地每年微小的沉降,数万年后会使它的外观完全不同;所以在一段时间以后,这些小的社会变化产生积分,即全新关系的结构。"《动物和人类中的社会发展。社会学研究》(波兰文)第 207—208 和 210 页。

的和传统的。这是人类学家、人种学家和经济史学家熟悉的事实。美国人类学家赫斯柯维茨说:“在决定文化的工艺和经济方面的形式中,传统因素有很大重要性,不亚于对任何其他方面的重要性。”[①]资本主义历史学家桑巴特在描写资本主义以前各社会形态中经济活动的传统主义时写道:“经验的、传统的经济是指一代一代传下来的经济、人们习以为常的经济。在决定某项事业或活动时,人并不向前面的目标看。他不只是考虑他的决策的目的,而是向后看过去的例子和经验。”[②]他继续解释:“从我们出生起,而且可能甚至在出生以前,我们的环境就把它自身强加于我们,并且迫使我们遵循一条才能和意志的具体道路:我们的知识、学习、活动、感觉,我们的父母和老师的见解全是传给我们的……到了一生的后期,除了传统力量外,还要加上一个同样强大的第二种力量——习惯的力量,它使一个人总是倾向于做他以前做的事,所以其结果是,他更加牢固地被固定在他所在的轨道上……而且,一个集团的某一成员,在设法表明他是这个集团的好成员时,特别重视表现他的集团的文化价值……原始人以这种方式被各种力量固定在现有文化的轨道上……资本主义以前经济的所有这些具体性质的内部统一,和整个资本主义以前的文化生活一样,延续性作为生活的一个基本观念表现出来。[③]

马克斯·韦伯用相似的方法描写了资本主义以前社会的经济活动,不过他在解释这个问题时强调了其他两个因素。这两个因

① M.J.赫斯柯维茨:《经济人类学》第80页,纽约,1952年版。

② W.桑巴特:《现代资本主义》第1卷,第37—38页。

③ 同上书,第38—39页。

素是某些社会阶级或集团在保持传统活动形式中有其利益,以及魔术——宗教处罚。韦伯写道:“开始时我们到处都可发现传统主义和传统的戒律,它只许可以前世代实行的那种活动和经济……没有本事而且一般不愿意离开熟悉的道路是遵守传统的主要原因。不过在两种情况下,这类原始传统主义可能变得强大得多。第一,维护传统可能涉及物质利益,……而更主要的是活动的魔术程式化效应,即由于害怕超自然的伤害而不愿改变传统的生活方式。这一点符合僧侣的利益,但是它的基础是对超自然危险的一般信仰。①

马克思注意到了在资本主义以前的社会形态中,阶级利益作为维护经济活动的传统主义因素的重要性。在写封建生产方式时,他说:“但是,很清楚,在这种社会生产关系以及与之相适应的生产方式所借以建立的自然形成的不发达的状态中,传统必然起着非常重要的作用。其次,很清楚,在这里,并且到处都一样,社会上占统治地位的那部分人的利益,总是要把现状作为法律加以神圣化,并且要把习惯和传统对现状造成的各种限制用法律固定下来。”②

在一个商品—货币经济中营利活动和家务活动的分离。经济活动目的结构中的变化

由于在资本主义以前的社会形态中盛行自然经济,那时的经

① M.韦伯:《经济史》第302—303页,慕尼黑和莱比锡,1924年版。作为魔术程式化的一个例子,韦伯讲了中国开始修建铁路时,居民如何反对,扰乱某些山林和河流,其理由是它会使他们祖先的鬼魂不安宁。

② 卡尔·马克思:《资本论》第3卷,第893—894页,人民出版社,1975年版。

济活动主要是传统的和习惯的。在小农经济的很多因素存在的任何地方，自然经济一直延存到今天。然而，在资本主义以前的各种社会形态中开始的商品生产和商品—货币交换的发展，破坏了经济活动的传统主义。当资本主义生产方式得到发展以及全部生产变为商品生产，并且不仅产品而且劳动力也是商品—货币交换的对象的时候，这个现象特别有力。这时生产和分配的全过程在商品和货币经济关系的条件下进行。

商品生产和商品—货币交换切断了经济活动和满足需要之间的直接联系。人类经济活动分成两类：营利活动和家务活动。营利活动是指财物（包括劳动力）的生产、销售和转售，以得到一定数额的货币，或货币收入。货币收入花费在购买财物上，这些财物在家庭中被使用以满足各种需要（在家庭最为常见，但是，也用在孤儿院、医院、军营等之中）。所有这些都是家务活动。

经济活动分为两类不同的活动，产生了一个新的经济目标体系。在家庭中，活动的目标仍然直接受需要支配。这些目标是多元的，对应于需要的多样化——食物、衣服、住房、娱乐等等。而营利活动只有一个目标——得到货币收入。这个目标始终到处相同，与营利活动可能采取什么形式无关。不论它是农业生产或工业生产、木材或纺织品、海运或贸易、医疗或艺术服务，或其他具体类别的营利活动，其目标始终相同，即得到货币收入。这个目标也不决定于将用营利活动的收入满足的具体需要。不论它是不是一件维持家庭（供应食物、住房和衣服等）、医疗、旅游、娱乐、慈善活动，或其他具体需要的事情，保证满足这些需要的可能性的营利活动始终有同一个目标——货币收入。

经济活动分成营利活动和家务活动会产生一个总目的,实现它是实现经济活动一切其他目标的条件。与家务活动有关的并且决定于各种需要的目标,只能在实现营利活动目标,即得到货币收入的范围内予以实现。营利活动的目标是关键目标,因为所有其他目标都要依靠它而实现,这一点产生了一种特定的目标结构:一个目标,即得到货币收入的目标成为实现其他目标或目的的手段。经济活动的各项目标通过这样的事实互相联系,它们的实现有一个共同手段,这个手段又是营利活动的目的。不像在自然经济中有许多平行存在的目标,我们有一个目标系统,它有一个确定的结构。这个系统的关键目的——得到货币收入,变成人类一切经济活动的焦点;营利活动变成一切经济活动的基础。

经济活动中一种目标结构的发展,使这类活动的传统性质不可能完全保存下来。家庭经济活动的目标能够而且通常也确实保持了它们传统的和习惯的特性,因为它们决定于传统的文化条件、社会地位和它相应的"生活方式"。而营利活动的目的是不可逃避地被商品生产和商品—货币交换的经济关系所强加的。在商品—货币经济中,货币收入是一种经济必然性,不决定于一个社会的文化传统,这种必然性取得了一条商品—货币经济关系的经济规律的性质。没有货币收入,一切其他经济活动是不可能的。这一点破坏了经济活动目标的传统的习惯的一套,引入了营利活动作为关键目标并且把老一套变换为上面提到的由互相联系的目标组成的并以关键目标为其焦点的结构。所以营利活动的目标,不决定于社会的文化背景以及与之联系的经济及其他活动的传统目标。

因为在营利活动中，只有一个目的，而不是像自然经济那样有多重目标，这种活动的一切手段和全部技术，都服从这个共同目的。我们说发生了用一个共同目的把各种手段联合起来的情况。这种联合把各种手段合并为一个应用它们的有目的的系统。与自然经济比较，这一点为经济活动创造了全新的条件。在自然经济中有很多平行的目的和同样很多的手段；有些手段专门用于某些目的（例如，面包用作食物），而其他手段可以服务于不同的目的（例如，木材用于建造房屋、制造车辆、造桥或作为燃料）。这个复杂的目的和手段的系统是由传统建立的并且成为传统的和习惯的经济活动的目标。而在营利活动中只有一个目的，这个目的是无条件地必需的，以及一切手段服从这一个目的的这些事实，使活动简单化，使它易于分析。通过营利活动的目的把各种手段联合起来，可使这些手段脱离它们传统的和习惯的道路。因为联合要求任何时候都要从营利活动的目的，即货币收入的角度对某种手段做出评价，因此要舍弃不适合的手段，而不顾它们所根据的传统，并且在计算它们与能实现的货币收入的关系的基础上对手段做出选择。

理性——营利活动的特征

所以在商品—货币经济中，营利活动的目的和手段都与传统决裂。营利活动变成一种基于推理的活动——一种理性活动。①

① 理性活动的概念适用于经济活动之外的所有各种活动。马克斯·韦伯对各类行为的分类赢得了广泛的承认，他使用“目的理性行为”一词与另一种理性行为——价

作为实现经济活动的任何其他目标不可缺少的条件,营利活动的目的在推理过程中出现是有逻辑的必然性的,而手段则靠应用逻辑推断于已知的自然规律、经济关系和具体事实来评价。

在这方面我们要区分行动的两种理性——事实理性和方法理性。[①] 当手段的选择符合真正客观存在的情况,即符合实际存在的事实、规律和关系的时候,有事实理性。所以行动的事实理性与它的有效性同义。方法理性则说明从当事人具备的知识的观点看,活动是理性的,或者,换句话说,决定手段的选择的逻辑推断,在已有知识的范围内是正确的,而不追问这种知识是否符合事物的实际状态。营利活动的理性显然是方法理性,因为这类活动中涉及

值理性行为进行区分。见《经济和社会》第 1 卷,第 12 页。但是,这第二种行为似乎可化为第一种行为,所以一类理性活动就够了。考塔宾斯基只归为一类,见《论好工作》第 137 页。韦伯进一步区分了传统活动和情感活动。然而,行为的情感性与一个不同的分类原则相联系;理性行为和传统行为都可能有正的或负的感情色彩,它们可能有愉快的或不愉快的副作用。分成理性行为和传统行为就够了。而且有意思的是,韦伯在他的经济史著作中只用了这些范畴中的两个,见《经济史》第 15 页和 302—303 页。路德维希・冯・米塞斯的论断,所谓人的行动必然总是理性的以及所谓"理性行动"一词多余,并且必须这样予以否定,是完全错误的。见路德维希・冯・米塞斯:《人的行动——经济学概论》第 18 页,伦敦,1949 年版。米塞斯说:"行动的对立面不是不合理的行为,而是个人的意志不能控制的感官和本能方面对于刺激的一种反应。"这就没有为传统行为留下余地。传统行为也是自觉的和有目的的活动,但是,其特点是这种活动的目标和手段是由传统确立的,而不是推理的结果。传统活动和理性活动中都存在目标和手段的自觉性;这两类活动之间的区别在于,在前一情况下所采用的目标和手段是传统的,而在后一情况下它们是靠推理得出的。裘德・阿尔希纳在《经济行为中的理性和非理性以及通过经济理论对它们的理解。希摩勒立法,行政和国民经济年鉴》第 5—12 页(1975 年版)中,对米塞斯的见解进行了深刻的批判。

① 考塔宾斯基在《论好工作》第 137—139 页中做了这种区分,他提出了属于方法理性而非事实理性的例子:"某人的旅行计划以官方的时刻表为根据,但未能到达他的目的地,因为与所给的信息相反,列车不在那里停留。"

的推断根据的是进行这类活动的个人具备的知识。在一切事件中只有方法理性是作为一种行为方式的活动的一种性质；事实理性讨论的是活动所根据的知识是否充分的问题。

从习惯的和传统的经济活动过渡到理性的营利活动，即经济活动的理性化，是逐渐进行的，与商品和货币关系的发展保持一致。这种过渡受到一种事实的阻碍，即除营利活动外，得到满足需要的资料有其他方法，采用直接生产和分配的形式。封建领主和农民，甚至尚未完全脱离耕种土地、饲养动物及为了他自己需要的其他劳动形式的手工业工人仍然有营利活动以外的满足他们需要的手段。货币收入仍然不是一种绝对的经济必需品。只是随着资本主义生产方式的发展，商品和货币关系才变为普遍，甚至劳动力也变为一种商品，而营利活动变成一种普遍的经济必需品。生产和分配的全过程变成一种理性经济活动，而经济活动中的传统主义仅限于家庭经济。在生产和分配方面，传统活动只残留在农民经济中，在那里即使在资本主义制度之下，自然经济仍在很大规模上坚持下来。

资本主义企业的出现和活动是从生产和分配中的传统和习惯活动过渡到理性营利活动的转折因素。

一个企业是一群系统地从事营利活动的人。资本主义企业的特点是营利活动的物质资料（生产、分配或提供服务的资料）是一个人或一群人（资本家）的私有财产，他们使用雇佣劳动者，用工资作为劳动者的报酬。

在一个资本主义企业中，经济活动集中在作为它的唯一目的的货币收入上。这类企业的主人——资产阶级——的大规模活动导致了商品和货币关系的传播。1847年,当资本主义生产方式正在西欧传播的时候,《共产党宣言》用下面的话总结了资本主义生产方式带来的变化:“资产阶级在它已经取得了统治的地方把一切封建的、宗法的和田园诗般的关系都破坏了……它使人和人之间除了赤裸裸的利害关系,除了冷酷无情的‘现金交易’,就再也没有任何别的联系了。”又说:“一切固定的东西都烟消云散了,一切神圣的东西都被亵渎了。人们终于不得不用冷静的眼光来看他们的生活地位、他们的相互关系。”[①]理性经济活动从资本主义企业传播到一切阶级和社会阶层。一切都引向营利活动的经济必然性。

营利活动的目的和手段的数量化(可测量性和有公度性)。利润范畴

商品和货币关系,特别是资本主义生产方式的发展,由于挑出营利活动并使它普遍起来,以及由于把它变成一种基于推理的理性活动,导致了这种活动的目的和手段的可测量性和有公度性。目的和手段进行了定量化,并且采用统一的测量单位,用货币单位表示。营利活动的目的从一开始就是用货币单位表示的一种定量范畴。支付手段也形成定量范畴,但是,它们起初用不同物质单位,如磅、码、夸特和件数来表示。商品货币交换使这种支付用统一的货币单位表示。所以各种支付可以作为以货币表示的成本的组成部分来比较。同时,它们与营利活动的目的——货币收入有

① 《马克思恩格斯选集》第1卷,第253—254页,人民出版社,1972年版。

了公度。

因此有可能将达到的目的和所用的手段进行比较，并用货币单位表示这种比较的结果。在资本主义以前的生产和商品交换的形式中，这种公度性仍然是不完全的，因为它不包括劳动的支出。资本主义生产方式由于把劳动力变为一种商品，而且变为用货币单位表示的成本的一个元素，使资本主义企业中经济活动的手段和目标达到完全有公度性。货币收入和所费成本的定量比较在利润这个经济范畴中得到反映。利润成为资本主义企业活动的一致的、可以测量的目标。

资本主义企业的计算和簿记

用一致的测量单位将目标和手段定量化，以及利润经济范畴的出现，意味着一个企业经营的理性表现在计算中，也就是在收入和成本的一切成分的货币计算中。簿记技术首先出现在从事贸易的资本主义企业中，在这里最早出现目标和手段的定量化，然后传播到各类企业。复式簿记的发明使企业活动的一切元素连同结果的全部计算成为可能。复式簿记把记载一个企业的各种业务的一切账户连接到综合记载企业全部活动的一个主要账户上。

计算是一个企业的活动中充分发展的理性的表示。[①] 因为它

① 系统的商业簿记是从 13 世纪开始的。意大利城市，特别是佛罗伦萨的商人开始对他们较重要的商业业务保持系统的账目。到 14 世纪，法国也有了会计。14 世纪末在意大利北部城市出现了复式簿记，或许首先在热那亚，以后在威尼斯特别发达（所以它被称为威尼斯簿记）。它从威尼斯传播到西欧，特别是荷兰的所有主要贸易中心。路

包括收入和成本,连同财产价值的变化的一切成分的定量比较,因而运用逻辑和数学推断。计算也是有助于使理性更加精密的一个工具,并且在一个企业的范围内,是把手段和目的充分联系起来的一种方法。由于利用了计算,一个企业运用的手段从它们的赢利能力的角度得到了评价。生产和分配的物质技术和一切其他业务一样,严格服从企业的唯一目标——利润。

莎·帕西奥里于1494年在威尼斯出版的《算术、几何、比例和比例性的高峰》中,对复式簿记第一次做了系统的阐述。从阿拉伯人学来的首先出现于印度的小数记号以及与它有关的计算方法也起了重要作用。1202年在佛罗伦萨出版的莱昂纳多·庇山诺的《算法》问世,标志着这个领域中的转折点。小数制度与会计及商业簿记的发展密切相关。在意大利北部各个城市,以后也在其他各国,设立了专门的会计和簿记学校。资本会计在稍晚的16世纪出现。荷兰学者西蒙·斯蒂文(他对小数的实际应用有很大贡献)在1608年要求每年以及一个商人死亡或一个企业解散时,应当编制一张企业的资产负债表。值得注意的是,在意大利文中采用“ragione”一词表示一个企业,而在法文中用“raison”一词(它们都来自拉丁文“ratis”),它们原来的意思既指理性,又指计算。所以资本主义企业的理性及其与商业计算的联系甚至表现在语源学中。桑巴特在《现代资本主义》第1部分,第2版,第110—138页中谈了资本主义企业中簿记的发展,及其作为经济活动理性化的一个因素的意义。桑巴特也注意到采用计算形式的经济活动理性化对自然科学的发展施加的影响;他也强调了这种理性化对科学的经济范畴的影响:“复式簿记基于一种观念的不断应用,这种观念把一切现象作为数量处理(定量化),这种思想阐明了自然界的一切奇迹,而且在这里,它在历史上第一次很清楚地变为某种制度的基本思想。不需要费很多脑力,可以在复式簿记中看到引力、血液循环、能量守恒思想以及在自然科学中证明如此有效的其他思想的萌芽。”以后讨论平衡账目时,他写道:“这个方法决定了资本概念的产生。我们也可以说在复式簿记以前,资本的范畴不存在。”桑巴特还指出,固定和流动资本的范畴、资本形式的变化、商业周转、资本周转、生产成本及政治经济学的其他范畴是从资本主义企业的实际活动中产生的。马克斯·韦伯提到,与资本主义企业相比,非资本主义社会中的商人、高利贷者和银行家没有账簿和货币账目。见《经济史》第198—203页。马克思注意到了威尼斯和荷兰的借贷货币的企业,特别是现金企业和协会的发展对簿记发展的意义。这个情况导致了一种分工,出纳员承当簿记的责任。见卡尔·马克思:《资本论》第2卷,第152—153页,人民出版社,1975年版。

利润最大化——资本主义企业的经济必然性

营利活动的目标的数量化使它产生最大化的趋势，也就是在条件允许的最大限度上实现目标的趋势。因为这个目标是实现经济活动的一切其他目标的手段，所以才如此重要；如果能更大程度实现它，那可以实现的其他目标的数目就更多，能满足需要的数目也更多。使货币收入最大化的趋势，随同商品货币关系的发展而发展。它出现在资本主义以前的社会形态中，常常威胁要破坏那时已建立的传统生活方式；这个情况引发了反作用，特别是生活在自然经济中的统治阶级和与它们有关的阶层。

亚里士多德注意到了这点。他谈到对物质形式的财富的欲望是有限的，“因为能使生活愉快的这类所有物的数量不是无限的”，而对货币的欲望是没有边际的，以至到了这种程度，对货币形式的财富的追求本身就是目的。……资本的运动是无限度的。[①] 在中世纪货币收入最大化的倾向被教会的教导所否定，它们宣称人对世俗物品的占有应当如此：使一种“适合其身份的生活成为可能”[②]。中世纪用许多禁奢法律强制按照一个人的身份生活，这些

① 卡尔·马克思：《资本论》第1卷，第173—174页，人民出版社，1975年版。

② 中世纪哲学和神学的集大成者托马斯·阿奎那写道：“所以我们知道，人需要一定数量的外界财富，其范围限于让他按照他的身份生活所必需。罪恶在于超过了这个数量。如果某人想得到或留住超过他应得的，这个情况算贪婪，它的定义是对占有的过度欲望。”《神学全书》第2卷，第118个问题第1条。

法律设法限制靠商品货币交换致富的市民的开支。[①]

然而商品生产和商品货币交换的增长,商业和航运业中资本主义的发展,以及以后资本主义工业生产的发展,逐渐打破了这种阻力。这个过程的表现是文艺复兴、人道主义和宗教改革时期的精神和道德革命。货币收入最大化的倾向最终得到承认,并且以后甚至得到了赞许。商品交换深入封建农业生产的快速反映是设法从地租增加货币收入和对农民的剥削加重。[②] 货币收入最大化的倾向是经济活动分裂为营利活动和家庭经济活动的不可避免的后果。和计算一样,它是营利活动的理性表示。针对单一的定量目标的理性活动在特定条件下必然趋向于实现这个目标可能达到的最大程度。不希望在最大程度上实现这个目标,可能说明这个目标不是唯一的,除了这个目标外还存在其他目标。

① 波兰在 14 世纪采用了这种禁奢法。在 17 世纪采用它们是为了禁止市民穿皮毛、绸袍、丝带和摩洛哥皮鞋。在 18 世纪又大规模采用了这种封建措施,但是为了和以前不同的目的;设计这个措施是为了阻止进口(首先是奢侈品的进口),同时提倡民族工业和积累资本。禁奢法先影响市民但以后也包括乡村绅士。这些法律的后盾是很重的罚金和没收这些奢侈品。见 E.卡斯马柴克和 B.莱斯诺多斯基:《波兰国家和法律史》第 2 篇,第 261、第 265 和第 483 页,华沙,1957 年版。

② 这一点产生了马克思所称的对剩余劳动的贪欲的现象。在剩余劳动的产品变成商品的任何地方都会出现这个现象。马克思写道:“但是很明显,如果在一个社会经济形态中占优势的不是产品的交换价值,而是产品的使用价值,剩余劳动就会受到或大或小的需求范围的限制,而生产本身的性质就不会造成对剩余劳动的无限制的需求……不过,那些还在奴隶劳动或徭役劳动等较低级形式上从事生产的民族,一旦卷入资本主义生产方式所统治的世界市场,而这个市场又使它们的产品的外销成为首要利益,那就会在奴隶制、农奴制等野蛮灾祸之上,再加上一层过度劳动的文明灾祸。”见《资本论》第 1 卷,第 263—264 页,人民出版社,1975 年版。在波兰从 16 世纪开始,商品粮食生产增长,特别是为了出口,导致了大地产经济的发展,以及向农民要求的劳役的增加。见《波兰史》第 1 卷,第 2 篇,第 91 页及第 429—432 页,华沙,1958 年版。

在有些情况下，除了营利活动外，可能还存在其他满足需要的手段，货币收入最大化的倾向不能充分发展。例如，一个农民可能放弃他的货币收入最大化，而在他自己的家庭经济中使用一部分自己的产品（例如，消费黄油，而不在市场上出售它）。一个工资劳动者可能放弃他的货币收入最大化，而在他自己的园子中工作（例如，减少每星期为获得工资而劳动的天数）。而在一个资本主义企业中，除争取利润外，不可能有别的选择；每个东西都按货币单位定量和计算，每种东西都用货币买卖，而利润是企业活动的唯一目标。在资本主义企业中，利润最大化是经济必然性。

经济理性原理和它的两种不同形式：最大效率原理和生产资料节约原理

资本主义企业由于实施所谓的经济原理或经济理性原理的一般规则而达到利润最大化。当活动的目标和生产资料被数量化时，这是一种一般的方法原则。这个原则认为，支出一定的生产资料，实现最大程度的目标，或者为了实现一定程度的目标，力求支出的生产资料最少，使目标得到最大程度的实现。[①] 这个方法的

① 严格说来，为了实施经济原理，不需要使活动目标完全定量。如果目标实现的程度形成一个有序集，有可能说目标以较大或较小程度实现就够了。目标不一定是可以测量的，即实现程度不一定要形成一个集合，它可与实数集或它的一个子集（例如有理数集或自然数集）构成一一对应关系。在此情况下可能说目标的某一实现程度比另一实现程度大一定的倍数（例如三倍、五倍）。这将是完全数量化。然而，为了使目标实现程度最大化，知道实现程度较大或较小就够了，在这里，可测量性不是必需的。如

第一种形式称为最大效果原理或最大效率原理。第二种形式称为生产资料支出最少原理或生产资料节约原理。[①]在用于企业时,一切生产资料支出都是统一的成本范畴的一部分,因此第二种形式也可以称为最小成本原理。

两种形式产生同样的结果。按照第一种形式进行,我们把能支配的一切生产资料的支出当作出发点,并且立即得到用我们支配的生产资料可能实现目标的最大程度。按照第二种形式进行,我们把用最小生产资料支出得到实现目标的一定程度作为出发点,同时我们利用节约化的生产资料以提高实现目标的程度;这样可能使我们用可支配的生产资料做到实现目标的最大程度。因

果目标的实现程度是可测量的,它们自然形成一个有序集,但它的逆命题非真。读者在本章附录中将看到这个问题的较详细的讨论。有些人用"量"表示其不同实现程度形成一个有序集的任何现象,而用"数量"表示不同实现程度形成一个集合,它能与实数集或它的一个子集构成一一对应关系。每个数量都是一个量,因为实数集是有顺序的;但是并非每个量都是一个数量。矿物硬度是一个量而非一个数量,矿物按照它们的硬度排列次序,但是说一种矿物比另一种矿物硬三倍是没有意义的。从这个角度来讲,我们说为了应用经济原理,经济活动的目标是一个量就够了,它可能是(但不必须是)一个数量。一个企业的利润是一个数量,所以资本主义企业中活动目标的数量化超过了应用经济原理所必需。

① 考塔宾斯基清楚地区分了这两种形式。考塔宾斯基谈到行为的"经济质量",把它区分为两种:"生产率"和"经济"。他用下列方式表达它们:"一定支出得到的产品愈有价值,行为的生产率愈高;而实现一定目标的支出愈少,行为愈经济。"见《论好工作》第124页(波兰文)。考塔宾斯基注意到"产品价值"和"支出数量"之类名词的含混性,并且说:"就生产率而言,特别愉快的情况是所有产品都能用货币测量它们的商品交换价值,并且一切支出也能做到这点。"见前引书,并见《律师逻辑教程》第159—160页(波兰文)。有些人也用"最小努力原理"一词来描述第二种形式,这是比较狭窄的定义,因为,努力只是物质资源之外的手段之一,而且在资本主义企业中,只有在努力表现为货币支出时,即只有在它被包含在物件中时才能加以计算。

此，这两种形式是经济理性原理的两个等价的形式。①

按照经济理性原理使用生产资料称为生产资料的最优使用。最优使用以外的生产资料的使用称为浪费。浪费是非理性行动的一个象征，它说明活动目标没有达到所占有资料可能达到的最大程度。因此，可以说，经济理性原理的应用涉及生产资料的最优使用，消除浪费。

经济理性原理是资本主义企业的历史产物

经济理性原理应用的最重要场所是资本主义企业。这个原理在人类经济活动发展史上第一次在这里充分显示出来，它不可能更早地在自然经济中显示出来。因为，在自然经济中经济活动的目标有多重性，以不同程度被数量化并且不能公度，生产资料也不能公度。在这些条件下经济活动遵循习惯的和传统的道路，借助于传统的方法实现传统已定的目标。商品生产和商品货币交换产生统一的定量目标的营利活动。资本主义贸易和资本主义生产方

① 有时这两种形式结合起来成为下列形式：以最少生产资料支出达到最大效果。不过，这产生了一个矛盾。让我们假设第一种形式得到了满足，即对于一定的生产资料的支出达到实现目标的最大程度。这时生产资料支出不能减少，因为这会导致降低实现目标的程度。或者反过来，让我们假设第二种形式得到了满足，即以最小生产资料支出得到实现目标的某一具体程度，这时不可能提高实现目标的程度，因为这将要求增加生产资料的支出。两种形式互相代替：把它们合并将产生逻辑的谬误。这和研究经济原理的一切推理一样。生产资料支出和目标实现程度之间的关系是正的：使用的生产资料数量愈大，实现目标的程度愈大；反过来，实现目标的程度愈大，要求生产资料的数量也愈大。在本章附录中将有详细的解释。

式的发展产生了资本主义企业，其中活动的一切因素被数量化并要计算，并且，其中有一个首要的目标——利润最大化。在企业活动中，经济理性原理连同这个原理的两种形式——最大效率原理和生产资料节约原理得到发展。这是随资本主义生产方式的发展过程而逐渐发展的。

在资本主义早期，企业仍然与家务活动或者与自然经济的其他形式有联系。除货币利润外，企业主还有其他目标，他可以在自然经济范围之内予以实现，这妨碍了他争取利润最大化。①

不过，随着自然经济因素的消失，以及企业与家庭和与自然经济的一切元素完全分离，②利润最大化连同经济理性原理的实施开始无例外地统治企业。企业实施我们讨论的原理的第二种形式——资料节约原理时，这一点看得最清楚；这个原理是资本主义企业的一个明显特征。马克思注意到这一点，他写道："生产资料

① 桑巴特举了早期资本主义下一个企业与自然经济或家庭之间这种联系的例子。在西里西亚，一直到19世纪初，属于地主的铁矿都是连同农业一起生产的。熔炼矿石的数量决定于农庄能省下供非农业用的木材数量。在波尔山诺，大商人在夏季关闭他们的买卖去度假，甚至本杰明·富兰克林每天也只用六小时从事他的买卖。其他目的与利润最大化竞争。见《现代资本主义》第2卷，第1篇，第53—58页。

② 贸易公司和以后的股份公司在企业主与家庭分离方面起了先驱作用。16和17世纪，西欧的贸易公司得到发展，主要靠对外贸易和剥削殖民地。在这个同样背景下，16和17世纪出现了股份公司，起初是星星点点的。资本主义工业生产从家庭企业或合伙企业的形式发展起来(后者常常只是一个法律上注册的家庭企业)。如阿尔弗雷德·马歇尔所写的《企业》，这是维多利亚时代英国的典型"企业"，作者显然满意地回忆了男青年幸运的事业，为了酬谢他们在企业中的出色工作，他们得到主人的女儿做妻子的报酬。见《经济学原理》第301页，伦敦，1936年第9版。因为企业有家庭性质，它的规模和行为阻碍了一个工厂的功能的形成，所以需要把它和主人的家庭分开来。在19世纪后半期，有限公司和股份公司(当代资本主义企业的经典形式)的数目有很大的增长。

使用上的这种节约,这种用最少的支出获得一定结果的方法,同劳动所固有的其他力量相比,在大得多的程度上表现为资本的一种固有的力量,表现为资本主义生产方式所特有的并标志着它的特征的一种方法。"①

经济理性原理对资本主义企业而言是一种必然性,不仅因为它是实现企业目标的唯一方式,而且也因为企业之间的竞争保证它的实施,不然它的企业将受到破产的威胁。企业之间降低成本的竞赛把那些落在后面的企业赶出市场并迫使它们破产。竞争实现的自然选择只允许那些能应用经济理性原理的企业生存。因此,对一个资本主义企业而言,经济活动中的理性不仅是资本主义生产和交换关系特有的经济刺激的结果,而且是生命攸关的必然性。没有感情也没有不以货币定量的传统价值的余地;营利活动中也没有传统的松弛的余地。一切事物让位于利润最大化的铁的必然性。②

经济原理、经济理性原理指导的行为因而是历史发展的产物,是经济关系发展中某一历史阶段的一个特点。它不是人类经济活动的一个普遍性质,像人们有时错误地谈论的那样(以后将讨论这一点)。相反,我们已经看到,在以后整个长期历史中,人的经济活动一直是习惯的和传统的。这种活动的目标和手段慢慢地变化。而在有些时期中甚至突然变化,但是活动的性质仍然是传统的。只有商品和货币关系以及资本主义生产方式的发展创造了条件,

① 卡尔·马克思:《资本论》第3卷,第100页,人民出版社,1975年版。

② 这种经济必然性在垄断资本主义中的改造问题需要在本卷后面单独考虑。

其中一部分经济活动，即营利活动，才被理性化并且活动的目标才被统一和数量化。目的和资料的完全公度性，活动的一切元素的计算，作为唯一目标的利润最大化——所有这些，最终在资本主义企业中得到实现。经济理性原理这时得到了全部实施。它的实施是由于竞争的压力，竞争用破产来处罚任何与这个原理的偏离。所以在历史发展的长期过程中，已经形成按经济理性原理进行的实践，随着实践而来的是人类思想中形成了实践经济理性原理的自觉性。①

经济理性原理在资本主义制度中的作用限于私人活动并且属于对抗性质

经济理性原理的第一次历史性胜利是在资本主义企业中发生的。但是，它是一次有限的和扭曲的胜利。说它是有限的，因为它只包括单个企业，而并不包括全部社会经济活动，即生产和分配的全部社会过程。一个资本主义企业的活动的理性局限于私人经济理性而并不意味着社会经济理性。资本主义企业的活动的理性在于应用经济原理去实现私人的目的，实现私人利润的最大化，它并

① 重农学派创始人魁奈得出了经济原理的一种形式，虽则它是一种不完善的形式。他把最大效果原理和资料节约原理合并起来，我们知道这是矛盾的。他的论述如下："当已经实现以最大可能的费用节约得到最大可能的快乐增加的时候，经济行为已臻完善。"《关于手工业者的劳动，第二次问答》，《魁奈经济学和哲学著作》第 535 页，法兰克福和巴黎，1888 年版。

不服务于包括全部社会经济活动的任何目的。它是生产资料私人所有制及其后果——资本主义生产方式的无政府性质的一个结果。

生产资料私有制只允许各个企业有私人经济目标；每个企业都为它自己利润的最大化而奋斗。没有一个包括社会生产和分配全部过程的共同目标——一切企业的活动要从属的目标。换言之，在资本主义企业内部，一切资料被企业的目标联合起来。另一方面，当生产资料属于私有时，没有也不可能有社会经济活动的联合。为了联合，生产资料的社会所有制是不可缺少的。

经济理性原理被扭曲是资本主义生产关系的对抗性质的结果。在资本主义生产的范围之内，企业利润的最大化是靠剥削工资劳动者阶级实现的，因为利润是剩余价值的一部分。资本主义企业应用经济原理是企业主增加剩余价值收入的长期源泉，常常以工人们的健康、安全甚至生命为代价。当资本主义企业应用经济原理的第二种形式——资料节约原理时，最容易看到这个现象。资本主义企业的资料节约是生产成本的节约，即材料支出的节约和劳动力支出的节约，也就是工资支出的节约。第一项节约导致劳动条件恶化，忽视工人们的健康和安全，以及他们的个人需要。第二项节约产生对工资的经常压力并减少了职工数量，常常导致大量的失业。

讨论把节约原理应用于生产资料时，马克思说："资本主义生产方式按照它的矛盾的、对立的性质，把浪费工人的生命和健康，压低工人的生存条件本身，看作不变资本[①]使用上的节约，从而看

① 马克思把不变资本理解为所使用的生产资料的价值。

作提高利润率的手段……这种节约的范围包括:使工人挤在一个狭窄的有害健康的场所,用资本家的话来说,这叫作节约建筑物;把危险的机器塞进同一个场所而不安装安全设备;对于那些按其性质来说有害健康的生产过程,或对于像采矿业那样有危险的生产过程,……不采取任何防护措施,等等。更不用说缺乏一切对工人来说使生产过程合乎人性、舒适或至少可以忍受的设备了。从资本主义的观点来看,这会是一种完全没有目的和没有意义的浪费。总之,资本主义生产尽管非常吝啬,但对人身材料却非常浪费。"①

保持工资为最少的努力,既不需要说明又不需要评论。如果说今天主要资本主义国家中不顾工人的健康、安全和生命的情况已经减少,并且,如果说在某种程度上保持工资为最少的努力已经减轻,那么这不是经济理性原理应用于资本主义企业的结果,所有这一切是不顾这个原理而发生的,它是工人阶级用工会和政治组织的力量,以及运用这种力量的才能的结果。有一个事实说明了这点。在一些工人阶级弱小、无组织,并且被剥夺了政治活动的机会,以及在外国统治下或政治制度不民主的国家中,马克思描写的现象仍然存在。

① 卡尔·马克思:《资本论》第3卷,第102页,人民出版社,1975年版。考茨基很清楚地阐明了资本主义生产方式范围内经济理性原理的对抗作用:"节约肯定不仅是一种技术的而且也是一种经济的品德。然而,有一些经济关系,其中强者浪费依附他们的那些人——奴隶或雇佣劳动者——的劳动力。这种浪费在某些经济关系中是典型的……在一个阶级利益对抗的世界中,不可能有任何一项节约从有关的每一个人的观点来看都是一种节约。资本家节约成本但不节约他们的工人的劳动时间。在没有遇到阻力的地方允许有毫不考虑的浪费——正是为了经济理由。不是在经济中而是在技术中'经济原理'才总是无疑义的,因为在技术中没有对抗的阶级利益。"见《唯物史观》第1卷,第726—727页。

所以，在资本主义生产方式之内，经济理性原理对抗地发生作用。

资本主义生产方式范围内经济理性原理的私人性质和对抗的作用方式，说明从整个社会的观点看，资本主义企业应用经济理性原理并不保证资料的最优利用，即社会生产力的最优利用。一个企业内部资料利用的最大节约恰好是与社会资料浪费联系在一起的，这表现为人的生产力的浪费（我们已经说过）以及物质生产力的浪费。这一点特别适用于自然资源，它们常常被资本主义企业无情地开发，例如森林、海洋捕鱼或土地利用的情况。无情地利用劳动力和自然资源这个事实是由资本主义生产关系的特殊性质所决定的，资本主义企业不考虑劳动力和自然资源的再生产的社会需要。

浪费生产力的另一个表现是经济危机——这是资本主义企业应用经济理性原理的有限的、私人的性质和对抗作用的联合结果。应当提一下垄断和寡头垄断的活动造成的生产力的浪费，它们限制生产，以便保持垄断的价格结构和资本价值；还要提一下垄断资本主义在经济上不能发展落后国家的生产力这个事实所导致的浪费。因此，在资本主义生产方式范围内，应用经济理性原理产生了一种扭曲的结果，而从一般社会观点看是与它自己的资料最优利用的逻辑矛盾的结果。马克思说："资本主义生产一方面使社会失去的东西，就是另一方面使个别资本家获得的东西。"[①]

尽管有这些扭曲，资本主义企业内部经济活动的合理化，按照

① 卡尔·马克思：《资本论》第2卷，第102页，人民出版社，1975年版。

经济理性原理进行的实践,以及人类思想中对这个原理的自觉性却构成一种有历史意义的成就。这种成就与资本主义生产方式内部物质技术的长足进步并驾齐驱,物质技术进步本身与企业中经济理性原理的应用密切相关。经济活动的合理化和为了企业利润最大化而应用经济理性原理刺激了生产力的发展。现在由于生产力成熟的结果,过渡到以生产资料社会所有制为基础的新生产关系是可能的,同时是必要的。这样就开辟了经济理性原理应用史上的一个新阶段。

社会经济计划——社会经济理性的实现

我们曾经指出,经济活动的社会理性要求各个企业的目标从属于包括生产和分配的全部社会过程在内的一个目标,换言之,它要求各个企业活动的协调,它们的目标被指导社会经济活动的一个共同目标联合起来。这种协调称为社会经济的计划工作。超出私人理性界限的需要和协调各企业活动的需要(对计划工作的需要)即使在资本主义制度下,也会在一定程度上表现出来。它在资本主义工业组织的范围内表现出来(例如,在垄断资本主义时期形成的托拉斯和卡特尔),并且是国家接管经济活动的各个领域的一个结果。然而,由于生产资料仍是私人所有,这种计划不能包括整个社会经济,因而它扩大了私人经济理性的范围,但是并不改变它的有限性质,或它的对抗作用的方式。因为生产资料是私有的,包括一群资本主义企业的这种计划对各个企业的影响有限。即使国家制订的计划也只有有限的效果,特别是有关大型垄断或寡头垄断企业方面的，除非这些计划是他们的共同私人经济目标的一部分。但是就算在这时，这些计划的理性也会被资本主义生产关系的对抗性质所扭曲。

社会经济计划工作，也就是生产和分配中社会理性的实现，只有在社会主义生产方式下才是可能的。

生产资料社会所有制改变了企业的性质，使它变成一个社会主义企业。利润最大化不再是最终目标。一个社会主义企业的活动从属于在社会经济计划中体现的一般社会目标。社会经济计划以可以定量测量的指标形式制订出来，一般采取国民收入的形式。计划一般地也会确定为这个目标服务的手段，例如，投资量及其构成，工农业各部门的生产、就业、分配等等，并规定企业的指标。

社会主义企业中仍保留利润范畴，但它不再是企业活动的最终目标，而变成从属于计划的一般社会目标。利润是对于完成计划指标的一种刺激和遵守经济原理到什么程度的一种检验。因此，在社会主义生产方式中，各个企业的活动目标联合在被社会经济计划所决定的一个共同的社会目标中。这种联合的范围可以变化，但必须要符合社会的范围。[①] 目前，在社会主义生产方式盛行或正在发展的各国中，这个范围与社会的国家组织重合，因而包括国民经济。在社会主义生产方式发展的以后阶段，社会经济计划的范围无疑将变成国际性的；今天，这个过程的核心已经出现。[②]

---

① 上面解释过，所谓社会，我们理解为由协作和分工互相联系的人们，也就是共同工作而互相帮助的人们。

② 在经济互助会中有这样的一个核心，其成员是苏联和欧洲人民民主国家；中华人民共和国和其他亚洲社会主义国家也参与它的工作（作者兰格指的是过去的情况。——译者注）。

目标的多层次结构是社会主义计划的一个特点

一个社会主义企业的活动可能直接或间接从属于社会经济计划中既定的目标。例如,在国民经济的计划范围内,可能有下面各个不同级别的计划。可能有各省计划、各县计划等,以及具体企业集团的计划,例如机械工业计划或褐煤计划。企业的活动可以从属于一个较低级别的计划而不直接从属于社会经济总计划。不过,一切较低级别的计划都从属于社会经济总计划。给它们规定的目标是实现社会经济总计划中规定的目标的手段。而且,对有些社会主义企业来说在总计划中可能没有为它们规定指标,但它们要按照利润最大化原则从事经营。由于规定了实现利润最大化的条件,计划同时确定了这类企业活动的结果。这是间接从属于社会经济计划目标的企业活动。

各社会主义企业活动的目标被社会经济计划中确定的一个共同目标联合起来,导致了一个目标的多层次结构。在这个结构的顶端是主要目标,即被称为一级目标的社会经济计划的目标。直接用于实现那个目标的手段是二级目标。直接用于实现二级目标的手段是三级目标,依此类推。各个企业的活动在这个目标多层次结构中居于不同级别。例如,铁路和铸钢厂实现二级目标,而一个地方的锻造厂或纽扣厂实现较低级的目标。某个企业的活动目标在这个多层次结构中占据的位置决定了那个企业直接或间接与国民经济计划的联系,它也决定了一种间接联系的级别和性质。

目标多层次结构是社会主义生产方式的一个特殊性，正好像资本主义生产方式的一个特殊性是各个企业存在独立的平行目标：它们要为利润最大化努力。目标多层次结构是社会经济计划以及各个社会主义企业的目标被社会经济计划中规定的一个主要目标联系起来的表现，它同时是社会主义生产方式的社会理性的表现。表现在目标多层次结构中的这种理性，并非与社会主义生产关系一起全面出现，相反，它和社会主义生产方式一起缓慢且费力地发展。

除生产力以外，社会主义生产方式从资本主义生产方式只继承了资本主义企业私人理性的方法论，特别是计算和簿记，以及经济理性原理的思想本身。这是一宗伟大的历史遗产，但是它还不足以实现生产和分配的社会理性。它使各个企业有可能应用经济原理，但是没有提供一种方式，用从属于实现主要目标的一个目标多层次结构，把各个企业的活动联合起来。社会主义社会必须在它自己的发展过程中拟定这样一种方式。

社会经济计划中的基本问题

在社会主义生产方式发展的初期，需要协调经济活动的不同目标，并把它们排成一个目标多层次结构。这些工作是以社会规模应用经济理性原理的表现，但进行起来颇有困难。首先，从以前的生产方式留下来的因素，如资本主义成分，有时还有封建因素，它们很难服从社会经济计划。小商品的计划生产活动也很困难。还有其他两个困难：一是社会经济计划的各个目标不协调，并且常常没有定量，而且在多层结构中，其余目标可以从属的不止一个目标。只有计划工作逐渐取得实践经验,主要目标才显现出来,并且所有其他目标也才联合在一个多层次目标结构中。二是进行这种联合的方法尚未发展起来。只有发展社会经济计划方法论,这些困难才能得到克服。

社会经济计划方法论在社会主义生产方式中起的作用类似一个企业中计算和簿记起的作用。计算和簿记也形成社会经济计划方法论的历史出发点。马克思谈到在社会主义制度下,作为资本主义发展的一个产物的簿记将在社会经济计划中得到应用。他写道:“在资本主义生产方式消灭以后,但社会生产依然存在的情况下……劳动时间的调节和社会劳动在各类不同生产之间的分配,最后,与此有关(着重点是我加的——兰格)的簿记,将比以前任何时候都更重要。”[①]更早时候,在这个问题上马克思谈到过应用经济理性原理的必要性:“时间的节约连同劳动时间在各生产部门之间的计划分配因而仍然是共同社会生产的第一经济规律。它变成一个比以前更重要的规律。”[②]列宁特别着重地写了在社会主义经济中应用簿记和经济统计的必要性。他认为以国民经济规模应用的簿记是社会主义生产方式的主要特点。“全国性的簿记机关,全国性的产品生产和分配的计算机关,可以说是社会主义社会的一种骨干。”[③]列宁在他的著作和讲演中常常强调要有一个包括生产和

① 卡尔·马克思:《资本论》第3卷,第963页,人民出版社,1975年版。并见同书第2卷第152页:“过程越是按社会规模进行,越是失去纯粹个人的性质,作为对过程的控制和观念总结的簿记就越是必要;因此,簿记对资本主义生产比对手工业和农民的分散生产更为必要,对公有生产比对资本主义生产更为必要。”

② 卡尔·马克思:《〈政治经济学批判〉序言》。

③ 《列宁选集》第3卷,第311页,人民出版社,1972年版。

分配的全部社会过程的一般国民会计体系。

社会经济平衡表方法

借助于资本主义企业使用的簿记的范畴和方法，并且把它们用于生产和分配的全部社会过程，形成了社会经济计划工作。其主要方法是平衡核算。为生产和分配的全部社会过程编制一个平衡表，首先是在苏联进行的，它是出现社会主义生产方式的第一个国家。苏联计划国民经济的实践需要一系列的年度平衡表，包括国民经济各个最重要的方面。第一个平衡表，包括1923—1924年苏联的整个国民经济，是在1926年发布的。现在每年都要编制一个物资产出和利用平衡表（物资平衡表），生产和分配各部门的需要和可供资源平衡表，工业机器、对外贸易、居民收入和支出等平衡表。各平衡表合并起来形成一个全部国民经济的总平衡表，它提供社会生产和分配过程的综合图景，表明国民收入的生产和分配以及分给消费和积累部分的比重。在苏联，具体平衡表和国民经济平衡表已成为经济统计的一部分，适应国民经济计划工作的需要。①

---

① 关于苏联平衡核算的历史，见T.李亚布什金：《苏联国民经济平衡表的历史》。苏联学者在第三十一届国际统计学会会议上的报告，苏联科学院，莫斯科，1958年版。每一本苏联统计学教科书，现在都有一张所有较重要的社会经济平衡表的单子以及对它们的编制的记述。例如，A.彼得罗夫主编：《经济统计学教程》，莫斯科，1961年版；A.高祖洛夫：《经济统计学》，莫斯科，1953年版。关于国民经济平衡表，见S.斯特鲁米林："国民经济平衡表作为社会主义计划工作的一个工具"，《经济问题》，1954年第11期；V.涅姆钦诺夫：《编制国民经济平衡表的统计和经济问题，统计学科学笔记》第3卷，苏联科学院，莫斯科，1957年版。关于这个题目的波兰文献，见K.罗曼纽克编：《社会经济统计学》第13章，华沙，1954年版。

平衡核算是协调国民经济计划的不同任务的一个工具,是把计划包括的一切目标联合在一个目标多层次结构中的一个工具,也是检查计划是否符合合理经济原理的一个方法,因为它有可能确定社会能支配的各种资源是否得到了利用和利用到什么程度。所以,社会经济平衡表在社会主义经济中起的作用如同计算在资本主义企业中起的作用;然而有一个差别,即平衡表是控制社会经济理性的工具,而不像在资本主义企业中,计算是控制私人经济理性的工具。

社会经济平衡表的应用已推广到出现社会主义生产方式并且因而引入国民经济计划工作的一切国家。最近,编制包括国民经济各方面的平衡表的实践被引入一些资本主义国家,这是不断增长的超越我已谈到的私人经济理性的限制的需要,以及国家对经济关系的干预增多和国家直接经济活动的结果。第二次世界大战连同战后经济重建的需要,特别有助于产生这个现象。苏联国民经济的成就,以及希望利用在苏联发展的计划方法使资本主义经济合理化和稳定化,对这一点也起了很大作用。①

资本主义各国将平衡核算用于整个国民经济,称为“社会会计”或“国民会计”。② 有一种方法利用平衡表,并和生产计划诸目标的一致性所必需的条件的数学形式结合起来,有着特别的重要性。这种方法就是投入产出分析,它是在马克思对社会再生产过

① 关于苏联计划经济的成就对资本主义各国经济政策的影响,以及采用苏联计划国民经济的方法的某些因素的尝试,见E.H.卡尔:《苏联对西方世界的影响》第20—42页,伦敦,1947年版。

② 见F.佩罗:《国民计算》,巴黎,1949年版;J.鄂尔逊:《论国民会计》,斯德哥尔摩,1955年版;并见爱立奇·施奈德:《经济理论导论》,I,第1篇,第6章,杜平根,1955年版。在资本主义各国,国民经济平衡表有时称为“国民经济预算”。

程的分析，以及苏联在编制第一个五年计划期间社会经济平衡表的利用的发展的直接影响下产生的。①

在资本主义生产方式的范围内，“社会会计”的重要性是有限的；我们已经看到，在这些条件下经济活动中的社会理性是不可能的。资本主义各国中的“社会会计”的意义，毋宁是产生一种觉悟，即必须超越各企业的私人理性的界限而要保证生产和分配过程的社会理性。“社会会计方法”，特别是投入产出分析，只有在国民经济计划工作中，因而只有在社会主义生产方式的范围内才能得到充分应用。与这些方法有关的科学研究方法现在被用于社会主义各国的国民经济计划工作中。②

在资本主义企业采用复式簿记和平衡表会计之后，社会经济平衡表核算成为理性经济活动方法的发展中的第二个伟大的历史

① 投入产出分析是美国经济学家瓦西里·里昂惕夫在他的《美国经济的结构，1919—1930》（纽约，1941 年版）一书中介绍的。早些时候，他在 1937 年曾在《经济统计评论》上发表了一篇关于这个题目的文章。这种分析现在被用于许多国家，并且有关于这个题目的大量文献。奥斯卡·兰格在《经济计量学导论》第 259—338 页（华沙，伦敦，1962 年版）介绍了投入产出分析。波威尔·苏米斯基在《产业之间的流量》（华沙，1959 年版）中也做了介绍。里昂惕夫在 1925 年发表了他的分析的基本概念的第一次概略：“苏联国民经济平衡表”，载《计划经济》第 12 期。这篇文章是因讨论如何编制苏联第一个五年计划而写作的。那时里昂惕夫是苏联国家经济计划委员会的一名职员，他在美国继续他的关于国民经济平衡表的工作。在第二次大战期间以及战后，人们对他的工作发生了兴趣，那时他的方法得到了重要的实际应用。W. S. 涅姆钦诺夫对投入产出分析和苏联的国民经济平衡表方法做了比较分析，见《统计中的平衡表方法》，苏联学者在国际统计学会第三十届会议上的报告，苏联科学院，莫斯科，1957 年版。涅姆钦诺夫赞赏里昂惕夫对国民经济平衡表研究的贡献。见《在相关经济系统的统计中使用平衡表方法的一些问题》，苏联学者在国际统计学会第三十一届会议上的报告，莫斯科，1958 年版。

② 苏联、波兰、南斯拉夫、匈牙利和捷克斯洛伐克现在正应用投入产出分析。社会主义各国也已开始应用线性规划，这一点将在以后讨论。

步骤。簿记(连同平衡表会计)作为一种商业计算工具出现在资本主义发展的初期——它是在资本主义企业中应用经济原理的原始基础。在社会主义生产方式发展的初期出现了社会经济平衡表或“社会会计”,作为在国民经济一级应用经济理性原理的社会主义计算工具。

经济原理的不同应用领域

经济原理,或经济理性原理,随同人的经济活动而发展。它的名称因此得来。然而,它的应用不限于经济活动。经济原理应用于人类活动的其他许多领域中,首先是在工艺学中。如对于耗费一定数量的燃料,一部发动机所做的功的变化,或者(其实是一件事),做一定数量的功,一部发动机耗用的燃料数量的变化。发动机的技术效率有大有小。当设计一部发动机时,用某一具体数额的制造成本,我们会设计一部有最大可能技术效率的发动机。同样,在计划一个发电站时,用某一具体数额的建设费用,我们会争取得到以消耗每吨煤所产生的电能数计算的最大技术效率。

应用经济原理的另一个领域是军事战略和战术。合理的战略或战术是用一定数目的部队得到最大的战略或战术效果。或者——用另一种形式说同一件事——用最少数目的部队得到某一战略或战术的效果。我们在理性活动的一切领域中都会找到相似的例子:教钢琴的合理方法是学生在一定时间内得到最大的进步(或者用这种方法,以最少时间得到某一程度的进步);运输货物的合理方法是用最少力气运输最大数量的货物。经济原理在科学研究中找到了应用。它在数理统计中表现得最清楚，在最少可能次数的观察的基础上，估计某一参数或验证一项统计假设，在这一方面，各种统计方法的效率概念是大家熟知的。

可以看出，经济原理是关于为了某一目标的最大实现的一切理性人类行为的原理。不论何处，只要活动是理性的，并且目标是可以测量的，或者至少可以表示为实现程度的，那里就有经济原理在起作用。经济活动是应用经济原理最广阔的领域，并且是这个原理首先出现的领域，但不是唯一的领域。而且，经济原理已进入新的领域，并且正在不断占领供它应用的新领域。

我们知道，在资本主义生产方式中，目标的数量化和合理化弥漫于营利活动，特别是资本主义企业的一切经济活动领域。这一点诱导了许多其他人类活动领域中目标的理性化和数量化，因为这些领域与营利活动直接有关（例如在工艺中），或间接有关——作为资本主义社会形态中流行的“心理气候”的一种结果。个人生活和社会生活，连同文化被理性化并且部分地变成目标数量化的领域（例如，现代体育运动中成绩的可测量性）。通过这种方式，愈来愈多的人类活动领域开始应用经济原理。

社会主义生产方式使人类活动的各个领域理性化的进一步发展成为可能——而且目标的数量化也很可能如此。把生产分配的全部社会过程包括在一个社会经济计划之中，必然加强一切人类活动领域中走向理性行为的趋势，从而引发社会理性。而且，社会主义社会形态的上层建筑不需要以对抗性生产关系为基础的社会形态所必需的那些非理性的甚至反理性的成分。相反，在一个社会主义社会中，这些成分是对社会发展的一种明显的阻碍，并且它将做出积极的努力来排除它们。因此预期经济原理,即经济理性原理将包括愈来愈大的人类活动领域。

合理行为学——理性活动的科学

鉴于行动的理性现在是人类活动的许多领域的一个特点,这就提出了一个问题,要发现什么是一切理性活动领域共同的东西。这一点已产生理性活动的一般学问——合理行为学。这还是一门很年轻的科学,至今为止,对它的基础的最系统的阐述是考塔宾斯基所完成的。① 合理行为学可以描述为"理性活动的逻辑",因为

① 合理行为学的第一次系统的讨论出现在1955年考塔宾斯基发表的"论好工作"中,但考塔宾斯基开始研究合理行为学的工作要早得多。见"实践论"(1913年)、"行动"(1934年)以及"造因行动"(1925年)等。所有这些论文收在《选集》第1卷中,华沙,1958年版。在《律师逻辑教程》第156—164页(波兰文)和在《效率和错误》(特别是最后一章。华沙,1957年版)中,有对合理行为学基本概念的简述。关于合理行为学与活动技术的分离,见考塔宾斯基:"合理行为学语句"(载《哲学研究》第4期,华沙,1960年版)以及"合理行为学语句的形式及其根据"(载《文化与社会》第4期,华沙,1960年版)。根据米塞斯《人的行动》第3页知道,1890年法国社会学家爱斯平那斯在一篇关于工艺学的起源的文章里,第一次使用"合理行为学"一词。论合理行为学的第一篇专论——使用这个学科名称——是苏联著名数学家尤金·斯勒茨基在1926年发表的,题为"对经济学的数学的—合理行为学的基础的一个贡献"(载乌克兰科学院《社会经济科学类年鉴》第4卷,基辅,1926年版)。考塔宾斯基使这个名称被人们更加广泛地知道和使用。米塞斯在我们已经引证过的《国民经济学,商业和经济理论》(日内瓦,1940年版)中也使用了这个名称。我们在适当的时候将看到,米塞斯错误地将合理行为学与政治经济学混为一谈。考塔宾斯基的定义也引起了一些怀疑。他描述合理行为学为有效活动的科学。见《律师逻辑教程》第6页(波兰文);《效率和错误》第104页(波兰文)。在《论好工作》第7页(波兰文)中,他谈了有效活动的一般理论,这不是一回事。我们觉得合理行为学的定义应为理性活动的科学,使用"理性"一词的方法论的含义;一种活动的效果与它的事实理性有关,然而它不是作为一种行为方式的活动的特点,并且也不是合理行为学的问题,而是工艺学的问题。

它研究在理性活动中运用的推断方法，它陈述从理性活动产生的一般概念。这是类似目标、手段、方法、行动、计划、效果、效率、经济等的概念。这些概念称为合理行为学范畴。合理行为学确立合理行为学范畴之间的关系，称为合理行为学的行为原理；这类原理出现在理性人类活动的每个领域中。[①] 经济原理或经济理性原理，正是这些合理行为学行为的原理之一。

属于合理行为学的科学研究分支：运筹学和规划学。控制论——合理行为学的辅助科学

考塔宾斯基关于合理行为学的工作是他在逻辑和科学的一般方法论的领域中的研究所产生的纯学术兴趣的结果。作为对实际需要的直接反应，与考塔宾斯基的工作平行并独立地存在，两个相

① 以前合理行为学的范畴和行为原理只在两门科学——伦理学和政治经济学中出现。这些学科常常被称为道德学科，特别是在英国和法国，被称为人类行为的学问。伦理学著作中包括许多合理行为学的范畴，而在政治经济学中，许多合理行为学的行为原理得到发展。在适当时候我们将看到，政治经济学中甚至有一种把经济学科与合行为学混为一谈的倾向。因为科学是人类活动的一个领域，在这里也能发现合理行为学的行为原理。例如，数理统计学（即在统计观察的基础上估计某些数量和验证假设的科学）的基础不仅包括概率论而且也包括某些合理行为学的行为原理。在统计估计中有两种竞争的方法原理：R. A. 费希尔的最大似然原理和马尔柯夫的最小方差原理（以前被高斯用过）。最近出现了一种统计决策的一般理论，它从经济原理推导出数理统计学运用的所有方法原理。见 A. 华尔德：《统计决策函数》第 8—10 页，纽约，1960 年版。科学的一般方法论研究科学中的合理行为学方法原理。辩证唯物论认为一切认识都是人类社会活动的结果，并且把它的认识论建立在按照“实践的标准”进行的合理行为学原理上。

关的科学研究分支最近发展起来。它们是运筹学和规划科学。两者都是在第二次世界大战期间从军事问题发展起来的,它们在类似供应和运输、生产的协调、投资计划等经济活动中迅速得到应用。① 规划科学很快被引进投入产出分析作为它的组成部分之一。今天,运筹学和规划学被用于人类活动的各个领域,只要为了达到某一目标必须协调很多行动,而且必须求得这些行动的最优安排,就必须设计将保证目标得以最大程度地实现的系统。为此缘故,这些研究领域就形成合理行为学的一部分。

① 在第二次世界大战开始时,英国部队中成立了运筹小组,以科学地分析军事作业中使用的方法。两位物理学家 P.M.S.布莱克特和 J.D.伯纳尔对此起了重要作用。由科学家组成的这些小组,研究了类似一个护航队中船舶的最优数目,一个轰炸机队的最优规模,深水炸弹的最优爆炸深度的问题。在美国参战之后,美国部队中也成立了运筹小组,他们研究了类似在空袭时一艘船舶的最优航线,在敌人港口入口处的最优布雷等问题。J.F.克罗斯基和 F.N.特里森在《管理运筹学》(1954 年版)以及 J.D.伯纳尔在《历史上的科学》(伦敦,1954 年版)第 580—581 页中谈及了这些小组的简短历史。并见 C.W.邱奇曼、R.L.阿可夫、E.L.阿诺夫:《运筹学导论》第 9—12 页,纽约,1958 年版。伯纳尔认为运筹学的应用是英美军队优于纳粹德国军队的一个重要因素,后者使用比较直观的方法。美国现在有六七个企业专门为工商业企业进行运筹学研究,而且有些大公司有它们自己的运筹学部门。在英国,商业组织设立了运筹学研究所,研究工业、铁路和市政运输、道路建设等问题。英国出版《运筹学季刊》,美国出版《运筹学》,法国出版《运筹学评论》。第二次世界大战在美国发展了规划理论,这是运筹学的继续。起初它被用于确定征兵、训练、设备、库存物资的维持和更新、建设飞机场等活动的最优协调。R.道夫曼、P.A.萨缪尔逊和 R.M.索洛在《线性规划和经济分析》(纽约,1958 年版)第 1—5 页中做了简短的历史概述。然而,规划论的基本概念是早些时候通过苏联对生产组织和计划问题等方面的应用而发展起来的。见 L.V.康托罗维奇:《组织和生产的数学方法》,列宁格勒,1939 年版。康托罗维奇还发表了应用规划论的其他两篇论文:"关于大宗货物的运输",苏联科学院报告,1942 年第 7、8 期;"数学方法在运输分析中的应用",载《改善运输效率问题》,苏联科学院,莫斯科—列宁格勒,1949 年版。康托罗维奇出版了一本规划论的系统阐述著作《资源最优利用的经济计算》(俄文),莫斯科,1959 年版。威斯劳·萨道斯基在《决策论》(华沙,1960 年版)中对规划论做了很好的介绍。

最后，近几年来发展的第三个学科控制论也与合理行为学有关，特别是它的称为信息论的部分。控制论是对系统的抽象科学，这些系统是由互相影响的元素组成的。[①] 控制论把这些关系分割为因果链，写出它们之间的数学联系，并研究在这些系统中发生的因果链过程。控制论在合理行为学中有两个方面的应用：第一，当人类活动通过发动一个互相联系的因果长链而接近达到一个目标时，控制论这时会对在这个链中进行的过程做出精确的分析。第二，当外在条件在一项活动过程中有所改变时，特别是这种改变是活动本身的一个结果时，在此情况下，如果我们要达到目的，必须改变行动的方法。这样便产生了以下序列：目标—行动方法—条件变化—新方法—条件的新变化等等。活动的有效性的基本因素是关于活动过程中发生的条件变化能有迅速、精确和充分的信息，以及迅速调整方法以适应变化的条件。这可以解释为在有变化的条件下进行活动的过程中的一种“学习”过程。控制论分析这种过程。

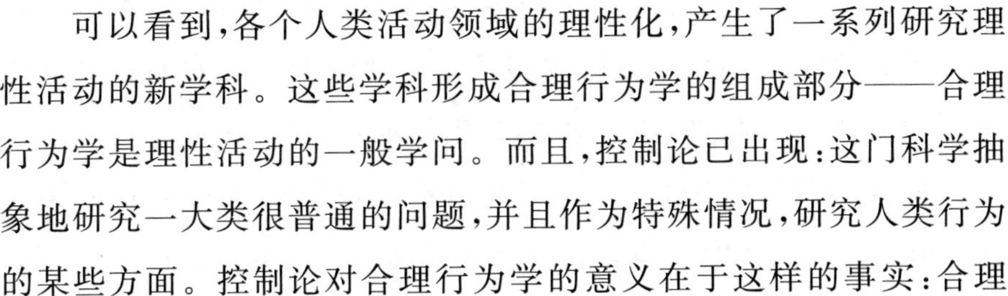

可以看到，各个人类活动领域的理性化，产生了一系列研究理性活动的新学科。这些学科形成合理行为学的组成部分——合理行为学是理性活动的一般学问。而且，控制论已出现：这门科学抽象地研究一大类很普通的问题，并且作为特殊情况，研究人类行为的某些方面。控制论对合理行为学的意义在于这样的事实：合理

① “控制论”一词来自希腊语，意思为舵手。“控制器”一词在语源上与它有关。因为这个名词的初次使用是在自控机械和装置上，然后用到自控生物学过程上，所以控制论称为“控制的科学”。控制论的创始人是诺伯特·韦纳。见他的书《控制论。动物和机械中的控制和通信》，1948 年第一次在巴黎和纽约出版。

行为学应用控制论的成果,把它们用于研究人类活动的具体问题。控制论是辅助合理行为学的一门科学。

规划论原理

合理行为学对政治经济学之所以重要,主要因为它研究规划论。规划论研究为了实现某一目标而选择适当手段的问题,这时手段是可以计量的,而目标是可以在不同程度上实现的,这些手段的选择称为规划,而为了实现一个目标而选出的手段的集合称为一个规划。规划是由两部分组成的。

第一部分是确定现有手段和应用它们的可能性,以及确定那些应用的一致性。可能的应用受到手段的性质和数量的限制,并非所有应用都能实施。也不是所有应用都互相一致。有些应用可能是矛盾的,可能互相不一致。当手段不足以应付所有应用时,或者当一种应用由于某种原因使另一种应用成为不可能时,情况就是如此。因此,各种应用必须协调,或者说,必须确立规划内部的一致性。规划的内部一致性借以确立的工具是平衡核算。正是由于这个原因,规划论吸收了各种平衡分析,例如投入产出分析。

如果手段的结构复杂,就要采取我们已经讨论过的目标多层次结构的形式,其中二级目标是实现一级目标(主要目标)的手段,三级目标是实现二级目标的手段,等等。确定一个规划的内部一致性特别重要。一个规划的内部一致性要求其中每个目标是实现一个更高级目标的手段,目标结构本身应当是内部一致的。一个规划的内部一致性是件复杂的事情,需要应用制订规划的特殊数学方法。

规划的第二部分是选定要用的最佳手段集合，即能保证目标的最大实现的手段集合。这称为最优规划的选择。最优规划只能从各个内部一致的规划中选出，因为内部不一致的规划不能付诸实施。一般有很大(最常见的是无穷的)数目的内部一致的规划，从中选出最优规划。最优规划的选择，简单地说就是把经济原理应用于规划。像通常情况一样，这个原理在这里可按两种不同形式应用：或者是对一定的支出，选择目标的最大实现，或者为了在一定程度上实现目标选择最小的支出。

规划问题用数学求解。[①] 实现目标的程度是所用各种手段数量的一个数学函数。这称为目标函数。把一个规划的内部一致性的条件写成方程式或不等式，其中未知数是所用手段的数量。方程式(或不等式)称为平衡关系式，因为它们表示事实上是平衡关系的各种手段的数量之间的联系。各种手段的具体数量的一个集合，称为一个规划。一个内部一致的规划是满足平衡关系式手段数量的一个集合；一个最优规划是手段数量的一个集合，它使目标函数达到最大值。借助于求解平衡关系式，我们得到内部一致的规划。由于我们通常假设表示为方程式的平衡关系式的数目少于未知数的数目(不等式的数目可能较多)，因而有许多解(通常是无数个)，即有许多内部一致的规划。内部一致规划的集合称为规划问题的可行解域。在可行解域中我们找出最优解(如果不止一个，则是几个这样的解)，即目标函数达到最大值的解。这带给我们的

① 本章末有关于规划论数学方法的一个介绍。

最优规划可能是一个或不止一个(甚至无数多个)。这一点决定于目标函数和平衡关系式的性质。

值得说一下,一个规划问题可用两种方法求解。一种方法是这里描述的方法,对已知的平衡关系式求目标函数的最大值。第二种方法是在平衡关系式的基础上,编制一个支出函数,采用一个方程作为一个平衡关系式,表达实现目标的某一程度,然后求支出函数的最小值。第二种方法得到的解与第一种方法得到的解相同。求解一个规划问题有两种方法在规划科学的术语中称为选择最优规划问题的对偶性。这个对偶性对应经济原理应用的两种不同方式。

决定目标函数最大值或支出函数最小值的方法取决于这些函数的性质。在实践中,我们要区分两种基本情况。其中之一是,多用一个单位某种手段造成目标函数的增量,或者少用一个单位某种手段造成目标函数的减量是一个变量(或者两者都是变量)。在数学上,这一点说明至少这两个函数之一的一阶导数值是变量。在此情况下要用微分法以通常方式求最大和最小值。在规划论应用微分法称为边际计算。第二种情况是上述增量和减量有常数值,即从数学上说,两个函数的一阶导数值是常数。这时使用一种称为线性规划的方法。

边 际 计 算

边际计算是比较由于多用一个单位的各种手段而造成的目标函数的增量(这里假设一切手段有公度而以同样单位计量;公度性

的条件是由平衡关系式所决定的)。如果一种手段多一个单位带来的目标函数增量小于另一种手段多一个单位带来的目标函数增量,则我们用一个单位的一种手段代替一个单位的另一种手段,可以取得目标函数的净增加。只要目标函数尚未达到它的最大值,我们就继续这样做。当一切手段增加一个单位产生的增量(所谓边际增量)都相同时,才达到最大值。这时用一单位的一种手段代替一单位的另一种手段,即改变规划来增加目标函数值是不可能的。同样,如果一切使用的手段减少一个单位导致支出函数值的减量(所谓边际减量)都相同,则这个函数达到最小值。只要不是如此,就有可能用一个单位的一种手段代替一个单位的另一种手段来降低支出函数值。

我们可以看到,应用边际计算,要求目标函数的边际增量或支出函数的边际减量以这样一种方式变化:在一种手段代替另一种手段的过程中,边际增量或减量能平均化。目标函数的边际增量或支出函数的减量两者有一个这样变化就够了。因为,鉴于选择最优规划问题的对偶性,应用边际计算于目标函数或支出函数的任何一个都可以求解这个问题。然而,如果目标函数的边际增量和支出函数的边际减量之值都是常数,则不可以应用边际计算。在此情况下,上面所用方法不可能导致边际增量或减量平均化。当边际增量是常数的时候,它们或者终始相等,不受所用手段的数量的影响,或者从不相等,一种手段代替另一种手段不能使它们平均化。边际减量也是如此。在此情况下需使用线性规划。它的命名是由于这样的事实,即目标函数和支出函数都是线性函数,也就是说在一种手段的新增数量和实现目标程度的增量之间存在简单的比例。在此情况下,平衡关系式也是线性方程式或不等式,而支出函数是在平衡关系式的基础上得出定义的。

线 性 规 划

为了确定目标函数的最大值(或支出函数的最小值),线性规划利用了线性代数和线性流形(即多维空间中平面交会形成的几何体)几何学。所用方法的合理行为学意义可以解释如下。由于目标函数的边际增量(一阶导数)是常数,因而它们总是都相等或者都不相等。在第一种情况下,减少某一数量的一种手段而以某一数量的另一种手段代替并不改变目标函数值。这时一切规划是最优的,因为一切规划给出同一个目标函数值。这是一般的例子。另一方面,如果边际增量不相等,用一个单位的产生较大边际增量的一种手段代替一个单位的产生较小边际增量的另一种手段,可以提高目标函数值。因为边际增量不变化(它是一个常量),只要平衡关系式允许,就有可能继续这样做。因此这种方法的极限决定于平衡关系式。

因此,目标函数的最大值决定如下:第一,其他手段用能得出最大边际增量的手段来代替。只要平衡关系式允许就这样做下去。当这种方法的可能性已经穷尽的时候,其他手段用能得出第二最大目标函数边际增量的手段来代替。当平衡关系式不再允许这样做时,其余的手段用能得出第三最大边际增量的手段来代替,依此类推。只要平衡关系式允许,这种方法就可以进行下去,或者到现有手段被用完为止。这时在平衡关系式决定的可能性极限之内，目标函数达到它的最大值。

结果可以看出，最优规划使用的手段的数量正好和平衡关系式中手段支出的有效限制的数量一致。因为各种手段相继用上（按照它们产生目标函数边际增量大小的顺序），所以每种手段直至平衡关系式决定的极限为止。不可能使用的手段数目小于极限平衡关系式的数目，因为在此情况下，不能利用增加目标函数的一切可能性。使用数目大于极限平衡关系式数目的手段也是不可能的，因为这意味着在一定程度上应用了得出较小目标函数边际增量的手段代替得出较大边际增量的手段。

因为线性规划中目标函数值分阶段增加，其中每个阶段（与边际计算对比）都引向平衡关系式施加的极限，所以我们说，在可行解域，也就是在内部一致的规划的集合的“边界上”求得最优规划。这一点可用某些几何类比来说明。[①] 同样，支出函数的最小值也是分阶段确定的。首先，其他手段被支出函数最大边际减值的手段所代替，依此类推，每个阶段都会进行到平衡关系式允许的极限。结果，也在内部一致规划域的“边界上”求得最优规划。

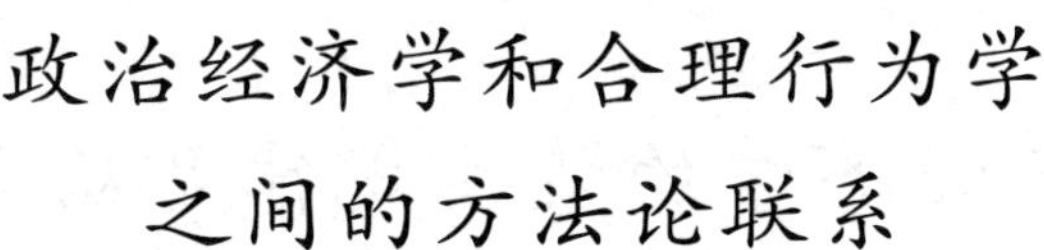

政治经济学和合理行为学之间的方法论联系

合理行为学是辅助政治经济学的一门科学。它对政治经济学

① 见本章附录。在兰格的《经济计量学导论》第 333—337 页中，也展示了几何类比。

有方法论上的意义,因为只要经济活动是理性的,合理行为学的行为原理就形成经济规律的一部分。当经济活动是理性活动的时候,人类行为的经济规律是适应具体条件的合理行为学的行为原理的具体化。同在货币经济特别是在资本主义企业中一样,经济活动的目标和手段用数量表示,这时情况更是如此。所以人类行为的经济规律表示了经济原理(即经济理性原理)在特定条件下的应用。已知经济活动进行的条件,有可能利用经济原理演绎地推断那些经济行为规律在这些条件中的作用。已知不同的人的活动联系和互相作用的条件,同样有可能演绎地推断人类活动相互作用的经济规律。

例如,根据资本家的行为是理性的,以及他们的活动的目标是利润最大化这样的事实,可以推知他把他的资本投在利润率最高的那个经济活动领域中。根据资本家对他们愿意投放资本的领域能自由选择,以及他们之间存在竞争这样的事实,可以推知经济活动各个部门中的利润率趋于一个共同水平。根据在某一领域内投资的资本家有垄断地位,并且不允许其他资本家投资这样的事实,可以推知,在这个领域中利润率高于资本自由流动的各个领域。

政治经济学的某些规律是从合理行为学的行为原理推导出来的结论

合理行为学以及特别是规划科学的意义在于这样的事实:政治经济学的某些规律可以从合理行为学的行为原理,特别是从经济原理推导出来。利用演绎法推断的那部分政治经济学,即经济理论的范围以这种方式更为扩大了。它也使理论经济模型的设计和应用更加容易。我们在上文讨论过，经济过程的比较观察结果的归纳概括，①连同某些合理行为学的行为原理，形成了模型公理化的基础。合理行为学原理的逻辑学和数学的结果，例如，在规划科学中运用的计算方法，可作为模型中推断的指南。② 通过这种方式，政治经济学的一大部分事实上是一个演绎法推断的系统。

在政治经济学中这种推断的“演绎化”造成了方法论上很大的简化。政治经济学的很多规律很容易从合理行为学的行为原理推导出来，而用归纳法概括得到它们可能要求对经济过程的许多方面进行繁重的研究，以及复杂的历史和统计分析。而且，在归纳法概括的基础上把主要关系与偶然关系分开，可能困难得多，并且对于这种分离能否做好，仍然可能存在很大的怀疑。在此基础上建立的政治经济学规律与根据合理行为学行为原理推导的规律比较，可能不具备同样的逻辑必然性的力量。正是由于这个原因（以及在这方面有更大兴趣的原因），到现在为止，政治经济学所主要研究的经济活动的主导部分是理性活动的各社会形态的经济规律，并且因此研究资本主义和社会主义形态的规律。因为在这两个社会形态中可以靠演绎法在合理行为学的行为原理，特别是在经济原理的基础上理解经济规律到很大程度。所以，经济原理对于政治经济学成为一门科学起了很大作用。

① 见本卷第四章。

② 见考塔宾斯基：《律师用逻辑学教程》（波兰文）第128—129页。

用演绎法研究经济规律依靠经济活动的理性

根据合理行为学行为原理来推导是理解经济规律的捷径。然而,是否可以将它作为一种研究经济规律的方法取决于经济活动是理性活动的假设是否为真。我们知道并非所考虑的一切经济活动都是理性活动(有些人曾这样想而且仍然这样想)。在资本主义以前的社会形态中,自然经济盛行,经济活动是习惯的、传统的。在资本主义和社会主义生产方式中,在家务活动中仍然流行习惯的和传统的活动。所以,在根据合理行为学行为原理的推导走"捷径"研究经济规律之前,必须检查所研究的经济活动是理性活动还是传统的和习惯的活动。要利用历史和统计验证,用归溯法推断来确定这一点。它包括从所采用的合理行为学原理得出逻辑的和数学的结论以及把这些结果与实际人类经济活动对比。

如果检查产生否定的结果,不能利用"捷径"研究经济规律,就必须用归纳法研究。作为归纳法研究经济规律的例子,我们可以提一下——用统计法和专著的分析——研究各个农民田产上的人类行为规律,由于这部分的自然经济性质,经济活动不是为了利润最大化,而大部分是传统的和习惯的活动。另一个例子是在家庭预算分析的基础上研究家务活动的规律。这已导致了恩格尔定律的发现,即随着家庭人均收入的增加,收入中花在食物上的百分率降低。

这种归纳法主要用于研究资本主义以前各社会形态的经济规律。这并不是说,在经济活动是习惯的活动和传统的活动的地方,演绎法对经济规律的研究完全不起作用。从这类活动也能进行推导。例如，已知封建地租的形式和习惯水平以及农民的劳动生产率，可以对农民的生活水平、地主的收入、剩余劳动率等得出各种结论。然而用上述"捷径"研究经济规律是不可能的。所以资本主义以前社会形态的政治经济学比起经济活动的主要部分是理性活动的社会形态的政治经济学，使用演绎法的程度要低得多。

需要从经验上确定应用于实际的方法论知识的范围

为了从合理行为学行为原理推导经济规律，只肯定所研究的经济活动是理性活动是不够的，还有必要用比较观察法确定在某项经济活动中使用什么方法论手段。我们已经指出，当我们说理性活动的时候，我们会想到行动的方法论理性。方法论理性活动中的行为方式决定于从事活动的那些人具有的方法论知识，并且决定于这种方法论知识中多少是有用的外部条件。例如，为了一个定量目标的最大化和使用定量手段的活动并不总是使用规划论的数学方法的。一个小商人不可能利用它们——如果他不具备必要的数学知识，而且从未听到过规划论。一个大企业如果有一个专门的规划部或者雇用专门顾问，则一定会利用它们。一个小商人即使知道规划的可能性，也不会利用它们，因为专家顾问的费用太高。而且，经济关系可能使利用现有方法论知识成为不可能。我们的规划论知识的一大部分不用于资本主义企业或资本主义国家，因为它的应用要求各企业活动的协调，这一点只有当生产资料归社会所有时才是可能的。在此情况下,理性活动的方法论知识超越了资本主义生产方式中它的应用的可能性。

所以,在合理行为学行为原理的基础上应用演绎法于政治经济学时,必须考虑参与经济活动的人们具有的实际方法论知识,以及应用这种知识的可能性。这需要对实际经济过程做比较观察,并利用归纳法从这种观察中得出结论。从合理行为学的行为原理推导经济规律,如果要产生符合客观实际的正确结果,必须包含一个归纳法因素。这个因素是从经验上确定应用于实际经济活动的方法论知识范围。没有这一点,应用合理行为学行为原理的结果可能会被证明是错误的。

例如,许多经济学家从资本主义企业要求最大利润的假设出发得出结论:它总是利用边际计算。我们进一步将看到,甚至曾经出现过使边际计算成为整个政治经济学的方法论基础的尝试。然而,人们发现边际分析应用于企业的活动是有限的。[①] 首先,实践中应用的簿记和平衡方法不适应边际计算的需要,而且,尽管在资本主义国家对边际计算原理的理论知识很普及,但资本主义企业并不觉得需要使它们适应这些要求。第二,由于生产技术的性质,目标函数和平衡关系式是线性的或接近线性的,并且不适合应用边际计算。虽然在实践中资本主义企业或者不理会或者极少利用边际计算,[②]但线性规划还是很快被采用。因而根据企业经常利

① 见R.L.霍尔和C.J.希区,“价格理论和企业行为”,《牛津文集》第2期,1939年版;W.Y.鲍莫尔:“从运筹学经验看边际分析和现金需求”,《经济统计评论》第3期,1958年版。

② 不过边际计算最近在资本主义企业使用的簿记方法中得到表示。见J.G.齐林斯基:“边际学派和‘大企业’的实践”,载《经济生活》1959年第16号。

用边际计算的假设，从利润最大化原理推导出来的规律并不反映在资本主义经济中发生作用的真正经济规律。有些经济学家犯了一种类似的错误，他们假设在资本主义生产方式的范围内使用了只有当生产资料归社会所有时才能应用理性活动的那些方法论手段。

合理行为学在经济活动合理化中的意义的一般评价

因此，必须小心地利用合理行为学得到的结果。合理行为学作为一门科学虽然是已知的，但是不能认为从事经济活动的人会运用对于他是未知的，或者超出实际可能性范围的方法论手段。而这些成果的普及导致了经济活动的方法论理性的提高。在这方面特别重要的是新的学科，如控制论等迅速得到实际应用。在资本主义生产方式范围内运用时，它们提高了资本主义企业活动的私人理性。然而，它们也常常加剧了资本主义生产关系的对抗性质产生的反社会后果。在社会主义生产方式中，它们能变成提高社会生产和分配过程的社会理性的一个强大工具。所以合理行为学，特别是像运筹学和规划论那样的分支，在社会主义经济的计划工作中有很大的重要性。或许在复式簿记和平衡表会计之后以及在社会经济平衡表之后，它们将形成理性经济活动的方法论手段的发展中的第三个历史阶段。

第五章附录　规划的数学基础

1.规划作为一个数学问题,令 z 为实现目标的程度,而 x_1,x_2,……x_n 为各种资料的支出,其数目为 n。目标函数写成

$$z = f(x_1, x_2, \cdots\cdots x_n)。 \qquad (1)$$

假设实现目标的程度和各种资料的支出是非负数量,即对于 $i = 1, 2, \cdots\cdots n$,$z \geqslant 0$ 和 $x_i \geqslant 0$。为了简化计算,也假设目标函数有连续的一阶和二阶偏导数。最后,假设实现目标的程度是任何一种资料的支出 x_i 的增函数,即

$$\frac{\partial f}{\partial x_i} > 0 \qquad (i = 1, 2, 3, \cdots\cdots n)。 \qquad (2)$$

平衡关系式表示为 m 个方程:①

$$\Phi_r(x_1, x_2, x_3, \cdots\cdots x_n) = c_r \qquad (r = 1, 2, 3, \cdots\cdots m)。 \qquad (3)$$

在这些方程中,右边是常数,即对于 $r = 1, 2, \cdots\cdots n$,c_r = 常数。并

① 有些平衡关系式或所有平衡关系式:也可以是不等式:

$$\Phi_r(x_1, x_2, x_3, \cdots\cdots x_n) \leqslant c_r。$$

必要时乘以 -1 可将任何不等式化为这种形式。不过在左边加辅助变量 x_{n+r},可将这些不等式变成等式,代替不等式。于是我们得到方程

$$\Phi_r(x_1, x_2, x_3, \cdots\cdots x_n) + x_{n+r} = 0,$$

其中 $x_{n+r} \geqslant 0$。为了符号的对称性,辅助变量 x_{n+r} 也可以引入目标函数。于是这个函数采取以下形式:

$$z = f(x_1, x_2, \cdots\cdots x_n, x_{n+1}, x_{n+2}, \cdots\cdots)。$$

在此情况下,对于辅助变量 x_{n+r} 的任何值,必须假设恒等于零,即

$$\frac{\partial f}{\partial x_{n+r}} = 0。$$

平衡关系式用这种方式总能表示为方程式形式。

且假设平衡关系式左边出现的 Φ_r 函数有连续的一阶和二阶偏导数，而且

$$\frac{\partial\Phi_r}{\partial x_i}>0 \quad (r=1,2,\cdots\cdots m;i=1,2,\cdots\cdots n)。 \tag{4}$$

从假设(4)可知，对于每个平衡关系式(3)，

$$\frac{\partial x_i}{\partial x_j}=-\frac{\dfrac{\partial\Phi_r}{\partial x_j}}{\dfrac{\partial\Phi_r}{\partial x_i}}<0 \quad (r=1,2,\cdots\cdots m;i,j=1,2,\cdots\cdots n;i\neq j)。$$

这个式子说明：一种资料的支出增加，要求其他某种资料的支出减少。假设(4)因而表明应用各种资料的可能性受到约束，增加所有资料的支出是不可能的。平衡关系式表达了这些约束的具体性质。

又假设 $m<n$，而平衡关系式的雅可比行列式不等于 0，①于是我们可将变量 $x_1,x_2,\cdots\cdots x_n$ 中 m 个表示为其余 $n-m$ 个变量的函数。因为变量编号的次序是任意的，我们将 $x_1,x_2,\cdots\cdots x_m$ 表示为 $x_{m+1},x_{m+2},\cdots\cdots x_n$ 的函数，写成

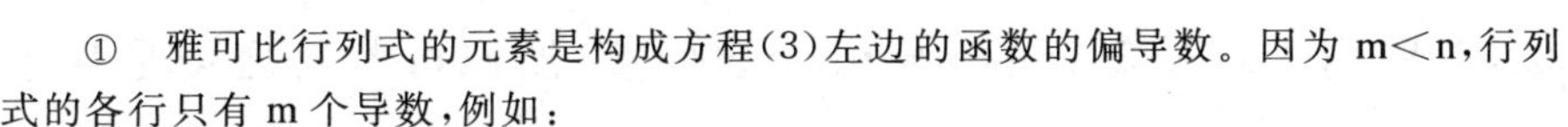

① 雅可比行列式的元素是构成方程(3)左边的函数的偏导数。因为 $m<n$，行列式的各行只有 m 个导数，例如：

$$\begin{matrix}\dfrac{\partial\Phi_1}{\partial x_1} & \dfrac{\partial\Phi_1}{\partial x_2} & \cdots\cdots & \dfrac{\partial\Phi_1}{\partial x_m}\\ \dfrac{\partial\Phi_2}{\partial x_1} & \dfrac{\partial\Phi_2}{\partial x_2} & \cdots\cdots & \dfrac{\partial\Phi_2}{\partial x_m}\\ & \cdots\cdots & & \\ \dfrac{\partial\Phi_m}{\partial x_1} & \dfrac{\partial\Phi_m}{\partial x_2} & \cdots\cdots & \dfrac{\partial\Phi_m}{\partial x_m}\end{matrix}$$

如果雅可比行列式等于 0，可以表示为其余变量函数的变量数目小于 m。一般地说，如果雅可比行列式的矩阵的秩是 $m-k$，则 $m-k$ 个变量可以表示为其余 $n-m+k$ 个变量的函数。按照我们在下面使用的术语，于是有 $n-m+k$ 个自由度。

$$x_i = \psi_i(x_{m+1}, x_{m+2}, \cdots\cdots x_n) \quad (i = 1, 2, \cdots\cdots m)。 \tag{5}$$

因此,我们看到,只能自由选择 n－m 种资料的支出。一旦做出这样的选择,其余 m 种资料的支出决定于函数(5)。这种情况表达为一句话:各种资料支出的选择,有 n－m 个自由度。

变量 $x_1, x_2, \cdots\cdots x_n$ 的数值的一个集合,例如 $x_1^0, x_2^0, \cdots\cdots x_n^0$,即各种资料的一定支出的一个集合,称为一个规划。满足平衡关系式(3)的规划的集合,称为内洽规划的集合。我们已经说明,内洽规划的集合有 n－m 个自由度。这说明在这个集合中能自由选择 n－m 种资料的支出。

现在让我们考虑以下几何解释。每个规划 $x_1^0, x_2^0, \cdots\cdots x_n^0$ 是 n 度欧几里得空间中的一点。因为 $x_i \geqslant 0 (i = 1, 2, \cdots\cdots n)$,所以所有的规划包含在完全由非负坐标的点组成的那部分空间中。故而假设 $x_i \geqslant 0$ 称为边界条件,因为它们决定包含各规划的空间的边界。内洽规划的集合占据着满足平衡关系式(3)的条件的那部分空间。空间的这部分是规划问题的可行解之域。此域之外的规划不是内洽的,因而不构成可行解。由于可行解之域只有 n－m 个独立坐标,对应内洽规划集合的 n－m 个自由度,所以可行解之域是悬于 n 度空间中的一个(n－m)度几何体。

规划的任务是从内洽规划的集合中选择最优规划(有时不止一个)。在几何解释中,问题是在可行解域中选择最优点(有时不止一点)。最优规划是可行解域中给目标函数以最大值的规划。任务因而化为确定使目标函数(1)达到最大值的变量 $x_1, x_2, \cdots\cdots x_n$ 的数值的问题。同时 $x_1, x_2, \cdots\cdots x_n$ 满足平衡关系式的附加条件。

求解问题的最简单方式是使用所谓拉格朗日函数的辅助函数，其定义如下：

$$L(x_1, x_2, \cdots\cdots x_n; \lambda_1, \lambda_2, \cdots\cdots \lambda_m)$$

$$= f(x_1, x_2, \cdots\cdots x_n) - \sum_{r=1}^{m} \lambda_r [\Phi_r(x_1, x_2, \cdots\cdots x_n) - c_r]。 \quad (6)$$

系数 $\lambda_1, \lambda_3, \cdots\cdots \lambda_m$ 待定，它们是拉格朗日乘数。

我们注意到在平衡条件(3)被满足时，即在可行解域中，(6)式右边求和部分等于0。这一点意味着在可行解域中拉格朗日函数与目标函数 $f(x_1, x_2, \cdots\cdots x_n)$ 相同。① 确定满足约束(3)的目标函数的最大值因而可以分两步进行。我们首先对乘数 $\lambda_1, \lambda_2, \cdots\cdots \lambda_m$ 的任意值确定拉格朗日函数的通常最大值，然后我们为这些乘数选择满足约束(3)的数值。以此方式得到的拉格朗日函数的最大值等同于平衡关系式所加约束下的目标函数最大值。

条件 $L(x_1, x_2, \cdots\cdots, x_n; \lambda_1, \lambda_2, \cdots\cdots, \lambda_m) =$ 最大值确定了 $x_1, x_2, \cdots\cdots x_n$ 的数值(如果存在这样一个最大值)，从(6)式可知这些数值决定于 $\lambda_1, \lambda_2, \cdots\cdots \lambda_m$ 所假设的值，也就是它们是这些乘数的函数，这表示为

$$x_i = g_i(\lambda_1, \lambda_2, \cdots\cdots \lambda_m) \quad (i = 1, 2, \cdots\cdots n)。 \quad (7)$$

当这些函数在平衡关系式取代 $x_1, x_2, \cdots\cdots x_n$ 时，这些关系式于是采取以下形式：

$$\Phi_r(\lambda_1, \lambda_2, \cdots\cdots \lambda_m) = c_r \quad (r = 1, 2, \cdots\cdots m)。 \quad (8)$$

① 这个结果可以推广到前面的那一条注，即平衡关系式是不等式。可能发生这样的情况：对于有下标 r 的某些数值，$\Phi_r(x_1, x_2, \cdots\cdots x_n) - c_r < 0$。然后我们假设 $\lambda_r = 0$，因而模型(6)右边求和部分在可行解域中仍然等于0。

此式得出有 m 个未知数的 m 个方程。

从这些方程(假设它们的雅可比行列式不为 0)我们求得乘数 $\lambda_1, \lambda_2, \cdots\cdots \lambda_m$ 的值。如果这些值用 $\lambda_1^0, \lambda_2^0, \cdots\cdots \lambda_m^0$① 表示,并代入函数(7),可得到以下数值:

$$x_i^0 = g_i(\lambda_1^0, \lambda_2^0, \cdots\cdots \lambda_m^0) \quad (i = 1, 2, \cdots\cdots n)。$$

这些是目标函数达到最大值时的变量 $x_1, x_2, \cdots\cdots x_n$ 的数值,服从平衡关系式施加的约束。

如果一个函数加上或减去一个常量,这个函数达到最大值时的各变量之值仍然不变,既然如此,我们可用以下函数代替拉格朗日函数:

$$L(x_1, x_2, \cdots\cdots x_n; \lambda_1, \lambda_2, \cdots\cdots \lambda_m) - z_0$$

$$= f(x_1, x_2, \cdots\cdots x_n) - z_0 - \sum_{r=1}^{m} \lambda_r〔\Phi_r(x_1, x_2, \cdots\cdots x_n) - c_r〕,$$

其中 z_0 = 常数。这个函数的最大值等于符号改变的函数,即以下函数的最小值:

$$L_1(\lambda_1, \lambda_2, \cdots\cdots \lambda_m; x_1, x_2, \cdots\cdots x_n)$$

$$= \sum_{r=1}^{m} \lambda_r〔\Phi_r(x_1, x_2, \cdots\cdots x_n) - c_r〕 - 〔f(x_1, x_2, \cdots\cdots x_n) - z_0〕, \quad (9)$$

这个函数与以下函数相同:

$$u(\lambda_1, \lambda_2, \cdots\cdots \lambda_m; x_1, x_2, \cdots\cdots x_n) = \sum_{r=1}^{m} \lambda_r〔\Phi_r(x_1, x_2, \cdots\cdots x_n) - c_r〕, \quad (10)$$

---

① 一般说 $\lambda_r \neq 0$,因为否则的话,出现在公式(6)右边的和将会是不确定的。另一方面,当平衡关系式是不等式,并且 $\Phi_r(x_1, x_2, \cdots\cdots x_m) - c_r < 0$ 时,$\lambda_r^0 = 0$。

只要满足以下条件

$$f(x_1, x_2, \cdots\cdots x_n) = z_0, \tag{11}$$

也就是实现目标的程度是常数。

因而服从平衡关系式时，目标函数的最大化问题，在实现目标程度保持不变的条件下，可用求函数(10)的最小值来代替(可以看出，它决定于平衡关系式的形式)。函数(10)是一个加权和，它的数值决定于各种资料的支出 $x_1, x_2, \cdots\cdots x_n$；它赋予这些支出一个单一的数值。所以这个函数可以称为支出函效。函数(10)因而确立了各种资料的公度性。因此，规划任务可通过两种方式来表示：一种是在服从特定的平衡关系式的情况下，使目标函数最大化；另一种是对特定的目标函数值，使支出函数为最小。规划问题存在这两种形式称为这个问题的对偶性。

规划问题的第二种形式，用下列方式求解。鉴于条件(11)，在 $x_1, x_2, \cdots\cdots x_n$ 中我们只有 $n-1$ 个自变量；其中之一，例如 x_n，是其余变量的一个函数。[①]

条件 $L_1(\lambda_1, \lambda_2, \cdots\cdots \lambda_m; x_1, x_2, \cdots\cdots x_n) =$ 最小值因而确定了 m 个数值 $\lambda_1^0, \lambda_2^0, \cdots\cdots \lambda_m^0$ 和 $n-1$ 个数值 $x_1^0, x_2^0, \cdots\cdots x_{n-1}^0$。将后 $n-1$ 个数值纳入方程(11)，得到 x_n^0 的值。用这种方式确定的 λ_1^0，$\lambda_2^0, \cdots\cdots \lambda_m^0$ 和 $x_1^0, x_2^0, \cdots\cdots x_n^0$ 与应用第一种形式得到的数值相同。因此，引入平衡关系式(3)的数值 $x_1^0, x_2^0, \cdots\cdots x_n^0$ 满足那些关系式规定的条件。支出函数这时取零值，这从(10)式可以立即看出。

① 由于我们的假设(2)，根据方程(11)把一个变量表示为其他变量的一个函数总是可能的。

这是在条件(11)的范围内可能得到的这个函数的最小值。支出函数的其他值必然是正值。这个函数的一个正值表示资料的浪费,而且可以作为这种浪费的一个度量。

在支出函数中出现的拉格朗日乘数有一种合理行为学的意义。从(10)的例子能看出,支出函数表现为一个加权和。这个和的分量

$$\Phi_r(x_1, x_2, \cdots\cdots x_n) - c_r \quad (r = 1, 2, \cdots\cdots m)$$

表示不满足各个平衡关系式的程度,或表示这些关系式被超越的程度。乘数 $\lambda_1, \lambda_2, \cdots\cdots \lambda_m$ 是赋予各个平衡关系式的"被超越"的权数。拉格朗日乘数的数值 $\lambda_1^0, \lambda_2^0, \cdots\cdots \lambda_m^0$ 是满足所有平衡关系式时资料最优利用条件中的这些权数。它们表示实现目标的一定程度的权数的指标。每个平衡关系式限制了利用资料的可能性,权数则衡量这些限制。[①]

最后应当提一下,在目标函数的任何单调递增变换之下,规划问题的解决是不变的。如果目标函数 $f(x_1, x_2, \cdots\cdots x_n)$ 被任意选择的它的一个单调增函数 $F[f(x_1, x_2, \cdots\cdots x_n)]$ 所代替,则函数 $F(x_1, x_2, \cdots\cdots x_n)$ 与函数 $f(x_1, x_2, \cdots\cdots x_n)$ 对变量 $x_1, x_2, \cdots\cdots x_n$ 的同样数值达到最大值。这是由于:当 f 函数之值增加时,F 函数之值总是增加;而当 f 函数之值减少时,F 函数之值总是减少。这一

---

① 假设对于资料的非最优利用,$\Phi_r(x_1, x_2, \cdots\cdots x_n) - c_r > 0$,我们总会得到 $\lambda_r > 0$。这是因为对 $\Phi_r(x_1, x_2, \cdots\cdots x_n) - c_r > 0 (r = 1, 2, \cdots\cdots m)$ 的一切值,支出函数有正值。只有 $\lambda_r > 0$,这才是可能的。一个例外情况是平衡关系式为不等式,并且资料最优利用时,$\Phi_r(x_1, x_2, \cdots\cdots x_n) - c_r < 0$。这时我们有恒等式 $\lambda_r = 0$,这里平衡关系式并不限制资料的使用,并且它的权数是 0。所有其他平衡关系式有正权数。

点说明为了解规划问题，只需要知道目标函数之值是增是减，而不必计算它的数值变化。换句话说，实现目标的程度能有顺序就够了，不一定要求它们能够计算出来。

2.边际计算。如果目标函数与平衡关系式有以后讨论的所需性质，规划问题可用微分法求解。这个微分法有时称为边际计算。

应用微分法，我们求出拉格朗日函数(6)的最大值所必需的条件。它们是

$$\frac{\partial L}{\partial x_i}=\frac{\partial f}{\partial x_1}-\sum_{r=1}^{m}\lambda_r\frac{\partial \Phi_r}{\partial x_i}=0\quad(i=1,2,\cdots\cdots n)$$

或

$$\frac{\partial f}{\partial x_i}=\sum_{r=1}^{m}\lambda_r\frac{\partial \Phi_r}{\partial x_i}\qquad(i=1,2,\cdots\cdots n)。$$

鉴于(10)，这些条件可以更简单地写出，即

$$\frac{\partial f}{\partial x_i}=\frac{\partial u}{\partial x_i}\qquad(i=1,2,\cdots\cdots n)。\tag{12}$$

显而易见，这些也是拉格朗日函数(9)的最小值的条件。所以规划问题的两个形式导致同样的必要条件。

条件(12)构成 n 个方程。用这些方程我们确定 n 个数值 x_1，x_2，……x_n 作为乘数 λ_1，λ_2，……λ_m 的函数〔见上面(7)〕。当这些函数被带入平衡关系式时，就得到有 m 个未知数 λ_1，λ_2，……λ_m 的 m 个方程〔见上面(8)〕。借助于这些方程，我们确定数值 λ_1^0，λ_2^0，……λ_m^0，后者使我们可以确定目标函数达到最大值而服从特定平衡关系式，也就是支出函数达到最小值而服从目标函数的一个特定值时的 x_1^0，x_2^0，……x_n^0 的数值。

方程(12)的合理行为学的意义是简单的。这些方程的左边代表一定资料的支出造成的目标函数的边际增量，右边代表一定资

料的支出造成的支出函数的边际增量。方程(12)说明在最优规划中,对每种资料来说目标函数的边际增量都等于支出函数的边际增量。

这个条件可以用另一种形式表达出来。从方程(12)产生下列方程:

$$\frac{\frac{\partial f}{\partial x_1}}{\frac{\partial u}{\partial x_1}}=\frac{\frac{\partial f}{\partial x_2}}{\frac{\partial u}{\partial x_2}}=\cdots\cdots=\frac{\frac{\partial f}{\partial x_n}}{\frac{\partial u}{\partial x_n}}。\tag{12a}$$

这些方程说明在最优规划中,对所有资料而言,每个单位的各种资料的边际支出的目标函数边际增量是相等的。如果这些方程倒过来,即

$$\frac{\frac{\partial u}{\partial x_1}}{\frac{\partial f}{\partial x_1}}=\frac{\frac{\partial u}{\partial x_2}}{\frac{\partial f}{\partial x_2}}=\cdots\cdots=\frac{\frac{\partial u}{\partial x_n}}{\frac{\partial f}{\partial x_n}},\tag{12b}$$

我们会发现,为了得到一个单位的目标函数边际增量所需资料的边际支出增量(或者如果我们愿意,也可以说,与一个单位目标函数边际减量对应的支出函数边际减量)对所有资料而言是相等的。这两种形式对应规划问题的两种形式。

对所讨论函数的最大值和最小值而言,条件(12)都是必要的。为了确定最大值或最小值是否包括在内,必须鉴别是否满足最大值或最小值所需要的充分条件。对于有约束条件的一个函数的最大值或最小值而言,用拉格朗日函数最容易把这个条件表述出来。

对方程(12)决定的数值 $x_1^0, x_2^0, \cdots\cdots x_n^0$ 以及对一切 dx_i 和 dx_j 的值而言,服从特定平衡关系式的目标函数的最大值所需的充分

条件是

$$d^2L=\sum_{i=1}^{n}\sum_{j=1}^{n}\left(\frac{\partial^2 f}{\partial x_i\partial x_j}-\sum_{r=1}^{m}\lambda_r\frac{\partial^2\Phi_r}{\partial x_i\partial x_j}\right)dx_i dx_j<0。\tag{13}$$

从(9)立即看到,这个条件等价于以下条件:

$$d^2L_1>0,\tag{14}$$

即等价于服从特定目标函数值的支出函数最小值所需的充分条件。这一点再一次说明规划问题的两种形式是等价的。

必要条件(12)和充分条件(13)有下列几何解释:我们知道,可行解域是伸张于一个 n 维欧氏空间中的一个(n - m)维几何体。目标函数是在一个(n + 1)维空间中的一个 n 维超平面。对于每一个特定的确定数值 $z_0=f(x_1,x_2\cdots\cdots x_n)$,这个超平面都有一个投在一个 n 维空间上的投影。这个投影是一个(n - 1)维超平面。z_0 值愈大,那个超平面相对于坐标原点的位置愈高。这一点来自假设(2)。必要条件(12)说,可行解域与表示不同目标函数值的投影之一相切,即与对应目标函数最小或最大值的投影相切。在这个切点上(如有更多切点则为一些切点上),目标函数达到它在可行解域中的最大值或最小值。充分条件(13)说,在这个切点附近,作为目标函数投影的(n - 1)维超平面凸向可行解域。① 由于这种凸性,可行解域与上述平面中位置最高者相切,即目标函数被最大化。

对于服从特定目标函数值的支出函数的最小值,可以给出一个类似的几何解释。在此情况下,目标函数只有一个投影在 n 维

① 不等式(13)的几何解释是:在切点之外的一切地方,目标函数的投影比可行解域离坐标原点更远。

空间上,这个投影现在构成可行解域。而支出函数的投影则有很多,即每个确定的函数值有一个投影。服从特定目标函数值的支出函数最小值决定于与支出函数投影之一相切的目标函数投影的点(或几个点)。充分条件(14)说,在切点附近,支出函数的投影凹向目标函数的投影。因此,目标函数的投影与支出函数的最低位投影相切,即后一函数被最小化。

当 $n=2$ 且 $m=1$ 时,最容易看出这里概述的几何解释。这时目标函数是

$$z=f(x_1,x_2),$$

平衡关系式是　$\Phi(x_1,x_2)=c$。

必要条件(12)采取下列形式:

$$\frac{\partial f}{\partial x_i}=\lambda\frac{\partial \Phi}{\partial x_i}\qquad(i=1,2)。$$

目标函数在(x_1,x_2)平面上的投影形成一组曲线 L,其中每一条曲线对应一个确定值 $z=z_0$,见图 1。平衡关系式决定的可行解域用曲线 C 表示。切点 P 是可行解域中位于可接触曲线 L 的最高曲线,也就是 L_2 上的那一点。R 和 S 点也在可行解域中,这是事实。但是它们在曲线 L_1 上,位置低于曲线 L_2。曲线 L_3 的位置高于曲线 L_2,这是事实。但是它是接触不到的,它的所有点在可行解域之外。图 1 也表明了充分条件(13)隐含的三条曲线 L 对曲线 C 的凸性,这个条件在图 1(a)、图 1(b)和图 1(c)中得到满足。而在图 1(a)中,曲线 L 凹向曲线 C。立即可以看出:在此例中,切点 P 的位置在最低可接触曲线 L 上,目标函数被最小化。

借助于图 1(a),可以看到支出函数被最小化的例子。在此图

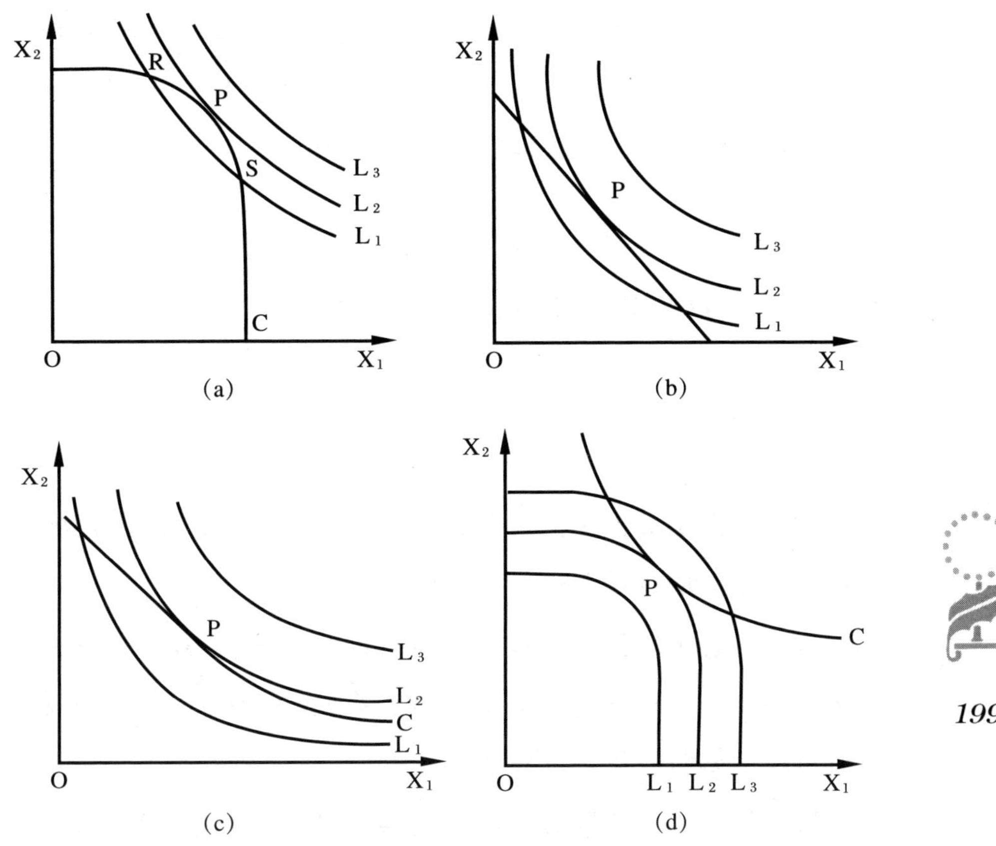

图 1

形中，曲线 C 被解释为有特定数值的目标函数的投影（即可行解域）。L 曲线是支出函数的投影。每个曲线对应这个函数的一个确定值。切点 P 是曲线 C 上的一点，其位置在最低的可接触曲线 L 上。断定曲线 L 凹向曲线 C 的充分条件(14)的意义也是明显的。这个条件保证了支出函数被最小化。

图 1 也说明：不一定要能够度量实现目标的程度。如果能知

道它们的顺序也就够了。目标函数的单调递增变换 $F[f(x_1, x_2)]$ 在 (x_1, x_2) 平面上与函数 $z = f(x_1, x_2)$ 有同样的投影。函数 $F[f(x_1, x_2)]$ 在 (x_1, x_2) 平面上的投影由以下微分方程得出:

$$F'\left(\frac{\partial f}{\partial x_1}dx_1 + \frac{\partial f}{\partial x_2}dx_2\right) = 0,$$

其中 F' 是函数 F 对函数 $f(x_1, x_2)$ 的导数,因为 $F' > 0$,所以这个方程与以下方程等价:

$$\frac{\partial f}{\partial x_1}dx_1 + \frac{\partial f}{\partial x_2}dx_2 = 0,$$

它是 $f(x_1, x_2)$ 函数投影的微分方程。因此,$z = f(x_1, x_2)$ 函数的最大化也是它的所有单调递增变换的最大化。

这个推理可以扩大到包括任何数目的变量 $x_1, x_2, \cdots\cdots x_n$。函数 $z = f(x_1, x_2, \cdots\cdots x_n)$ 的单调递增变换,在一个 n 维空间上和我们所讨论的函数有同样的投影。

3.线性规划。边际计算的应用要求目标函数和平衡关系式具备某些性质。首先,方程(12)必须有一个解。在几何解释中,这一点说明目标函数的投影必须有一点(或多点)与可行解域相切。这种切点可能不存在,而且如果条件(13)不能满足,目标函数可能没有最大值〔或者,如果条件(14)不能满足,支出函数可能没有最小值〕。由此可以看出,边际计算只能应用于具备满足条件(12)和(13)或(14)的性质的一类特殊的目标函数和平衡关系式。

不能应用边际计算的一个特别重要的例子是线性规划,即其中目标函数和一切平衡关系式是线性的一种规划问题。这时,目

标函数采取以下形式：①

$$z = \sum_{i=1}^{n} a_i x_i, \tag{15}$$

而平衡关系式采取以下形式：

$$\sum_{i=1}^{n} b_{ri} x_i = c_r (r = 1, 2, \cdots\cdots m)。 \tag{16}$$

在这些式子中，a_i，b_{ri} 和 c_r（$i = 1, 2, \cdots\cdots n$；$r = 1, 2, \cdots\cdots m$）是常数。和以前一样，假设 $m < n$，并假设（2）和（4）被满足。问题是求出变量 $x_1, x_2, \cdots\cdots x_n$ 的那些值从而使函数（15）在约束（16）之下达到它的最大值。

不难看出，在这里不能应用边际计算，因为必要条件（12）在这里采取以下形式：

$$a_i = \sum_{r=1}^{m} \lambda_r b_{ri} \quad (i = 1, 2, \cdots\cdots n)。$$

在这些方程中，不出现变量 $x_1, x_2, \cdots\cdots x_n$，所以不能用它们来确定这些变量的数值。而且，这些方程是自相矛盾的，因为方程的数目多于未确定的乘数 $\lambda_1, \lambda_2, \cdots\cdots \lambda_m$；除非以这样一种方式选择数量 a_i 和 b_{ri}，使独立方程不超过 m 个。还应当看到，函数（15）和表达式（16）的二阶导数等于 0。所以 d^2L 或 d^2L_1 也等于 0，而条件（13）或（14）没有满足。因此我们可以看出，在求解线性规划问

① 这是一种所谓的线性形式。线性函数的一般形式是

$$z = a_0 + \sum_{i=1}^{n} a_i x_i。$$

引进一个新变量 $z' = z - a_0$，即这样度量函数值，在 $z = a_0$ 这一点，它等于 0，这样，上面的形式总能改变为一个线性形式。

题时边际计算没有用。

借助于几何解释,讲解线性规划问题的求解最为清楚。各个平衡关系式(16)形成伸张于一个 n 维欧氏空间中的(n－1)维超平面,而且有 m 个这种超平面。可行解域由同时位于所有 m 个超平面上的点组成〔因为它们满足一个由 m 个线性方程组成的系统(16)〕。可行解域是所有 m 个超平面共有的点集,也就是位于那些超平面之交的点集。这个集形成一个(n－m)维凸多面体。[1] 目标函数(16)的投影形成一个(n－1)维超平面族。其表面构成可行解域的多面体,与位置最高(即离坐标系原点最远)的投影相切的点(或多点)决定目标函数的最大值。位置较低的投影对应较小的目标函数值,位置更高的投影接触不到,因为它们全部位于可行解域之外。

因此,线性规划问题的几何解释与边际计算的几何解释相似。不同之处在于:在此情况下可行解域是一个多面体,一个“有角的”几何体。它们不能在每一点接触作为目标函数的一个投影的超平面。这种“有角”性说明微分法不能用于确定切点。多面体与超平面在它的最高顶点相切,它在可行解域中确定目标函数的最大值。

除最高顶点外,多面体的其他顶点可能接触目标函数的一个投影。如果多面体只有一个顶点与目标函数一个投影相切,则有唯一解。如果有两个顶点相切,则多面体以整个一条边与目标函数的一个投影接触,一条边是连接两个顶点的一条直线。如果有

① 两条一维直线之交形成一个零维点;两个二维平面之交形成一根一维直线,三个二维平面之交形成一个零维点;两个三维超平面之交形成一个二维平面,三个三维超平面相交形成一条直线;等等。

三个顶点相切，则多面体用三个顶点决定的三角形的二维区域接触作为目标函数的一个投影的超平面。一般说来，如果 k 个顶点与目标函数的一个投影相切，则多面体用一个由那些顶点决定的 (k－1) 维所谓单纯形接触那个投影。

线性规划问题的解是不是唯一的，要看与目标函数的一个投影相切的多面体顶点数目。如果多面体的 k 个顶点与目标函数的一个投影相切，解有 k－1 个自由度；变量 $x_1, x_2, \cdots\cdots x_{k-1}$ 的值可以任意选择，而其余变量 $x_k, x_{k+1}, \cdots\cdots x_n$ 是前者的线性函数。因此答案决定于构成可行解域的多面体的形状和多面体的最高顶点。目标函数投影的位置（即超平面的倾角）决定了多面体的其他顶点是否也与这个投影相切，并且因此决定了答案是否是唯一的，以及它有多少个自由度。

当 n－m＝2 或 n－m＝3 时，几何解释是直观的。这时可行解域是一个二维多边形，或是一个三维多面体的表面。

例如，令 n＝10，m＝8，这时可行解域是伸张在十维空间中的平面 (x_1, x_2) 上的一个多边形表面，如图 2 所示。

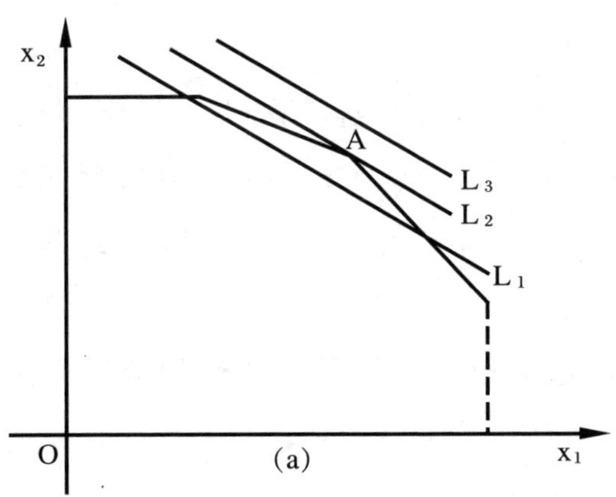

(a)

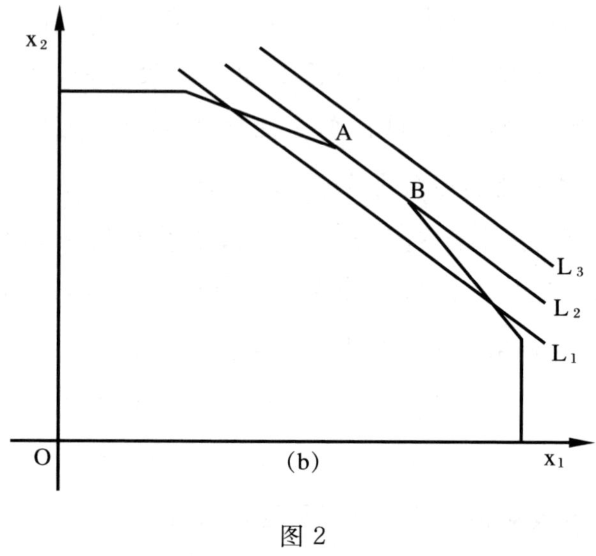

图 2

鉴于边界条件 $x_i \geqslant 0 (i=1,2)$,我们只对对应坐标的非负值的多边形的那部分感兴趣。目标函数在(x_1, x_2)平面上的投影形成一组直线 L。可行解域中目标函数的最大值决定于与直线 L 之一相切的多边形的最高顶点。图 2(a)表示只有一个这种顶点 A 的情况。在图 2(b)中有两个这种顶点——A 和 B;答案如线段 AB 所示,有一个自由度。

再取 $n=10, m=7$,可行解域是一个三维多面体的表面。多面体可以有一个顶点、一条边或一面接触目标函数的最高投影。对应这些可能性,有唯一解、一个自由度或两个自由度三种情况。

线性规划问题的解的计算是用线性代数的方法进行的。有几种算法,从可行解域中变量 $x_1, x_2, \cdots\cdots x_n$ 的任意值出发,经过有限数目的相继步骤,导致了此域中使目标函数最大化的这些变量的值。[1] 算法与我们陈述的几何解释有联系，因为它们的内容是从多面体的较低顶点逐渐移动到较高顶点。如果有很多数目的变量和平衡关系式，则会涉及很大的实际工作量。这是电子计算机极有用的地方。[2] 这些机器的引入和推广，对线性规划实际应用的增加有很大影响。

值得注意的是：当规划是线性的时候，规划问题的对偶性有特别简单和对称的性质，服从线性约束(16)的线性函数(15)最大化问题等价于以下线性函数在服从线性条件

$$\sum_{r=1}^{m} b_{ri}\lambda_r \geqslant a_i \qquad (i=1,2,\cdots\cdots n) \tag{17}$$

的情况下的最小化问题：

$$v=\sum_{r=1}^{m} c_r\lambda_r。\tag{18}$$

同样的常数 $a_1, b_{ri}, c_r (i=1,2,\cdots\cdots n; r=1,2\cdots\cdots m)$ 出现在两个问题中。但是变量的数目从 n 变到 m，而约束的数目从 m 变到 n。同时，一个形式中的函数系数在第二个形式的约束条件下表现为常数，并且这些约束条件成为不等式。[3]

证明很简单，将方程(16)的左边代替(18)式中的 c_r，我们就得

---

① 下列作品中提出了这种算法：G.B.丹齐格："服从线性不等式的线性函数的最大化"，收入《生产和分配的活动分析》，纽约，1951 年版；R.弗里希：《线性规划原理》，奥斯陆，1954 年版，和《线性规划的多形方法》，奥斯陆，1958 年版；R.多夫曼、P.A.萨缪尔森和 R.M.索洛：《线性规划和经济分析》，纽约，1958 年版。在讨论线性规划的大多数教科书中都曾介绍过这种算法。

② 例如见 J.莱斯奥特："线性规划和电子计算机"，载《运筹学评论》第 1 卷，第 4 期，巴黎，1957 年版。

③ 因为 $m<n$，所以它们必然是不等式，否则方程数目会超过未知数数目。

到

$$v=\sum_{r=1}^{m}\lambda_r\sum_{i=1}^{n}b_{ri}x_i=\sum_{i=1}^{n}x_i\sum_{r=1}^{m}b_{ri}\lambda_t。$$

鉴于(17),我们有

$$v\geqslant\sum_{i=1}^{n}a_ix_i,$$

即

$$v\geqslant z。\tag{19}$$

这对满足方程(16)的一切 x_r 值成立,并对满足不等式(17)的一切 λ_r 值成立,因此可以推知

$$v_{min}\geqslant z_{max}\tag{19a}$$

也成立。不过函数 v 有一个值,并且函数 z 也有一个值,我们称之为 v_0 和 z_0,使 $v_0=z_0$。当 λ_r 满足 m 个作为方程的不等式(17),

并且

$$x_{m+1}=x_{m+2}=\cdots\cdots=x_n=0$$

时会发生这个情况。这时

$$v_0=\sum_{i=1}^{m}x_i\sum_{r=1}^{m}b_{ri}\lambda_r=\sum_{i=1}^{m}a_ix_i=z_0。$$

然而,鉴于不等式(19a),只有当 $v_0=v_{min}$ 和 $z=z_{max}$ 时,这才是可能的,因为不然的话,只要降低 v 值或提高 z 值,证明这个不等式非真将是可能的。所以我们得到

$$v_{min}=z_{max}。\tag{19b}$$

v 的最小化因而说明 z 的最大化,反之亦然。把方程(17)的左边代替(15)中的 a_i,并且考虑到(16),有可能得到同样的结果(19)。线性规划的两个形式因而是等价的。

从这个证明可知，当(19b)被满足时，不多于 m 个 $x_1, x_2, \cdots\cdots x_n$ 值可以不等于 0。因此，由于边界条件，它们有正值。不过，根据方程(16)明显地看出至少 m 个 $x_1, x_2, \cdots\cdots x_n$ 值必须不等于 0(并且由于边界条件，它们有正值)。因为不然的话，方程会多于未知数，并且方程不可能是独立的。结果我们发现：在线性规划中，最优规划正好包括 m 种资料的正值支出。所用资料的数目正好等于第一个问题中平衡关系式的数目。

因此，赋予各个平衡关系式的权数 $\lambda_1, \lambda_2, \cdots\cdots \lambda_m$，可以归因于最优规划中所用的各种资料。可以认为它们是由于在平衡关系式所加的约束而产生的对于这些资料的重要性的评价。第二种形式因而使得以线性函数(18)为表达式的所用资料的联合重要性最小化。① 换句话说，我们可以说这种形式在于对各种资料选择这样的评价，以使平衡约束的阻碍性最小化。

所以线性规划问题可用以下两种等价的形式来陈述。一种形式是直接确定资料的最优支出 $x_1, x_2, \cdots\cdots x_n$；另一种形式是确定各种资料的评价 $\lambda_1, \lambda_2, \cdots\cdots \lambda_m$，使平衡限制的重要性得到最小化。在线性规划中有两个分开的问题——确定资料的最优支出问题和确定各种资料的最优评价问题。这两个问题的分离是线性规

① 线性式(18)以下列方式与支出函数联系。在线性规划中支出函数的形式为

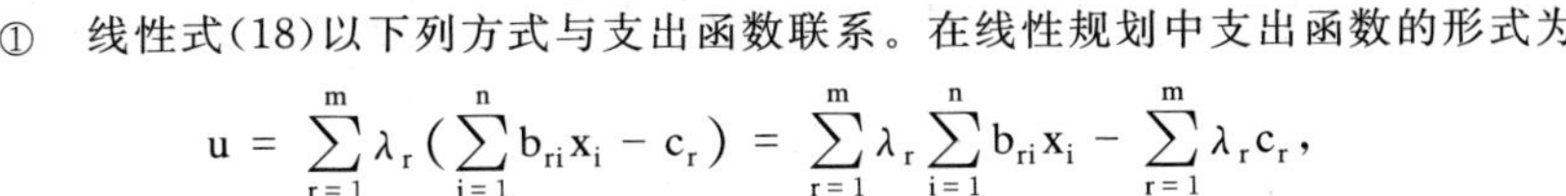

$$u = \sum_{r=1}^{m} \lambda_r \left(\sum_{i=1}^{n} b_{ri} x_i - c_r \right) = \sum_{r=1}^{m} \lambda_r \sum_{i=1}^{n} b_{ri} x_i - \sum_{r=1}^{m} \lambda_r c_r,$$

线性式(18)是此式右边的减项。这是对于支出函数中出现的平衡约束的联合重要性的评价。

划的一个特性。

最后,应当提一下,在线性规划中始终假设实现目标的程度是可以测量的。这一点来自目标函数是线性函数的假设。只有目标函数的线性变换才可以保持它的线性。因此,目标函数的唯一可能变换是计量单位的改变和零点的改变。照此方式,线性规划的应用仅限于实现目标的程度可以测量的情况。

4.一个目标函数的存在问题。可以看出,边际计算并不常常用于求解规划问题。在这类情况中,必须使用使目标函数最大化的其他方法,例如线性规划。还有一些情况,虽则形式上能用边际计算,但它并不导致目标函数的最大化,因为这样一个函数并不存在。边际计算的这种纯形式的应用,没有目标函数的相应最大化。我们将它称为边际准计算。在这里使用边际计算的符号,但是它们没有目标性内容。

必要条件(12)左边出现的符号

$$\frac{\partial f}{\partial x_i} \quad (i=1,2,\cdots\cdots n)$$

可以解释为普法夫微分方程

$$\sum_{i=1}^{n} f_i(x_1,x_2,\cdots\cdots x_n)dx_i = 0 \tag{20}$$

的系数,其解是目标函数 $f(x_1,x_2\cdots\cdots x_n)$。所以系数 $f_i(i=1,2,\cdots\cdots n)$是目标函数的偏微商,即边际增量,因而我们可以写作

$$f_i = \frac{\partial f}{\partial x_i}。$$

不过我们知道,普法夫方程并不总有表现为所有变量 x_1,

$x_2,\cdots\cdots x_n$ 的一个函数形式的解。这一点取决于矩阵

$$\begin{vmatrix} f_1 & f_2 & \cdots\cdots f_n \\ h_{11} & h_{12} & \cdots\cdots h_{1n} \\ h_{21} & h_{22} & \cdots\cdots h_{2n} \\ \cdots\cdots & & \\ h_{n1} & h_{n2} & \cdots\cdots h_{nn} \end{vmatrix} \tag{21}$$

的秩,其中

$$h_{ij}=\frac{\partial f_i}{\partial x_j}-\frac{\partial f_j}{\partial x_i}\quad(i,j=1,2,\cdots\cdots n)。\tag{22}$$

当且仅当矩阵的秩不大于 2 时,存在这样一个解。如矩阵的秩较大,则方程被几个独立函数的集合满足,其中每个函数只决定于 $x_1,x_2\cdots\cdots x_n$ 变量中的某几个。[①] 这些独立函数的数目至少和矩阵(21)的秩一样大。[②]

为了验证是否存在一个目标函数,我们取由方程(12)决定的边际增量

$$\frac{\partial f}{\partial x_i}\quad(i=1,2,\cdots\cdots n),$$

并且写成

① 为了看清这个结果,让我们以 n = 3 为例。如果矩阵(21)的秩不超过 2,则普法夫方程的解是三个变量的函数 $z=f(x_1,x_2,x_3)$。它在(x_1,x_2,x_3)空间上的投影是方程 $f(x_1,x_2,x_3)=$常数决定的一族面。而如果矩阵(21)的秩是 3,则普法夫方程的解是两个变量的函数,其投影决定于方程 $f(x_1,x_2,x_3)=$常数(其中变量 x_1,x_2,x_3 的编号是任意的)。这些投影形成位于空间(x_1,x_2,x_3)中任何面上的一族线。当 n = 4 并且矩阵(22)的秩大于 2 时,满足普法夫方程的函数可能代表空间(x_1,x_2,x_3,x_4)中三维体上的线或面——视矩阵的秩而定。它们因而是 x_1,x_2,x_3,x_4 中两个或三个变量的函数。

② 如果矩阵的秩是偶数,则独立函数比秩少一个。

$$f_i = \frac{\partial f}{\partial x_i} \quad (i = 1, 2, \cdots\cdots n) \tag{23}$$

和

$$h_{ij} = \frac{\partial^2 f}{\partial x_i \partial x_j} - \frac{\partial^2 f}{\partial x_j \partial x_i} \quad (i, j = 1, 2, \cdots\cdots n)。 \tag{24}$$

将这些式子纳入矩阵(21)并注意矩阵的秩。如果矩阵的秩使得微分方程(20)没有表现为所有变量 $x_1, x_2, \cdots\cdots x_n$ 的函数形式的解,则不存在目标函数。在此情况下,只存在各个局部函数,其中每一个只包括 $x_1, x_2, \cdots\cdots x_n$ 中的有些变量。这类函数可称为局部效应函数。这些局部效应是不协调的,而且不从属于一个共同目标。换句话说,没有用一个共同目标把各种手段组织起来。在此情况下,符号

$$\frac{\partial f}{\partial x_i} \quad (i = 1, 2, \cdots\cdots n)$$

只表示这些未协调的局部效应的边际增量,而不是一切手段要从属的一个共同目标的边际增量。这时方程(12)不是任何东西的最大化的标准。它们也不是支出函数最小化的标准,因为由于目标函数不存在,目标函数有一确定常数值的条件没有意义。这是我们称为边际准计算的情况。

在政治经济学中,追随主观主义学派并且把边际计算作为"效用最大化"的工具的那些人,会运用边际准计算。这一点将在下一章讨论。

第六章　政治经济学中的主观主义学派和历史学派

政治经济学中的马克思主义和其他学派。它们与古典政治经济学的关系

以上所说的政治经济学的概念是从卡尔·马克思来的。[①] 它规定了题目和研究方法。这个方法应用于客观实际时，就产生了确定的经济理论。

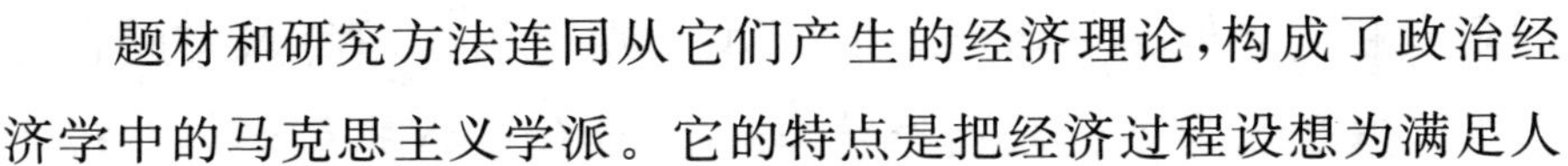

题材和研究方法连同从它们产生的经济理论，构成了政治经济学中的马克思主义学派。它的特点是把经济过程设想为满足人

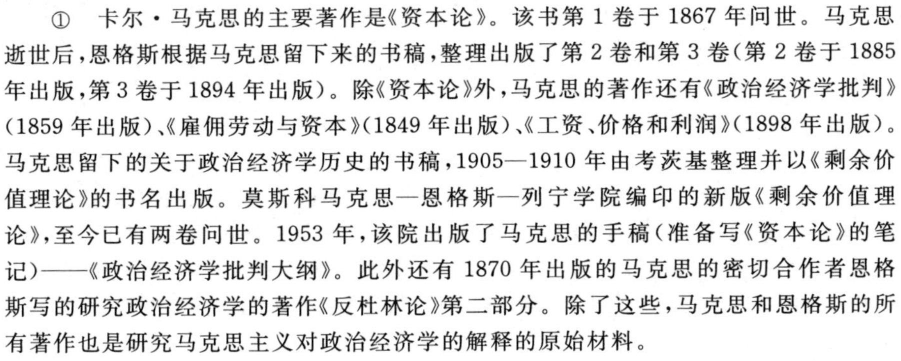

① 卡尔·马克思的主要著作是《资本论》。该书第 1 卷于 1867 年问世。马克思逝世后，恩格斯根据马克思留下来的书稿，整理出版了第 2 卷和第 3 卷（第 2 卷于 1885 年出版，第 3 卷于 1894 年出版）。除《资本论》外，马克思的著作还有《政治经济学批判》（1859 年出版）、《雇佣劳动与资本》（1849 年出版）、《工资、价格和利润》（1898 年出版）。马克思留下的关于政治经济学历史的书稿，1905—1910 年由考茨基整理并以《剩余价值理论》的书名出版。莫斯科马克思—恩格斯—列宁学院编印的新版《剩余价值理论》，至今已有两卷问世。1953 年，该院出版了马克思的手稿（准备写《资本论》的笔记）——《政治经济学批判大纲》。此外还有 1870 年出版的马克思的密切合作者恩格斯写的研究政治经济学的著作《反杜林论》第二部分。除了这些，马克思和恩格斯的所有著作也是研究马克思主义对政治经济学的解释的原始材料。

类需要的物质手段的生产和分配的社会过程。

它研究在此过程中出现的人与人之间的经济关系(生产关系和分配关系),以及这些关系之间的联系和在社会劳动过程中发生的促进人类社会生产力发展的人与自然的相互作用。在此基础上,马克思主义理论证明了经济规律。这些规律虽然来自自觉的和有目的的人类活动,然而是客观上必然的、不以人的意志和意识为转移的规律。因为人是在具体社会条件下行动的,而且他们发展的生产力有具体的性质。政治经济学中的马克思主义学派进一步认为:现在有可能改造经济关系,使经济规律的作用不再是一个自发过程,而是使它愈来愈有效地服务于人类自觉地为自己规定的目标。

在现代政治经济学中,马克思主义学派不是唯一的,并存的有其他研究方法。这些方法可以分为两大学派及其他的变种:主观主义学派和历史学派。这两者都有某种成分与马克思主义的观点相同。但是两者与马克思主义观点的共同特点之间存在差别。这是因为现代政治经济学中的所有思路都是来自对待古典政治经济学的不同态度。后者是在18世纪末和19世纪初发展起来的。除重农学派外,它是构成政治经济学的第一个科学体系。[①]

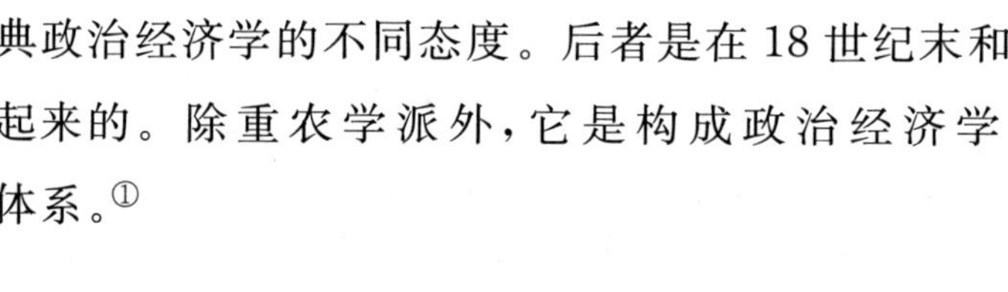

① 现在常见的“古典政治经济学”一词是马克思引入的。它包括古典政治经济学的先驱者英国的威廉·配第(1623—1687)、法国的皮埃尔·波格伯特(1648—1714),以及它的主要代表人物英国的亚当·斯密(1723—1790)和大卫·李嘉图(1772—1823)、法国和瑞士的西蒙·西斯蒙第(1773—1842)等。见卡尔·马克思:《〈政治经济学批判〉导言》。

马克思主义政治经济学以古典政治经济学为基础，并且容纳了它的最重要成就。同时它对古典政治经济学采取一种批判的态度，着重指出它与社会发展中一个具体历史阶段相联系，而且强调经济范畴和经济规律的历史性质。另一方面，主观主义观点是一种思路发展中的最后环节。这个思路从古典政治经济学继承了某些研究交换过程问题的因素，并且最终把它的研究主题与历史形成的经济关系相分离。历史学派起源于对古典政治经济学的批判。认为它未能适当考虑经济范畴的历史性质。这种批判，最后或则导致否认经济规律的存在，或则导致这样的见解，即经济规律的来源是具体历史时期特有的心理态度，而不是马克思主义理论主张的客观社会关系和生产力的性质。

古典政治经济学是当代一切政治经济学学派的出发点。马克思主义理论继承了古典政治经济学的最重要成就，同时对它们采取了一种批判的态度，并且着重指出了它们的历史条件和局限性，从而对全部政治经济学提出了一种新的解释。而其他两个学派则片面地强调而且歪曲了古典政治经济学的某些因素。或是片面强调它的成就（主观主义学派），或是片面强调对它的批判（历史学派）。马克思主义的理论包含了其他两种解释中的一切正确的论述，也就是主观主义学派肯定的古典政治经济学的真实成就，以及历史学派对古典政治经济学的正确批判。

不过，其他学派的一些正确观点混在整个经济过程的一种歪曲图景中，并且也没有充分反映实际，所以必须对这些学派的理论进行批判性的分析。我们在此并不打算讨论整个政治经济学的发展史，我们这里讨论的仅限于主观主义学派和历史学派如何处理政治经济学的题材和方法。

主观主义学派及其与“庸俗经济学”的联系

主观主义学派间接地发源于古典政治经济学。它是通过古典政治经济学的一些流派的理论而形成的,马克思鄙视地称其为“庸俗经济学”[①]。庸俗经济学把对经济过程的研究与生产关系的分析相分离。而后者正是古典政治经济学,特别是大卫·李嘉图的经济理论的基础。[②] 庸俗经济学认为人与人间的经济关系起源于交换过程而不是社会生产过程。它并不认为经济过程是劳动过程中人与人之间出现的一种社会联系,而以在市场上做买卖的个别

① 这个名词包括古典政治经济学的一些流派,其中有斯密流派,主要代表人物包括法国的J.B.萨伊(1767—1832)、英国的T.R.马尔萨斯(1766—1834)(不过他们对许多事情持不同意见),以及以詹姆斯·穆勒(1773—1836)和J.R.麦克库洛赫(1789—1864)为代表的李嘉图流派。也应提到英国的W.N.西尼尔(1790—1864),以及法国的F.巴斯夏(1801—1850)。J.S.穆勒(1806—1873)虽然被马克思列为庸俗经济学的一个代表,但是他的见解包含较多的古典政治经济学因素。马克思自己也承认这一点。他写道:“为了避免误解,我说明一下:J.S.穆勒之流由于他们的陈旧的经济学教条和他们的现代倾向发生矛盾,固然应当受到谴责,但是,如果把他们和庸俗经济学的一帮辩护士混为一谈,也是很不公平的。”见《资本论》第1卷,第670页注65,人民出版社,1975年版。

② 亚当·斯密关心作为各国财富来源的社会劳动以及分工。李嘉图把政治经济学的题材规定为“地球的产物——联合应用劳动、机器和资本从它的表面得到的一切在社会的三个阶级之间进行分配,即在土地的主人,耕作土地必需的资本或生产资料的主人,以及勤奋耕种土地的劳动者之间进行分配,……确定调节此种分配的规律是政治经济学的主要问题”。见《政治经济学和赋税原理》第1页,伦敦,1911年版。

企业家的观点看待它。[①] 克西威斯基把庸俗经济学描述为这样一种理论，认为其中“除单个的人组成简单的算术和外，不考虑别的……不注意这样的事实：单个生产者只是一个广大而密切的社会分工系统的一分子。其中有些人是修鞋匠，因为其他人是裁缝或农业劳动者。交换，即买卖，只是某一具体时期互相交换劳动的一种特有形式。而在买卖双方之间的关系后面隐藏着不同生产者之间的关系。他们是一个社会分工机体的成员”[②]。

在庸俗经济学中，购买者和销售者对于买卖物品的主观关系开始占了显著地位。这个问题终于变成它的中心问题。它不研究生产过程中出现的客观社会关系，而只注意人对用来满足他们需要的客体的主观态度，直到 1871 年才由卡尔·门格尔和威廉·斯坦利·杰文斯最后系统地形成了政治经济学中的主观主义学派。[③]

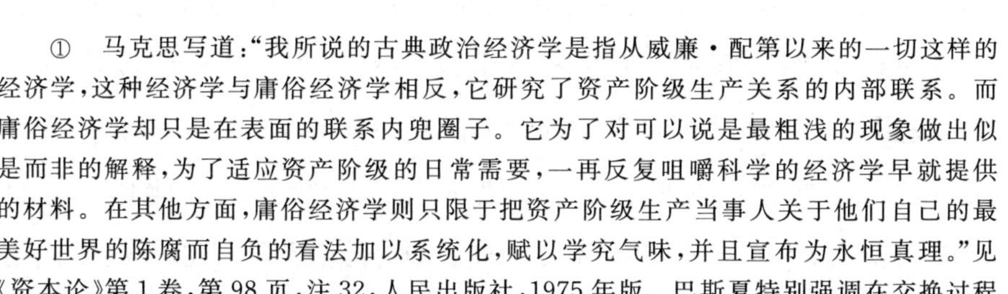

① 马克思写道：“我所说的古典政治经济学是指从威廉·配第以来的一切这样的经济学，这种经济学与庸俗经济学相反，它研究了资产阶级生产关系的内部联系。而庸俗经济学却只是在表面的联系内兜圈子。它为了对可以说是最粗浅的现象做出似是而非的解释，为了适应资产阶级的日常需要，一再反复咀嚼科学的经济学早就提供的材料。在其他方面，庸俗经济学则只限于把资产阶级生产当事人关于他们自己的最美好世界的陈腐而自负的看法加以系统化，赋以学究气味，并且宣布为永恒真理。”见《资本论》第 1 卷，第 98 页，注 32，人民出版社，1975 年版。巴斯夏特别强调在交换过程中发生人与人之间社会联系的基础。见《经济和谐》第 111—114 页，巴黎，1950 年版。

② L. 克西威斯基：《政治经济学》，自学手册（波兰文）。

③ 见卡尔·门格尔的《国民经济学原理》、W. S. 杰文斯的《政治经济学理论》、里昂·瓦尔拉的《纯粹政治经济学原理》（1874 年版）和阿尔弗雷德·马歇尔的《经济学原理》（1890 年版）。他们创设的新古典学派，虽然常常被认为属于主观主义学派，但他们并不真正代表它。瓦尔拉和马歇尔首先对市场上的交换过程感兴趣。而人对物品的主观关系问题则只被他们作为市场过程中的因素之一来对待。他们对庸俗经济学的老传统比对主观主义学派更加接近。在马歇尔的著作中，与物品的主观关系起的作用大于在瓦尔拉的著作中所体现的；后者将基本作用归结于生产的技术条件。瓦尔拉分析生产、再生产和积累关系的方法，这使他更接近古典政治经济学。

按照主观主义的观点,政治经济学的内容应该是在经济原理的基础上分析人和商品的关系

主观主义理论借重的古典经济学因素是经济原理。在古典政治经济学中,有一个多少是清楚的假设,即营利活动被引向货币收入最大化。特别是在生产过程中,利润最大化是主要激励。这个假设的原始形式是认为在营利活动中,人们受自身利益的指导,也就是说,他们争取可能得到最大数量的财富。正如亚当·斯密所写,“我们预期能进餐,不是由于屠夫、酿酒师或烤面包师的慷慨,而是由于他们关心自己的利益。我们不求助于他们的人道,而求助于他们的自爱,而且永久不要对他们谈我们自己的需要,而只谈他们的利益”[①]。同样,李嘉图也提到“自我利益引导贸易中的一切考虑”[②]这个假设可以简单地归纳为一句话:“在商品生产和商品—货币交换的系统中,有一种使货币收入最大化的倾向。它此时被当作支配人类一切经济活动的一个普遍原则。”这一点引出经济人的概念,其行为严格遵循他的“经济利益”最大化原则。

货币收入最大化原则扩大为所有各种定义松散的“经济利益”最大化,最后在功利主义心理学中得到精确的表述。按照这种学说,人类的一切行为受争取欢乐而避免痛苦的愿望的支配。人们

① 亚当·斯密:《国富论》第1卷,第13页,伦敦,1910年版。

② 《金块的高价》附录,《大卫·李嘉图著作和通信集》,第3卷第102页,剑桥,1951年版。

争取在一定条件下可能达到的最大欢乐和最小痛苦。在主张庸俗经济学的那些人中，有许多是这个理论的信徒。[①] 这个理论最后体现在杰文斯的主观主义概念中。按照他的说法：一切经济行为的内容是使占有商品产生的欢乐超过取得它们的努力所带来的痛苦的剩余最大化。或者经济是“一种关于欢乐和痛苦的计算”。“欢乐和痛苦无疑是经济学计算的最终对象。用最少的努力最大限度地满足我们的需要(得到最大量的所要的东西，而以最少量的不要的东西为代价)，换句话说，使欢乐最大化，是经济学的问题。”[②]这样一来，杰文斯就把重点转移到分析人与满足他的需要的物品的关系上。这里，经济学就变成对于目标在于占有商品的欢乐最大化的经济原理所支配的行为的研究。

关于遵循经济原理的行为的另一种解释，与功利主义心理学无关，与古典政治经济学的传统则比较接近，如其中假设人们争取货币收入最大化。按照 W.N.西尼尔的说法，“每个人都希望用尽可能少的牺牲得到额外的财富”[③]。一种心理量是欢乐的最大化，被财富最大化所代替。这在货币经济中与货币收入最大化相同。

① 这个理论的创始人是 J.边沁(1748—1832)。詹姆斯·穆勒和 J.S.穆勒是他的学生。李嘉图也受了边沁的影响，但边沁说“我是穆勒的精神之父，而穆勒是李嘉图的精神之父。所以李嘉图是我的精神孙儿”，未免吹嘘过甚。见 D.罗森堡：《政治经济学史》第 156—157 页；Z.J.魏罗森斯基：“当代资产阶级经济学的起源”，《经济学人》第 6 期，华沙，1958 年版，以及《大卫·李嘉图》第 6 篇，华沙，1959 年版。

② W.S.杰文斯：《政治经济学理论》第 37 页，伦敦，1888 年版。在序言第 6 页，杰文斯写道：“在此书中，我尝试把经济学作为一种‘关于欢乐和痛苦的计算’来对待。”应当指出，引文中杰文斯写的经济原理是错误的，正像我们在第五章中曾阐述的那样。

③ 西尼尔似乎是利用公理化演绎法系统表达经济理论的人。这里的引语是这个系统的第一个公理。见约瑟夫·A.熊彼特：《经济分析史》，第 576 页，纽约，1954 年版。

J.S.穆勒走得更远,他把财富最大化不作为一个事实,而作为人类活动的一个方面来对待。人的活动有各种目标,而财富是其中之一。按穆勒的说法,政治经济学只研究人类活动的一个方面,而把其他方面留给其他社会科学去研究。他写道:“政治经济学认为人类全力从事于取得和消费财富。并且目的在于说明如果那个动力……是他们一切行动的绝对统治者,则在某一社会状态中生活的人类可能被驱向的那个行动途径是什么。”[①]政治经济学研究的对象因而是按照经济原理以获得财富为目标的行为。不过,这种行为被认为只是多种可能行为之一。

主观主义理论所提出的效用概念

这两种解释得出同样的结果。按照主观主义理论,政治经济学不再是对生产和分配过程中发生的社会关系的研究,即对人与人之间经济关系的研究,像古典政治经济学那样;它甚至不再是对于市场交换的研究,像庸俗经济学那样。取而代之的是,政治经济学变成对于人与满足他的需要的商品以及人与其占有因而产生欢乐或构成财富的商品的关系的研究。在这个问题上,假设人对商品的行为受经济原理支配:他会使通常称为“效用”的东西最大化。依靠应用边际计算使效用最大化。边际计算在这里是以边际效用计算的形式出现的。因此,主观主义学派被称为“边际

① J.S.穆勒:《关于政治经济学的一些未定问题的文集》第133页,伦敦,1864年版。

主义学派”。[①]

主观主义观念出现的形式有些变化，视效用概念的解释和应用这个概念的领域而定。乐利主义者从功利主义心理学角度出发，把效用当作“欢乐”、“满足”、“福利”等看待，这原先是在主观主义学派中出现的一种解释。我们在杰文斯、门格尔、庞巴维克和马歇尔的著作中见到过它们。[②] 后来出现了另一种解释。这个解释设想效用为实现经济活动目标的程度，而与目标的性质无关。它是不是一个心理学意义上的欢乐问题，或者货币收入问题，或者政治力量问题，或者一种具体的道德社会目标（例如一种保健服务），都是无关宏旨的。效用的合理行为学解释是完全与目标性质问题分开的某种东西，并且它局限于这样一句话，即经济活动有一定目的，它可以被理解为能有不同实现程度的一个数量。最近在这种

① 边际计算的因素很早就出现在李嘉图和马克思的著作中，例如，在差异地租的分析上。不过只有随着主观主义学派的出现，边际计算才变成政治经济学的一个基本方法论的工具。我们知道，边际计算简单地说是把著名的微分原理应用于确定数学函数的最大值和最小值。像杰文斯和瓦尔拉之流的主观主义学派的一些创始人很清楚这一点。另一方面，奥地利学派的代表人，如卡尔·门格尔（1840—1921）、菲德烈·维塞尔（1851—1926）和尤金·庞巴维克（1851—1914）不熟悉高等数学，由于引入和应用了边际计算，他们重新发现了微分法（在牛顿和莱布尼兹之后二百年）。J.A.熊彼特提到了这一点（《经济分析中》第18、956页）。“边际主义学派”对政治经济学的主观主义解释的描述是不准确的，因为它把这种学说的方法而不是内容作为它的判别标准。“边际效用理论”是一个较好的名词，虽则我们将看到，它并不包括主观主义学派的一些现代变种。

② 杰文斯给一件物品的效用下的定义是占有它可能实现的欢乐。见《政治经济学理论》第38、45页。而门格尔的《国民经济学原理》第81页（维也纳，1871年版）和庞巴维克的“经济物品理论要点”（《国民经济和统计年鉴》，第999页1886年版）则给效用下的定义为一个物品对福利的重要性。马歇尔在他的《经济学原理》第331、470—476页中谈到了“满足的最大化”。

解释中,不用“效用”一词,而愈来愈多地用“偏好”来代替。[①]

在主观主义学派内部,对应效用概念的范围也有某些分歧。“奥地利学派”或“心理学派”(门格尔、维塞尔、庞巴维克)认为:一切经济活动都是为了效用的最大化。边际效用的计算被用于营利活动和家务活动两方面。这是真正名副其实的边际效用学派。“洛桑学派”(瓦尔拉和帕累托)连同马歇尔和从他衍生出的所谓新古典学派,把效用概念和边际效用计算的应用局限于家务活动。而营利活动被认为是货币收入的最大化并且在这里不引入效用的概念(虽则马歇尔设法把生产成本与解释为“反效用”的一种主观牺牲联系起来)。在更加现代的合理行为学观念中,这个区别消失了。因为偏好的最大化既包括营利活动中货币收入的最大化(包括企业利润最大化),也包括家务活动中效用(不论如何解释)的最大化。营利活动和家务活动同样都服从靠应用边际计算实现偏好最大化的原理。

① 走向效用的合理行为学解释的第一步是V.帕累托(1848—1923)迈出的,他引入指数函数作为最大化的目标。然而,另一方面,他给效用的定义为:占有一件物品产生的欢乐(《政治经济学教程》第159、171及249页,巴黎,1927年第10版)。维塞尔也趋向于一种合理行为学的解释,他否定功利主义的心理学,并给效用下定义为:用来满足形成经济活动目标需要的物品的性质。见“社会经济理论”,载《社会经济学大纲》第1篇,第141及156页,杜平根,1924年第2版。R.G.D.阿伦和J.R.希克斯做了一个纯粹合理行为学的解释——“价值论的重新考虑”,见《经济学》,伦敦,1954年版。在J.R.希克斯的《需求理论的修订》(牛津,1956年版)中包含了一种自治的合理行为学的理论形式。马克斯·韦伯早在1908年就给边际效用理论做了一个合理行为学的解释。他说:这个理论不应用欢乐经验心理学范畴,而应用目标和手段的“实用的”范畴来写。所谓“实用的”范畴,韦伯是指我们所说的合理行为学范畴(见上面第五章),参见马克斯·韦伯:“边际效用学说与心理学基本规律”,载《科学文集》第372页。

主观主义学派把政治经济学变为合理行为学的一个分支的倾向

这个概念和政治经济学变为合理行为学的一个分支之间只隔着一步。这一步是把经济科学与任何确定的研究对象分离。只要经济科学被设想为研究人与满足他需要的物品的关系，而且这些需要被作为正常经济活动的目标对待，它就有一个确定的研究领域。[①] 与这个领域分离，它被改成一个研究使任何数量最大化的合理行为的形式科学。J.S.穆勒说明了这个方式。他说，政治经济学不研究人类活动的某一具体领域而研究它的某一方面。于是，所需要的一切是断言政治经济学研究一切合理的人类活动的某一方面，即遵循经济原理的行为，而不论这可能是哪种活动。在主观主义经济学家中，政治经济学主题的这种观念变为普遍被认为的方法论上最先进的解释。

这个理论的最清楚和最一致的阐述是莱昂内尔·罗宾斯提出的“经济学是把人类行为作为各种目的和有其他用途的稀缺手段之间的关系来研究的科学”[②]。按照这个定义，经济科学不研究人类活动的某一具体领域，而研究这种活动的某些方面。罗宾斯对

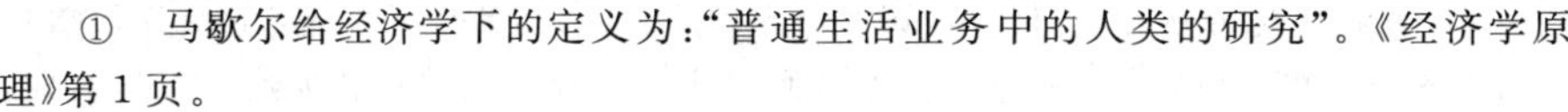

① 马歇尔给经济学下的定义为：“普通生活业务中的人类的研究”。《经济学原理》第1页。

② L.罗宾斯：《论经济科学的性质和意义》第16页，伦敦，1946年版。再早一些，奥地利学派的伟大代表人物中的最后一位汉斯·梅耶对政治经济学的题材下了同样的定义（“经济价值计算的基本规律之研究”，见《国民经济和社会政治杂志》新系列第2卷，维也纳，1922年版）。

这一点讲得很清楚:“我们采用的观点可以描述为分析性的,它并不设法挑选某些种类的行为,而集中注意行为的某一方面。所以,由此可知,任何人类行为只要表现出这个方面,它就在经济概括的范围之内。我们不说生产马铃薯是经济活动而生产哲学则不是。我们宁愿说,由于两种活动的任何一种都涉及舍弃其他人们需要的选择,因此都有它的经济方面。除此之外,经济科学的题材没有限制。”①

按这个方式理解的经济科学是对经济原理支配行为的一般研究。这门科学应用于适用经济原理的人类行为的一切领域。按照罗宾斯的观点,人类活动的经济方面是这样的事实:由于现有有限数量的手段能以不同方式应用,必须选择用这些稀缺手段来实现的目标。然而,这种选择假设有一个多层次的目标结构,某些目标比其他目标更为重要。没有这种多层次结构,对目标不可能做合理选择;而存在多层次目标结构的事实,则预先假定了各个具体目标是实现一个主要目标的手段。② 在此情况下,按照其相对重要性选择目标等于主要目标的最大化,即按照经济原理进行。经济科学因而是使用稀缺手段保证最大程度实现人类选择活动目标的科学。

① L.罗宾斯:《论经济科学的性质和意义》第17页,伦敦,1946年版。

② 汉斯·梅耶在《经济价值计算的基本规律之研究》第5页注意到这种多层次目标结构的必要性。马克斯·韦伯也把经济问题作为目标之间的选择问题。在这方面,他区分了技术和经济活动。技术是为了实现一定目标的选择手段,而经济活动是选择要实现的目标。然而,韦伯忘记了选择目标要求建立一个目标多层次结构。但在目标多层次结构中,各个目标是实现一个主要目标的手段。因此,技术和经济活动之间的区别是没有意义的。见《经济和社会》第32—35页。

这样，政治经济学最终被改变为合理行为学的一个分支，成为一门规划科学。L.米塞斯写道："从古典学派的政治经济学中出现了人类行动的一般理论，……经济问题本身的处理不能不从选择行动开始。经济学变成一门更普遍的科学，成为合理行为学的一部分，虽则至今是阐述最详细的部分。"[①]政治经济学由于性质如此变化的结果，不再是研究实际现象的一门经验科学，而成为一种形式的"选择逻辑"。其中真理的唯一标准是定理与所采用的公理相一致。在应用于人类实际活动时，由于活动受经济原理支配，这种"选择逻辑"在经验上是真的。政治经济学的这类定理不要求经验验证。需要说明的一切是，某一程序是否受经济原理的支配。有些主观主义经济学家像米塞斯甚至走得更远，他说从合理行为学理解的经济科学是关于人类实际活动规律的先验知识。[②]

主观主义经济理论与社会关系问题的分离

所以，主观主义学派理解的经济科学是与古典政治经济学或者它的批判的继续——马克思主义政治经济学甚少有共同之处的

---

① L.米塞斯：《人类行动。经济学通论》第3页，纽黑文，1949年版。

② 米塞斯写道："用正确的合理行为学推理得到的定理不仅是完全确定的和无可争议的，像正确的数学定理那样。而且用它们的清楚证明了确定性和无可争议性的充分严格性，解释了在生活和历史中出现的行动实际。合理行为学包含关于真实事物的精确知识。"见《人类行动》第39页。罗宾斯没有走得这样远，他认为在一个具体事例中，可否应用经济假设需要经验验证。关于经济定理，他写道："如果它的原始假设和事实是符合的，它的结论是必然的和逃避不了的。"见《论经济科学的性质和意义》第122页。并见费立克斯·考夫曼：《社会科学方法论》第225—228页，伦敦，1944年版。

一门学问。人与人之间经济关系的研究被人与物之间关系的研究所代替。人类活动的某一领域的研究被很简单的合理行为学的一个分支的东西所代替,被人类行为的某一种方式的研究所代替。由于集中在人与物的关系上,主观主义经济科学与社会关系问题失去接触,用这种方式设想的经济理论不再是一门社会科学。由于集中在人类行为的一种方式之上而不是研究一个确定的人类活动领域,主观主义经济科学与实际经济过程的问题切断了联系。它不再是依靠与实际对照来验证的一门经验科学。在客观实际中起作用的经济规律的研究,在这里被合理行为学行为原理所代替。老名词"政治经济学"或"社会经济学"被主观主义经济学家们广泛应用的新名词"经济学"所代替,说明了政治经济学性质的这个变化。

由于政治经济学变成一门研究人与物的关系的科学,我们已经看到它不再是一门社会科学。一切定理,不论是边际效用理论还是较近的合理行为学"选择逻辑"的定理,都能用于游离在一切社会联系之外而生活的一个孤立的人。因为这些定理完全阐述人与物的关系,而脱离了人的社会关系。如此,可用鲁滨逊·克鲁索的例子来说明那些定理。这个例子在主观主义经济学家中很受欢迎。门格尔在他的阐述中谈到"原始森林中的一个居民""一个岛上的居民""一个无人岛上的一个人""一个孤独工作的农夫"等等。[①] 庞巴维克一开始就说:"一个人坐在一个饮水泉旁边。"并且接下来又举出一些例子,如"沙漠中的一个旅行者""脱离世界的一

① K.门格尔:《国民经济学原理》第82、第85、第92及第96页。

个农人”“小屋位于一座原始森林中的一个殖民者”等等。[①]

维塞尔从简单经济理论开始了他的阐述。在简单经济中，人物关系孤立地出现而不受社会关系干扰。这种简单经济可以理解为一个孤立的个人经济，或是在与自然的关系上整个社会的经济(维塞尔喜欢用一个共产主义社会的例子)，而排除人与人之间的关系问题。他写道：“简单经济理论从经济是一个人的经济的理想化假设开始……因为整个人类作为一个统一体考虑是与自然界对抗的，所以利益和集团的对抗以及援引经济立法都被排除在外，正如鲁滨逊·克鲁索经济的例子中的情况。”[②]罗宾斯最后转到现代文献，他断言，为了解释经济生活，必须“求助于选择规律的作用。考虑一个孤立的个人的行为能更好地显示这些规律”[③]。

主观主义学派和经济规律

上述情况从经济科学中消除了社会关系，并且有可能靠援引鲁滨逊·克鲁索来解释它的一切论断，这暗示了经济规律是普遍的。它们在它们的历史范围内不受限制，正如马克思主义解释的那样，在发生经济活动的地方始终相同，到处相同。罗宾斯清楚地说明了这一点：“价值论的概括适用于孤立的人们的行为或者一个共产主义社会的执政当局，也适用于一个交换经济中人们的行

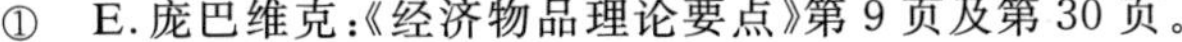

① E. 庞巴维克：《经济物品理论要点》第 9 页及第 30 页。

② F. 维塞尔：《社会经济学理论》第 37 页。

③ L. 罗宾斯：《论经济科学的性质和意义》第 20 页。

为。”[①]按照这种见解,经济规律是经济活动的普遍规律。历史形成的社会关系可能影响这些规律表现它们自己的具体形式,但不能改变它们的性质。因为这些经济规律来自人对事物的不变态度而不是来自随时间而不断改变的社会关系。罗宾斯这样谈经济规律:“它们以经验为基础,它们联系实际,这是对的。但是,它是如此普遍的经验,以致它们的地位与比较适当地称为历史相对的假设属于完全不同的类别……所谓经济学规律只限于一定时间和空间条件,它们纯粹是历史性的。”[②]

在肯定经济规律(以及政治经济学的规律)的普遍性方面,主观主义学派明显地符合古典政治经济学派对经济规律的态度。古典政治经济学认为经济规律是“永恒”的,而且不能理解它们的历史性和它们的有限历史范围,正如它不能理解经济范畴也是历史性的一样。马克思是认定这种历史性的第一个人,并且以此为根据,提出了对古典政治经济学的批判。但是这种一致只是表面的。古典政治经济学认为经济规律是自然规律,因为它认为这些规律所表达的商品生产和资本主义生产的社会关系也是永恒的和自然的。[③] 根据古典政治经济学的观点,经济规律研究客观实际,和自然规律一样。而按照主观主义学派的说法,政治经济学的规律是合理行为学的行为原理,它们指出哪种方法保证了效用或偏好的最大化。

① L.罗宾斯:《论经济科学的性质和意义》第 20 页。

② 同上书,第 77、第 80 及第 81 页。

③ 资本主义以前的社会关系或者被认为是人类不成熟的表现,或者被很简单地忽视。

经济规律变换为合理行为学的行为原理

主观主义学派的早期代表人物假设人们确实按照经济原理行事，因而他们认为以边际效用理论为依据的合理行为学的行为原理可应用于实际经济活动，而且它们反映在实际中出现的规律性中。这样，可以认为合理行为学的行为原理是实际经济规律。不过，当经济科学开始被认为不是研究人类活动的某一领域，而是研究它的某一方面的科学时——当它变为用于受经济原理支配的行为的合理选择逻辑时，这个观点必须修改。这一门科学的“规律”并不研究客观过程，因为它们不是用经验方法建立的，并且不能靠经验验证。这类“规律”是用于使活动目标量最大化的推断原理。所以，它们在性质上类似数学和逻辑定理，事实上它们是这些定理的一种应用。我们已经看到，在有些情况下，合理行为学的行为原理可以用作推导真正经济规律的前提（即人类行为规律和人类活动相互作用的规律），但是它们本身还不是经济规律。①

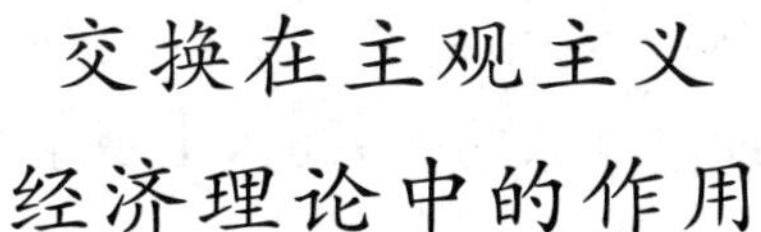

交换在主观主义经济理论中的作用

然而，把政治经济学当作人与物关系的学问，而不考虑社会关

① 见第五章。T.W.赫其逊很清楚地说明了所谓合理选择的逻辑定理不是经济规律。见《经济理论的意义和基本公设》第58—72页。

系是不够的。主观主义经济理论不能停留在鲁滨逊·克鲁索的认识上,而拒绝把它的知识用于社会生活中人们的经济活动上。在遇到真实的经济过程时,主观主义经济理论必须面对社会关系并把它们考虑进去。当研究交换问题的时候,考虑了人的关系。因此,主观主义经济学包括两部分:第一部分形成基础并且研究一个孤立个人的经济活动(这可能是一个集体的"个人")。在这里,形成了研究经济原理支配的行为中人与物关系的基本定理。在第二部分中,第一部分的结果被用来解释人与人之间的商品交换。

这样,两层结构在主观主义经济理论中具有了代表性。这在维塞尔的著作中表现得很清楚——他把经济科学分为简单经济理论和社会经济理论。他所看到的两者之间的关系是:"在阐述一个人如何按照简单经济理论计算和管理他的事情以后,我们再阐述在财产私有的地方,许多人如何面对交换——争取他们自己的经济利益——确定价格,并在这些价格的基础上创造国民经济。[①]瓦尔拉、帕累托和其他人以相似的方式设计他们的体系。他们首先考虑一个人的经济活动,使效用或偏好最大化。然后考虑彼此面对面交换的个人活动,这多多少少是按照主观主义观点提出的经济理论体系的标准方法。[②]

在从交换现象推演到人的关系时,主观主义学派表现出它与庸俗经济学的血缘关系。后者认为社会关系起源于交换过程,而

① F.维塞尔:《社会经济理论》第137页。

② 与英国庸俗经济学传统密切联系的马歇尔和他的学派(新古典学派)并不如此,他们从考虑市场过程开始,只在后来才讨论个人的行为,并在此行为中寻求市场过程规律性的解释。

不像古典政治经济学和以后的马克思那样认为起源于生产。然而主观主义学派对于交换中出现的人的关系有一种特殊的观点，认为它们不再是社会关系。完全独立地从事经济活动的每个人通过商品交换互相建立关系。交换是每个人放弃他需要较少的某种东西而获得他需要较多的某种东西。在这里，交换是个人孤立的经济活动的补充。它的效应简单地说，是每个人对他们买卖的物品的主观态度的合成结果。中心问题仍是人与物的关系——在此例中是他与所交换物品的关系。在交换过程中出现的人与人之间的关系纯粹是偶然性的，并且没有基本意义，主要问题是人与物的关系。罗宾斯写道："交换关系是一个技术事件，确实是一个技术事件。它几乎产生一切有趣的复杂现象。"[①]交换因而仅是人与物关系中的一个复杂因素。除了其对自己的财产的态度之外，他与别人的财产之间还存在一种关系。人与人之间的关系在这里只是人与物关系中的连接环节。

这个结论是马克思主义观点的对立面。马克思主义理论并不从政治经济学中排除对人与物关系的研究。经济关系（生产关系和分配关系）是人与人之间通过物的媒介发生的关系。人—物—人[②]关系的主要特点是，它们是社会关系，是人与人之间的关系。人与物的关系只是人与人关系中的一个环节。它之所以与政治经济学有关，只是因为它构成了这一环节。这时，而且唯有这时，它才变成政治经济学感兴趣的一个对象。而主观主义者们却以另一

① L. 罗宾斯：《论经济科学的性质和意义》第 20 页。

② 见第一章。

个完全不同的视角看待问题,他们只对人与物的关系感兴趣。而只有当人与人的关系构成人与物的关系的一个环节时,他们才考虑它们。这个环节是由于所要的一种物品是另一个人所有而产生的。所以,主观主义学派即使在被迫考虑交换的时候,也并不研究社会关系,而只局限于考虑人与人之间的关系是人与物关系中的环节。

主观主义学派意味着政治经济学的解体

由于一贯避免研究社会关系,主观主义学派避免考虑那些大问题。它们是古典政治经济学关心的问题,并且形成了今天马克思主义政治经济学的主题。它们是人与人之间的经济关系问题——生产关系和分配关系。甚至庸俗经济学的变化形式也讨论某些经济关系——在交换过程中出现的关系。主观主义学派甚至在交换问题上也完全致力于人与物的关系,而不理睬政治经济学的正当题材。鲁道夫·希法亭很清楚地阐述过这一点。他这样评论政治经济学的奥地利学派:"它不用经济和社会关系,而用人与物的个人关系作为它的系统的出发点。它以心理学观点来设想关系服从自然不变规律;它否认社会决定生产关系,并且完全没有经济过程按照确定的规律发展的概念。这个经济理论是经济学的一个矛盾。它最后的结论是……政治经济学将自我解体。"①希法亭

① R.希法亭:"庞巴维克的马克思批判",收入《马克思研究》第1卷,第61页,维也纳,1904年版。保罗·M.斯威齐主编的英译本于1949年在纽约出版(见它的第196页)。

的这些话适用于整个主观主义学派。

主观主义经济学变为合理行为学的一个分支是它作为政治经济学的解体的最后一步。当主观主义经济学以这种方式改变时，不再研究一个确定的社会实际领域，而去研究引向某一目标的最大化的一切合理人类活动共同行为的某一方面。被理解为应用经济原理的科学之后，经济学变成了一门万能科学，它包括了人类活动的大多数领域。我们从前一章知道，经济原理可以应用于许多领域，工艺学、军事战略和战术、外科和内科、教学、游泳和骑马技术、下棋、绘画技术、科学研究的方法论等等。每个正常的人，每天早晨上班时走最短的路线或乘最快的电车，都应用了经济原理。

边际计算也能用于许多领域。它被用于工艺学，只要用微分法求解某个最大化或最小化问题（例如，一根梁的最大允许负荷）。它被用于军事战略和战术，例如，比较用新增部队支援前线各段的效果，即计算增援前线各段的边际效果。它也可以用于游泳，比较不同新增动作对游泳速度的边际效应。我们已经说过，为了研究军事作业，发展了应用经济原理的其他方法。用于不能用边际计算的情况的方法，即线性规划，只在以后才用于经济活动问题。

如果政治经济学是按照经济原理的行为去研究的，则所有这一切都要算作政治经济学内容的一部分。马斐奥·潘塔列奥尼是首先以这种方式设想政治经济学的人之一。和杰文斯一样，他从乐利主义把经济原理解释为使欢乐最大化的努力。他称这一点为乐利主义公设。而对于被看成是乐利主义公设支配的行为科学的经济理论,他称为“纯粹经济学”,即没有考虑人们之间复杂化的社会关系的经济学。[①] 安东尼奥·葛兰西对潘塔列奥尼的“纯粹经济学”评论如下:“讨论乐利主义公设的本书第一部分,作为一本先进烹调学手册或者一本还要更先进的性行为姿态手册的引言可能更加合适。可惜的是编写烹调学书籍的那些人并不研究‘纯粹经济学’……对性爱享乐艺术进行较审慎和秘密研究的人情况也是如此。”[②]

讲得更加有力可能是困难的。经济科学变成合理行为学的一个分支,不论用乐利主义解释还是用合理选择逻辑的形式,都意味着它作为政治经济学的解体。为此在主观主义学派中成长的许多经济学家开始否定经济科学是关于经济原理支配行为的学问的概念,而正在回到政治经济学是关于某个人类活动领域以及这种活动产生的社会关系的学问的传统思想。[③]

① M.潘塔列奥尼:《纯粹经济学原理》第7—13页,米兰,1931年版。这里援引的版本是一个重印本,第一版于1889年问世。

② 安东尼奥·葛兰西:《唯物主义和本纳迪托·克罗奇的哲学。安东尼奥·葛兰西文集》第2卷,第268页,罗马,1955年版。

③ 例如,爱德华·泰勒否定政治经济学是遵循经济原理的行为之学问的定义,因为这个定义不可能排除技术及其他学科,见《经济学导论》第28—29页及第88页,格但尼亚,1947年第2版。泰勒认为,政治经济学是理解物质产品总产出的社会收入的研究,见前书第25—27页。他因而追随把政治经济学理解为“各国财富”之学问的亚当·斯密。J.A.萨缪尔森被广泛使用的《经济学,一个初步分析》(纽约,1955年版)提供了另一个例子。萨缪尔森讨论了生产和交换的社会组织、国家的经济活动、劳动市场的组织、国民收入、国际贸易等等。新古典传统的影响无疑在这里起着作用。我们已指出,不能无保留地把它算作主观主义学派的一部分,虽则是在它的影响之下。

经济原理的有限的和历史形成的范围

我们知道经济活动只是经济原理能应用的人类活动领域之一。而只有当经济活动是理性的并且引向允许不同实现程度的单一目标时，才是经济原理支配的行为。为此，政治经济学的内容如果是遵循经济原理的行为，则这个定义一方面太广（因为它包括不属于经济的活动），而另一方面又太窄（因为它排除了不应用经济原理的大量活动）。我们知道经济原理应用于经济活动是长期历史发展过程的结果（前一章已有描述）。

在商品生产和货币交换出现以前，经济活动受风俗和传统支配。只是随着商品生产和货币经济以及营利活动和家务活动的分离，才出现了一个统一的并且可以测量的目标——货币收入。它随着营利活动与家务活动的缓慢分离而逐渐发展。只在资本主义企业中才做到了完全分离，而且只有在资本主义企业中才实现了经济活动的一切因素——实现目标的程度和资料的支出——的完全定量化和公度性。利润的经济范畴开始出现，只有在这时候才产生了应用经济原理的条件。我们也已看到，在资本主义生产方式中表现于企业的应用经济原理的经济活动理性只是经济活动的私人理性，只有在社会主义生产方式中才有可能应用经济原理于整个社会经济，即只有在社会主义制度之下，社会经济理性才成为可能。

资本主义企业的活动无可争辩地受经济原理支配。在这里，这种活动采取利润最大化的形式。也是在这里，在某些条件下，为了求得资料的最优利用而应用边际计算。从前一章我们知道，边际计算只是做到这一点的一个方式，并且不能总是使用它。除此之外，确定资料的最优用途还有另外一种形式，即线性规划。我们在本卷前面已经说过，边际计算和线性规划两者的应用都要求一个企业具备适当的方法论知识，并且应用它要有可能性。当缺乏这些知识和可能性时，一个企业将使用精确度较差的利润最大化方法，得出较差的近似值，并且是在用簿记和平衡表提供的数据的简单计算方法的基础上。这些方法通常更接近线性规划而不是边际计算。因为它们大多数根据这样的假设：在生产资料支出和利润增高之间有简单的比例关系，而且一种生产资料能按固定比例用另一种生产资料代替。这些简单的计算方法，可以看成是线性规划的原始形式。与数学拟订的规划的区别在于它并不精确地研究同时应用较大数目的生产资料的问题。

然而主观主义学派的本质在于，它把家务活动当作遵循经济原理的行为来对待，按照这个解释，在家务中设法利用边际计算，使称为效用的一个确定数量最大化。我们知道，效用或则可以从乐利主义的角度看作是欢乐、满足等，或则从合理行为学的角度看作是偏好。奥地利学派把整个社会经济看作是一个庞大的家庭，并且在企业活动中看到一种使效用最大化的尝试。洛桑学派和新古典学派认为效用最大化只能存在于家庭中，而用货币成本和利润研究企业。V.帕累托创立的效用的合理行为学有可能把企业中的利润最大化和家庭中的效用最大化作为一个合理行为学原理及偏好最大化的特例。不论“效用”如何解释，把效用最大化的愿望作为家庭经济活动的特点，是把支配资本主义企业活动的最大化原理扩大到家务活动的尝试——把家务活动解释为引向一个明确决定的数量最大化的理性活动的尝试。效用在家务活动中和利润在资本主义企业中起同样作用。[①]

家务活动中是否为效用最大化努力？

现在有一个问题就是最大化原理是否从企业扩大到家庭和在什么程度上被实际经济过程所证实。在资本主义企业中有一个很清楚的采取利润形式的可以测量的统一目标。这个经验所能证实的用货币单位测量的目标，在从簿记提供的数据计算的数目中可以看出来，并且在企业平衡表中也得到了客观表示。这个目标凭经验可以直接地观察到。在没有可以直接观察的统一目标的家庭中，情况则完全不同。而间接观察说明存在许许多多具体目标，对应各项需要，如食品、衣着、住房、娱乐和教育等等。有数以百计的这类目标而且常常变更。如果有一个统一的目标作为最大化的对象，则所有这些目标被效用的主目标汇集起来。这时，一切具体目标形成了一个多层次目标结构，按照它们作为实现主目标即效用手段的重要性排列。因此，在家务活动中是否存在一个效用最大化的愿望的问题还原成这样一个问题，即一切个别目标是否实际

① 马克斯·韦伯提到过这一点。他的解释是："边际效用理论使用的'理论价值'使经济生活过程可以理解，正如簿记提供的价值向商人报告他的业务情况以及他继续赢利的条件一样。经济理论阐述的一般原理只是一些构思，说明每人如果完全按照商业簿记原理并且在此意义上合理地塑造他们对环境的关系，从某一个人的活动与别人的活动的相互作用中会产生什么后果。"见《边际效用学说与"心理学基本规律"》第371页。

上被一个主目标所汇集。

只有靠间接观察说明是否各个具体目标实际上被汇集起来，才能解决在家务活动中是否有一个被最大化的目标(效用)的问题。这种观察的性质决定于效用概念的解释。如果采用乐利主义的解释，这种观察只能是内部的，即内省的。维塞尔清楚地利用内省来证明人们遵循边际效用理论的原理行事，并且以这样一种方式使用由他们支配的资料，以便得到有最大边际效用的物品。这是所谓心理学方法。维塞尔写道："每个从事经济活动的人的意识包含一个经验宝库，这是每个理论家在他自己内部能找到的，而不必利用专门的科学方法收集它。"[①]因此，虽然化学家需要一个实验室，天文学家需要一个天文台，历史学家需要档案和一个图书馆，但经济学家却能在散步或坐在安乐椅上沉思他的内部经验时阐明他的科学规律。

困难在于这种内部经验并不像主张心理学方法的人所主张的那样清楚。许多人，并且其中有许多经济学家，根据他们的内部经验并不相信他们的行为遵循边际效用理论的原则。[②] 他们宁愿让家务活动受风俗和传统支配，并且也能用他们的内部经验来证明这些。内省不能导致一般能验证的结果而且不决定于得出这些结果的人。因此没有办法说家务活动的乐利主义解释所设定的目标是实际存在的。至于它是否被最大化了，人们所知道的还要更少。

所以剩下来要考虑的只有合理行为学的解释。在此情况下，

---

① 维塞尔:《社会经济理论》第 135 页。

② T.赫其逊在《经济理论的意义和基本公设》第 131—143 页，说明了不同经济学家经历的"内部"经验的多样性及其模糊性。

对应不同需要的各个具体目标是否真被一个主要效用目标联合起来的问题，原则上能根据客观观察来解决。观察包括研究人们购买消费品时的行为并且注意当市场条件（收入和物价）变化时他们的反应。记下一个消费者当收到一定收入时以及当商品按一定价格出售时所购买的商品结构。对于用同一金额他可以买两组不同的商品，记下他买的那一组。

让我们称这两组为 A 和 B。假如消费者选择 B 组，我们说 B 组的效用大于 A 组的效用。或者换句话说，消费者偏好 B 组甚于 A 组。这时让消费者在 B 组和我们将称为 C 的花费同样金额的第三组之间进行选择。让我们假设消费者选择了 C 组，即他表现出偏好 C 组甚于 B 组。最后让消费者在 A 组和 C 组之间进行选择。如果他选择 C 组，说明他偏好 C 组甚于偏好 A 组。这些观察的结果如下：

偏好 B 甚于偏好 A
偏好 C 甚于偏好 B
——————————
偏好 C 甚于偏好 A

这时我们说他的偏好是一致的，或者用数学语言说，偏好是可传递的。然而，如果消费者选择的是 A 而不是 C，或者声明选择 A 或 C 对他而言是一件无差别的事，这时我们说他的偏好是不一致的或不可传递的。这时，这些观察的结果如下：

偏好 B 甚于偏好 A
偏好 C 甚于偏好 B
——————————
偏好 C 不如或等于偏好 A

因此偏好一致与否原则上能根据观察市场上做出的选择来确定。进行更多次的这种观察，例如利用其他商品组 D、E、F 等，有可能确定偏好一致性领域,即其中偏好一致的许多组构成的区间。在此域内,偏好形成一个按偏好大小排列的结构。对于各个偏好能指定序数,例如,1、2、3 或 1、5、12、……,按照这样的方式,较大的偏好有较大的序数。这种序数的一个集合称为偏好尺度。[①] 由于在偏好一致的领域之内消费者总是选择偏好尺度上序数最大的集合,所以偏好是一个可以最大化的量。

而如果所有偏好是不一致的,则找不到一致域,不能指定序数,并且因而不可能建立一个偏好尺度。消费者并不会使他的偏好最大化,因为没有可以最大化的量。我们可以作为一个例子提出一种情况,偏好形成以下这样形式的循环集合:对 D 的偏好大于对 C 的偏好,对 C 的偏好大于对 B 的偏好,对 B 的偏好又大于对 A 的偏好,但是对 D 的偏好小于对 A 的偏好。这样便不能建立偏好尺度,因而偏好不能最大化。

所以,关于这样的疑问,即各个具体目标事实上是否被一个统一的主要目标联合起来,这个主要目标是最大化的对象,称为效用或偏好,便简化为偏好一致性的问题。我们已经看到,这个问题原

---

① 偏好尺度表示的数目通常称为偏好指数。它们表示对一组的偏好与对另一组的偏好之间的关系——大于、等于或小于。但是它们并不是说,例如,对 B 的偏好为对 A 的偏好的三倍。偏好尺度只表示数量的次序,而不是偏好的数值。在这个例子中,我们可用数字 1、2、3 或 1、5、12 或遵循递增次序的任何数字,例如 32、105、2765 表示对 A、B 及 C 组的偏好。V. 帕累托是首先注意到这个事实的人。偏好尺度只表示偏好次序。见《政治经济学教程》第 169—171 页及第 574—579 页。偏好是一个量而不是一个数量,消费者的行为并不表明偏好是可以测量的。不过最近有人试图证明,根据观察选择内容不确定的结构的行为,有可能测量偏好。第一个这样做的是 J. 冯·诺依曼和 O. 摩根斯顿的《博弈论和经济行为》(第 15—31 页,普林斯顿,1947 年版)。见伦纳德·J. 萨维奇的:《统计学基础》第 13—38 页及第 371—384 页,纽约,1957 年版。J. 莱桑的:《经济技术和工业管理》第 37—43 页,巴黎,1958 年版。

则上可以通过观察市场上一个消费者的行为来解决。保罗·A.萨缪尔逊和J.R.希克斯拟出了进行这些观察的方法。[①] 然而在实践中进行这些观察是很困难的,因为市场统计并不记录个人做出的选择,只记录各个社会集团做出的选择,而这些集团是由收入不同且偏好尺度不同的许多人组成的。可能必须观察同质的集团或者个人,但这是不存在的。在观察个人时,必须考虑这样的可能性:同一个人物的偏好在一个有限领域内可能是一致的,但在这个领域之外是不一致的。所以很难得出一般结论。事实上迄今没有人在这方面进行过系统的观察,而且进行这种观察实际上是否可能也值得怀疑。[②]

所以至今从经验上没有证明家务活动有一个统一目标——效用的最大化。采用另一个见解可能同样好,即与家庭的各种需要对应有很多不同的具体目标,而且这些目标并不形成一个服从某一主要目标的联合系统。家务活动受传统和习惯支配,把家庭的有限收入按照习惯分配到满足各种需要上,实际分配给各种需要的数目决定于惯常的生活方式及某一家庭所属的社会环境。家庭预算的经验研究,对于了解这种分配的基础,会比基于无证明的前提的边际分析提供更好的指导。这个见解比把家务活动放在和资本主义活动同样基础上讨论似乎更接近实际。家务活动简单地说是在商品货币关系和资本主义生产关系出现之前包括人类全部经

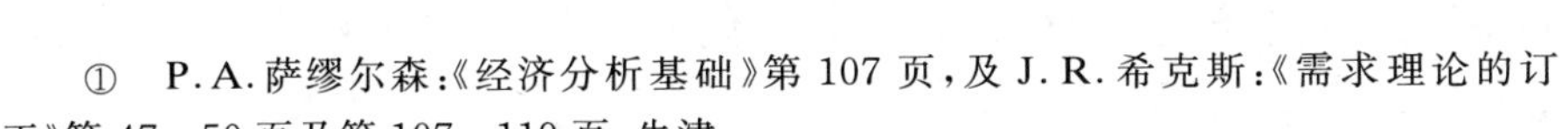

① P.A.萨缪尔森:《经济分析基础》第107页,及J.R.希克斯:《需求理论的订正》第47—50页及第107—119页,牛津。

② 见熊彼特:《经济分析史》第1067页。希克斯说明了利用市场统计进行这些观察的困难。见《需求理论的订正》第54—58页。他写道:"我们感到不得不得出结论,偏好假设在实践中没有直接测试方法。"

济活动的一种古老活动方式的继续,即基于一定社会生活方式的习惯的和传统的活动。

W.C.米切尔写道:“对于了解消费者需求很重要的心理学范畴是习惯、模仿和暗示,而不是深思熟虑的选择……家庭仍是花钱的主要单位,而在挣钱方面,家庭已被一个更加高度组织的单位所取代。担任全世界一大部分采购任务的家庭主妇不是根据她当经理的效率挑选的,也不会因为她无效率而被解职,而且,即使她证明有能力扩大她对其他家庭的支配权,也很少有机会……她不像商人那样能在会计的基础上使她的一切计划工作系统化。虽然美元是计算利润以及成本的一个令人满意的单位,但它不是表示家庭福利的一个令人满意的单位。”①

最近在主观主义传统中培养起来的许多经济学家,包括它以前的主要理论家中,有些人对家务活动采用了这种解释——它比较接近市场上消费者的实际行为,并且比较符合遵循经济原理的行为是历史发展产物的一般概念。V.帕累托在他的书被数学家V.伏尔特拉批判时承认,偏好可能是不一致的,并且可能有些情况没有偏好尺度,而且偏好的最大化也许是不可能的。② 他得出一个有趣的结论:为了说明消费者购买商品的行为,家务活动中偏好最大化的全部理论是不必要的。

如果进一步追踪这个思想,我们能看到,用不着求助于边际效用理论,或者家务活动中偏好最大化的任何其他理论形式,就能够

---

① W.C.米切尔:《商业循环问题及其调整》第165—166页,国民经济研究局,纽约,1927年版。

② V.帕累托:《政治经济学教程》第546—548页。

说明消费品需求的变化这个事实。例如，当一种商品的价格上涨时，一般的需求下降；而当消费者收入增加时，需求通常（不总是）上升。假设消费者能做出一种确定的选择，也就是如熊彼特所说："面对一组已定的物价和一定的收入，每个人以一种唯一确定的方式去选择——购买或出售。"[①]当家务活动受习惯和传统支配时，可能也是这种情况。所以主观主义学派的科学工具的改进最终导致否定了家庭中效用被最大化的假设，并导致抛弃了与它相联系的边际计算——认为它是不必要的和经验上未予证实的。

所以，一个统一的数值能测量的目标被最大化的原理，能支配资本主义企业的活动，并在很大程度上在其他营利活动领域中起作用，而在家务活动中则没有它的地位。不过可以假设个人和社会生活的普遍合理化，人类活动各个领域合理化的"心理学气候"也将影响家务活动。马克斯·韦伯持这种见解。边际效用理论虽然不像主观主义学派，特别是奥地利学派所主张的表示了经济活动中的一般规律性，然而仍然表示了资本主义时代一切经济活动领域合理化的趋向。按照韦伯的意见，资本主义心理气候愈是渗入家务活动，这个理论愈将得到更好的证实。韦伯写道："根据资本主义的历史特点和由它而产生的边际效用理论（以及每种价值论），我们知道，有些时期的经济史不是没有理由地曾被称为'不经济的历史'。在今天盛行的条件下，这种理论更接近实际，而且可以判断，将来会愈接近实际，从而将决定数目愈来愈多的人的命

---

① J. A. 熊彼特：《经济分析史》第 1067 页。并见格立斐斯·C. 埃文斯：《经济学的数学导论》第 117—122 页，以及 R. G. D. 阿伦：《经济学家用的数学分析》第 438—442 页，伦敦，1938 年版。

运。边际效用理论的意义正在于这个历史—文化事实。”[1]

韦伯的理论可以解释为这样的含意:资本主义的一般心理气候,即愈来愈多的人类活动领域的合理化,说明在家务活动中偏好逐渐协调,愈来愈变为一致,直至出现一个偏好尺度为止。在家务活动中,各种目标通过这种方式逐渐联合,直到家务活动也同资本主义企业一样从属于最大化原理为止。用韦伯喜欢使用的短语,我们可以说“资本主义的精神”逐渐渗透到家务活动中。

在资本主义条件下对家务活动合理化不利的因素

资本主义社会形态的“心理气候”有利于很多人类活动的合理化,而且对家务活动也有影响,这无疑是对的。但是,在这里不仅有合理化的“心理气候”起作用,消费者的选择还要受资本主义企业的影响。它们从事一些专门活动,劝说消费者购买它们的产品,例如广告,提供多种包装,提供多种花色,设置商标,提供赊销的方便等等。这种活动称为吸引顾客,或营销活动。在当代资本主义社会中,这种活动对人们生活环境的影响越来越大,人们从越来越多的地方受到它的影响。在报刊上,在广播电视里,在电影院里,在电车和公共汽车上,以及大街上的橱窗和马路上的霓虹灯……人们天天遭受着广告的袭击。广告像其他宣传形式一样,影响着每一个消费品购买者的决策。今天不把这种经常的和强大的吸引

① 马克斯·韦伯:《边际效用学说与“心理学基本规律”》第 371 页。

顾客的行为考虑在内，要如实地讨论理性家务活动是不可能的。

吸引顾客的方法可以按照它们对家务活动理性施加的影响分类。有一些方法激发顾客的理性反应，而另一些方法设法利用消费者不自觉的欲望或者利用他的条件反射。第一类是19世纪和20世纪上半期使用的“古典方法”。这类方法使可能的购买者相信，正在介绍给他的商品是重要的，而且正是这个具体企业出售的产品，以特别高的程度具备他所需要的各种性质。这要么是一种针对作为一个理性动物的购买者(虽然不必是使效用最大化的)的宣传，要么就是一种针对购买者的习惯行为的宣传。如果这种广告向购买者介绍他们通常总要买的商品，由于它受传统和习惯支配，所以一般不改变购买者的行为。然而，如果用广告推荐一种新产品，这种产品以前不为人所知，或者不构成消费者通常购买的一部分，则广告倾向于用推理的方法改变购买者的习惯和传统的行为，也就是说，使购买者的行为合理化。因为引入愈来愈多的以前不知道的或者没有用过的产品是以在资本主义社会以前的各种社会形态没有先例的规模进行的，可以预期资本主义企业的营销活动倾向于使家务活动理性化，虽则不一定到产生一致的偏好及效用最大化的程度。

20世纪50年代，在各主要资本主义国家——起初在美国，然后在联邦德国及其他国家——出现了一种吸引顾客的新方法。它以专门的心理学研究为基础，产生了心理学的一个专门分支，称为吸引顾客的心理学。[①] 这个新方法不是与购买者的理性或习惯对

① 见彼得·R.郝夫斯泰的“广告心理学”，载《心理学》，法兰克福，1957年版，其中作者开了一个文献清单。

话,而是利用他们的条件反射或潜意识的欲望。它以所谓“动机研究”为基础。在美国有八十多个单位雇用了心理学家、心理病学家和社会学家为工商业从事动机研究。这些单位之一的一位主管解释了他们的研究的性质:“动机研究是研究什么因素促使人们做出选择。它使用为了探索无意识或潜意识心理而设计的技术。因为偏好通常决定于个人不自觉的因素……所以买东西的实际情况是:消费者一般凭感情用事或者被迫采取行动,无意识地对潜意识中与产品联系的形象和设计做出反应。”①

美国作家,曾对广告单位的活动进行过系统研究的万斯·巴卡写道:“某些探索人员正在系统地发掘我们的隐藏的弱点,希望能更加有效地影响我们的行为。在美国最大的广告单位之一,其职员中的心理学家正在探索人的样本,设法发现如何识别非常焦急不安的、有团体意识的、抱有敌意的、有被动性的人,并向他们发出消息。一个芝加哥的广告单位在研究家庭主妇的月经周期及其心理征象,以便发现能更加有效地向她们推销某些食品的方法。”②吸引顾客的新方法的本质在于同人类活动的无意识和无理性源泉对话。巴卡总结出:“所有这类探索和操纵有它建设性和有趣的方面。但是我们也认为这样说是公平的,即它有严重地反人道主义的含义。对于人类争取理性的和自我引导的生活的长期斗争而言,它在很大程度上似乎代表退步而非进步。”③

这些新的营销方法的效果是加强了家务活动中的非理性因

① 见 V.巴卡德:《隐蔽的劝说者》第 5 页,纽约,1958 年版。

② 同上书,第 2—3 页。

③ 同上书,第 4 页。

素。所以在当代资本主义理论中，有两个倾向：一方面，合理行为学的分支如运筹学、规划论和控制论鼓励企业发展它们的方法论理性。另一方面，在吸引顾客时使用的新方法是家务活动的反合理化因素。企业提高方法论理性和家务活动的反合理化是最近在资本主义中出现的两种矛盾的倾向。这种倾向中的第二个是第一个的结果，因为企业以这种方式使它们的利润最大化的活动造成了家务活动的反合理化。“资本主义精神”正在占领家庭，但是与马克斯·韦伯想象的不同，它是作为“非理性精神”占领家庭的。在这里，能清楚地看到私人资本主义理性的局限性和社会意义上的歪曲性。

主观主义学派的最终评价

总而言之，我们可以说主观主义学派改变了政治经济学的内容，这一点等于是对政治经济学作为一门研究商品生产和分配的社会规律的科学的破坏。而且，主观主义经济学作为一种边际效用理论或一种按照偏好尺度选择的理论，把资本主义企业中使用的最大化原理扩大到一切历史—社会条件中的一切经济活动，这在经济实际中一点没有根据。主观主义经济学家们阐述了某些合理行为学的行为原理能用于政治经济学的各个领域。然而，这些原理不是经济规律，即在客观实际中作用的规律。它们是形成合理行为学内容的方法论行为规则——合理行为学，同逻辑学、数学、统计学、经济计量学等一样，是政治经济学的辅助学科。就政治经济学而言，主观主义理论必须被看成是一种失败。

历 史 学 派

我们对政治经济学中历史学派的分析将短得多。历史学派是从批判古典政治经济学发展起来的。它主要起源于德国并在那里发展起来。在德国它与19世纪40年代黑格尔哲学发挥的巨大影响有关。与黑格尔哲学的这种联系以及它对古典政治经济学的某些批判,把历史学派和大约在同时开始的政治经济学中的马克思学派联系起来。黑格尔哲学之所以对社会科学有巨大影响是由于这样一个事实:它把人类历史解释为一个自发性的发展过程。在此过程中,它的内部辩证法是动力。这一点导致了对法律、宗教、文化、艺术等的历史解释。政治经济学中的马克思主义和历史学派都首先在这种哲学气候中出现。每一个学派都从黑格尔哲学的不同方面出发,并且从它那里得出不同的结论。马克思和恩格斯吸收了其自发性辩证发展的概念,并引入一个辩证法的新的唯物主义解释。辩证法是客观物质世界的对抗力量在其中互相作用的过程。这是历史唯物主义解释的出发点。唯物史观是证明经济范畴和规律的历史性质的基础,是一种把经济关系的发展设想为一个辩证历史过程的新政治经济学的基础。另一方面,历史学派吸收了黑格尔的客观唯心主义,在社会科学中产生了各种“集体精神”的概念(如“民族精神”、“某一时代的精神”等),作为假设的历史发展动力。客观唯心主义影响了政治经济学中历史学派的全部发展。

历史学派抛弃政治经济学的理论性质

历史学派批判古典政治经济学对经济规律的非历史解释，起初还有些犹豫，继而愈来愈强烈。这个学派的第一批代表人物（旧历史学派①）从古典政治经济学阐述的规律中得出这样的结论：人类社会与自然界不同，没有规律性。所以政治经济学不可能是一门理论科学，而只能是一门历史科学。起初，罗雪尔原则上还承认古典经济学的规律，不过只是设法用历史材料补充它们。希尔布兰则否定古典政治经济学的规律，并且要用各国发展的经济规律代替它们。他认为经济发展会经过一系列的阶段：自然经济、货币经济和信用经济。特别引人注目的是，他在理论上未能制定划分经济发展阶段的标准，他的标准不过是不同经济范畴的紊乱的混合物，而且其中没有生产关系。信用经济只是货币经济的一个形式，而自然经济的对立面是商品生产，货币经济是其表现。克尼斯最后抛弃了社会生活中有任何规律性的论点。他说：在人类社会的发展中，没有重复出现的因素。政治经济学的任务是简单地陈述各国经济生活的历史发展。按照这个观念，政治经济学被变换为经济史。事实上以后的青年历史学派的代表人物只研究经济史而不研究政治经济学。他们在经济史领域内的贡献是很重要的，积累了大量材料并写了很多专著。但是所有这一切没有任何指导

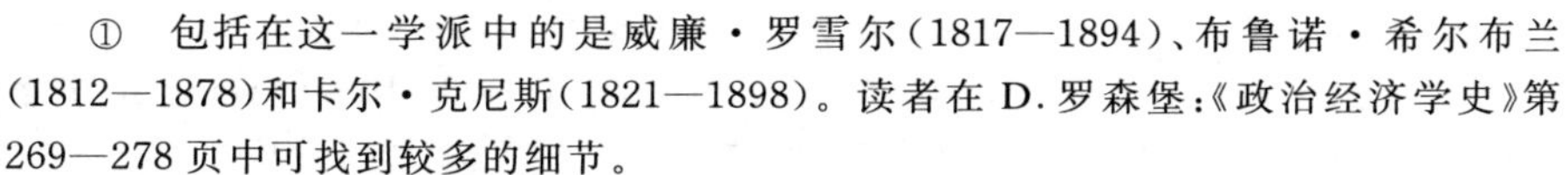

① 包括在这一学派中的是威廉·罗雪尔（1817—1894）、布鲁诺·希尔布兰（1812—1878）和卡尔·克尼斯（1821—1898）。读者在 D. 罗森堡：《政治经济学史》第 269—278 页中可找到较多的细节。

性的理论思想。他们的领袖格斯他夫·希摩勒设法归纳他们的工作。他写了两卷著作,其中有很多经济史上的有趣材料,[①]然而没有任何系统的思想内容。正如有人说过:我们读这本书可以从末了读到开头,或从开头读到末了,同样地好。[②] 青年历史学派的有些代表人物,像希尔布兰那样,设法把历史材料分为几个阶段。例如,卡尔·布彻区分家庭经济、城市经济(包括城市和它的郊区)及国民经济。希摩勒区分乡村经济、城市经济、地区经济和国民经济。以后又引入了一个阶段——世界经济。[③] 可以看出,这种分类是以经济关系的地区范围为基础,而混淆了生产关系和分配关系。把这种分类与马克思主义按照生产方式对社会形态的分类比较足以看到历史学派提出的分类缺乏科学制定的社会发展理论的基础,像提供了马克思主义政治经济学的基础的唯物史观那样。

韦纳·桑巴特和马克斯·韦伯对于资本主义的本质和起源的见解

不过,在青年历史学派中有两位经济学家设法克服了历史观中的这些缺陷,并且提出了一种经济发展理论,特别是资本主义经济发展的理论。他们是韦纳·桑巴特和马克斯·韦伯,他们都求

---

① 格斯他夫·希摩勒(1838—1917):《一般国民经济理论基础》二卷集,第1901—1904页。

② 见E.泰勒:《经济学发展史》第2卷,第23页,华沙,1958年版。

③ 历史学派代表人物对经济发展的阶段划分,见J.H.熊彼特:《经济分析史》第444页和L.J.辛穆曼:《国民经济理论史》第113—114页,科伦,1954年版。

助于卡尔·马克思，并从他的著作中汲取资本主义的历史社会范畴。原则上他们同意马克思给资本主义下的定义，把它描写为基于商品生产和雇佣劳动的一种生产方式。他们使用了有些不同的词汇，但在原则上他们的定义与马克思的一致。① 桑巴特强调他从马克思那里得到了教益，认为“马克思提出问题的才能是他最大的天才。今天我们仍然和他的问题生活在一起。由于他的光辉的才能，他向经济科学指出了整个世纪的有效果的研究道路。不熟悉他提出的问题的一切经济学家，注定毫无所得。今天我们肯定能说这是事实”②。韦伯的著作也表明他在设法回答马克思提出的问题。

桑巴特和韦伯要回答的问题是资本主义的起源和发展。他们得出的答案——不像马克思的历史唯物论——的根据是从黑格尔创造的客观唯心主义得到的对经济发展的解释。按照桑巴特和韦伯的意见，每个历史时代有它自己的“精神”，包括一些人的心理态度，赋予每个时代以它自己的特殊性质。因此，理解经济发展的关键不是生产方式，即生产力和生产关系，而是形成一个历史时代的“精神”的心理态度。

桑巴特使用了经济制度和经济时代的概念。各种经济制度之

① 桑巴特写道：资本主义“是一种以交换经济为基础的组织。其中有两个不同的集团，通过市场互相联系。这种组织受营利活动和经济理性原理支配”。见《现代资本主义》第 1 卷，第 319 页，慕尼黑和莱比锡，1919 年版。马克斯·韦伯描写资本主义有六个特点，其中包括市场生产和雇佣劳动。见《经济史》第 239—400 页，慕尼黑和莱比锡，1928 年版。

② 桑巴特：《发达资本主义时代的经济生活》第 19 页，慕尼黑和莱比锡，1928 年版。

间的差别在于三个元素的性质:体现在某些经济原理中的经济心理、物质技术和社会劳动组织。一个经济时代的性质受该时代流行的经济制度的支配。由从事经济活动的人们所持的一些具体心理状态组成的这种心理——他们承认的一些价值、他们奋斗的目标、他们的行为方式等等——形成一个经济时代的精神。[①] 这个精神是经济发展的主要源泉。桑巴特写道:"我努力发现在不同经济时代中流行的精神——某一时期的经济生活是以它为基础而形成的——并且研究精神的作用。我的著作的基本思想是,在不同时期流行不同的经济心理,并且这种心理采取它的特殊形式来影响经济组织。"[②]

马克斯·韦伯的概念也是这样,虽则他未进行系统的陈述。和历史唯物论不同,经济发展不是决定于一个社会形态的生产力与其基础及上层建筑的相互作用,而决定于各种经济制度和时代精神的内部发展。

桑巴特和韦伯的兴趣主要在于资本主义的起源。按照他们的经济发展理论,不应当在生产力的发展与封建社会的生产关系之间矛盾的增长中,而应在形成封建制度的经济心理状态的变化中寻找这个问题的答案。桑巴特和韦伯都强调心理变化先于资本主义生产方式的出现。[③] 这种变化包括乡村生活的传统封建价值观和城市手工业的通常行会组织被自由争取货币利润、企业、经济和有纪律的艰苦工作所代替。它打破了从事满足有限需要的平衡的

---

① 见 W.桑巴特:《现代资本主义》第 1 卷,第 1 部分,第 13、21—22 及 24—25 页。

② 同上书,第 24—25 页。

③ 同上书,第 328 页。

封建和手工业经济的静态障碍，把人们投入营利活动的旋涡。[①]另一方面，马克斯·韦伯宣称资本主义起源于一种新的经济伦理。它掌控了人们并且改变了他们的生活方式。这种伦理打破了自由营利活动和需要货币利润道路中的传统障碍，而且同时使资本主义生产发展所必需的经济和艰苦工作成为一种美德。[②]

马克斯·韦伯在宗教改革中找到了这种新经济伦理的来源。按照他的观点，宗教改革把天主教的清心寡欲理想从寺院独室转移到每个基督徒的日常生活中。它创造了一种新伦理，韦伯称之为内心世界的清心寡欲。路德关于世俗职业是一种神圣职业的教导和加尔文对于积极参加经济活动和清心寡欲的个人生活的倡导，创造了一种新的生活态度。在英国清教徒中取得一致意见的这种新态度产生了一类人物——他们在经济活动中是积极而有企业精神的，但是他们同时过着一种勤俭的生活。这一点的经济效果是生产和贸易的增加及大量货币收入留作积累资本之用。新教，特别是清教徒以这种方式产生资本主义精神。资本主义是来自宗教改革的经济心理革命的产儿。因此，它的起源和发展是受加尔文影响颇深的各国，如荷兰和英国。简言之，这是关于马克斯·韦伯的资本主义和新教之间历史因果联系的著名理论。[③]

---

① 见 W.桑巴特:《资产阶级》第 441—456 页，慕尼黑和莱比锡，1913 年版。

② 马克斯·韦伯:《经济史》第 302—304 页。

③ 这个理论是马克斯·韦伯在《新教伦理和资本主义精神。宗教和社会学文集》第 1 卷(杜平根，1922 年版)中提出的。这部著作于 1904—1905 年首先发表于《社会学和社会政治》杂志。它引起了热烈的讨论，当时有很多文献讨论这个题目。在 R.H.唐奈的《宗教和资本主义的兴起》第 282 页(伦敦，1948 年版)有一个最重要的著作清单。并见马克斯·韦伯:《经济史》第 300—315 页，以及《新教和资本主义·韦伯的论点和它的批判家们》。R.W.格林主编，波士顿，1959 年版。

桑巴特遵循了一条稍有不同的道路。起初他发现资本主义精神的来源在于犹太人的经济活动。他们不受看不起营利活动的中世纪教会伦理的束缚,自由地从事贸易和提供信贷。[①] 不过,桑巴特以后放弃了这个理论,认为它太片面。他在唤醒企业精神和资产阶级生活方式的精神的许多因素中寻找资本主义的起源。"从企业精神和资产阶级精神中,作为一个统一的整体,出现了我们称之为资本主义精神的那种心理状态。"[②]

从历史唯物主义观点看马克斯·韦伯的著作

我们可以看出,马克斯·韦伯和桑巴特的理论与社会发展的唯物主义观点,特别是与资本主义的起源和发展的观点明显相对立。这里我们姑且不谈关于资本主义兴起的这些见解的优点,因为以后还将回到这个问题。现在我们只局限于某些方法论的观察。桑巴特和韦伯的著作带来了大量的新历史材料,用以研究资本主义的起源和发展问题。这些材料用唯物史观来看也很好。恩格斯早在马克斯·韦伯以前就曾写道:"封建制度的巨大的国际中心是罗马天主教会……要在每个国家内从各方面成功地进攻世俗的封建制度,就必须先摧毁它的这个神圣的中心组织。"[③]恩格斯接下去注释:"第一次是德国的所谓宗教改革……但是,在路德遭

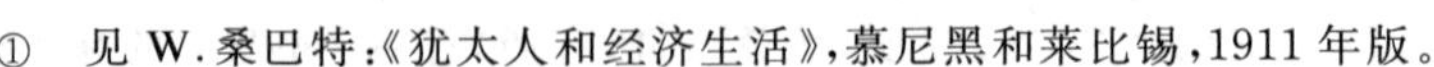

① 见 W.桑巴特:《犹太人和经济生活》,慕尼黑和莱比锡,1911 年版。

② 见 W.桑巴特:《现代资本主义》第 1 卷,第 1 部分,第 329 页。

③ 《马克思恩格斯选集》第 3 卷,第 390 页,人民出版社,1972 年版。

到失败的地方，加尔文却获得了胜利。加尔文的信条适合当时资产阶级中最勇敢的人的要求。他的先定学说，就是下面这一事实在宗教上的反映：在商业竞争的世界中，成功或失败不取决于个人的活动或才智，而取决于不受他支配的情况……加尔文的教会组织是完全民主和共和的；而在上帝的王国已经共和化了的地方，人间的王国还能够仍然从属于君王、主教和领主吗？……资产阶级的第二次大起义，在加尔文教中给自己找到了现成的理论。这次起义是在英国发生的。"[①]所以恩格斯在比马克斯·韦伯广泛得多的规模上解释了加尔文主义关于资产阶级早期革命的意识形态的观点。

唯物史观的创始人也知道范围较窄的加尔文清教徒的经济伦理和资本主义上升之间的联系问题。例如，马克思写道："新教几乎把所有传统的假日都变成了工作日。光是这一点，它在资本的产生上就起了重要作用。"他也注意到马克斯·韦伯以后强调的加尔文新教的那些特点。[②]"然而，由于窖藏者的节俭与积极的工作相结合，他在宗教上是一个新教徒，而且更是一个清教徒。"[③]在别的地方，马克思写道："货币崇拜有它自己的清心寡欲的一方面，它自己的克制，它自己的牺牲——节俭和经济，轻视世界上暂时的享乐，追求永久的财宝。因而英国清教或荷兰新教与赚钱之间有联系。"[④]

① 《马克思恩格斯选集》第 3 卷，第 391 页，人民出版社，1972 年版。

② 《资本论》第 1 卷，第 305 页，注 124，人民出版社，1975 年版。

③ 卡尔·马克思：《〈政治经济学批判〉序言》第 173 页。

④ 卡尔·马克思：《〈政治经济学批判〉大纲》第 143 页，柏林，1953 年版。

卡尔·考茨基对马克斯·韦伯关于资本主义兴起的理论和唯物史观做了详细的对比,并研究了韦伯非常重视的一个论点,即一种新的经济心理的出现先于资本主义生产方式的兴起。最后他得出这样的结论:马克斯·韦伯认为工业资本主义发展之前的那个时期中城市手工业者阶层的社会经济态度是加尔文主义的一个特性的经济心理。这种心理甚至比加尔文主义还要老。“被认为在工业资本之前出现并使它可能发展的,被认为是加尔文主义产物的思想方式,在清教徒和洗礼教徒及作为其先辈的共产主义之中都能找到。后者肯定不是为资本主义努力的。它是手工业者对封建主义、教会、皇亲国戚们和高利贷者的剥削和消费的反抗精神,明智、勤奋、经济和生产性积累的精神……”[①]这些心理状态不是自发出现的,它们是从当代经济和社会关系中生长出来的。“这种宗教伦理精神不是在宗教和伦理学的自发发展中而是在上升的手工业者阶级的生活条件中得到解释。手工业者有力量和意志摆脱封建贵族的统治及其所有的经济、政治和伦理的附属物。”[②]

考茨基说:为了迫使工人们接受劳动纪律,城市小资产阶级的心理状态最后被工业资本所利用。对于从小资产阶级中产生的那些资本家来说,这些态度是对积累资本和投资于工业的一种鼓励。清教徒加尔文主义对这种经济心理正式给予了宗教承认,对此很有帮助。考茨基写道:“问题在于变为富有的清教徒们不应投资于大型贸易企业和金融业务,贷款给国家及封建浪费者。他们应当

① K.考茨基:《唯物史观》第2卷,第408页。

② 同上书,第415页。

像上帝喜欢的那样使用钱。而手工业者们的上帝特别喜欢工业，尤其是商品生产……清教徒时期是无产阶级迅速发展的时期。上升的小资产阶级的清教徒思想方法不要一切娱乐，代之以对工作的高度评价。那是它的力量、骄傲和荣誉的来源。这种思想方法必然鼓励一切工人的勤奋，不论他们受雇于他们自己的作坊还是别人的作坊。”①

马克斯·韦伯谈到的经济心理是具体社会经济条件的一种产物。它是推动资本主义成长的历史背景的一部分。在资本主义早期发展中。被宗教加强和推广了的这些伦理经济形态变成新生社会形态的上层建筑的一部分。因而马克斯·韦伯收集的历史材料完全可以纳入基于唯物史观的资本主义起源和发展的图景中。关于清教徒和资本主义兴起之间的联系，考茨基很正确地得出结论：“韦伯关于这一点写了大量重要而深刻的东西。但是，它并不破坏唯物史观或马克思在《资本论》中描绘的工业资本主义兴起的图景。”②

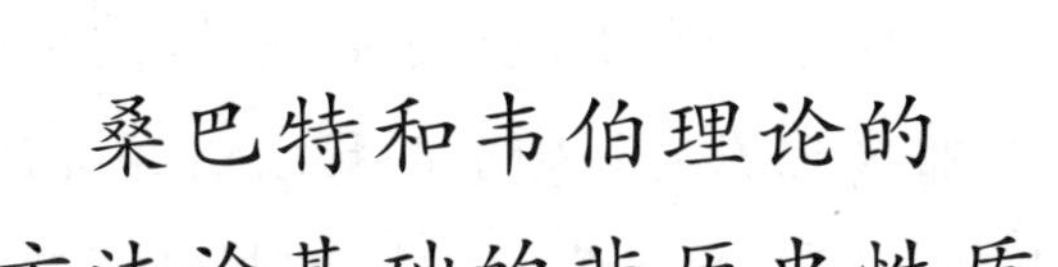

桑巴特和韦伯理论的方法论基础的非历史性质

在讨论桑巴特和韦伯的经济发展理论的时候，值得注意的是这种理论与有些古典经济学家的著作，特别是他们的追随者的著

① K.考茨基：《唯物史观》第2卷，第413页。

② 同上书，第416页。

作中的“经济人”的思想,在方法论上有着血缘关系。按照这个概念,经济规律不是来自确定的历史—经济条件,而是来自不断努力实现最大个人经济利益(货币收入或财富)的“人性”。据我们所知,这种思想在功利主义心理学中被普遍化了,并且在政治经济学的主观主义学派的发展中起了基本作用。不同经济时代的“精神”或各种具体经济制度的“心理”,不是别的而是经过适当修改的经济人的思想。熊彼特说过:韦伯构思了一种理想的“封建人”和一种理想的“资本主义人”。但是,“如果……我们让理想的封建人面对理想的资本主义人,从一种人转变为另一种人,将出现一个问题。不过,这个问题在历史事实范围内没有对应的东西”[①]。对于桑巴特理论的历史构思,可以做同样的评论。所以正如经济人从不变的“人性”得到它的行为原则一样,封建人或资本主义人从他们的经济时代精神中得到了他们的行为准则。在这两种情况下,经济规律都是遵循一个从事经济活动的人的心理这种抽象概念,而不是根据人与人之间经济关系的具体历史形态。因而,在桑巴特和马克斯·韦伯的著作中,历史学派的发展达到了一个阶段——在非历史抽象构思的基础上解释政治经济学,在方法论上类似古典派和以后的“经济人”。由此,解释经济规律的真实历史方法被抛弃了。

① J.熊彼特:《经济分析史》第80页。

历史学派的最终评价

在结论中我们可以说：历史学派代表人物中的大多数缺乏一个用社会发展理论去组织他们收集的全部历史材料的思想。而当有这种理论时，例如桑巴特和韦伯，又把它变成以一种非历史的经济时代精神的抽象概念为基础。因此，政治经济学中的历史学派，虽则对收集历史材料无疑做出了有用的贡献，但无助于理解不同社会形态的作用方式、它们发展的辩证法以及从一个形态过渡到另一个形态的历史过程。

因此，我们发现历史学派或主观主义学派都不能满足科学地认识、支配社会生产和分配过程的经济规律的要求，这两个学派都导致了政治经济学的瓦解。主观主义学派导致它作为一门社会科学的解体，历史学派则导致它作为一门理论科学的解体。作为关于支配满足人类需要的物质手段的生产和分配的社会规律的学问，政治经济学的任务首先由古典政治经济学清楚地提出来，而后由马克思主义予以继承和发展。政治经济学的内容和方法中的马克思主义概念如此宽广，所以我们曾说过：它既能利用历史学派在收集历史材料中的成就，也能利用合理行为学——后者是一门辅助学科，主观主义学派在一定程度上间接有助于其发展。虽则在可能和必要时利用了其他概念的某些方面，但马克思主义始终一贯地把政治经济学发展为具有理论和历史两方面的科学。这门科学的任务是研究客观经济规律和它们的历史条件，以便自觉地指导社会经济的发展。

第七章　经济科学的社会条件和社会作用

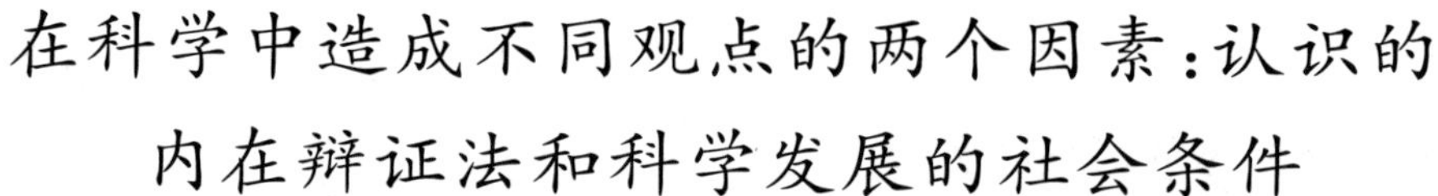

在科学中造成不同观点的两个因素：认识的内在辩证法和科学发展的社会条件

不同的学派之所以存在，就在于它们对政治经济学的内容和方法有不同的概念，并且在他们的研究中得到了基本不同的结论。其具体情况需要更充分的解释。

在科学的发展中，观点和解释的差异是很自然的，它们来自认识的辩证性质。在认识过程中，人的周围实际相互作用而影响人的思想。从新的观察和实验结果与已存在的科学思想和理论之间的冲突中，科学知识得到了发展。这些思想和理论，影响着科学研究的方向，并且指出了新的观察和实验要遵循的道路。这种新的研究的结果，又要求改变科学思想和理论并适应新发现的事实。

新科学概念和理论指出了进一步观察和实验要遵循的道路。这些观察和实验又使修改科学思想和理论成为必要，以此类推。然而这种辩证的过程不是毫无阻力地顺利进行的。新发现事实的范围大小不同，并且起初不易评价它们的意义。人们可能以不同程度的顽固坚持旧概念和旧理论。所有这一切都产生了科学中的不同观点和解释。

这些分歧是科学认识过程的辩证性质的结果。分歧通常可以在科学的进一步发展过程中得到解决。

问题因进一步研究而澄清，并且确定了学者们的共同观点，该观点沿用到新的事实要求它进行修正为止。在修正的过程中，又常常出现新的意见分歧，它又产生一种新的共同观点。在有些学科中，分歧意见的发展和调和，在科学认识辩证法的极大影响下进行，例如大多数自然科学，像物理、化学、解剖学、生理学。在物理学中，自由落体定律、能量守恒定律和相对论是用这种方式研究的；化学中“燃素”的存在和一种元素变换为另一种的问题以及生理学中血液循环、内分泌腺的功能等问题也是如此。

在政治经济学和在某些其他学科特别是社会科学学科中，观点和解释的基本差异被顽强地保持下去。这个事实说明除科学认识的辩证法以外，其他因素在这里也起作用。每种科学，不论是自然科学还是社会科学，都在历史决定的社会条件下发展。这无论对社会生产力的发展，还是对塑造人与人之间的社会关系的科学研究，始终有一定的实际意义。这种意义有时是间接的，并且初看是不明显的，然而始终是存在的。因此，不仅科学认识的辩证法，而且研究一门科学的社会条件以及它的结论的社会意义也影响科学研究的道路。

在16世纪开始而在19和20世纪得到迅速发展的自然科学（以及与之有联系的数学）的伟大发展，起初与资本主义贸易和航海，然后与资本主义生产的发展有密切关系。商业资本和以后的工业资产阶级产生了一种对自然科学的实际应用的兴趣,并且使自然科学用于工业技术、农业、运输和通信成为可能。而且在这期间,资本主义的发展创造了一种没有中世纪神学偏见和学究式思想习惯的学术空气。在这种空气中,由科学论断与经验对比而证实科学论断的真理性的科学研究经验方法赢得了普遍接受。这些条件使自然科学的发展成为可能。最后,特别是在19和20世纪,资产阶级设立了实验室、实验站和诊断室等科学研究中心,建立了传播科学知识的中心,如教育中心和出版社。没有这些条件,自然科学的发展将是很困难的。同时,工业、农业、运输、通信以及与之有关的技术需要的发展,对科学研究的方向有决定性的影响。它们使科学与要求解决的问题挂钩——它们直接或间接地向科学提供"订单"。

所以,自然科学的巨大发展,特别是在最近两百年中,不单是科学认识辩证法的成果,与资本主义的出现和发展有关的经济关系的发展也有其作用。在前资本主义社会形态中,没有这样的自然科学的发展。这个事实说明,在这里,经济关系的发展比单独的科学认识辩证法起了更重要的作用。资本主义经济关系的发展,引起了对支配自然界规律的兴趣,并且提供了进行这些研究所必需的物质资料,因而创造了自然规律的研究得以充分发展的条件。

利益、物质手段和没有偏见——科学发展的社会基础

自然科学的历史表明，科学发展决定于社会历史条件。科学认识辩证法的内容是人的思想与实际经验的相互作用。其充分发展要求社会或其他某些部分对于研究支配社会的实际规律有兴趣，它需要科学研究和传播其成果所必需的物质资料。最后，它要求研究工作不受科学思想方式以前遗留的迷信、偏见、传统和思想习惯的阻碍。[①] 利益、物质手段和没有偏见是科学发展的社会基础。形成科学发展的社会基础的这些条件被满足的地方和程度决定于科学的社会环境，并决定于这个环境在某一历史社会形态的社会关系中的位置，它特别决定于其利益和需要由科学来表达的各阶级和社会阶层的历史地位。在对抗性社会形态中，有对立的阶级利益，并且有些社会阶层在现行上层建筑的保持或变革中也有特殊利益。这就出现了既支持又阻碍科学发展的一整套条件的复合体。

① 恩格斯把这些迷信和非科学的观念描写为“被历史时期所发现和接受的史前内容，即目前我们不免要称之为谬论的内容”。他接着说：“这些关于自然界、人的本质以及灵魂、魔力等的形形色色的虚假观念，大都只有否定性的经济基础；史前时期的低级经济发展有关于自然界的虚假观念作为自己的补充，但是有时也作为条件，甚至作为原因……科学史就是把这种谬论逐渐消除或是更换为新的但终归是比较不荒诞的谬论的历史。”(《马克思恩格斯选集》第4卷，第484—485页，人民出版社，1972年版)

资产阶级和世俗知识分子为发展自然科学的斗争

这个复合体在自然科学范围内特别清楚。商业资本和以后的工业资产阶级,实际上对自然科学的进展很有兴趣。自然科学在航海和海洋贸易、工业生产、运输、通信,后来也在农业中得到了应用。资产阶级出身或以某种方式与资产阶级有联系的新世俗知识分子,迅速摆脱了旧的偏见和思想方法。所有这一切,连同资产阶级提供的物质资料,使自然科学能够迅速发展。然而,封建地主阶级对自然规律的研究没有这种兴趣(其中自己从事航海、海洋贸易和工业的那些人是例外),而在封建社会的上层建筑中占据关键位置的人以及神父,对这种研究持不信任态度,或者公开反对。起初,自然科学的发展受到大多数神父的强烈反对。他们认为这对他们的神学理论和他们的社会地位是一种威胁。只要回忆一下其著作被列入禁书目录(直到1835年为止)的哥白尼以及1633年遭到宗教法庭审判的伽利略就够了。[①] 另一个例子是教士们反对达

① 教会很有理由认为哥白尼的学说是危险的。当乔丹诺·布鲁诺从中推导出有很多太阳系和住着人的行星时,它引发了一个严重的神学问题。数学家和哲学家赫曼·威尔写道:"这是哥白尼的书之所以变成世界观的一个转折点,并且布鲁诺以暴风雨般的热忱按这个方向得出结论的原因。上帝的儿子赎罪的崇高行动,钉死在十字架上和复活,不再是世界史的唯一枢纽,而成为从这颗星球到那颗星球不断重复的匆忙的小城街头演出——这句亵渎的话或许以最刺激的方式暴露了一种把地球从世界的中心赶走的宗教理论上的冒险性质(布鲁诺不得不为此付出代价)。《数学和自然科学的哲学》,第98页,普林斯顿,1949年版。

尔文的物种起源和进化论。就天主教教会而言，这种反对甚至今天也未完全放弃。[①]

关于如何教育学生以便在专制及贵族王国的国家机关中服务的问题，世俗与教会知识分子的对立观点比较微妙。他们否认自然科学教学是以所谓“人文教育”，即古典语言学、神学和唯心哲学为基础的教育，否认它有较高的文化价值。[②] 在19世纪早期和中期的英国，创办了新的学院和大学，有资产阶级的积极财务支持，在伦敦和曼彻斯特及伯明翰那样的大工业中心讲授和研究自然科

① 约瑟·波尔：《信条教本》，第370页，派德邦，1929年第7版，该书严格固守着人类并非经过进化而来的观点。马克·达尔巴神父的《基督教义释》（第142—143页，弗赖堡，1942年版）写道：人类来自进化“尚未得到科学上的证明”，只能有某些保留地予以接受。在这些保留中，他提到上帝“用属于第一个男人的身体的有机质制作了第一个女人的身体”，“圣保罗根据这一点解释女人从属于男人”。W.卡林诺夫斯基神父和J.李奇李斯基神父的《天主教义》说：“绝大多数所谓进化论的证明经不住基于最近关于生命本质的科学见解的批判。”最近庇护十二世在教皇通谕“人类起源”（载《现代学术中的虚假趋势》，第20页，天主教真理会，伦敦，1950年版）中采取了较小心的立场。其中我们读到：“所以教会的教导使进化论成为一个未决的疑问，只要它的思考局限于人体从已存在的其他生命物质发展而来……在科学和神学意见的目前状态中，依靠研究和依靠两方面专家之间的讨论可以合理地详细探讨这个疑问。同时，赞成和反对任何一方见解的理由必须以极充分的严肃、公正和克制的态度来判定……”

② 提倡人文科学的人与提倡自然科学的人之间的斗争，是在17和18世纪的英国和法国开始的。在资本主义发展较晚的德国，到19世纪中叶争论最激烈。17世纪末在法国发生了“古今”之争，产生了许多关于人文教育与自然科学训练的相对好处的文献。在英国，一位革新教会教士乔纳森·斯威夫特在1704年出版的《群众之战》及《格列佛游记》对巴尔涅巴比学院的自然科学教授们的描写中，用讽刺的笔法攻击了自然科学。半世纪后亚当·斯密写道：“大多数大学在有了那些改进后，甚至不积极地采用它们。而且那些学会长期选择了保留避难的教堂，以便炸裂的制度和过时的偏见从世界其他角落被逐出后有庇护所。一般来说，最富、条件最好的大学，改进最慢，也最不愿意在既定的教育计划中允许任何大的改革。”见《国富论》，邓特出版公司，第2卷，第256页，伦敦，1910年版。

学。起初,保持其古老传统的牛津和剑桥那样的老牌大学远离新自然科学的研究,认为不值得一位“绅士”对其感兴趣。但是,后来资本主义的发展和资产阶级因自然科学的进展而得到的实际利益,打破了这种反对。资本主义的历史是自然科学胜利及其发展和实际应用的历史,虽则在封建社会或者(在资本主义早期)在封建制度遗留下来的国家中,教会或教育机关中占主导地位的社会阶级、阶层及集团会造成很大的阻力。总之,可以说资产阶级支持自然科学的发展,而前资本主义起源的阶级、阶层及集团则阻碍它。然而这种支持在所有知识分支中不是同样积极的。对物理和化学的支持最强,因为它们对工业生产技术有直接重要性。对于与工业技术关系不那么密切的生物科学则支持较弱。正是在这一领域,与科学出现以前的思想传统有关的教会和其他集团的阻力延续最久。

在资本主义的最终阶段妨碍自然科学的因素

19 世纪末,在面对来自工人运动日益高涨的批判时,出于保护资产阶级的地位以及殖民政策和帝国主义发展的需要,在资产阶级的某些部分对自然规律的不受妨碍的研究出现了一些阻力。这种阻力的一个表现是在资产阶级中恢复了基于科学出现以前的神学和经院思想方式的哲学学派和思想。在资本主义初期,世俗资产阶级知识分子曾与这些思想做过激烈斗争。而今,在知识分子中恢复了对宗教的兴趣,同时,像新康德主义、新黑格尔主义、实用主义等唯心哲学学派又繁荣起来。这些学派的共同特点是，认为经验知识的认识论的意义是有限的，要寻找科学经验以外的知识来源，或对科学经验的成果抱一种不可知论的态度。这就导致了贬抑自然科学发展的科学方法。另一种反对的形式是在资产阶级圈子里尝试把生物学和人类学用于特殊目的——证明社会中富有阶级所假设的“较高生物学质量”以及某些人种特别是北欧人种的优越性。另外，研究遗传问题的各种假科学学说以及有关的优生学和关于某些种族特别是北欧民族的生物学和历史学作用的学说也都发展起来了。

随着帝国主义的发展，这种教条的重要性日益增加。直至它在纳粹德国变为官方国家学说，用于支持征服千百万属于“低等种族价值”的人民和种族灭绝政策。① 甚至到今天，这种学说不仅还是南非国家政策的官方思想，而且也是各种殖民政策不那么公开的思想基础。还有值得回忆的是，为了阻止仔细研究核爆炸的放射造成的生物学效应而施加的压力，这些研究遭到了对核武器实验有兴趣的人们的反对。所以，在当代资本主义世界中不仅有支持自然科学发展的势力，而且也有一些妨碍自然科学发展的势力。

① 北欧民族假设的优越性理论的作者是法国贵族亚述·德·高宾诺，他发表了《人种不平等论》(巴黎，1853—1855 年)。在德国，这个理论被一个英国人理查·瓦格纳的女婿休士敦·斯图尔特·张伯伦广泛宣传。他的书《19 世纪的基础》于 1899 年出版。这个理论在德国民族主义人士中很受欢迎。因而在纳粹政权下它成为各大学教学的官方学说。在美国，由于部分地受德国著作的影响，出现了一种假设黑人劣质的理论。见迈尔维·J.赫斯柯维茨:《文化人类学》，第 91—93 页，纽约，1955 年版。优生学是弗兰希斯·加尔登(1822—1911 年)创立的。他除了对遗传的有价值的科学研究外，还尝试过证明黑人在生物学上是劣质的。

与资本主义生产方式相联系的政治经济学的起源和发展

政治经济学像自然科学一样,其起源和发展与资本主义的兴起和成长密切相关。前资本主义经济思想是伦理的和规范性的;在中世纪它与神学密切联系,它并不研究支配生产和分配过程的规律。科学兴趣的初步兴起出现在16和17世纪的重商主义文献中。这些文献研究商业资本的发展和专制王国的财政问题——这些问题是从以后所谓原始资本积累产生的。第一次对早期资本主义生产方式的经济规律进行系统研究的是威廉·配第(1627—1687年)。以后有重农学派(在18世纪),然后有古典政治经济学的创始人亚当·斯密(1723—1790年)和大卫·李嘉图(1772—1823年)。已经抛弃了中世纪思想方式而提倡基于推理和观察经验实际的自然科学的发展,产生了一种有利的学术空气。政治经济学后来的发展,采用了前一章讨论的各种形式——庸俗经济学、马克思主义政治经济学、主观主义学派和历史学派。这些学派的发展与资本主义社会形态的历史有关。在资本主义形态中,有些社会阶级和阶层对经济规律的科学研究有兴趣;有些阶级和阶层没有这种兴趣,因为研究资本主义生产方式的规律,对他们来说似乎很不方便;有些阶级的态度则在历史进程中发生了变化。

所以,在原则上自然科学的发展有整个资产阶级的支持,同时反对它的是前资本主义社会形态或其残留的各阶级、阶层和集团。只是在资本主义发展到了帝国主义阶段,才在资产阶级中出现了

一种阻碍自然科学发展的倾向。因此，可以说，除资本主义发展的帝国主义阶段外，自然科学的发展与资本主义生产方式的发展有密切联系。抵制和反对则来自前资本主义形态的那些阶级、阶层或集团。

无产阶级和资产阶级之间的阶级冲突出现后，资产阶级态度的变化

资本主义社会形态的对抗性质在政治经济学中起特殊作用。它的发展遵循一条不同的道路。政治经济学的发展在它的早期与资本主义生产方式的发展包括重商主义者、重农主义者以及古典政治经济学的先行者和创始人相关。但在大卫·李嘉图之后，它的发展变得复杂起来。它分裂成为前一章中讨论的不同学派。之所以如此，是因为政治经济学的内容是从生产和分配过程中产生的社会关系。在资本主义形态中，这些社会关系以阶级利益对立的形式出现，因而是对抗性的。只是在资本主义社会形态中阶级对立尚未充分成熟的时候，或者当这种阶级冲突隐藏在整个新生的资本主义社会形态与旧封建形态的对立背后的时候，政治经济学——和自然科学一样——的发展才和资本主义生产方式的发展正相关。当资本主义社会形态特有的阶级冲突发展成为无产阶级与资产阶级的对立时，政治经济学如同其他所有社会科学一样，其发展的社会条件改变了。

马克思是这样描写这些新条件的："在政治经济学领域内，自由的科学研究遇到的敌人不只是它在一切其他领域内遇到的敌

人。政治经济学所研究的材料的特殊性,把人们心中最激烈、最卑鄙、最恶劣的感情,把代表私人利益的复仇女神召唤到战场上来反对自由的科学研究。例如,英国高教会宁愿饶恕对它的三十九个信条中的三十八个信条展开的攻击,也不饶恕对它的现金收入的三十九分之一进行的攻击。在今天,同批评传统的财产关系相比,无神论本身是一种很轻的罪。"[①]他在1867年写的这些话,说明政治经济学的进一步发展不符合资产阶级的利益。

八年后,马克思更详细地讨论了这个问题。他把在德国发展政治经济学的条件和在英国、法国发展它的条件做了比较之后,写道:"在德国,直到现在,政治经济学一直是外来的科学。古斯塔夫·冯·居利希……已经大体上谈到了妨碍我国资本主义生产方式发展,因而也妨碍我国现代资产阶级社会建立的历史条件。可见,政治经济学在我国缺乏生存的基础。它作为成品从英国和法国输入;德国的政治经济学教授一直是学生……从1848年起,资本主义生产在德国迅速地发展起来,现在正是它的欺诈盛行的时期。但是我们的专家还是命运不好。当他们能够公正无私地研究政治经济学时,在德国的现实中却没有现代的经济关系。而当这种关系出现时,他们所处的境况已经不再允许他们在资产阶级的视野内进行公正无私的研究了。只要政治经济学是资产阶级的政治经济学,也就是说,只要它不是把资本主义制度看作历史发展的过渡阶段,而是看作社会生产最后的绝对的形式,那就只有在阶级斗争处于潜伏状态或只是在个别现象上表现出来的时候,它才能

① 卡尔·马克思:《资本论》第1卷,第12页,人民出版社,1975年版。

够是科学。拿英国来说，英国古典政治经济学是属于阶级斗争不发展的时期的……随后一个时期，从 1820 年到 1830 年，在英国，政治经济学方面的科学活动极为活跃……这一论战的公正无私的性质——虽然李嘉图的理论也例外地被用作攻击资产阶级经济的武器——可由当时的情况来说明。一方面，大工业刚刚脱离幼年时期。大工业只是从 1825 年的危机才开始它的现代生活的周期循环，就证明了这一点。另一方面，资本和劳动之间的阶级斗争被推到后面：在政治方面是由于纠合在神圣同盟周围的政府和封建主同资产阶级所领导的人民大众之间发生了纠纷；在经济方面是由于工业资本和贵族土地所有权之间发生了纷争。"[①]

马克思说，1830 年以后，这些条件发生了根本变化："法国和英国的资产阶级夺得了政权。从那时起，阶级斗争在实践方面和理论方面采取了日益鲜明的和带有威胁性的形式。它敲响了科学的资产阶级经济学的丧钟。现在的问题不再是这个或那个原理是否正确，而是它对资本有利还是有害，方便还是不方便，违背警章还是不违背警章。不偏不倚的研究让位于豢养的文丐的争斗，公正无私的科学探讨让位于辩护士的坏心恶意。"[②]

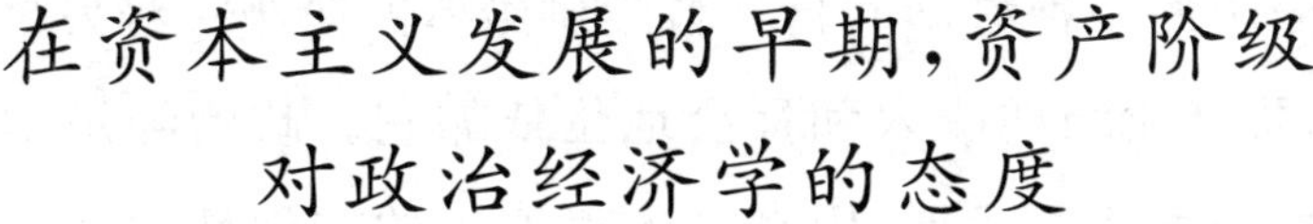

在资本主义发展的早期，资产阶级对政治经济学的态度

资产阶级对政治经济学的发展有兴趣，只是表现在资本主义

① 卡尔·马克思：《资本论》第 1 卷，第 15—17 页，人民出版社，1975 年版。

② 同上书，第 17 页。

生产方式发展的早期。正是在这个时期,对专属于这种生产方式的经济规律的研究显示了它的发展潜力。这些规律的研究表明,封建和行会制度以及重商主义政策阻碍了资产阶级的经济首创精神,并且对经济发展有害。同时,研究也表明,积累资本和发展工商业的资产阶级是进步的社会阶级,其活动与经济发展的利益一致,而旧封建阶级以及与它联系的阶层是那部分不生产社会产品的消费者。威廉·配第描写封建领主阶级和与之联系的阶层为“什么事都不做,只是吃喝、唱歌、游戏和跳舞,以及研究形而上学”。

亚当·斯密写道:“社会上一些最受尊敬的等级的劳动,像家仆的劳动一样,不产生任何价值,并且不把自己固定在实现任何永久性事物或可销售的商品中……例如国王以及在他下面服务的一切司法和军事官吏、全部陆军和海军,是非生产劳动者……同一类中必须算上一些既最庄严又最重要,以及最琐碎的职业——教士、律师、医生、一切文化人、演员、小丑、音乐家、歌剧歌唱家、歌剧舞蹈家,等等。”①

政治经济学和自然科学一样,变成资产阶级的以及与之联系的知识分子的一种科学。自然科学供给资产阶级一种发展生产力的工具,资产阶级的收入和社会地位依靠它。政治经济学被资产阶级当作一种斗争武器,用来打碎束缚它的首创精神和经济活动的旧枷锁。同时,使资产阶级设法赢得其支持的广大人民群众了解资产阶级是一个进步的、经济上有创造性的阶级。

① 亚当·斯密:《国富论》第1卷,第295页。

一旦资产阶级已经达到并且巩固了它的统治阶级地位，以及当愈来愈迅速了解自身经济地位和利益的工人阶级开始反对资产阶级的时候，情况就改变了。在这个时期，政治经济学开始提问：资产阶级不受阻碍的经济活动是否与人民群众特别是工人阶级的利益一致？它也开始对于把资本主义生产方式的经济规律解释为不变的自然规律，以及把资产阶级的作用解释为代表社会发展利益的一个进步阶级提出疑问。这些疑问是西蒙·德·西斯蒙第(1773—1842)[①]提出的。他从古典政治经济学的基础上构思他的理论。在英国，一些称为“李嘉图社会主义者”的作者，从古典政治经济学原理特别是从李嘉图的理论得出结论。这些结论对资产阶级的社会地位和作用提出怀疑——在性质上显然是社会主义的。这些作者之一的托马斯·霍克斯金(1787—1869)出版了一本书，有一个毫不含糊的题目——《为劳动辩护反对资本的权力》。[②] 在这本书中有一句著名的话：“我们需要资本，而不是资本家。”正如恩格斯所说，这些作者“用资产阶级自己的武器来和资产阶级进行斗争”[③]，即用古典政治经济学与资产阶级进行斗争。对资产阶级而言，政治经济学变成一门愈来愈令人难堪的学问。

① 他的主要著作《政治经济学新原理》于1819年问世。

② T.霍吉斯金：《为劳动辩护反对资本的权力》，伦敦1825年版。这个学派的其他代表人物是威廉·汤普森(1785—1833)、约翰·格来(1798—1850)、J. F. 布来(1809—1895)。

③ 卡尔·马克思：《资本论》第2卷，第18页，人民出版社，1975年版。

政治经济学的社会基础的变化

最后,马克思在批判地分析了古典政治经济学的成就之后,把它们综合在他自己的基于唯物史观的社会发展理论中,并且发展了一个新的政治经济学体系。这个体系在前后相继的社会形态的框架内讨论经济规律,并且证明了资本主义生产方式的历史的和暂时的性质。马克思认为:资本主义形态,同更早的社会形态一样,将在生产关系与生产力性质之间日益增长的矛盾中找到它发展的历史边界。通过这种方式,而且有弗里德里希·恩格斯显著的学术和宣传才能的帮助,诞生了马克思主义政治经济学思想。

政治经济学中的这个新发展,在工人阶级中迅速地得到了了解和支持。1875年,马克思在论述上面援引的关于政治经济学发展的社会条件时写道:"《资本论》在德国工人阶级广大范围内迅速得到理解,是对我的劳动的最好的报酬。"[①]马克思和恩格斯的经济学学说迅速地说服了工人运动的领导者。工人运动得到了这个帮助后,发展成一个有自己的社会觉悟的群众社会运动。1886年,恩格斯曾说:"《资本论》在大陆上常常被称为'工人阶级的圣经'。任何一个熟悉工人运动的人都不会否认:本书所得出的结论日益成为伟大的工人阶级运动的基本原则。不仅在德国和瑞士是这样,而且在法国,在荷兰和比利时,在美国,甚至在意大利和西班

① 卡尔·马克思:《资本论》第1卷,第15页,人民出版社,1975年版。

牙也是这样；各地的工人阶级都越来越把这些结论看成是对自己的状况和自己的期望所做的最真切的表述。"[①]

政治经济学变成无产阶级的科学

政治经济学发展的社会基础因此无形中被毁坏。政治经济学从一门资产阶级的科学转变为一门无产阶级的科学。当资产阶级失去它对政治经济学进一步发展的兴趣时，工人阶级把它接管过来。进步的资产阶级知识分子在这里起了中间作用。《共产党宣言》说："正如过去贵族中有一部分人转到资产阶级方面一样，现在资产阶级中也有一部分人，特别是已经提高到从理论上认识整个历史运动这一水平的一部分资产阶级思想家，转到无产阶级方面来了。"[②]考茨基说得更详细："现代社会主义意识，只有在深刻的科学知识的基础上才能产生出来。的确，现代的经济科学，也像现代的技术（举例来说）一样，是社会主义生产的条件。而无产阶级不管多么希望，终究不能创造出现代的经济科学，也不能创造出现代的技术；这两种东西都是从现代社会发展过程中产生出来的。但科学的代表人物并不是无产阶级，而是资产阶级的知识分子。现代的社会主义学说也就是从这一阶层的个别人物的头脑中产生出来的，他们把这个学说传给了才智出众的无产者，而后者又在条

① 卡尔·马克思：《资本论》第1卷，第36页，人民出版社，1975年版。

② 《马克思恩格斯选集》第1卷，第261页，人民出版社，1972年版。

件许可的地方把它灌输到无产阶级的阶级斗争中去。”①

政治经济学变成无产阶级借以掌握资本主义生产方式的规律以及预见其未来发展的手段,它也变成无产阶级理解它自己在资本主义社会中的地位、把自己从被剥削阶级的地位解放出来的条件和方法,以及它的历史作用是成熟的资本主义形态中的唯一进步阶级的手段。政治经济学因而是无产阶级大众提高阶级觉悟的基础。同时,政治经济学由于分析了资本主义生产方式的作用和发展的规律,因而向工人运动提供了有效行动所必需的知识——起初在资本主义社会的框架之内,而后在从资本主义经济关系到社会主义经济关系的改造过程中。由于把自己与工人运动结合起来,政治经济学成为科学社会主义的一部分——后者的目的在于控制社会发展的自发性,以及使其中的经济规律按照人的意图作用于经济关系。

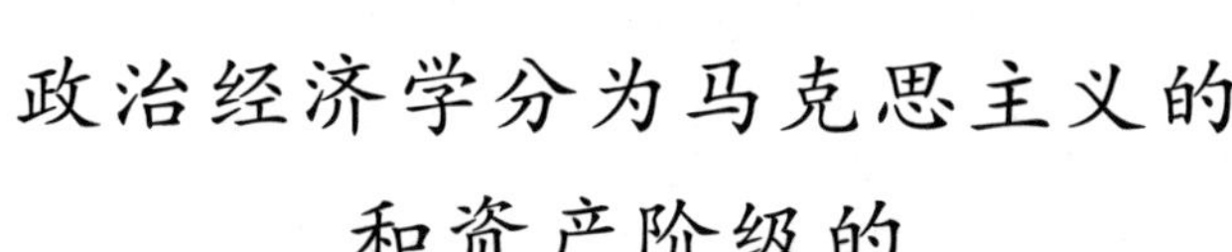

政治经济学分为马克思主义的和资产阶级的

在这些情况下,政治经济学分裂为不同学派:与工人运动联系的马克思主义学派和与资产阶级及其知识分子联系的其他学派。从这时起,我们要区分马克思主义政治经济学和资产阶级政治经

① 列宁在《怎么办?》中加以援引。列宁提到,考茨基的论点是一句“十分正确而重要的话”。见《怎么办?》第38页,人民出版社,1960年版。

济学。[1]“资产阶级政治经济学”包括若干学派，其中有些学派与小资产阶级的联系多于与资产阶级的联系。因为随着资本主义的发展，小资产阶级开始觉察到它的利益不同于上层资产阶级的利益。对这个事实的觉悟，产生了马克思主义政治经济学和严格的资产阶级经济理论之间的各种折中。[2]

马克思主义学派的成就和发展

政治经济学中的马克思主义学派所揭示的关于生产和分配的社会规律的学问是古典政治经济学的继续。它之所以能为其继续，既是由于它对古典政治经济学的批判，[3]又是由于它进一步发展了古典政治经济学的成果，并且远远超过了它。它的批判性分析，在于证明古典政治经济学的范畴和规律的历史性以及证明这

① 表示经济理论特征的“资产阶级”一词，是马克思引入的。马克思在他最早的著作中谈到“资产阶级经济学家”时，很简单地称为“经济学家”。在 1859 年出版的《〈政治经济学批判〉序言》中，马克思一贯使用“资产阶级经济学”一语。在《资本论》第 1 卷第 2 版的跋中，马克思说，“资产阶级经济学”的本质在于这样的事实：“它把资本主义制度不是看作历史上过渡的发展阶段，而是看作社会生产的绝对的最后的形式。”见《资本论》，第 1 卷，第 16 页，人民出版社，1975 年版。马克思形容古典政治经济学是资产阶级的。

② 政治经济学中与小资产阶级批判资本主义发展有关的学派之父是西斯蒙第。我们已经谈到过他。关于西斯蒙第，见列宁：《经济浪漫主义的性质》。这个学派的一个稍晚的代表人物是约瑟夫·蒲鲁东（1809—1865），马克思的《哲学之贫困》用于批判他的理论。对资产阶级和无产阶级政治经济学之间的第一次折中是约翰·斯图尔特·穆勒（1806—1873）进行的。马克思在《资本论》第 1 卷第 2 版的跋中提到了这件事。

③ 马克思称他在 1859 年出版的关于政治经济学的第一部系统著作为《政治经济学批判》。然而，马克思的主要著作《资本论》的副题则为“资本主义生产的批判性分析”。

些不是不变的自然规律,它起源于一种与具体生产方式相对应的人与人之间的经济关系。由于它发现了剩余价值规律——资本主义社会形态的基本经济规律——的精确作用方式,从而发展了古典政治经济学的成就。由于马克思主义政治经济学在唯物史观的基础上揭示了经济关系的发展规律,因而超越了古典政治经济学。

在马克思和恩格斯以后,政治经济学中的马克思主义学派继续详细分析各国的资本主义发展情况,研究资本的再生产和积累问题以及与之有关的经济危机,并且研究垄断资本和帝国主义的出现带来的新的现象和经济规律。希法亭,特别是列宁,对后面这些问题的研究是在马克思和恩格斯的著作之后,他们对马克思主义政治经济学做出了重要贡献。[①] 同时,马克思主义学派还研究了前资本主义社会形态特别是封建主义的政治经济学问题。最近,随着社会主义生产方式在苏联和其他一些国家中的发展,马克思主义政治经济学正在奠定社会主义政治经济学的基础。[②]

资产阶级倾向于瓦解政治经济学

资产阶级经济理论则沿着很不同的路线发展。资产阶级对政治经济学的进一步发展失去了兴趣。由于现在被工人运动利用的政治经济学变得对资产阶级不方便,甚至是危险的,因此另一种倾

---

① R.希法亭:《金融资本》,柏林 1947 年第 1 版、维也纳 1910 年版。V.I.列宁:《帝国主义是资本主义的最高阶段》。

② 见本卷第四章。

向得到了发展。他们要把研究人与人之间经济关系的一门科学变成为他们服务的辩护词，借以说明资本主义生产方式存在的理由。通过前一章中描述过的庸俗经济学、主观主义学派和历史学派的发展，我们能够清楚地看到这个过程的渐进道路。

庸俗经济学和主观主义学派：它们的基础和社会功能

我们已经知道，庸俗经济学把自己局限于交换关系和与之有关的市场过程。它失去了对生产关系的兴趣。而生产关系是古典政治经济学的主要兴趣，并且成为马克思主义政治经济学的核心。这反映了胜利的工业资产阶级的地位。他们克服了封建主义、行会和重商主义对资本主义生产关系的发展造成的困难，现在只对市场问题有兴趣。胜利的资产阶级认为，生产关系的建立是一劳永逸的，这件事完全不用争论。除了证明生产关系合理外，对这件事没有别的论证。资产阶级只对市场问题有兴趣，特别是价格、货币和信用。而工人阶级则对生产关系最感兴趣。所以从资产阶级的观点看，愈少谈论它们愈好。然后把资本主义生产关系的辩护词建立在交换的分析上，因为容易证明，如果不是对所有参加的人有利，交换是不可能发生的。这一点隐瞒了资本主义生产关系内在的对抗阶级利益，而把资本主义生产方式描述为交换关系的协调安排，所有社会阶级由此得益。

我们在前一章中已说明，主观主义学派导致作为人与人之间社会关系的研究的政治经济学完全瓦解。经济学的内容改变了，

常常表现为把“政治经济学”变成“经济学”。以此方式设想的经济学研究人与物(即满足人类需要的资料)的关系,甚至人与人之间的交换关系也转化成人与物的间接关系。在主观主义学派的有些解释中,经济学变成合理行为学,即一门关于理性活动的一般科学。于是经济学不再研究社会关系,它的规律不依靠历史条件而可以用与世隔绝的鲁滨逊·克鲁索的生活例子来说明。资本主义辩护词在这里伪装成对资本主义生产方式的经济范畴的一种研究方法,把它们当作一般合理行为学范畴,不依靠社会条件的人类理性活动的范畴。

通过这种方式,资本主义生产方式的具体特点被描写为理性经济活动的普遍要求;而把资本主义生产方式变为另一种生产方式便是放弃经济理性。[①] 工资、资本或利润之类的经济范畴被当作不受社会条件的历史形成影响的普遍范畴。鲁滨逊·克鲁索和手工业者或小地主都把他们产品的一部分算作“工资”,这是他们的劳动生产率的报酬;另一部分算作“利润”,这是所用生产资料的“生产率”的成果。因而这意味着在资本主义生产方式中挣工资的雇佣劳动者得到公正的报酬,符合他的劳动生产率。而资本家得到公正的利润,符合生产资料的“生产率”,而且同时经济理性要求

① 在路德维希·冯·米塞斯的著名论点中,即所谓只有当生产资料归私人所有时,才有可能进行理性经济核算,因此在社会主义经济中它是不可能的,这一点说得很清楚,见 L.米塞斯:《普通经济学》,耶拿,1922 年版。许多经济学家以各种形式支持这个论点。见 F.A.哈耶克主编的《集体主义经济计划》,伦敦,1935 年版。在奥斯卡·兰格的“社会主义经济理论”中,这些论点受到了驳斥。该文收入兰格和 F.泰勒:《社会主义经济理论》,明尼阿波立斯,1938 年版,并见 M.多布:《经济理论和社会主义》,伦敦,1955 年版。

的恰好是劳动工资和资本利润的划分。政治经济学作为一门社会科学的瓦解,一方面说明不再考虑人与人之间的生产关系及其他经济关系,另一方面说明,资本主义生产方式的经济关系假设来自经济理性的普遍原理是合理的。

主观主义学派的特点——它与庸俗经济学都有这个特点,不过,它具有这个特点的程度要高得多——是把经济范畴及规律与生产过程分离开来。这一点被斯坦尼斯劳·布劳韶夫斯基指出。他评论奥地利学派说:“心理经济学总是研究人与现成东西的关系。它是消费理论……对这些理论的批判在于这些理论中没有一个适合发展为完全的社会理论。每一个理论都基于已经准备好的有用物件这个事实。也就是说,事实上他们把政治经济学必须研究的东西当作特定的。所以把庞巴维克或齐美尔的著作算作政治经济学是一种误会。它们完全属于消费心理学研究的领域,并且主要是资本主义时代中的消费。与古典政治经济学比较,他们代表了一次巨大的和极有特征性的倒退步骤。”

布劳韶夫斯基进一步写道:“一种消费心理学理论的发展是一个很值得注意的现象。我愿意说,其中反映了黑黄王国的全部财政性质。奥地利学派的理论,基本上是领取津贴者和税吏的经济学。要看资产阶级的心理学向哪个方向发展,只需把它和斯密或李嘉图的理论比较一下就够了。它与生产的联系如此薄弱,所以它感到用消费与大量社会产品联系最为紧密。当聪明的心理学家们从边际价值理论推导出利润和地租规律时,他们的真实动机在于一个信念:资产阶级由于帮助消费者获得产品而得到他们得以维持生计和致富的方式。资产阶级把它的权力建立在一种经济调剂过程的基础上。”[①]

布哈林也注意到了这个现象,并且设法把它与资本主义社会形态中的不生产阶层,特别是食利者的重要性日益增加联系起来。布哈林称主观主义学派为“食利者的政治经济学”。关于它的社会根源,他写道:“商业资本(重商主义)为主时开始的资产阶级政治经济学发展的初期,有一个显著的事实,它从交换的角度研究经济现象……下一个阶段是资本变成生产组织者的时期;这些关系的意识形态的表现是‘古典学派’。它从生产的角度研究经济问题(斯密和李嘉图的‘劳动理论’),并且把它的重点放在理论研究上。无产阶级政治经济学从古典政治经济学那里继承了这种观点。另一方面,资产阶级食利者认为,关键首先在于解决消费问题。正是这一点成为奥地利学派理论见解和与之有关的概念中的基本特征。”[②]

主观主义学派与食利者阶级的联系不完全正确。因为奥地利学派的故乡不是一个资本主义高度发展或者有许多资产阶级人士靠货币和借贷资本生活的国家。奥地利是一个中等发达的工业资本国家。主观主义学派是资产阶级对政治经济学失去兴趣的反映,并且形成于它瓦解的最后阶段,要取消作为社会关系学的政治经济学。奥地利社会主义者奥托·鲍尔谈到主观主义理论时说:

① S.布劳韶夫斯基:《文化与生活》,第406—407页,列沃夫,1907年版。S.布劳韶夫斯基(1878—1911年),哲学家、文艺批评家和小说家。他在转向伯格森主义和索莱尔的工团主义之前,有一个时期曾是一名马克思主义的支持者。这里提到的乔治·齐美尔是一位有实证主义倾向的德国哲学家。他在1900年出版了《货币的哲学》。

② N.布哈林:《食利者的政治经济学》,第25—26页,维也纳—柏林,1926年版(1919年在莫斯科首先以俄文出版)。

它的“研究远离实际生活。因此学生们学不到任何关于工会、劳动立法和其他同样‘不必要的’事情”①。

在古典政治经济学发展时，以及从某种程度上来说，在庸俗经济学发展时，经济研究和文献直接而且密切地与资产阶级人物相联系。这个时期的经济学家们或则自己是商人（如李嘉图），或则与他们有密切联系。他们对资产阶级的实际问题感兴趣。在19世纪后半期以及20世纪初，政治经济学愈来愈成为一门学院式学科，它在大学中被作为一种专业研究着。资产阶级对政治经济学缺乏兴趣有利于把经济生活的研究和实际问题分开来而使经济学撤退到纯心理学和理性选择的逻辑的领域中。这个倾向在奥地利表现得如此清楚并非偶然。这个国家的资产阶级并不太强，但有很多大学毕业生在政府工作，因而与生产过程脱离，还有很多地主住在城市中，小食利者和金融资本家的活动遍布整个王国。如此脱离生产问题，创造了有利于主观主义学派证明资本主义制度合理、否认经济过程中社会关系的重要性的条件。马克思主义对资本主义生产关系的批判性分析得到了这样的答复：这些问题……干脆不存在。

历史学派——德国资产阶级向封建因素及普鲁士王国妥协的一种表示

政治经济学的历史学派发展的社会条件有些不同。当独立工

① 鲍尔：《国民经济理论导言》，第289页，维也纳，1956年版。这是1927—1928年在维也纳工人大学的讲演笔记的不具作者姓名的版本。

人运动在德国发展起来的时候,政治权力不在资产阶级手中。在1848年的不成功革命以后,资产阶级向封建地主及与之有关的国家官僚妥协。这种妥协是面临迅速发展和加强的工人运动引起的恐惧时,资产阶级虚弱的结果。社会基础为地主特别是普鲁士容克地主的王国军事—官僚机关被认为保护它而反对工人阶级的革命压力。而且,德国不是处在一种靠资产阶级民主革命实现民族统一的状态中。德国资产阶级指望普鲁士王国实现统一。事实上它在1871年实行了这个统一。而德国资本主义关系的发展把旧的封建地主,甚至普鲁士容克地主,也吸引到它的周围。这些是政治经济学中历史学派发展的社会条件。

由于强调经济发展的历史连续性和有机性,历史学派证明,在德国资本主义社会形态中保持封建地主的社会地位是必要的。由于强调国家在经济发展中的积极作用,它也倾向于保证扎根在容克地主和其他地主中的军事—官僚国家机关的地位。青年历史学派领袖格斯他夫·希摩勒表达了这个倾向。他说:"德国教授们形成了霍亨索伦家族的精神卫队。"[①]政治经济学中的历史学派涉及两方面的辩护词。一方面它为资本主义生产方式辩护,对抗马克思主义的批判性分析;另一方面,它保护封建和官僚因素的地位,对抗基于古典政治经济学的批判。达到这一点,依靠的是否认经济规律的存在和用经济史代替政治经济学,或者唯心的历史构思,像沃纳·桑巴特和马克斯·韦伯的那样。

主观主义学派否认经济规律的社会性质,而历史学派虽然承

① 格斯他夫·希摩勒:《一般国民经济理论基础》第283页。

认生产和分配过程的社会性质，却否认支配这个过程的规律的存在。这两个学派暗示着作为生产和分配的社会规律学的政治经济学的瓦解；主观主义学派用心理学或理性选择逻辑，即合理行为学来代替它，而历史学派则用经济史来代替它。

资本主义经济管理对经济知识的需要

然而，政治经济学不可能完全被资产阶级瓦解。因为存在某些经济问题，所以为了实现经济政策中的实际目的，了解经济规律的知识是必要的。随着资本主义的发展，特别是发展到它的最后阶段，这些问题的数目和范围增加了。它们是市场问题（这些始终直接令资产阶级感兴趣），以及货币、信用和关税问题。政治经济学中，研究货币流通规律、信用及关税率影响的一些内容继续存在，甚至可能在局部有进一步的发展。它们是管理通货特别是金本位通货，以及关税政策的必要基础。例如，必须知道汇率变动到哪些点上将使黄金从一国流入另一国；必须知道关税政策的一次改变对贸易和支付平衡将有什么效果；等等。

因此，尽管有抛弃政治经济学的一般倾向，并用主观主义或历史学派的辩护词来代替它，政治经济学中某些部分，如研究市场，特别是价格形成、商业状况、货币流通和信用、国际贸易和国际支付等主题的有关学说被保留下来，甚至得到了进一步发展。在这些领域中，资产阶级经济学家们做出了努力，虽然只是片段的科学进展。这种进展主要是新古典学派的工作，它把主观主义学派与庸俗经济学的传统联系起来。所以它对政治经济学的传统问题，并且对资本主义经济实际，比主观主义学派的其他分支有较好的理解。除了政治经济学的这些片段外，在资产阶级社会中还建立了经济史和经济统计学之类的经济科学。它们向资产阶级和资产阶级国家机关提供实际活动用的必要信息。然而，在政治经济学中缺乏一种可以充分理解支配经济过程的规律的坚实基础，限制了这些学科的科学成就。

垄断资本主义下资产阶级的实际需要

在资本主义的垄断阶段，资产阶级需要的真实经济知识的数量增加了。国家经济政策的范围扩大使得私人资本主义组织推行它们自己的经济政策成为可能。虽然在自由竞争的资本主义中，一个企业被动地服从市场作用，服从决定市场条件的供求规律的自发作用，但大资本组织在设法影响市场的作用，在利用它们的垄断或寡头垄断[①]地位。在竞争受到限制的时候，一个垄断企业或几个寡头垄断企业能通过调节产量或购买量，有意识地影响销售产品的价格或购买的原料或半成品的价格。不过，这要求掌握在市场上起作用的经济规律的知识，以及这些规律包含的关系的具体数值表达式。同时，国家活动的范围扩大，既采取直接干预经济过程的形式(干预主义)，又采取以某些生产资料的国家所有制为

① 寡头垄断指这样的情况：有一些企业的规模大到能在一定程度上主宰市场，即影响购销商品价格。这是介于纯粹垄断和完全竞争之间的一种情况。前者在市场上只有一个企业；后者在市场上活动的企业数目如此之多，以致每个企业对市场过程的影响却微不足道，不能单独影响市场价格。

基础的经济活动的形式(国家资本主义)。这就提出了国家以什么方式影响市场的问题。而且,国家和大资本组织对不同经济单位(例如,一个国有化企业或一个私营资本主义康采恩的各个企业)或者一个大私营或国有企业(例如一个电力公司)的各个部门的活动的协调,都提出了新问题。这些问题都需要知识,才有可能预见到各种具体措施在不同经济单位的协调中所起的作用。

应用经济科学和辅助科学的发展与功能。经济计量学、社会会计、运筹学、规划论、控制论

这些问题说明,要掌握国家的经济政策,指导私营大垄断寡头企业组织,需要新的经济知识。所以经济科学的新分支得到了发展,现有的分支得到了修正,同时也出现了新的辅助学科。第一次和第二次世界大战期间出现的经济计量学,就是这个类型的新经济学科。[①] 它在经济理论中为市场问题的分支与经济统计学之间架起了桥梁。第二次世界大战之后,经济统计学大加修改,把所谓社会会计,即社会经济平衡核算也包括在内。我们已经指出,这一点深受苏联国民经济计划工作中应用的社会经济平衡核算的影响。[②] 在现代资本主义中发展的辅助政治经济学的新学科(在第

① 兰格的《经济计量学导论》(第12—16页和第206—209页,华沙—伦敦,1962年版)讨论了经济计量学的发展与现代垄断及国家干预资本主义的发展之间的联系。见前面第五章。

② 见第五章。

二次世界大战后)是运筹学和规划科学。我们知道,这两门学科都形成合理行为学的一部分。[①] 最后,还有控制论,它是联系现代工业(以及部队)中的机器自动调节装置(自动化)的发展而成长起来的,也找到了自身作为一门辅助政治经济学的科学的应用领域。[②]

因此,当政治经济学变成工人阶级的一门科学和科学社会主义的一部分的时候,尽管资产阶级有瓦解政治经济学的一般倾向,但它也是垄断和国家资本主义下的经济政策的实际需要,包括一定数量的真实经济知识在内。现代资产阶级在用资本主义辩护词代替、瓦解政治经济学和对真实经济知识的实际需要的矛盾中寻求出路。它在发展应用经济学科的过程中找到了解决办法——应用经济学科。在一个有限的领域内接触政治经济学的问题。不过,如果没有政治经济学提供的完整理论基础,这些学科的应用是有限的,它们的应用要进一步受到生产资料私有制的束缚和限制。这些学科,如社会会计和规划论,由于它们本身的性质所决定,它研究的那些问题只能在有计划的社会主义经济中才能得到实际解决。为了充分利用这些学科,必须超越单个企业活动的私人经济理性的界限。资本主义国家能否利用这些学科取决于私营企业及其集团的需要。它们只是资本主义生产方式的组织形式。经济计量学、规划论和控制论正开始被社会主义各国所利用。在那些国

① 见第五章。

② 见第五章。阿诺德·图斯丁在《经济系统的机制》(伦敦,1957 年版)中讨论了电路理论中使用的控制论方法在资本主义经济问题中的应用。R.G.D.阿伦的《数理经济学》(第九章,伦敦,1959 年版)。对这些方法也有描述。并见兰格:《经济发展理论》(讲演笔记)第二章,华沙大学,1958 年版。

家，它们的实际作用将能找到充分的发挥空间。

大萧条对资产阶级经济思想的影响

然而，不论多么不愿意，现代资本主义的实际问题迫使资产阶级经济思想走出应用经济学科（如经济计量学和经济统计学）以及辅助科学（如合理行为学和控制论）的圈子。危机和商业循环以及它们造成的大量失业的问题，长期以来迫使资产阶级经济思想超越主观主义学派和历史学派的观念，甚至超越旧的庸俗经济学，而去研究资本主义再生产和积累问题。马克思主义政治经济学长期以来已经研究了这个问题，即剩余价值的实现问题。这个问题在马克思主义学派的代表人物中引起了热烈的讨论，因为它关系着资本主义发展的条件和规律问题、资本主义生产方式发展的历史界限问题以及工人运动的战略战术问题。[①] 不久以前，所有这些问题都还在资产阶级经济学家们的视野以外。

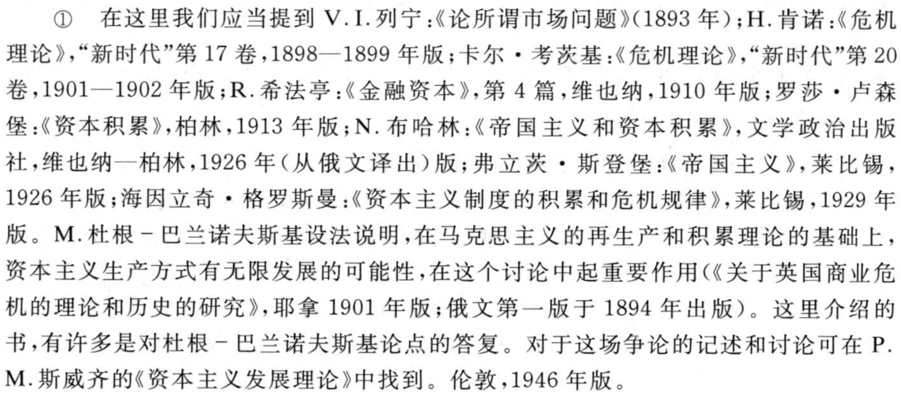

① 在这里我们应当提到 V. I. 列宁：《论所谓市场问题》（1893 年）；H. 肯诺：《危机理论》，"新时代"第 17 卷，1898—1899 年版；卡尔·考茨基：《危机理论》，"新时代"第 20 卷，1901—1902 年版；R. 希法亭：《金融资本》，第 4 篇，维也纳，1910 年版；罗莎·卢森堡：《资本积累》，柏林，1913 年版；N. 布哈林：《帝国主义和资本积累》，文学政治出版社，维也纳—柏林，1926 年（从俄文译出）版；弗立茨·斯登堡：《帝国主义》，莱比锡，1926 年版；海因立奇·格罗斯曼：《资本主义制度的积累和危机规律》，莱比锡，1929 年版。M. 杜根－巴兰诺夫斯基设法说明，在马克思主义的再生产和积累理论的基础上，资本主义生产方式有无限发展的可能性，在这个讨论中起重要作用（《关于英国商业危机的理论和历史的研究》，耶拿 1901 年版；俄文第一版于 1894 年出版）。这里介绍的书，有许多是对杜根－巴兰诺夫斯基论点的答复。对于这场争论的记述和讨论可在 P. M. 斯威齐的《资本主义发展理论》中找到。伦敦，1946 年版。

凯恩斯的理论和商业循环理论

资产阶级经济学家自己被迫对这种问题发生兴趣,只是由于动摇全世界资本主义基础的1929—1930年的危机以及后来的长期萧条。后来,约翰·梅纳德·凯恩斯发表了他的著名的就业理论。他把大量失业和经济停滞作为现代资本主义制度的内在倾向,认为国家应当用一种适当的干预政策来对抗它。① 部分是受凯恩斯的影响,部分是独创的,并且有些比凯恩斯还早的与马克思主义再生产和积累理论相似的经济理论开始出现了。②

经济增长理论——它的起源的历史环境

与资本主义经济较量的社会主义生产方式的效果愈来愈明显,迫使资产阶级思想对再生产积累过程的兴趣深化。自从俄国十月革命以及苏联社会主义生产方式的发展以来,资本主义不再是世界上唯一的社会形态。在第二次世界大战后,建立起了一个社会主义阵营。苏联和其他社会主义国家以资本主义不能相比的速度迅速发展经济,在资产阶级中引起了越来越大的惊恐。在这

① 见J.M.凯恩斯:《就业、利息和货币通论》,伦敦,1936年版。

② 有R.弗里希、J.丁伯根、E.伦德堡、F.A.萨缪尔森、J.R.希克斯、R.M.古德温、A.W.菲利普斯及其他人构思的商业循环的数学模型。R.G.D.阿伦的《数理经济学》(第7章和第9章)对这些模型做了描述。M.卡莱茨基构思的模型性质很不同。这个模型常被错误地与基于凯恩斯理论的那些模型并列;事实上,它是从马克思主义再生产和积累理论推导出来的。它第一次出现在卡莱茨基的《商业循环理论》中,经济循环和物价研究所,华沙,1933年版。

样的情况下，人们必然会对决定经济增长的因素产生兴趣。这样就导致了一个经济研究的新分支——经济增长理论的建立。[1]

对经济增长理论发展的第二个有力的刺激，是当今使主要资本主义国家的资产阶级感到头疼的不发达国家问题。它们主要是殖民地或新近才在政治上摆脱这种依附或以某种其他方式依附于资本主义国家的各国。这些国家的民族解放运动已经把它们推向主要国际政治问题的前沿。这就迫使资产阶级经济思想家去研究经济增长的中心问题——不发达国家的资本积累和投资问题。

经济增长理论提出了主观主义学派、庸俗经济学和新古典学派的传统范围之外的问题。它被迫研究生产力的发展和生产关系的性质之间的关系，它决定了资本积累的可能与激励两个方面。它必须研究马克思主义政治经济学研究的问题。经济增长理论因而需要研究这些问题所采用的理论工具。只有马克思主义政治经济学发展了这种工具，资产阶级经济思想中的各个传统学派都没有这种工具。经济增长理论被迫向马克思主义政治经济学借用这种理论工具，否则就得自己制造工具——后者很像马克思主义政治经济学产生的工具。[2] 在主要资本主义国家的许多资产阶级经济学家的手中，经济增长理论变成一种特别的辩护词，目的在于反对落后国家中的这种积极的经济政策。它们是横在这种政策道路上的障碍，并设法证明永久落后是不可避免的；有些资产阶级经济

① 可参见 W.A.刘易斯：《经济增长理论》，伦敦，1956 年版。

② 可参见 E.D.多马：《经济增长理论文集》，第一、第三、第四、第五和第九章，纽约，1957 年版。

学家甚至就这些国家争取经济发展是否正确提出疑问。[①] 然而，不发达国家和资本主义国家主要经济学家中的一些目光较远的人士，已经把经济增长理论当作世界上落后和不发达地区发展生产力政策的科学基础。[②]

小资产阶级对资本主义的批判

除了经济政策的需要外，资产阶级之所以要完全瓦解作为人与人之间经济关系的学问而没有成功，还有另外一个理由，那就是在资本主义社会形态的框架中小资产阶级的利益和上层资产阶级的利益之间的矛盾。在古典政治经济学和庸俗经济学时期，这种矛盾在西斯蒙第和蒲鲁东的著作中得到了反映。他们开创了小资产阶级对资本主义生产方式的批判。这个批判不同于从某些李嘉图式的社会主义者开始的并且以后被马克思和恩格斯系统研究的无产阶级批判。因为小资产阶级的批判与其说是对资本主义生产关系的批判，不如说是对资本主义分配关系的批判。西斯蒙第仍然用古典政治经济学思考问题，并且研究生产关系。但从蒲鲁东开始，小资产阶级对资本主义分配关系的批判失去了它与生产关系问题的联系。[③] 这一点反映在约翰·斯图尔特·穆勒的见解

① 保罗·A.巴兰的《增长的政治经济学》(第15—18页，纽约，1957年版)描述了这些证明落后国家不可能或不宜工业化的尝试。巴兰的书，迄今是经济增长理论问题的唯一系统的马克思主义阐述。

② 例如，A.刘易斯是一位黑人，也是《论经济增长》一书的作者，他有一个时期是加纳共和国总统恩克鲁玛的经济顾问。

③ 马克思在《哲学的贫困》中曾加以批判。

中。支配分配的规律不依靠支配生产的规律，因为前者是立法和社会风俗的产物，而后者是从生产过程的物质必要性产生的。[①]这个见解意味着分配关系可以改变而不必从根本上改变资本主义生产关系——这个概念是从小资产阶级人士来的一切社会经济改革方案的主导思想。所以，与马克思主义政治经济学（它是古典政治经济学的继续并且与工人阶级的社会运动相联系）和严格意义上的资产阶级经济学（它倾向于瓦解政治经济学以及用一种资本主义生产关系的辩护词代替它）同时还存在着一种小资产阶级对资本主义的批判。[②] 它在19世纪上半期很有生气，当时它有西斯蒙第、蒲鲁东和约翰·斯图尔特·穆勒这样著名的代表人物，但在19世纪下半期衰落了。在此期间，工人阶级对资本主义生产方式的科学分析起了带头作用，并在科学社会主义的基础上越来越提高了自己的社会觉悟。

小资产阶级和中等资产阶级思想家对垄断资本主义的批判

然而到19世纪末和20世纪初，小资产阶级的批判复苏了。

① 见J.S.穆勒：《政治经济学原理》，第123—124页，伦敦，1865年版。

② 在区分马克思主义政治经济学和资产阶级政治经济学时，常常忘记有一种小资产阶级对资本主义的批判。在资本主义社会中，小资产阶级对资本主义的批判，实际上或多或少与资产阶级对资本主义生产关系的辩护词是分开的。分开的程度因国家以及资本主义达到的发展阶段而异。苏联科学院出版的政治经济学教科书对这一点讲得很好："有几种政治经济学：资产阶级政治经济学、无产阶级政治经济学、中间阶级的政治经济学——小资产阶级政治经济学。"《政治经济学教科书》，第15页，苏联科学院，莫斯科，1958年版。

这有几个原因。最重要的是大资本垄断组织的兴起和发展,如银行、托拉斯、卡特尔等等。资本主义过渡到一个新的发展阶段——垄断资本主义阶段,一种新形式的资本——金融资本起了决定性作用。这种过渡在小资产阶级和为保持他们的独立性不依靠大资本而奋斗的中等资产阶级的许多人物中,引起了抵抗。这种抵抗于 19 世纪末催生了美国的反托拉斯立法,并迫使推进这些法律实行的运动不断重复发生。同时,由工业、商业、银行、保险等行业雇用的白领工人组成的所谓新中等阶级的人数愈来愈多,这个阶级(或者较准确地说是阶层)虽然由雇佣劳动者组成,但自然地反映了小资产阶级思想,主要是由于他们大部分来自小资产阶级行列。

经济科学的专门职业化

我们已经指出,政治经济学越来越变成大学知识分子的事业。政治经济学的中心,从资产阶级商人和宣传家写的书和小册子转移到大学教师和科学研究所。经济科学因而被专门职业化。这一点有利于在经济学家中传播对垄断资本的批判,因为在研究经济科学的大学知识分子中,大部分人来自小资产阶级和中等资产阶级或个人与新"中等阶级"有联系。经济科学的专门职业化说明科学研究的辩证过程本身越来越重要。恩格斯提到,政治学、法律、宗教、哲学等学科的专门职业化,"形成社会内部分工的一个新部门",它们变得不依靠产生它们的社会背景。[①]

---

① 《马克思恩格斯选集》第 4 卷,第 482 页,人民出版社,1972 年版。

分析资本主义垄断活动的经济效应的主动精神起源于各大学。这个分析证明了这种活动对社会上大多数人是有害的——所以它是对垄断资本的一种批判。然而，进行这种批判的经济学家们把资本主义生产方式在自由竞争条件下的作用理想化了。他们认为自由竞争可以实现经济理性原理。所以，这种批判是中等资产阶级和小资产阶级利益和愿望的体现。这种批判的实际结论是，要求回到前垄断资本主义的经济关系，即历史潮流应当逆转——这个要求使它们具有某种乌托邦性质。这种小资产阶级和中等资产阶级的乌托邦，遇到了大垄断资本的代表人物的反对——这些人大多担任工业公会、商会、银行等组织的宣传家。以后的论战揭示了现代资本主义的许多性质。

正如保罗·巴兰所说，“同样，在社会上和心理上留恋资本主义社会的竞争。小资产阶级(或阶层)的经济学家们对于垄断资本主义的无理性、浪费和文化后果，养成了一定程度的敏锐眼光。忘记了正是自由竞争的资本主义无可逃脱地产生了垄断，他们认识到资本主义垄断阶段的一些经济的、社会的和人的代价，辨认出过度消费、非生产活动以及‘经济保皇主义’的一些最明显的无理性和残暴的表现。同时，或者是从旧时代的枷锁中解放出来的，或者是在‘新时代’直接长大的作者们，在抛弃过去的竞争秩序时，有时极有洞察能力”①。巴兰继续写道：“资产阶级思想里的这种紧张状态，产生了一定数量的真知灼见(以及信息)。它常常是供科学分析用的有价值信息的一项来源。”②

① P. A. 巴兰：《增长的政治经济学》第 27 页。

② 同上。

小资产阶级和民族资产阶级对帝国主义的批判

有大量证据支持这个论断。例如,英国经济学家J.A.霍布森在他的《帝国主义》一书中,从小资产阶级和平主义的观点分析了帝国主义,并以大量材料供给列宁,用于列宁关于帝国主义是资本主义最高阶段的分析。[①] 今天。与殖民地半殖民地国家或新近获得独立的国家的民族资产阶级有关的经济学家,对帝国主义统治的分析也提供了许多有价值的材料。

不完全竞争理论

在新古典学派内部(其中小资产阶级和中等资产阶级倾向始终起某种作用),[②]对资本主义垄断结果的分析导致了建立一种关于不完全竞争(或垄断竞争)的专门理论。[③] 不完全竞争理论表明,现代资本主义的作用方式远非主观主义学派传统教科书中描绘的那种理想化图景。这个理论也揭示了从垄断、寡头垄断以及各种形式的垄断竞争的作用而产生的社会生产力的浪费。不过,

---

① 见V.I.列宁:《帝国主义是资本主义的最高阶段》,以及书中常常援引的霍布森的话。

② 马歇尔更是如此。在他的《经济学原理》中,许多地方能找到代表中等资产阶级的看法(例如,关于垄断对国民收入的消极影响的评价,第60页)。

③ 见爱德华·H.张伯伦:《垄断竞争理论》,坎布里奇,马萨诸塞州,1933年版,以及琼·罗宾逊:《不完全竞争经济学》,伦敦,1933年版。

作为新古典学派和更早的庸俗经济学理论传统的概念、工具和观点的俘虏，这个理论完全从市场性质的观点分析垄断和垄断竞争问题。它未能觉察这些性质决定于垄断资本主义时期生产关系的具体形式。由于把全部问题简化为“市场不完全”，它看不到所研究过程的主要来源，并且不能得出任何有效的实际结论。

福利经济学

小资产阶级和中等资产阶级对资本主义垄断的批判，也表现在所谓福利经济学中。[①] 它是新古典学派创始人马歇尔的某些思想的发展。福利经济学设立了满足经济活动的社会理性要求的行为规范。社会理性的标准被认为是社会收入的最大化。[②] 福利经济学设立的行为规范假设保证了社会经济资源的最优分配。福利经济学用这些规范批判地分析资本主义企业的活动和市场过程。它的结论是：垄断和不完全竞争现象与福利经济学的规范相矛盾，而且导致社会经济资源的浪费。福利经济学认为，自由竞争条件

① 这种理论的创始人是阿尔弗雷德·马歇尔在剑桥的继承人 A.C.庇古(《福利经济学》，伦敦，1920 年版)。

② A.C.庇古持这个见解，见《福利经济学》，第三、七、八章，伦敦，1972 年版。理性的标准常常被认为是社会所有成员效用的某种最大化。这种最大化是要创造这样一种情况：不减少别人收入的效用就不能增加某一个人的收入效用。这称为“帕累托最优标准”。见 V.帕累托，《政治经济学教程》第 354—364 页和第 617—618 页。帕累托表明，在物价不变时，这个标准等价于国民收入最大化。其所以如此，因为只要国民收入尚未到它的最高可能水平，国民收入的每次增加都有可能增加某些人收入的效用，而同时补偿那些因此蒙受损失的人。

下进行的经济资源分配是理想的。福利经济学以这个观点来促进自由竞争资本主义的理想化,因而为小资产阶级和中等资产阶级扭转历史进程和重建自由竞争资本主义的经济关系的尝试提供了理论基础。

对于福利经济学的许多代表人物而言,这些关系也是评价社会收入分配是否公平的基础。"剥削"的定义是社会收入的实际分配偏离自由竞争资本主义中的分配。垄断剥削被认为是垄断资本取得了超过按照自由竞争中的利润规范应得的部分。资本家也可能受工人们"剥削"——如果工人们的所得超过了他们的劳动力按照自由竞争规范所值的数额的话。[①] 福利经济学在判断小资产阶级和中等资产阶级的性质时表现得很明白。

金融资本的活动也受福利经济学的批判。这一点表现在"强迫储蓄"理论中。它说大银行创造的信用业务导致了信用膨胀,使与银行资本有关的大企业可能截留小企业资本的一部分以及广大人民群众收入的一部分。发生这种事情是通过物价上涨从而限制小资本家和普通居民的购买力实现的。[②]

① 见A.C.庇古:《福利经济学》,第556—571和813—814页,伦敦,1932年第三版。琼·罗宾逊在《不完全竞争经济学》第九章中应用了同样的社会公平标准。然而,她后来放弃了这个立场,而在她对A.马歇尔和新古典学派的评价中站到一种社会主义立场上来。见琼·罗宾逊:"马克思、马歇尔和凯恩斯",《经济文集》第2卷,牛津,1960年版。

② 见D.H.罗伯逊:《银行政策和物价水平》,伦敦,1926年版,以及A.C.庇古:《产业波动》,第十三章和第十四章,伦敦,1927年版。

政治经济学不可能被资产阶级完全瓦解

可以看到，即使在资产阶级人士中也有人认为，完全瓦解研究人与人之间经济关系的政治经济学是不可能的。自 19 世纪 30 年代起，资产阶级一直在为此努力。尽管庸俗经济学从政治经济学中取消了生产关系，19 世纪后半期，主观主义学派取消了一切社会关系，历史学派取消了经济规律，但大资本垄断组织经济政策的实际需要，国家对经济关系的日益增多的干涉，小资产阶级和中等资产阶级对垄断的批判，大学中经济科学的专门职业化，以及殖民地、半殖民地或新独立国家的民族资产阶级及其有关的知识分子对帝国主义的批判——所有这一切使得人们不能不对经济关系问题予以注意。所以，要想完全瓦解政治经济学是不可能的。

只有结合工人运动，政治经济学才可能得到充分发展

政治经济学的某些内容不断恢复或发展，但只是些片段。它们主要是讨论分配关系和市场过程。例如在不完全竞争理论和福利经济学中就是如此。当它们讨论生产关系时，例如，在经济增长理论中，不是把问题作为一个整体来研究的。因为只有在维持资本主义生产方式中没有既得利益的阶级，只有在不考虑对资本主义生产方式的任何改良而只想把它完全废除的社会运动的范围

内,才能充分澄清生产关系问题。这个阶级是工人阶级,这个运动是建立在科学社会主义基础上的工人运动。

马克思在讨论对资本主义社会形态的经济关系的批判时写道:“就这种批判代表一个阶级而论,它能代表的只是这样一个阶级,这个阶级的历史使命是推翻资本主义生产方式和最后消灭阶级。这个阶级就是无产阶级。”[①]今天,有一种系统的政治经济学,研究人与人之间的一切经济关系。因而,要研究把形成每种社会形态的基础的各种经济关系和生产关系之间的联系考虑在内的社会生产和分配的全部规律,只有作为一门与工人运动结合的科学,作为科学社会主义的一部分的科学,才是可能的。

我们知道,发展一门科学的必要社会条件是兴趣、物质资料和没有偏见。其中最重要的显然是兴趣。当资产阶级变成统治阶级后,它不再对于发展作为人与人之间的经济关系特别是生产关系的政治经济学感兴趣。资产阶级以学校、研究所和出版物等形式为经济研究提供充分的资金,但只限于使资产阶级感兴趣的特殊问题的有限领域内的研究工作,因而主要是经济统计学、经济计量学、规划论、控制论以及经济增长理论的某些问题。而对较广的政治经济学问题则不提供科学研究用的资金。在这里,科学被辩护词所代替,后者拿出一套关于资本主义生产方式的假科学的偏见体系,断言一切社会阶级利益和谐,并且把资本主义的规律和范畴与经济理性的范畴和原理等同起来。

一位著名的美国律师说,这个体系构成了资本主义社会形态

① 卡尔·马克思:《资本论》第1卷,第18页,人民出版社,1975年版。

的“传统信仰”。他写道:这种传统信仰“主要用法律和经济学的文献来表示。……当然,这种文献不称为传统信仰。没有人把法律和经济学的健全原理当作一种宗教……这是一切重要传统信仰或宗教的一个特征。传统信仰一旦被认出只是传统信仰,它就不再有传统信仰的效果。它降格到诗或神话的地位,只在我们的浪漫时刻影响我们”①。

因此,资本主义社会形态的传统信仰就采取了资产阶级经济学的伪科学的外貌。在中世纪,传统信仰主要以宗教形式出现,当自然科学的进步和资产阶级革命的意识形态摧毁了大部分旧宗教传统信仰的时候,传统信仰变成了科学的、为资本主义形态的经济关系服务的辩护词。马克思主义政治经济学揭示了传统信仰的这一事实。但是,正如对于中世纪的宗教是某一社会形态的传统信仰这一点在一切阶级和社会阶层的意识中的觉悟程度并不相同一样,不是一切阶级和社会阶层都以同样的程度觉察到资产阶级经济思想是辩护词,以及小资产阶级对资本主义的批判是乌托邦的。只有工人阶级才充分觉察到它被资本主义的传统信仰贬入劣等社会地位,并且不允许它以符合它所需要的方式来改造社会关系。

社会条件和科学认识的真理

对于自然科学的发展和资本主义生产方式之间,以及政治经

① 瑟曼·W.阿诺德:《资本主义的传统信仰》,第46页,纽黑文,1938年版。瑟曼·W.阿诺德是富兰克林·D.罗斯福“新政”的主要支持者之一。在罗斯福任总统期间,阿诺德曾有一段时间是美国的检察长。

济学的发展和资本主义社会形态的不同阶段之间的关系的简短历史评论产生了一个更为一般的问题:科学发展的社会条件以及科学研究成果的社会意义是如何影响科学认识过程本身并在人类思想中产生对客观实际的充分反映的辩证过程的呢?换句话说,科学的社会意义和它的发展条件是如何影响它的陈述的真伪的呢?

科学见解和科学思想流派起源于具体历史条件。具体的社会阶级或集团本身并不决定其真伪。科学陈述的真理完全决定于它们与客观实际的一致性,而这种一致性只能在实践中验证。医学论断的真伪在医疗实践中、在医院和诊所中验证。政治经济学论断的真伪,既在统计或历史验证的基础上通过与实际对比来检验,也由根据这些论断制定的经济政策的有效或无效来检验。在关于政治经济学方法的那一章中,详细讨论了验证政治经济学规律和理论的方法。所以,科学陈述的真实性在科学认识辩证法的过程中检验。但是科学发展的社会条件和它的成果的社会意义,可能有利于达到科学真理,也可能阻碍它,甚至使它成为不可能。这会在科学发展中产生某些规律性,而这些规律性可以用唯物史观来解释。

科学和意识形态

在科学思想直接或间接影响社会关系的范围内,它们影响一个社会形态的意识形态,换句话说,科学思想影响意识形态。由于科学包含社会思想,即人们根据它来直接或间接评价社会关系的思想,社会科学因而与一个社会形态的意识形态发生联系,我们说,它们是意识形态范畴的。自然科学研究人的自然环境以及作为自然界一部分的人(例如解剖学和生理学),而不把社会关系考虑在内。然而,自然科学常对社会关系有间接影响。例如,哥白尼的理论或达尔文的进化论虽则没有明确地提到社会关系,但在社会上还是有意义的,因为它们破坏了一种社会组织(如教会)教导的某些公认的见解的权威。哥白尼和达尔文的著作间接地影响了社会关系,因为人们开始按照他们的发现来判断教会的教导。这些发现最终对意识形态是很重要的,而且被在资本主义社会形态的起源和发展中起重要作用的意识形态所利用。全部社会科学以及间接影响社会关系的自然科学,有意识形态方面的作用。

保守的、进步的和反动的意识形态,妥协的意识形态

在有对抗阶级利益和相应的社会心理态度的对抗性社会形态中,每个阶级的社会意识是以不同的方式形成的。当生产力发展和生产关系之间以及改变生产关系的需要和一个社会形态的上层建筑之间的矛盾激化的时候,阶级利益的对抗就变成阶级斗争。每个阶级以及与它有关的阶层和集团的社会思想,形成或多或少一致的体系。它们事实上代表了斗争中的各社会阶级的意识形态。要维护旧生产关系的阶级以及与旧的上层建筑有关的社会阶层和集团,会借助于适当的意识形态为他们的地位辩护。为改变生产关系而斗争的阶级以及支持它们的那些阶层和集团,则用一种证明它们的目标合理的新意识形态反对旧意识形态。

在一个因阶级斗争而分裂的社会形态中,有两种对抗的意识形态:一种是保守的意识形态,代表要维护现有社会关系的阶级和阶层的思想;另一种是进步的意识形态,代表要改变社会关系以符合生产力发展新阶段要求的一个或几个阶级的思想。有时,与以前社会形态联系的阶级或阶层的残余会为了至少部分地重建以前的社会关系而设法利用一个社会形态被打乱的内部均衡。这些尝试产生了一种反动的意识形态。有时,资本主义社会形态中的某些社会阶级或阶层,如小资产阶级或"新中等阶级",对于主要社会阶级之间的斗争采取一种动摇的态度,希望现有社会关系中只发生部分变革,这就产生了一种妥协的意识形态。不过,当主要阶级之间的斗争变得尖锐的时候,它通常分为保守的一翼和进步的一翼。所以意识形态始终是具体的社会阶级或社会阶层的意识形态。

有直接意识形态意义的社会科学,包括政治经济学在内,被拖进意识形态斗争的旋涡。自然科学在包含意识形态因素的范围内也被拖进来,这是不可避免的。因为尽管个别学者有达到客观真理的最诚恳的努力,但科学作为一个社会认识过程是在具体社会条件和具体社会背景中发展的。而且,接受和消化科学论述的积极性因不同的阶级和阶层而异。一般来说,符合和强化某个阶级或阶层的意识形态,以及加强它们的意识形态的论述容易被接受,而反对和破坏它们的意识形态的论述则会遭到抵制。

社会感觉引起的意识以及
社会阶级和阶层的心理境界

卡西米尔斯·克劳斯称这个现象为社会感觉引起的意识。他强调了这种社会感觉引起的意识在对抗性社会形态中的阶级性质。在这里，社会感觉引起的意识是阶级感觉引起的意识。他写道："这样就产生了可以称为社会感觉引起的意识的东西。先验的人的意识趋向某个方向（正影响）而同时有一种滤光镜（负影响）封闭人的意识使之看不见某些思想和行为方式。这种社会感觉引起的意识，这种思想和脉冲的滤光镜，说明一个具体社会或一个具体阶级的成员们，虽则他们心目中始终有他们自己的集体利益，但却认为他们自己是绝对与利益无关的，而且事实上这确实是他们所感觉的。"[①]社会阶级感觉引起的意识，决定了某一阶级或社会阶层能接受什么科学论述并吸收到它的意识中去。这种社会感觉引起的意识决定了一个阶级或阶层的社会意识的范围，决定了它的心理境界，并且同时决定了一个具体阶级或阶层在某一社会情况下能吸收的科学论述的范围。[②]

路德维希·克西威斯基描写政治经济学中阶级感觉引起的意识的作用时写道："无论如何，我们可以有某些保留地说，政治经济学理论多少是对人们从直接经验接收的印象的一种系统性的论述。而且这些印象因一个人所在的地位而有很大变化。因此，他对经济现象的态度、他的经济希望以及他对它们的本质的理解必

① 卡西米尔斯·克劳斯：《经济唯物主义》（波兰文）第 23 页和第 34 页，其中他谈到适合不同阶级的感觉引起的意识。克劳斯谈论一种具体的社会感觉引起的意识时，使用"先验"一词是不妥的。该词在这里用作比喻，因为社会感觉引起的意识是在社会阶级和阶层成员的实际活动中发展起来的，而不是它被用于认识论中的意思。

② 路西恩·高尔曼在《人文科学和哲学》（第 119—127 页，巴黎，1952 年版）中谈到社会阶级的"可能的心理"时，用这个词描述克劳斯称为社会感觉引起的意识的现象。高尔曼用一系列从政治经济学得来的例证表明，各个阶级不能吸收超过它们的"可能的心理"的科学论述。

然发生变化。对于实业家而言,劳动、机器和原料的支出,在他的账簿上是类似的账项。一种商品的各项成本以同样的方法处理。利润按照与投入资本的关系计算,而不论资本花在什么东西上。对于一个工厂主而言,人的努力虽是创造价值的唯一力量,但与其他项目并没有什么不同。他看不到一个企业的全部收入都来自人的努力。相反,日常经验表明,利润是在市场上得到的,是从幸运的销售得来的;而利润率决定于供求之间的一种具体关系!如果我们仔细研究这位实业家生活在什么条件之中,以及他在他自己的具体心理境界内接受的印象,我们就能看到他的经验产生了一组模糊的思想和见解。如果加以系统化,可能形成政治经济学中一个相应学派的开始。事实上,曼彻斯特学派以及除古典政治经济学外的一般资产阶级学派代表的思潮,不过是这种观点的一个聪明而全面的论述而已。”①

他进一步写道:“为了理解政治经济学中不同学派的本质,我们应当开始记住,它们只是生活在人类心中的反映,是各社会集团从他们的环境中接受的印象的系统化。这些印象会随时间变化,因为与他们的利益和希望相对应的环境以及与这些利益和希望有关的前景发生了改变。在任何特定期点,它们对一个国家的不同集团也是不同的。经济学说史不能脱离产生它们的生活来研究。虽然地质学中相反的见解或多或少是发现真理的明智的尝试,然而在政治经济学中它们首先是某些利益的论述。”②

---

① L.克西威斯基:《政治经济学。自学手册》第3卷(波兰文),第92—93页。

② 同上书,第94页。

模糊实际的意识形态和显示实际的意识形态——它们对科学认识的重要性

鉴于科学论述的阶级(或阶层)性,我们面临一个问题:政治经济学要有真正的科学认识,反映客观实际的知识,在什么程度上是可能的?这又导致了意识形态和科学认识之间的关系问题。我们在这里必须区分两类意识形态——使实际模糊、神秘化的意识形态和暴露、揭示实际的意识形态。前者阻碍对实际的科学认识。因为作为这类意识形态基础的社会感觉引起的意识,从意识中排除了实际的真实图景而描绘了一个错误反映实际的图景。关于这些意识形态,恩格斯写道:“意识形态是由所谓的思想家有意识地,但是以虚假的意识完成的过程。推动他的动力始终是他所不知道的,否则这就不是意识形态的过程了。”①

在历史发展中,模糊实际的意识形态采取了多种形式。在早期社会形态中,它们最普遍的形式是宗教、传统信仰和各种神话;今天,它们表现为形而上学的哲学学说或伪科学理论。这些意识形态的共同特点是,对社会关系和社会学及经济学规律的迷信,在具体的人类历史活动的范围之外寻找它们的来源。我们知道,迷信表现为在形而上学(超自然迷信)领域内或在假设的自然规律中(自然主义迷信)寻找社会关系和塑造它们的规律的来源。我们知

① 《马克思恩格斯选集》第4卷,第501页,人民出版社,1972年版。在1890年10月27日给施米特的一封信中(同上,第484页),恩格斯谈到实际社会关系在人们心中的颠倒,“而这种颠倒是在被认清以前构成我们称之为思想观点的东西”。

道,这要在社会学和经济学的规律作用的自发性中寻找。[①] 超自然迷信在政治经济学中表现为历史学派的"经济时代精神"的理论形式。这种精神被认为能决定经济关系。自然主义迷信既在古代政治经济学中表现为把经济规律解释为自然规律,又在主观主义学派中表现为把经济关系解释为经济理性的普遍范畴,即与社会历史条件分离的范畴。

与模糊实际的意识形态不同,揭示实际的意识形态对科学认识是一种刺激。[②] 而且,对实际的科学知识常常形成这些意识形

① 见本卷第三章。

② 在他们的早期著作中,马克思和恩格斯用"意识形态"一词,完全指一种使实际神秘化的意识形态。这是 1845 年写的《德意志意识形态》中所用的意思。在那本书里,"意识形态"被当作形成社会生活物质条件的歪曲心理影像的一个幻觉和错误思想的体系。同时它也是统治阶级创造的一个思想体系:"统治阶级的思想在每一时代都是占统治地位的思想。也就是说,一个阶级是社会上占统治地位的物质力量,同时也是社会上占统治地位的精神力量。支配着物质生产资料的阶级,同时也支配着精神生产资料,因此,那些没有精神生产资料的人的思想,一般地是受统治阶级支配的。"见《马克思恩格斯选集》第 1 卷,第 52 页,人民出版社 1972 年版。当一个新的革命阶级出现时,有它自己的思想。它揭露了意识形态是实际的秘密化。甚至在 1893 年,恩格斯在给梅林的信中还称意识形态为"虚设的意识"。然而马克思和恩格斯在他们以后的著作中使用的是广义的"意识形态"这一概念——指一个社会思想体系。在《〈政治经济学批判〉序言》中,马克思一般地谈论过其中出现社会冲突的意识形态的形式。然而马克思并没有用"意识形态"一词来描写他自己的思想。只有在以后的马克思主义文献中,"意识形态"一词才以一种也包括工人阶级运动的社会思想,因而包括科学社会主义在内的方式,按一个社会思想体系的广义来使用。列宁按下列意思使用它:"那么问题只能是这样:要么是资产阶级的思想体系,要么是社会主义的思想体系……因此,对于社会主义思想体系的任何轻视和任何脱离,都意味着资产阶级思想体系的加强。"见《怎么办?》,第 38—39 页,人民出版社,1960 年版。安东尼奥·葛兰西对意识形态问题的分析特别深刻,他也使用了广义"意识形态"一词。他按最广义的解释,说意识形态是指"一种世界观。它隐含地反映在艺术、法律、经济活动中,以及个人和集体生活的一切方面"。见《唯物主义和本尼迪托·克罗齐的哲学》,第 7 页。对"世界观"一词,

态的主要工具。例如资产阶级意识形态，从文艺复兴开始，通过启蒙时期直至资产阶级革命时期结束，努力揭示实际，并且暴露前资本主义社会形态的意识形态神秘化。它的基础是破坏教会理论权威的自然科学，以及表明封建和行会生产关系如何妨碍经济发展，并且表明新资本主义生产关系对进步的意义的古典政治经济学。亚当·斯密的《国富论》，不仅是一部科学著作，而且也是意识形态斗争中的一个工具。工人阶级意识形态借助于马克思主义政治经济学发展的科学分析，说明了资本主义生产关系的真实性质。马克思的《资本论》，既是一部科学著作，又是一部有意识形态意义的书。它说明了资本主义社会形态的经济关系的真实情况。

所以，在社会科学中，因而也在政治经济学中，实际科学认识的可能程度决定于一种揭示实际的意识形态的存在。保守的意识形态常使它模糊。其社会存在基于与生产力发展的要求相矛盾的生产关系的阶级，连同其地位与一种上层建筑相联系的阶层（如

葛兰西指一组社会思想。他接着说，以这种方式解释的意识形态是“一种特定的基础所必需的上层建筑”。并且，意识形态“组织人类大众，塑造人在上面活动的现场，意识到他们的斗争情况，等等”。在“意识形态”这个概念上，葛兰西反对另一种概念，按照这种概念，每种意识形态必然是“纯粹的妄想、无用和愚蠢”。见《唯物主义和本尼迪托·克罗齐的哲学》，第 48 页。今天在马克思主义文献中和别处都按广义使用“意识形态”。因此我们必须区分模糊实际的意识形态和揭示实际的意识形态。阿内·奈斯（合作者为 A. 克列斯托弗逊和 K. 夸罗）在《民主、意识形态和客观性》（奥斯陆，1946 年版）中，对于社会科学文献中使用“意识形态”一词的各种意义做了完备而详细的评论。裘西·J. 魏亚德在《哲学研究》1958 年第 4 期(7)所载的“社会学和意识形态”中很清楚地论述了社会科学和意识形态之间的关系。卡尔·马特尔在“意识形态和社会科学”（载《新路》1959 年第 5 期），朱理安·郝奇飞在“社会学、历史唯物论、意识形态”（载《哲学研究》，1960 年第 6 期）和“意识形态和社会科学”（载《波兰展望》，华沙，1961 年第 4 卷，第 6 期中）做了一次新的尝试，更深入地探索了这些问题。

果生产关系的改革使这种上层建筑不能存在),倾向于使实际模糊和神秘化,以这种方式设法削弱要求改变社会关系的力量。这种神秘化加强了反对社会关系变革的阶级或阶层的自信心,并且证实了它们对其所捍卫的事业的正义性的信念。[①] 然而,资本主义的政治经济学史表明,这种模糊实际的过程不能彻底实现。因为对于社会关系和支配它们的规律没有一定的最少的准确知识,统治阶级方面的有效实际活动是不可能的。

而进步的意识形态是揭示实际的意识形态。它们在与保守的意识形态和它对实际的神秘化的斗争中诞生和发展。它们打碎了保守的意识形态提出的被弄模糊了的实际图景,并在同时形成和组织争取改变社会关系的阶级和阶层的意识。反动的意识形态包含模糊实际的因素以及揭示它的因素。它们暴露实际是为了证明改变矛盾已发展的现有社会关系的必要性;它们隐瞒实际是为了证明回到以前时代的社会关系是合理的。最后,妥协的意识形态

① 意识形态的主要特点是,自身的希望通过它得到表达的阶级应当相信它的真理性。巴兰提到,在垄断资本主义下,大资本统治寡头使用组织良好的宣传,无耻地将他们自己认为错误的见解强加于群众。"在知识社会学中通常使用的'意识形态'一词,在垄断资本主义之下是否可用,事实上值得怀疑。一组不充分、不公正的偏颇观念,由一个倾向于达到某些目的的阶级所操纵,植入人们心中,使它多少得到普遍地接受,这完全是一件不同的事。所以在垄断资本主义时代……对这个题目的研究从知识社会学转移到操纵人们观念的研究领域。"见 P. A. 巴兰:《增长的政治经济学》,第 97 页注。万斯·巴卡德说明,内容为利用不自觉的心理动力和塑造不自觉的反射行动的吸引顾客的现代心理学方法,在社会和政治宣传中,特别是在宣传所谓自由企业的成就中,得到了应用。见万斯·巴卡德:《隐蔽的劝说者》,第 155—207 页。阿德莱·史蒂文森作为民主党的美国总统候选人,在选举运动中两次充当了这些方法的牺牲品。他评论说:"你能如同推销早餐麦片一样推销高级职位的候选人……是民主过程中的最终不光彩之处。"

是包含揭示实际的因素和模糊实际的因素的一种混合物。这些意识形态通常是折中的，设法调和进步的和保守的意识形态之间的冲突因素。

进步的意识形态是对政治经济学发展的一种刺激

所以，政治经济学的发展与进步意识形态的现代史密切联系。政治经济学起初在资产阶级进步意识形态的范围内发展；而后，当资产阶级变成一个保守阶级时，政治经济学又与工人运动共命运，同资本主义制度在意识形态上的神秘化做不懈的斗争。起源于封建阶级和社会残余阶层的反动意识形态对资本主义经济关系的批判性评价，对于政治经济学掌握的知识也有贡献。同样，小资产阶级和"新中等阶级"以及(在垄断资本时期)中等阶级和反对帝国主义的民族资产阶级的妥协意识形态，也增加了政治经济学的知识库存。资本主义国家和大资本私人组织的经济政策的实际需要也做出了它们的贡献。不过，只有当政治经济学与我们时代唯一充分而一贯进步的意识形态，即工人阶级意识形态相结合时，现代社会形态(即资本主义和社会主义形态)全部经济关系的科学解释，对其中每一个形态的基本经济规律及其所有后果的理解，对两个社会形态的作用方式和"运动经济规律"的理解，才有可能。

路德维希·克西威斯基在描写政治经济学的科学性质和一个进步阶级的意识形态之间的关系时写道："政治经济学无疑能提升自己到纯粹阶级利益之上并对经济现象的本质做出深刻的分析。

但是它首先必须了解它自己的阶级性质而不能否认或忽略它。为了实现这一点,必须有某一阶层,其利益需要这种问心无愧的科学解剖……”[①]政治经济学的思潮和学派是阶级利益在它们发展的不同阶段的表现。科学只是把模糊地存在于有适当地位的人们心中的东西系统化……但是这种阶级性质,虽则似乎并不有助于经济现象的科学解剖,至少并不使政治经济学失去其科学性质,只要有一个社会集团对于做这种分析有兴趣。在此情况下,阶级利益不是阻碍科学进展,而是变成它最有力的促进因素。事实上,19世纪下半期政治经济学的全部成就,是毫不含糊地依靠一种阶级立场鲜明的人们的工作的。[②]

苏联科学院出版的政治经济学教科书的作者们甚至更精确地论述了这一点:“是否可能有一种客观的、不偏不倚的、不怕真理的政治经济学?这肯定是可能的。这种客观的政治经济学只能是这样的阶级的政治经济学,它对隐瞒资本主义的矛盾和腐朽或对保持资本主义秩序不感兴趣,它的兴趣在于把社会从资本主义的奴役中解放出来和人类的进步发展。这个阶级是工人阶级。”[③]

政治经济学发展的社会条件

所以,科学经济知识的存在和发展要依靠这样一个阶级,它对

① 《政治经济学》(波兰文),第94—95页。

② 《政治经济学》(波兰文),第95—96页。克西威斯基在这里交替地使用了以下名词:阶级、阶层和社会集团。他缺乏用语的精确性。

③ 《政治经济学教科书》(俄文),第15页。

经济关系和支配经济关系的规律的真实知识感兴趣，并且它的希望表现在一种揭示实际的进步意识形态中。因为这种意识形态需要对实际有科学了解，而这种了解形成意识形态的基础。在今天，工人阶级是唯一的这种阶级，并且也是历史上唯一的阶级。它对发现关于支配经济关系发展规律的全部真理感兴趣。

只有工人阶级对经济规律的完全科学知识有兴趣

资产阶级即使在它是一个进步阶级的时候，也只对了解这种真理的一部分，即讨论资本主义生产方式比前资本主义社会形态进步的部分有兴趣。它对了解更多的事情——资本主义生产方式的过渡性质、资产阶级日益增长的内部矛盾及其进步作用的衰变——不感兴趣，也不可能感兴趣。另一方面，工人阶级的社会历史作用并不包含任何可能阻碍了解关于支配经济关系发展规律的真理的东西。[①] 因为它的阶级利益要求生产关系应当如此塑造，

① 根据科学论述，是社会感觉创造了意识的真前提。德国社会学家卡尔·曼海姆的错误结论是，在有阶级斗争的社会中，客观真实社会知识是不可能的。他创立了一种专门学问，称为知识社会学。它研究不同的社会背景如何影响科学知识。每个社会阶级、阶层或集团只能得到关于实际的局部而偏颇的知识；完全的知识可能是每个社会集团得到的知识片段的综合。按照曼海姆的说法，这个综合必须由无社会联系的知识分子，即与任何阶级没有联系而且它们没有认识的局限性的那个社会阶层来进行。见卡尔·曼海姆：《意识形态和乌托邦》，第134—143页，法兰克福，1952年版。曼海姆的错误理论来自两个方面。曼海姆把科学论述受影响的社会条件和作为人与客观实际的相互作用的辩证认识过程混淆起来。根据在社会科学中知识受社会条件影响的事实，他得出错误结论，认为关于客观真理的知识是不可能的。见裘西·兰德："论

使得对抗性阶级消灭并且使社会中一切阶级划分最终消灭,工人阶级需要充分了解这些规律。[①]它的目标——在许多国家中,这个目标正在实现——是建立将使经济规律作用的自发性得到克服,并使社会发展由人类自觉地加以指导的经济关系。我们知道,这一点需要对充分反映实际的客观经济规律的真实知识。

所以,唯有把自己同工人运动及科学社会主义的历史事业联系起来,政治经济学才能保证自己有充分和自由的发展条件。只有工人运动及其意识形态能保证每门学科发展所必需的三个条件——兴趣、物质资料和没有迷信、偏见及其他阻碍对实际了解的东西。

尤其重要的是,工人运动对无穷的真理知识有兴趣,而使实际模糊的一切尝试违背它的本性而对它的目的有害。对资产阶级以

所谓科学社会学",载《法律与经济通信》,第490—494页,克拉科夫,1936年,第三十卷。而且曼海姆没有看到进步的和保守的阶级或阶层之间的区别,也没有看到这样一个事实:前者的希望表现在使实际的真实知识成为可能的意识形态中。曼海姆认为,一方面,有特殊才能、可以综合不同阶级的有限心理境界的知识分子,通常与资本主义社会形态中的资产阶级或小资产阶级联系,因而不能完成曼海姆为他们规定的作用。另一方面,工人阶级确有这个才能。因为考虑到它的具体社会地位,它是人类历史过程中遇到的最一贯揭示实际的意识形态的旗手。A.麦甫的《曼海姆解释的意识形态》(华沙,1958年版)对曼海姆有一个深入的批判。

① 某一时代最进步的阶级,在他们的思想境界范围内可能有真实的社会知识。这是一切社会发展阶段进步的一个条件。所以,不顾使实际神秘化的意识形态制造的困难而争取真实的科学知识,值得给一个好的道德评价。马克思很强调这一点。他鄙视那些曾自觉放弃追求科学真理的人。关于马尔萨斯,他写道:"一个人,如果他不要使科学适合于一个由它本身引出的观点(不管这个观点是多么错误的),却试图使它适合于一个从外部引出、从各种与科学无关的外在利益引出的观点,我就称他'卑鄙'……为了这个目的,他伪造了他的科学结论。这就是他在科学上的卑鄙,他对科学所犯的罪,……一种思想的创始人,可以诚实地把这种思想夸大:一个把这种思想夸大的剽窃者,却总是要从这种夸大中'大捞一把'"。见马克思:《剩余价值学说史》,第2卷,第123—124页,人民出版社,1978年版(这里对人民出版社版本的译文做了个别改动。——译者)。

及在这之前对封建地主阶级或奴隶主来说，实际的神秘化符合他们这些剥削阶级的利益。实际的神秘化把被剥削阶级保持在一种心理状况中，使他们易于被动地服从剥削者。争取摧毁剥削制度的工人阶级如果使它自身神秘化，这将意味着自欺欺人，只能导致与资本主义斗争以及社会主义发展两方面的失败。所以工人运动为了保证它的活动有效，需要不受束缚的经济科学，[①]以及不断把它的思想和见解与客观实际对照。对于工人阶级运动的实际成功而言，自我批评以及经常检查它的思想是否符合客观真理是一个必不可少的条件。[②]

工人阶级运动清洗它的意识形态中一切模糊实际的因素的斗争

在工人阶级运动史上，曾有几次要使实际模糊的尝试。不过，这些尝试不是维护工人阶级利益的结果，而是事实上与之背离。它们通常是由于工人阶级不成熟以及它不能完全免于数千年旧传统形成的心理习惯而造成的。工人运动开始时，有很多这类尝试要把它的意识形态放在含有旧意识形态——宗教的、哲学的、假科

① 值得回忆当德国社会民主党当局反对马克思写的《哥达纲领批判》的出版时，恩格斯给倍倍尔的信中写道："如果你们引进一条反对社会主义的法律到你们大家中间，你和普特卡默之间有什么不同？对我个人而言，这可能是不重要的。当我决定要发言时，没有一个国家的党能强迫我沉默。但是我想请你考虑一下，如果你稍微敏感一些，而且你的行动不那么像普鲁士人，是否要好一些？你们，党，需要社会主义科学，而没有运动的自由，社会主义科学就不能存在。"给倍倍尔的信（1891 年 5 月 1—2 日）。

② 只要回忆一下列宁赋予工人运动内部不断自我批评的重要性。

学的及其他——因素的理论基础上。科学社会主义的创始人马克思和恩格斯,针对工人运动意识形态中所存在的这类神秘化进行了不倦的斗争。[①] 随着工人阶级的成熟及其觉悟的提高,所有这些模糊观念从它的意识形态中消失了。所以,最后科学社会主义变为工人阶级运动的指导思想。

以后,当来自小资产阶级和许多与之有关的知识分子参加工人运动时,特别是由于资本主义发展到帝国主义阶段并且工人阶级的某些部分参与到帝国主义对殖民地和附属国的剥削中来,对资本主垄断的作用、资本主义国家干预经济的政策以及帝国主义的某些表现的神秘化开始出现。那也就是工人运动中各种思潮的出现,例如修正主义、社会帝国主义等等。即使到今天,这类幻想在工人阶级运动中还时有表现。并且只要运动受到资本主义意识形态的影响,以及随着越来越多的农民和小资产阶级连同它们的知识分子加入,这类幻想将会持续出现。因此在工人阶级运动中,各种形式的修正主义不断产生,科学社会主义在过去坚持与引进模糊实际的意识形态因素到工人运动中的尝试做斗争,将来还会继续这样做。[②]

在建设社会主义的一个时期中,政治经济学受到教条主义和把科学变为辩护词的倾向的束缚。这一点与斯大林的"个人崇拜"

① 例如,《共产党宣言》有整个一章批判地评价了试图影响工人运动的各派社会主义思想。也值得回忆一下马克思与魏特林(1808—1871)的争论。后者是一名德国手工业工人,他的思想代表了那个时期工人阶级的不成熟。恩格斯与尤金·杜林(1833—1921)的论战,在克服工人运动意识形态中的神秘化方面,起了很大作用。

② 见列宁:《马克思主义和修正主义》(1908 年)、《卡尔·马克思科学的历史前途》(1913 年)、《帝国主义和社会主义运动中的分裂》(1916 年)。并见罗莎·卢森堡:《社会改革或革命?》(1899 年),以及普列汉诺夫在 1898—1906 年写的文章,最近(1958 年)用《反对修正主义》的书名在华沙出版。

体系有关。有一种尝试，要把经济规律的作用的马克思主义分析变为对经济过程的一种唯心的、唯意志论的概念。其中社会力量的辩证法被大人物及其附属官僚机构的行动所代替。政治经济学成为这些领袖们采取行动的所谓崇高智慧以及他们管理国民经济的具体方法的辩护词。而这些方向不能适应社会主义生产方式范围内的生产力的迅速发展。[①]

这种教条主义以及把政治经济学变为辩护词的尝试并不是从工人阶级产生的，也不是从社会主义生产方式的社会条件产生的，它们是在原来落后的国家中建设社会主义所带来的不成熟的表现。在这些国家中，工人阶级的队伍主要由部分社会力量比较小的农民和小资产阶级组成，它们外面受帝国主义敌对力量的包围，[②]出现了某些矛盾，其中“个人迷信”是一种暂时的表现，此外还有教条主义和把政治经济学变为辩护词的倾向。当生产力的迅速发展和

① “教条主义和公式主义是这些社会过程意识形态的反映。不愿意公开面对实际、面对可能由此产生的批评的结果。这一点的另一个意识形态反映是不愿让建设社会主义的具体过程接受马克思主义的批评，而培养了这些过程的一种主观—唯意志论的和法律—行政的解释——一言以蔽之，唯心的解释……它不是社会主义的辩护词……因为社会主义不需要辩护词——辩护词与社会主义的需要和马克思主义的本性无关。另一方面，它是与‘个人崇拜’有关的现象的辩护词。这些现象与社会主义思想矛盾而成为社会进一步发展的障碍。”兰格：“当前波兰经济科学的问题”，载《新路》，1956 年 6 月号，第 30—31 页。

② “个人崇拜是人类历史上长期存在的东西。个人崇拜的根源不仅在剥削阶级中，而且也在小生产者中。人们一般承认，家长制是小商品生产的一个产物。在建立无产阶级专政后，甚至在剥削阶级消灭后，在小商品生产被集体生产代替后，以及在建设社会主义社会后，旧社会的意识形态的腐朽毒素的残余能在人们心中存活很长时间。”“千百万人的习惯的力量是最可怕的势力。”（列宁）“个人崇拜也是千百万人的习惯的力量……个人崇拜是社会现象在人们心中的反映。”见“无产阶级专政的历史经验”，载 1956 年 4 月 5 日《人民日报》，1956 年 4 月 8 日《人民论坛报》转载。

工人阶级的数目、觉悟及活动相应的增加,农民经济的逐渐社会化,知识分子作为科学与技术进步的旗手的创造性作用,教育和科学心理状态的普及,使得改变最近诞生的社会主义形态的上层建筑成为必要的时候,这些现象显得特别突出。社会主义社会迅速成熟的基础与在过渡时期具体条件中发展的管理方法之间的矛盾更深更广了。所以恰好是从新社会形态的社会主义基础发展的那些力量开始要求除去歪曲现象。这些现象包括"个人崇拜"、教条主义和把政治经济学变成对目前条件不再适合的国民经济管理方法的辩护词的倾向。

1956年2月召开的苏联共产党第二十次代表大会和波兰在1956年10月召开的波兰统一工人党中央委员会第八次全会,开辟了纠正这些歪曲现象的道路。1961年10月的苏联共产党第二十二次代表大会证明,纠正过程正有效地进行着。

与科学社会主义结合是经济科学进一步发展不可缺少的基础

工人阶级运动以及建设和发展社会主义社会形态,需要对一切自然界的真实情况以及人类社会中发生的一切过程有一种完全的、不受阻碍的科学了解。工人运动的意识形态无任何保留地揭示客观实际,宣布客观实际是完全可知的,[①]并且把自己建立在自

① 辩证唯物论肯定客观实际完全可知,而反对认为科学认识实际是有受限制的、不可逾越的边界的一切学说。辩证唯物论不承认科学在原则上接触不到的神秘东西的存在。只有未知的东西,没有在原则上不能为科学所知的东西。

然和社会发展规律的科学知识的基础上——这种知识不理会旧的迷信和偏见，不对任何阶级、集团或社会阶层的保守主义让步。工人阶级和社会主义社会没有保守主义而只对经济和文化的充分和无限发展有兴趣。工人阶级运动中限制对客观实际的科学认识的尝试只能是它不成熟的表现。旧传统意识形态残余使年轻的工人阶级，像科学社会主义兴起之前那个时期的工人阶级一样，难免不受影响。工人阶级意识形态之外的影响，如修正主义，也可能起作用。最后，这些尝试可能是某些历史情况下出现的歪曲现象的结果，例如"个人崇拜"时期的那些歪曲，它们也是社会情况不成熟的一种表现。在所有这些情况下，工人阶级运动迟早会抛弃妨碍它们争取充分而正确了解社会实际的努力的东西。它不得不这样做，是由于它自己的发展辩证法充分揭示了实际并科学地了解在世界上起作用的客观规律对于发展是必不可少的。生产力和社会主义生产关系的发展克服了过去的遗存，而且迟早强迫上层建筑适应社会进一步发展的新要求。[①] 工人阶级运动以及建设和发展社会主义的历史过程本身，用这种方式克服它们中间可能发生的妨碍对社会发展规律的科学了解的任何保守倾向。

所以，今天政治经济学的前途与工人阶级运动以及社会主义社会的建设和发展有不可分离的关系。政治经济学与这个社会基础分离是不可能的——这可能使它瘫痪和消灭。工人阶级运动以及建设和发展社会主义的过程，使政治经济学不断面临新的研究

① 这些是毛泽东所说的"人民内部矛盾"，在工人运动的发展中以及在建设和实现社会主义的过程中得到解决。见毛泽东：《关于正确处理人民内部矛盾的问题》，外文出版社，北京，1957 年版。

课题,并且使它成为改造社会关系和在科学知识的基础上自觉而有目的地指导社会发展的必不可少的工具。这就给政治经济学指定了一个伟大的和责任重大的历史作用。只有靠提供真实的知识,不怕挡在社会进步道路上的偏见和利益,才能起到这种作用。

一百年前,当政治经济学第一次被有意识地与工人阶级的社会解放结合起来的时候,卡尔·马克思用的语言永远是合适的。他说:"但是在科学的入口处,正像在地狱的入口处一样,必须提出这样的要求:

这里必须根绝一切犹豫;
这里任何怯懦都无济于事。"[①]

① 这是1859年出版的马克思的第一部系统的政治经济学著作《政治经济学批判》序言的结束语。

汉译世界学术名著丛书

政治经济学

第二卷

〔波兰〕奥斯卡·R. 兰格　著

王宏昌　译

目　录

前　　言

读者无疑会希望至少能概要地了解奥斯卡·兰格这部因他病故而无可挽救地中断的著作以及他打算写些什么。由于兰格教授生前把《政治经济学》当作他创造性活动的一个确定的总结。读者这种希望是正当的，可是由于缺乏必要的材料，我们做不到这一点。

不幸的是，除了第二卷的这四章外，兰格并没有为以后任何一章的计划草稿写下任何片段。因此，本书可以作为一个基础来确定出版的内容在多大程度上接近全书原先的计划。

这些少量的文稿清楚地反映出兰格始终如一地坚持他的写作《政治经济学》的原始计划。从广泛的方法论开始，然后分析一般经济规律，最后讨论各种社会经济制度，特别是资本主义和社会主义。在写作过程中，虽有些重要变化，但这些改变倾向于扩大一般导言部分，并且因而更加强调这部著作的一般性质。这与其他对政治经济学的全面的马克思主义陈述不同。就兰格而言，各种社会经济制度的经济规律不只是他著作的一个出发点，而是他著作的目标。为达到这个目标，要求有意识地准备方法论工具和多方面分析支配经济过程的一般规律。他的信念是，只有在此基础上人们才能正确理解属于各种制度，特别是社会主义制度的特性和规律性，以及它在当代资本主义国家和不发达的第三世界国家的发展前景。

阐述政治经济学的所有重要问题的设计是在1956年和1957年初产生的。起初,在他的原始总体计划中,兰格感到他能以一卷的篇幅实现他的意图,并分为三部分:①一般假设;②资本主义政治经济学;③社会主义政治经济学。在写作过程中,第一部分(政治经济学作为一门科学)中包括的问题如此广泛,明显需要单独而详尽地写一卷。波兰国内和国外的反应都证明这个决定既有效果又满足了一种迫切的需要。

而第二卷继续分析一般问题,但不是从方法论的观点出发,而是着眼于经济学的两个基本和主要的问题,即用物质关系表示的再生产理论和在特定条件下变成说明再生产理论的物质规律的商品生产理论。兰格考虑,只有借助于分析这两个重要问题,才可能阐述各种社会制度的经济理论。这个理论在第二卷的最后部分,其中占中心位置的是剩余产品的生产和分配问题,以及在此背景下属于不同社会制度的社会结构、上层建筑的作用以及各种经济激励。

第二卷的四章,主要包括原来打算在本卷中讨论的三个基本问题的第一个。这四章讨论了再生产过程的基本问题,重点放在对再生产因素相互关系的精确分析上。原来计划把这个问题的控制论概念作为一个专门附录,其中阐述研究这些关系的新方法。现在用《经济控制论》的一个摘录来代替。最后两组问题(商品生产和价值规律,以及社会制度的理论)甚至没有展开成提纲。我们只是从作者的谈话和通信中知道,他很重视彼罗·斯拉法的《用商品生产商品》一节的理论观点。

有一个疑问，那就是第二卷的计划内容实际完成了多少。对这个疑问形式上的答案可能是大约完成了一半。然而，对兰格的《政治经济学》而言，估计“未完成部分”不仅是数量问题。这有两个原因：

第一个原因与作者在本书第一版中所用的“阐述”概念有联系。“政治经济学的全部较重要问题的阐述”可能说明作者打算系统地阐述当前充分发展的观点和答案。但事实并非如此。上述扩大内容的过程以及各个概念的演化都清楚地证明，写作过程(写出的讲义)是在“创造性”一词的完全意义上的创作过程。它是一个阐述和解决问题的过程，它是一种搜索。在搜索时，景观随时在变化，并且，在分析过程中，以前讨论过的问题常被进一步提炼。

一个例子是，兰格在第一卷中分析了生产关系的关键问题，也讨论了其他有关问题，例如生产方法、分配关系、经济关系和经济基础。然而，在第二卷第一章“生产和再生产的社会过程”中，他对有关的各个问题再次做了研究，并引进了“协作关系”这一新的概念，因而把生产关系分为“协作关系”和“所有制关系”。这就迫使我们也必须再一次考察上述所有概念。

另一个例子是，合理行为学与经济学的关系问题在第一卷中占了中心位置。但是在写作第二卷的过程中，兰格才利用合理行为学来解释某些经济规律。它们曾被某些经济学家当作技术的普遍规律；而之所以被其他经济学家所舍弃，正是由于它们没有被技术的发展所证实。

对这些规律的一种合理行为学的解释，不仅使我们能够纠正一种旧的误会，而且也鼓励作者形成他自己的若干概念，这一点表现在对第一卷以后各版的几次补充上,特别是关于拉格朗日乘数“是各种平衡极限的尖锐程度的一种度量”方面。它导致对生产的技术和平衡规律问题做出新的阐述。

其他一些问题无疑会得到同样处理。其解释会不同于本书目录中对其他问题的提法。作者本人觉察到了这一点。他说过,以后各卷将按照“对第一卷及其主要修订的第二次浏览”而得到的启发来阐述。

第二个原因可能更为重要。通常来讲,一本学术性著作的后面部分要更加详细、广泛,或者是对已经阐述的概念的补充。另外,通常情况下(社会科学也如此),一部著作的各个部分只有通过整体才能充分理解。兰格著作的情况肯定也是如此。这是兰格希望它的性质是一部“关于这个主题的系统性专著”的结果,这句话特别重要。他的设计的最后结晶是这种信念的结果。“政治经济学中许多论点的讨论和论战,只有依靠这门科学的系统性的阐述才能解决。各种经济问题在整体中互相联系,分开来思考它们是很困难的。”第一卷“代表某种封闭的整体,讨论政治经济学的一般基础”,这是事实。但是对计划中的整体而言,它只是一个基础。它是一般概念的一次系统的集合,也是研究方法的一次阐述。其意义和可应用性要在分析资本主义和社会主义实际的过程中最后得到验证。概念和方法的系统化是第一卷的主要内容,也是第二卷的部分内容,然而仅仅是达到分析当代社会的最终目标的一个手段。作者未能完成这个任务。所有这一切再次说明,奥斯卡·兰格之死对科学来说是严重的损失。它也着重表明了要继续他开创的工作的困难和必要性。

第一章
生产和再生产的社会过程

第一节

经济活动包括满足人类需要的物质对象的生产和分配。生产和分配是不断重复的经济活动，是经济过程的两个密切相关的方面。生产产生财富——产品，它们是在社会成员之间进行分配的对象。然而分配也要影响生产进行的条件，特别是影响生产的性质和过程。因此经济过程的两个方面形成不可分割的整体。

在生产和分配方面都形成人和人之间的社会关系——生产关系和分配关系，它们共同称为经济关系。人在生产中改造自然，并在自己的活动中教育自己——“自我教育”。唯物史观证实，人与自然在生产中的相互作用过程产生一种动力，导致社会生产力不断变革。这些动力是社会进化的源泉。所以解释决定经济过程的社会规律从分析生产过程开始。

生产是人类有意识和有目的的活动。它使自然财富和自然力适应人类需要。它将自然蕴藏的财富发掘出来之后，用物理的、化学的和生物的方法改变它，并在变更物品所在的空间和时间的过程中保存物品。活动的社会性质产生于人的社会协作条件。个人的各种活动互相补充。如果关系是对立的,则互相矛盾。活动在不断重复。在谈到生产过程时,考虑到它的社会性质,可将其称为社会生产过程。

社会生产过程反映一定的规律性,表现为一定的规律。各种规律一部分是人和自然在生产中发生的相互作用过程的结果;一部分是经济关系,特别是生产关系的结果。生产过程是在生产关系的框架内进行的。第一类规律,是在生产过程包含的各项活动和业务之间会发生某些不断重复的关系。这些关系是生产过程的物质特点的结果。它们是用于生产的物质技术特点,所用生产资料和所生产产品的物质特点,以及在生产过程中人的活动或劳动显示的物质特点。在生产是理性活动的范围内,其中表现的许多规律反映了人类把合理行为学的行为原理应用于生产过程的结果——使这些原理具体应用于生产过程的物质特点。

我们所称的生产的技术平衡规律[①]和其他经济规律一样,是社会发展形成的。由于生产过程的物质特点决定于社会生产力状况(它的状况是社会发展的结果),因此生产力的发展会将愈来愈新的物质特点引入生产过程,使物质特点用新的内容丰富起来。所以除了在生产力发展的所有阶段表现的普遍规律——只要有永久的生产过程就适用——外,随着生产力的发展将产生新的更专门和更复杂的规律。从一个社会制度过渡到另一个,规律通常不

① 兰格:《政治经济学》第1卷,第57页和第61—62页,华沙,1961年版。技术平衡规律也包括与生产过程物质特点直接有关的人类合理行为学的某些特点。

终止其作用；它们只是因表现为适应生产力发展的更复杂和更专门的规律而更加丰富了。历史上各种规律不仅是经济关系的直接结果，而且也有赖于人与自然相互作用的生产过程的物质特点。因此，决定于生产力状况。

生产的技术平衡规律的典型性质产生一种可能，分析这个规律最好是去考察迄今为止最高发展阶段的生产力。[①] 这时，这些规律有最发达和最丰富的形式。从这种分析，可以进一步探讨这个规律在生产力不发达条件下的作用。这里用上了马克思的话："人体解剖对于猴体解剖是一把钥匙。"[②]只有在更高的发展形式已为人知的时候，才能理解从发展的较低阶段开始产生的更高的发展形式。在现代生产力状况的条件下探讨社会生产过程，有时要追溯历史，以便说明这个过程的某些性质和规律的起源。

在生产过程中会观察到第二类规律及在此过程中形成的生产关系。生产关系是人与人之间关系的复杂体系。这个体系的各个部分以不同的密切程度与生产过程的物质特点相关联。这里考察的是基本生产关系。它们是由生产过程的物质特点造成的不同个人的活动之间相互依赖的直接结果。这些关系起源于人们在生产过程中的协作。

① 它们是在资本主义和社会主义框架内发展的。社会主义制度为了生产力的发展，排除资本主义生产关系产生的障碍，使生产力发展有条件高于资本主义制度可能达到的发展水平。然而这要看社会主义生产关系产生初期的具体历史条件。例如，在落后或经济不发达的国家中，即处于社会主义制度第一发展阶段的国家中，生产力发展水平低于最发达的资本主义国家。这就有了最终"赶超"的问题。现在这个时期正在走向结束。

② 《马克思恩格斯全集》第 12 卷，第 756 页，人民出版社，1962 年版。

第二节

构成生产的各种人类活动称为劳动。换言之,劳动是生产过程中的全部活动,其目的在于制造物质财富,用于满足人类的需要。生产过程是有意识和有目的地从事于制造人们需要的财富或产品的具体劳动过程的集合。①

可以按照接受改造的自然财富和自然力的性质以及与此有关的人的活动或具体劳动过程的性质,来区别各种生产过程。利用土地培养动植物活机体以供人类需要的活动称为农业生产,或简称农业。用物理、化学以及生物方法改造物品的活动称为工业生产或工业。改变物和人的空间位置的活动称为运输。而在一段时间内保存物品的活动称为仓储;仓储常与分配相联系,在实际中往往不可分割。

各种生产过程或生产活动可以进一步分为分支活动,或称为生产部门。例如,农业可以分为栽培植物和饲养动物,而在栽培植物中常常单独分出林业。工业分成如下一些部门:采掘工业,采掘自然蕴藏的财富(各种矿业、渔业及狩猎业);能源工业,把自然蕴藏的能源转化为供人利用的动力(例如电);制造工业,把从自然界采掘得来的财富进一步加工。在制造业中可以列举机器、电工、化学、纺织、制药、食品及其他工业,视需要加工的物品性质以及加工

① S.G.斯特鲁米林给生产下的定义是:"为了制造各种产品所不可缺少的劳动过程的集合可以称为生产。例如,鞋的生产——长靴、鞋、拖鞋等。"《劳动经济问题》第11页,莫斯科,1957年版。

应用的方法而定。通常把建筑工业作为单独的工业部门，即建设用于各种目的的房屋的行业。运输业按照进行活动的种类，分为陆运、海运、空运。仓储业可以是简单的储藏，目的在于在一定时期内保存物品；或者可以包括各种辅助业务，目的在于将物品保持在适合使用的状况（例如冷藏）。

人类在生产中会使用一定的物质技术或物质资料，以实现生产的目的，即获得一定产品。这种技术称为生产技术。生产技术是对在自然界和人类机体中发现的因果关系——物理、化学和生物学规律，以及人类机体的生理和心理规律（例如，关于劳动效率与疲劳的规律）——的巧妙利用。用于生产技术的物质资料称为生产资料。使用这些资料是为了实现所要的产品。这件事发生在劳动过程中。人的劳动使用生产资料并且“使它们起作用”，其结果是产品。

使用生产手段的劳动过程是依靠变换自然界的物质财富以及依靠挖掘自然力供此种变换之用。马克思说：“人在生产中只能像自然本身那样发挥作用，就是说，只能改变物质的形态。不仅如此，他在这种改变形态的劳动中还要经常依靠自然力的帮助。”[①] 生产资料分为两种：一种是在生产过程中受到变换的物质对象，其变换由劳动来完成，因此称为劳动对象；另一种是用来变换劳动对象的物质资料，称为劳动资料。[②]

劳动对象是其形体仍留在产品中的材料，通常称为原料。这

① 卡尔·马克思：《资本论》第1卷，第56—57页，人民出版社，1975年版。

② 卡尔·马克思：《资本论》第1卷，第202页。人民出版社，1975年版。

一名称常用在工艺学，即探讨各种生产技术的科学中。[①] 劳动对象主要包括各种自然财富，例如土地、水、空气、煤矿、石油及矿物、海中的鱼、森林中的动物等。劳动对象还包括某些产品，或者以前劳动加工过的对象。这种劳动对象称为原料。[②] 原料可以是适合作为劳动对象以外用于其他地方的产品。例如，煤炭可以用作家庭燃料，同样也可制作焦炭或作为化学工业的原料；葡萄可以消费或做制酒原料。可以完全作为原料用的产品称为半成品(或半制品)。[③] 半成品的例子有棉花、焦炭、铁矿石、化肥、未装配的机器零件或未完成的机器。半成品与成品有别。成品不能作为原料，然而可作为其他方面的生产资料(例如机器)，也可作为消费品(例如面包或衣服)。

原料再分为基本材料和辅助材料。[④] 前者通过劳动过程的变

① 考塔宾斯基给原料下的定义是："原料……是某些客体……用这些物体制造物品……"又说："每种制造都是变换原料的性质，物质原来的面貌改变了。"见《论好工作》第 48 页，罗兹，1955 年版。

② "相反，已经被以前的劳动可以说滤过的劳动对象，我们称为原料。例如，已经开采出来的正在洗的矿石。一切原料都是劳动对象，但并非任何劳动对象都是原料。劳动对象只有在它已经通过劳动而发生变化的情况下，才是原料。"见卡尔·马克思：《资本论》第 1 卷，第 203 页，人民出版社，1975 年版。

③ "一种已经完成可供消费的产品，能重新成为另一种产品的原料，例如葡萄能成为葡萄酒的原料。或者，劳动使自己的产品具有只能再作原料用的形式。这样的原料叫做半成品，也许叫做中间成品更合适些，例如棉花、线、纱等等。"见卡尔·马克思：《资本论》第 1 卷，第 207 页，人民出版社，1975 年版。

④ "原料可以构成产品的主要实体，也可以只是作为辅助材料参加产品的形成。辅助材料或者被劳动资料消费，例如煤被蒸汽机消费，机油被轮子消费，干草被换马消费；或者加在原料上，使原料发生物质变化，例如氯加在未经漂白的麻布上，煤加在铁上，颜料加在羊毛上；或者帮助劳动本身的进行，例如用于劳动场所的照明和取暖的材料。"见卡尔·马克思：《资本论》第 1 卷，第 206 页，人民出版社，1975 年版。

换，进入产品作为它的主要物质内容或作为产生产品物质内容的来源（例如生产钢的生铁，生产鞋的软皮和硬皮，生产纤维制品的棉花、羊毛和亚麻，生产焦炭的煤炭，生产汽油的石油）。后者作为基本材料的补充，赋予产品某种性质（例如纤维制品生产中的染料，家具生产中的清漆）。有时辅助材料不补充到劳动对象上，而补充到用于生产的劳动资料上（例如机器润滑油脂，发动机用燃油或电力，工厂厂房取暖用煤炭）。

然而在许多情况下，不可能将原料分为基本材料和辅助材料。在化工或制药生产中就有这种情况。[①] 这里通常说不出在配方中什么属于基本材料，什么属于辅助材料。全部物质在化学合成过程中转化。在医药产品中有决定性效果的成分绝不是数量最大的（数量最大的常常是水）。所以把原料分为基本材料和辅助材料并不总是可行的。

劳动资料用于转化劳动对象，对它进行加工，赋予所需产品的外形。使用劳动资料的目的，或直接用于转化劳动对象，或间接使劳动工具的使用成为可能或更加方便。

直接用于转化劳动对象的劳动资料称为劳动工具。[②] 除了在生产力水平很低，人类刚从一般动物脱离出来的极原始的社会外，

① 关于这一点马克思已注意到："在真正的化学工业中，主要材料和辅助材料之间的区别就消失了。因为在所用的材料中没有一种会作为产品的实体重新出现。"见卡尔·马克思：《资本论》第1卷，第206页，人民出版社，1975年版。

② 关于工具的作用，见考塔宾斯基：《论好工作》第52页及以后。哥特－奥铁连菲尔德给工具下的定义是："工具是手或机器对第三物施加作用的中间体。"见《经济与技术。社会经济学基础》第2部分，第94页，杜平根，1932年版。这本书是到现在为止唯一一部将人类合理行为学原理应用于现代生产技术的著作。

使用的劳动工具永远不会仅仅是自然界存在的物品,如木棍和石块。相反,人们的工具总是劳动制作的产品。[①] 常规工具是专门适合做一定工作的物品,如斧,弓,刀,箭,各种机器,机械的、光学的和化学的设备(如锅炉、显微镜、水塔、管道等等),电工装置(如变压器、导线),运输手段(如马、车辆、船、飞机)以及保管物品的手段(如仓库、冰柜)。所以专门程度或大或小的劳动工具,常常就称为工具(或设备)。

随着生产力的发展,专门的劳动工具的数目和品种增加了,出现了所谓劳动过程的工具化。劳动工具的发展(其数量、品种及效率增加)是生产力发展的最大能动因素。人类借助工具改造自己的环境。工具的应用表现为人对自然的积极关系。劳动工具是人类改造环境活动的最重要手段。

除劳动工具外,还有劳动资料,使用劳动工具时需要它,它间接用于变换劳动对象,使劳动工具的使用成为可能或更方便。属于劳动资料的,如土地。它们有助于劳动工具的使用,因此称为辅助设施。[②]

作为以上考虑的结果,产品与生产资料之间的区别,以及在生产资料范围内,劳动对象与劳动资料之间的区别,不是物品的区

① 这里提一提本杰明·富兰克林的话:“人类是制造工具的动物。”

② 这个名称被考塔宾斯基采用,见《论好工作》第 57 页。考塔宾斯基也用“器具”一词表示劳动资料,包括劳动工具以及辅助设施。在上面所引文献中,考塔宾斯基说:一般动物不生产工具(虽则有时把某些物品当工具使用),而生产辅助设施,用于进行某些活动。例如,蜘蛛不靠织网捕蝇,只是等待苍蝇落在网上,再捉住它。这种设备大多数具有洞穴性质(例如鸟巢、鼠穴、小水獭的堤坝)。只有人类制造工具。见前引书第 56—59 页。

别。这种区别来自物品在劳动过程中的功能或作用。大多数生产资料是产品，因为它们要么是制造出来的，要么至少是人类劳动加工过的或开采出来的。但不是每种产品都是生产资料，因为产品的重要部分是消费品。同一物品可能这一次表现为劳动对象，另一次则表现为劳动资料。例如，用于制造饮料的水是劳动对象，而驱动水泵或推动机车的水是劳动资料。“可见，一个使用价值究竟表现为原料、劳动资料还是产品，完全取决于它在劳动过程中所起的特定的作用，取决于它在劳动过程中所处的地位。随着地位的改变，这些规定也就改变。”①

现在我们考察一下劳动资料在劳动过程中起作用的方法。马克思用这样的表现方式说明它的作用：“劳动资料是劳动者置于自己和劳动对象之间、用来把自己的活动传导到劳动对象上去的物或物的综合体。劳动者利用物的机械的、物理的和化学的属性，以便把这些物当作发挥力量的手段，依照自己的目的作用于其他的物。劳动者直接掌握的东西，不是劳动对象，而是劳动资料……这样，自然物本身就成为他的活动的器官。他把这种器官加到他身体的器官上，不顾圣经的训诫，延长了他的自然的肢体。”②

第三节

劳动资料，特别是劳动工具的应用是依靠巧妙地开发自然力，

① 卡尔·马克思:《资本论》第1卷，第207页，人民出版社，1975年版。
② 同上书，第203页。

在人类的劳动过程中驾驭这种力,使其充当人类的助手。[①] 它首先表现为人体器官活动的延长、加强、加速和更灵巧。挥舞木棍或掷石块是延长人手的作用范围,用杠杆或曲轴可以加强人手的力量,骑自行车可以加快腿的速度,用显微镜可以使眼的观察力更为锐敏,等等。这种劳动工具的原理常常是模仿人体器官的功能。考塔宾斯基说:"作为工具的物品,基本上属于模仿器官,同时延长和壮大器官:木棍——握成拳头的手;刀——尖锐的门齿;叉——终端为指头的手掌;高跷——一双腿;钳——一对颚;等等。人类能够模仿与器官类似的功能,制造出自己的或能见到的其他动物的工具——它们实际是外在的产品。[②]

然而,有些劳动工具,特别是专门用于一定工作的工具,它们不是延长或加强人的器官的工作,而是代替人的器官。例如,马或汽车代替人腿的用途。还有其他劳动工具进行的工作,人没有一个器官能以极完善的方式做到。可以说这类工具赋予人类以他们所没有的新器官。作为例子,可以提一提梭子或织布机、发电机或

---

① 自然力被利用于各个生产领域。18 世纪兴起的重农学派错误地设想:只有在农业中,自然力在生产过程中才有其地位。亚当·斯密在 1776 年也表达了这个观点,他写道,"在农业中自然更多地与人类一起工作……"以及"在工业中自然完全不起作用,都是人在工作"。见《国富论》第 1 卷,第 461—462 页,华沙,1954 年版。大卫·李嘉图在 1817 年讲了这样的话:"难道在工业领域内自然完全不帮助人类吗? 难道风力和水不是推动我们的机器并且帮助航行的并非不重要的力吗? 大气压力和蒸汽膨胀是不重要的自然力吗? 它们可以推动最令人惊异的机器。这还没有谈到热能使金属软化、熔化的作用和空气在印染和发酵过程中的分解作用。不可能发现有任何工业,其中自然不帮助人类的……"见《政治经济学和赋税原理》第 8 页,华沙,1957 年版。李嘉图的话在今天最为正确。电和原子裂变释放的能已被驯服用于工业,这还未提所有化学反应。

② 考塔宾斯基:《论好工作》第 56 页。

回旋加速器。这些工具的设计和作用方式没有一样反映人的器官，因为它们是根据其他原理制造出来的，是有待发现的专门自然规律的结果。提供能量的工具有特殊地位，如蒸汽锅炉、各种发动机等。它们在劳动过程中是代替或帮助人的机体的力量。

在劳动资料对于劳动过程的作用的发展史上，引入机器具有特别意义。机器是专门化的劳动工具的一个集合，这些工具或者同时或者相继运动。通常，机器总有一个或几个控制及调节其活动的工具（例如汽车的方向盘及油门）。[①] 机器可以靠人的肌肉力启动和保持运动（例如手摇或脚踏机械），或者依靠人类机体力以外的能源。后一情况在今天是正常情况，有单独的机器或机器部件，称为发动机或引擎（例如，内燃机或电动机；蒸汽机也是发动机）。

发动机是由从自然汲取的能源直接启动和保持运动的机器或机器部件。起初发动机通过动物牵引力推动代替人的肌肉力（例如，通过马或牛的运动与打谷机或泵连接）。以后利用直接存在于自然的无机能源，如风和水（例如推动碾子），最后利用人类专门释放的能量形式，如水蒸气压力或煤气、电流和核反应能。发动机的作用通过机械的、电能的、无线电的或其他方式的传输传到机器。

① 调节或控制机器的操作是指使机器按照人选择的方式，在一定的地点并以一定的强度作用于劳动对象。例如，控制机床是选择切削或研磨的刀或砂轮，在什么地点加工金属（劳动对象），每分钟的转速和刀刃或砂轮边的压力。调节意味着防止控制所设定的方式、地点和压力发生偏离。例如保持发条的一定转速和刀具的压力，保持蒸汽锅炉的恒温恒压，保持飞机航向不偏。可参看 B. I. 道曼斯基：《基础自动化学和电工学》第 208 页，华沙，1954 年版；《自动化在德意志联邦共和国的情况与作用》第 27—28 页，慕尼黑，1957 年版。

传输可以通过单独的机器或通过被推动的机器部件来实现。在描写机器性质时,马克思把它们分为发动机、传动机构和工具机或工作机。[①] 可以设想,它们甚至可能是一部完整机器的不同部件。工作机直接作用于劳动对象,变换它们使之符合管理机器的人的意图。

马克思用下面的话说明机器在劳动过程中作用的方式:“是用一个机构代替只使用一个工具的工人,这个机构用许多同样的或同种的工具一起作业,由一个单一的动力来推动,而不管这个动力具有什么形式。”[②]对这个说明还需补充:机器包括的所有工具,不仅同时运转,并且也相继运转,各个工具相继啮合而先后运转。第一个工具推动第二个工具,第二个工具又推动第三个工具,依此类推。

各个工具的作用如此相继啮合称为机制。机制将各个工具的作用连接起来,成为因果相继的整个链条。而各个工具的作用成为链条中的各个环节。一个工具的运转是诱导其他工具(或一些工具)运转的起因。连接各个工具活动的这种因果链条称为工具的耦合。[③] 也就是说,在机制中各个工具的活动用一定的方式耦合起来。

类似模仿人体器官的简单工具的工作机,开始时模仿人类直接推动的简单劳动工具。马克思说:“如果我们仔细地看一下工具

---

① 卡尔·马克思:《资本论》第1卷,第410页,人民出版社,1975年版。

② 同上书,第413页。

③ “耦合”系援引波兰人亨利·格仑尼斯基的术语。见他的著作《用非数学方法解释的初级控制论》第32页及以后各页,华沙,1959年版。

机或真正的工作机，那么再现在我们面前的，大体上还是手工业者和工场手工业工人所使用的那些器具和工具，尽管它们在形式上往往有很大改变。不过，现在它们已经不是人的工具，而是一个机构的工具或机械工具了。或者，整部机器只是旧手工业工具多少改变了的机械翻版，如机械织机；或者，装置在工作机机架上的工作器官原是老相识，如纺纱机上的锭子，织袜机上的针，锯木机上的锯条，切碎机上的刀等等。”[①]在工作机的进一步发展过程中，逐渐不再模仿人类直接使用的劳动工具，而是代替它们（例如，外科电刀，其作用靠烫烧人体组织来实现；乙炔燃烧器通过熔融金属来切割或焊接金属）或发现以前没有一个工具能做的新工作（例如，检查金属铸件、飞机或核反应堆的X射线机）。发动机的构造适合特定的开发出来的自然力（例如蒸汽机、电动机）而不以劳动工具为模型。

机器代替了人对劳动对象的直接作用，在人与劳动对象之间投入机制的作用，不用工具的帮助，它改变了人的劳动性质。原来靠人的体力使用工具直接对劳动对象进行的加工，改由机器的服务来代替，推动其运动，操纵和控制其活动，以及监督其机制作用。不是对劳动对象劳动，而表现为机器劳动。劳动对象的变换是机器结构作用的结果。所以这里人对劳动对象的作用是间接的。人推动因果链条，最后按所需方式有效地变换劳动对象。为了说明它们的间接作用方式，马克思引证了黑格尔关于理性的狡猾的著名句子：“理性何等强大，就何等狡猾。理性的狡猾总是在于它的

① 卡尔·马克思：《资本论》第1卷，第410—411页，人民出版社，1975年版。

间接活动,这种间接活动让对象按照它们本身的性质互相影响,互相作用,它自己并不直接参与这个过程,而只是实现自己的目的。"[1]人类理性的狡猾在机器的作用中得到表现。依靠发现自然作用的因果律,把各种力和物连接在因果链条中。这个链条的最终结果是所需要的劳动对象的变换。

第四节

借助于因果链的间接作用可以代替人对劳动对象的直接干涉。考塔宾斯基以下列方式说明了最小干涉:"我们设法这样安排事物,使得我们需要的事情,至少从过程中某一点开始,在最大可能程度上靠它自己进行。例如,樵夫不把砍下的木材从山上扛下来,只是把它推下水流,靠水流运到远方直到一个预定的地点。"[2]这个例子说明使用机器不是劳动过程中唯一的间接活动,它发动自然过程中的一个适当的因果链来代替直接干涉。在没有机器的情况下,特别是在化工和农业生产中可常看到这种间接活动,而且这是这些生产部门的基本特性。

在化工生产中,混合适当的成分,组成适当压力和温度下的混合物,使之"自然地"按化学反应的自动过程完成合成。其作用是通过人推动因果链,其最终结果是所需的产品。直接干涉用化学过程的服务来代替,用诱发、控制、调节和监测其过程来代替。在

---

① 卡尔·马克思:《资本论》第1卷,第203页,人民出版社,1975年版。

② 考塔宾斯基:《论好工作》第151页。并见此作者的《效率和错误》第56—57页,华沙,1960年版。

许多化学过程中间接活动先于机器而出现，例如染料的制备、制酒(发酵)、麻布的漂白等。农业的这种作用方式还要古老。动植物的培养显然靠间接活动。起初依靠人的活动推动因果链，其最终结果是产品。植物经播种或种植，进一步成长成熟，并以种子或果实的形式提供产品。人的劳动服务于生长和成熟的生物学过程(例如，在播种或种植后，适当地灌溉、除草及减少不需要的分蘖、嫁接或杂交等)。动物饲养的情况也类似。

机器活动的机制是在劳动工具中应用间接活动，用因果链代替直接干涉——用类似农业和化工生产的方式。在机器的机制中，影响生物和化学过程的古老活动方式被用于机械和电工过程。① 因此，这种机制是因果链系统或者耦合作用系统的一个特例。②

用于劳动过程的耦合活动系统的服务包括启动、控制、调节和监测整个过程。劳动过程的进一步改善在于利用自导和自调节机制把服务作用简化为建立和监测耦合作用系统。在控制和调节耦合作用系统的活动中引入这种机制代替人的直接干涉，称为自动化。自动化总是引入一种专门机制，控制和调节耦合集合的作用。这种机制或者是一台独立的机器，或者更常见的是一个工具与组

① 参考刘易斯·芒福德针对这一点的评述。他用以下的话说明为机器服务的工人："……可以说他是一个机器的放牧人，照管一群机器的建康状况，机器在进行真实工作。他给它们喂原料，加油，损坏时修理它们，而工作本身与他关系之远，就像羊的消化、长膘与牧羊人的关系一样。见 L. 芒福德：《技术与文明》第 410—411 页，纽约，1943 年版。

② 对耦合作用系统性质的一般集合以及支配它们的规律的研究，属于控制论领域。一本好的入门书是罗斯·阿希拜：《控制论引论》，纽约，1958 年版。

成机器的一组工具连接(这种工具通常称为装置),称为伺服机构[①]或服务机构。伺服机构是精确的机构,它依靠机械力的作用(包括流体力学和热力学的作用)和电力的作用。通常伺服机构的动作由专门设置的能源馈入,大部分属于电力的辅助能源。[②] 伺服机构的作用依靠反馈耦合或闭合因果链。[③] 在反馈耦合中,链条的最终元件反作用于最初元件(或若干最终元件)。在控制论和调节自动化方面,反馈耦合必须以一定方式起作用:机器作用的最终效果与所要效果(即规范值)的一切偏离必须诱致以前活动的变化,从而纠正最终效果的偏离。以这种方式活动的反馈耦合称为补偿性反馈耦合。[④] 它修正机器活动或劳动过程中使用的其他耦合系统活动的错误。

最老的伺服机构之一是蒸汽机的离心控制器,它是詹姆斯·瓦特发明的,并在 1769 年得到专利权。这种控制器与蒸汽机轮及送蒸汽到汽缸的管子连接。如果轮子的转速超过规定的数值,控制器将减少送到汽缸的蒸汽,这会导致转速降低。相反,如果轮子

---

① 也用“控制机构”。控制论之父 N. 沃纳使用伺服机构和控制机构如同同义语。见 N. 沃纳《控制论或动物和机器中的控制和通信》第 55 页,巴黎,1948 年版。

② 道曼斯基:《自动化》第 30 页。

③ 按照英语,反馈耦合称为反馈。英语中的这个词已在许多其他语言中被承认。见沃纳的《控制论》第四章。

④ 补偿性反馈耦合如果最终效果超过规定的规范值,会使产生这个情况的力缩小,相反,如果最终效果降至规范值之下,则会导致这个力扩大。以相反方式作用的反馈耦合称为积累反馈耦合。如果效果超过规范值,会增加导致最佳效果的力;反之,如达不到规范值,则会缩小这个力。事情很明白,这种耦合不能用于自动调节作用。相反,与规范值的一切偏离将导致积累的扩大,例如,蒸汽机控制器在转速超过规范值时会增加蒸汽供应量。

的速度小于规定值，则控制器增加蒸汽供应，从而提高转速。通过这种方式，蒸汽机会自动保持一定的转速。在这种控制器中，伺服机构的作用常常是机械的。现代的伺服机构盛行用电子仪器，例如，自动导航仪使飞机保持规定航向，陀螺罗盘使船舶保持规定航向。

伺服机构使机器的控制和调节用于劳动过程的其他耦合系统的自动化。然而，自动控制会导致自动调节。[①] 它又包括两部分：第一部分是确定机器的任务，规定以什么方式、在什么地方、以多大机器力量加工劳动对象。确定这样的任务称为机器活动的程序设计，或确定机器工作的规范值。另一部分是通过伺服机构调节机器活动，校正与规范值的一切偏离，或者说与机器程序的偏离。例如飞机或船舶的自动驾驶。程序或规范值是驾驶员或船长确定的航向，伺服机构则纠正一切与规定航向的偏离。在许多机器中程序涉及大多数机器活动：程序规定了不同作业的先后顺序和强度，伺服机构按照规定的顺序使各个作业运转起来并控制其强度（例如多用机床的程序控制）。

还有第三类机器，可以说其程序设计是自动化的。程序，也就是机器活动的全部规范值，在此情况下，是按照适应劳动对象发生的变化而改变的任务的性质规定的，或者是按照劳动对象的情况与任务之间的关系的性质规定的。自动化程序最简单的机器，是在程序任务已经完成时，或在劳动对象损坏（例如，棉纱断线）后，机器的相应活动自动停止。高度复杂程序自动化的例子是自动高

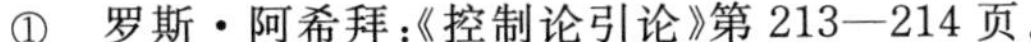

① 罗斯·阿希拜：《控制论引论》第 213—214 页。

射炮。它自动计算被瞄准的飞机在导弹要打中它需要飞行一段时间后在空中的坐标。这里的机器程序是使导弹打中飞机,而与规范值的偏离是导弹爆炸地点与飞机所在空间坐标的距离。高射炮伺服机构的作用是在每次发射后借助适当的补偿性反馈机制修正偏离。从这个例子可以看出,自动程序可以化为简单程序。由于不把击中空中某一位置作为高射炮的规范值,因此它不需要通过专门的机构计算高射炮程序,而可用简单方式把击中飞机作为规范值。伺服机构的自动作业程序于是化为校正与规范值的偏离。

对机器活动的自动控制和调节不是新事情,它直接产生在机械化之后,也就是在用一种机构把组成机器的各种工具连在一起,以代替人直接使用劳动工具之后。所以在中世纪时钟机械的发展中,就设计了许多复杂的使操作和控制自动化的机械,把它的一系列活动联系起来实现了自动化。这些机械能指示时和分、日和月、月亮圆缺,并且能做各种补充活动,如报时、音乐、人物表演等。① 关于机械化的后果是自动化,马克思曾经说过:

“当工作机不需要人的帮助,就能完成加工原料所必需的一切运动,而只需要人从旁照料时,我们就有了自动的机器体系。不过,这个机器体系在细节方面还可以不断地改进。例如,断纱时使纺纱机自动停车的装置,梭中纬纱用完时使改良蒸汽织机立即停

① 中世纪钟表机械在物质技术史上第一次应用了自动化。J.D.伯纳尔注意到“……钟表自动机械是各种现代自动控制机器的第一个榜样”。见J.D.伯纳尔:《历史上的科学》第234页,伦敦,1954年版。阿拉伯人已经知道钟表的自动化机械,他们在拜占庭表示对它很感兴趣。中国有人在10世纪记载了阿拉伯人的这种自动机械,12世纪自己也开始制造。见李约瑟:《中国的科学文明》第1卷,第203—204页,剑桥,1954年版。

机的自动开关，都完全是现代的发明。”①

伴随着各种机器活动的自动化也出现了整个机器或全部工厂协调的自动化。马克思说：“但是，只有在劳动对象顺次通过一系列互相衔接的不同的阶段过程，而这些过程是由一系列各不相同而又互为补充的工具机来完成的地方，真正的机器体系才代替了各个独立的机器。”他进一步说：“每一台局部机器依次把原料供给下一台，由于所有局部机器都同时运转，产品会不断地处于自己形成过程的各个阶段，不断地从一个生产阶段转到另一个生产阶段。”②其结果，马克思做了生动的描述：“在这里，代替单个机器的是一个庞大的机械怪物，它的机体充满了整座整座的厂房；它的魔力先是由它的庞大肢体庄重而有节奏的运动掩盖着，然后在它的无数真正工作器官的疯狂的旋转中迸发出来。”③

在使用相互作用的机器体系的第一阶段，将劳动对象（半制品）从一部机器传递到另一部是通过人的直接参与来完成的。如从一部机器收到物品，运到适当位置的另一部机器等。自动化排除了这种直接参与的需要，从一部机器运送劳动对象到另一部机器的作业改成由机械完成，其工作受到自动调节和控制。以这种方式将自动化机器的活动联系起来成为自动化系统。而自动化机器系统联系起来成为自动化工厂。在自动化系统或自动化工厂中，各个机器耦合为一个机构，它确实成为一部机器。这是最高程度的生产过程自动化。现代工艺学语汇称它为生产过程的完全自

① 卡尔·马克思：《资本论》第1卷，第418页，人民出版社，1975年版。

② 同上书，第416—419页，人民出版社，1975年版。

③ 同上。

动化。与此相对照,局部自动化只包括各个机器。[①] 在生产过程完全自动化的条件下,劳动过程只是监督。

第五节

劳动过程的机械化是用机器作业代替对劳动对象直接进行工作。机器调节与控制的自动化,减少了人对机器作业的干涉而变成更多地监督它。生产过程的完全自动化,排除了由人直接把劳动对象从一部机器送到另一部机器的需要。因此剩下的只是监督自动化生产过程的正常进行。只有在这个过程的机器构件损坏的情况下,才发生人的直接参与,而对自动化机器或机器系统的某些故障设置自动修理装置的结果,使这种参与的需要也减少了。

生产过程的完全自动化是现代技术发展的趋势。可以看出,自动化是机械化的直接后果,而各个机器进一步自动化的后果是机器系统的自动化和工厂的自动化。实现这个趋势的速度决定于技术可能性。因为自动化在历史上来自机械化,所以它首先用于机器的生产领域。机器或机器系统是自动化的对象。以后自动化又进入化工生产,用伺服机构自动调节化学反应过程的条件(温度、压力、各种流体的流量、发酵的程度等)。同时,自动化装置也开始在医疗中找到用途。目前,农业生产中实现的自动化最少,虽然在这里也存在着自动调节生物学过程的条件的例子(如温室中

---

① 这个情况见道曼斯基:《自动化》第 10 页,以及菲德烈 · 波洛克:《自动化——其经济和社会后果之研究》第 7—11 页,牛津,1957 年版。

的温度和湿度），但还不是通过机器进行的辅助活动的自动化。自动化原理可应用于生产过程中的一切耦合活动系统，如同对生物学系统、化工系统及机械一样。

劳动过程的自动化导致了工作的程序化，启动了自动化机构（以及其他耦合作用系统）的作业并监测其运转是否正常。它最为深远地应用了考塔宾斯基的最小参与原理。考塔宾斯基说："最小参与公设成为单纯监视公设，它的目标在于只监督自动过程而不像以前那样不得不以自己的力量参与。"[①]只是由于必须把劳动对象从一部机器送到另一部机器而发生的直接参与，致使监视中断，也就是考塔宾斯基所说的参与性监视。现在生产过程的完全自动化有可能从单纯监视过渡到完全依靠监视的劳动过程（程序设计和启动例外）。

生产过程自动化在方法上改变了劳动过程的基本性质。直接使用劳动工具时依靠人体肌肉的力和技巧，控制和调节则是通过人的中枢神经系统。劳动过程的机械化用机器机构的活动代替人体肌肉的直接劳动，而在发动机（引擎）被推广应用后，人的机体生理力被从自然开发的力所代替。操作机器（或其他耦合作用系统）比借助工具直接加工劳动对象显著减少了人体生理力和技巧的支出。不过人类要继续发展在更大程度上运用中枢神经系统的活动，特别是大脑的活动，这对机器活动的控制和调节是特别重要的。因此可以认为，如果劳动过程的机械化代替了人体生理力和技巧，则生产过程的自动化代替了人的一系列神经—心理活动。

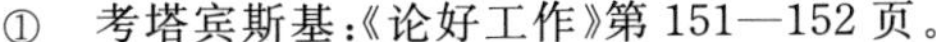

① 考塔宾斯基：《论好工作》第151—152页。

特别明显的是,伺服机构自动完成了逻辑和数学运算(对人类往往是最难的)。如现代电子计算机,在机器或生产过程中使用的其他耦合活动系统的控制和调节自动化中,它起了关键作用。所以这种设备也称为“电脑”。[①]

J.D.伯纳尔对于生产过程自动化导致劳动过程性质的变化进行了讨论。他认为与机械化比较,自动化导致了劳动过程的新发展:“20世纪的技术发展已经表明,我们正在面对第二次,可能还有第三次工业大革命,……过去的工业大革命主要在制造业和运送力量上减轻人的繁重体力劳动。而20世纪的革命在很大程度上依靠机器或电子装置代替人的体力,并且把人从单调的办公室工作或为机器服务的负担中解放出来。”[②]或者像另一位研究生产过程自动化的学者菲德烈·波洛克所说的,“在工业时代第一次发明了这样的机器,不仅代替了人的劳动,而且也代替了人的感觉器官和大脑行使的功能”[③]。这时仍要援引N.沃纳的话:“第一次工业革命是‘黑暗的魔鬼机器’的革命,机器的竞争贬低了人的胳臂的价值,……现代工业革命必然以相似的方式贬低人脑的价值,

① 这种设备的活动和中枢神经系统的活动之间存在很大的类似性。它们的类似性在于中枢神经系统的神经思维活动过程的电性质,以及在计算机中一样存在着反馈耦合作用。关于这种类似性可能有助于理解中枢神经系统的活动。最早见于N.沃纳的《控制论》第五章和第七章;著名的数学家约翰·冯·诺伊曼的《计算机和大脑》专门谈了它们的类似性以及不同之处(纽黑文,1953年版)。通俗讨论见W.斯勒金:《心灵和机器》,企鹅丛书,1960年版。

② J.D.伯纳尔:《历史上的科学》第497页。

③ F.波洛克:《自动化》第39页。

至少在较简单的方面和日常决策方面。"①

这在某种程度上是名词问题。通过生产过程自动化进行的革命,可以称为另一次工业革命,人们有很大的理由倾向于使用这个名词,②这毋庸置疑。生产过程自动化是"质的飞跃",是劳动过程

① N.沃纳:《控制论》第37页。沃纳除了上面所引的话外,还谈了对资本主义条件下生产过程自动化的不良后果的担心。

② "工业革命"一词是恩格斯在1845年的著作中使用的。见《英国工人阶级状况》第46—59页,华沙,1952年版。这个名词是指18世纪末和19世纪初在英国发生的劳动机械化过程的广泛推行,它成为工场手工业过渡到大工业的工艺基础。马克思继续使用了这个名词(例如,在《资本论》第1卷,第413页)。这个名词的推广也归功于英国历史学家阿诺德·汤因比,他在1884年出版了《英国工业革命讲义》一书,他从马克思那里得到"工业革命"一词是可能的。因为赫伯特·希顿在"工业革命"一文(载《社会科学百科全书》第8卷,第53页,纽约,1948年版)中说,汤因比发现了马克思的《资本论》并研究了德国社会主义运动。然而,在那个时候人们经常谈及"工业革命",汤因比也可能是从别处借用的这个词。把生产过程自动化称为另一次工业革命显然是由于沃纳·伯纳尔等人这样用词。今天它变得很时髦了。然而有必要提一下,那个名词很早以前——20世纪20年代后期——已经被用来代表与生产合理化的部分相联系的大规模的工艺改革。那种合理化依靠采用和推广大量生产方法,主要借助于在传送带劳动以及生产组织方面应用科学方法。参见鄂托·包尔:《世界大战后的资本主义和社会主义》卷1所载的《合理化和不合理化》第161—169页,柏林,1931年版。正是由于这一点,伯纳尔在前引文献中似乎对应当称为第二次或第三次工业革命是犹豫不决的。第一次革命大规模使用机器,从工场手工业过渡到大工业;第二次推广大规模生产;第三次是生产过程自动化。见《历史上的科学》第497—498页及第590—591页。毋庸置疑,现代生产技术的发展经过了一系列或多或少明显的阶段。每进入一个阶段,生产过程就有一种革命。我们援引了熊彼特在他的著作《商业循环》中的观点,这本书与其他资本主义发展史相比较,是以生产技术的变革为基础的。熊彼特确认在19世纪末和20世纪初发生了第二次工业革命。它依靠工业中用电作为能源(按照他的观点,第一次工业革命是依靠使用蒸汽)。按照熊彼特的意见,最近,在20世纪20年代后期发生了第三次工业革命。它的基础是原油和汽油用于内燃机。见J.熊彼特:《商业循环》第1卷第397—398页和第2卷第753—794页。熊彼特似乎把发现新形式的能源作为区分各次"工业革命"的依据,而不是依据社会劳动过程性质的变化。由于他忽略了社会生产过程的最主要方面,所以是不适当的。自动化之所以称为"另一次工

性质的革命。在劳动过程中使用工具特别是专门仪器,扩大了人体器官的作用范围,提高了其效率。采用机器或劳动过程机械化,可以提高劳动工具的效率和能力,并且可以做旧工具所不能做的新工作。最后,生产过程自动化提高了人类神经—心理活动的作用范围和效率,从而使人类能做以前所不能做的新工作。任何劳动过程的机械化都可以提高人类器官的生理能力和效率,而生产过程自动化可以提高人类心灵的能力和效率。

第六节

使用劳动资料通常要求许多人互相协作。只有最简单的工具才由单个人操作。这种生产过程称为个体手工业。使用比较复杂的工具,特别是仪器、机器和机器系列,以及使用其他耦合活动系列,例如在农业或化工生产中,个人是干不了那么多的活计的,这些活计需要集体来完成,或者称为联合劳动。因此在生产过程中通常出现成群的人使用一定的劳动资料系统(工具及辅助装置),以便加工劳动对象。这种系统称为生产厂。[①] 生产厂包括各种名称,

---

业革命”,是因为它在许多重要方面都引起了社会劳动过程性质的真实革命。然而这次革命引起的生产过程的变化不如18世纪末和19世纪初劳动过程机械化所导致的革命那样深刻。由于它带来了大工业,故而成为工业化历史的基础。不过生产过程自动化是在现有大工业框架内完成的革命。这个过程是有根据的。所以谈到自动化作为另一次工业革命似乎不正确,因为这个名词专指作为工业化基础的工业革命的历史特点。还应当指出,带来大工业的工业革命与资本主义生产方式以及因此而产生的新社会制度密切相关。通过自动化进行的革命在社会主义或资本主义生产方式下同样得以完成。它在苏联和美国进步最快,但它的社会和历史意义有所不同。

① 德语 Betrieb,英语 Plant。

如农场、作坊、[①]工业工厂和运输企业等。

---

① 作坊里使用简单工具和小型机器，可以用少数人，有时甚至只有一个人。在希腊的奴隶工场中，可以看到一些工场手工业的开端——那是有几个或几十个甚至几百个奴隶劳动者劳作于其中的手工业作坊。在鲁约·布伦坦诺的《古代世界的经济》第36、第47—50及第80页（拿耶，1929年版）中有所记载。作为证明，该书引用了克森诺芳塔关于手工业作坊的生产专业化的话。不过那段话似乎是关于劳动作坊之间的专业化，而不是关于作坊内部的专业化。马克斯·韦伯以下面的话说明了奴隶作坊："奴隶作坊可以随意分割（通过卖掉一部分奴隶），完全像铅块——因为它会集的奴隶工人没有区别，而又不建立不同的劳动组织。"见《古代的农业环境，社会和经济史概论》第9页，杜平根，1924年版。并见马克斯·韦伯的《经济史》第121页，柏林，1958年版。N. A. 马斯金对奴隶作坊也有类似的说明，见《希腊古典期经济生活问题》第248页，莫斯科，1956年版。随着古代社会制度的解体和奴隶制度的衰落，奴隶作坊因缺少工人而消失了。在中世纪中，生产表现为小型手工业作坊，行会组织禁止超过一定人数的学徒和满师的工人。到14、15世纪，在意大利和佛兰德的纺织生产中才出现工场手工业。在16世纪后半叶，特别是在17、18世纪，在苏格兰和英格兰以及法国相继兴起一些工场手工业。工场手工业是资本主义生产方式的第一阶段，由资本家开设，靠雇佣工人操作。工场手工业的发展联系着马克思称为原始积累的过程。见《资本论》第1卷，第24章。这个过程的结果是出现雇佣工人阶级。它在17、18世纪使农民离开土地方面起了根本作用。18世纪，在英国由于地主剥夺公有土地（地主圈占这些土地，称为圈公有地），农民离开土地达到了特别严重的程度。马克思描写了这个过程。《资本论》第1卷，第24章，第2节。关于这个题目，并见莫里斯·多布的《资本主义发展的研究》第221—242页，伦敦，1947年版。在这部著作的第142—161页，作者描写了工场手工业兴起的过程。为工场手工业招收工人是17、18世纪重商主义经济文献的中心主题之一。有些国家对工业生产发展的希冀与西欧国家相同，但缺少雇佣工人，便由奴隶劳动来承当。17、18世纪的俄国尤其如此。不过在农奴工人的工场手工业里，资本主义生产关系开始逐步发展起来。关于这点可参考S. G. 斯特鲁米林的《俄国经济史略》第四章，莫斯科，1960年版。波兰依靠农奴工人的劳动，在18世纪兴起了大型工场手工业，威托尔·库拉描写了这种工场手工业。见《18世纪波兰工场手工业文集》第1和第2卷，华沙，1956年版。在这种工场手工业中，因为农奴制的依附关系削弱了，农奴渐渐独立并转变为雇佣工人，所以农奴工场手工业是过渡到资本主义工场手工业的一个阶段。然而它们大多以失败告终。中国的社会发展与欧洲的发展不同，在北宋时期（10世纪末到12世纪初）已有工场手工业，主要是皇帝所有，由雇佣工人从事劳动。在明朝（14世纪下半叶至17世纪中）工场手工业很发达，包括私营工场手工业也一样，特别是在丝织业和瓷器制造方面。这些工场手工业依靠雇佣劳动。这是中国资本主义发展开端的见证，然而它没有导致资本主义生产方式的充分发展。

在生产厂中有各种活动,或各种具体劳动需要很好地配合达到共同目的,即制造产品。各种活动很好地配合而达到一个目的,称为协调。协调包括每个人的各种活动的协调,同样也包括不同个人之间活动的协调。不同个人之间活动的协调称为合作。简单合作把一定数目的人的工效简单地加起来,以便在生产过程中达到一定结果(例如运输重物、挖沟等等)。另外一种合作采用分工形式。分工是每个人的活动的专业化,每个人完成为制造产品所需的活动的一定部分。在生产厂中,每个人的劳动通过协作成为集体劳动的组成部分。按照马克思的定义,每个人是"单个劳动者",劳动共同体是"总体劳动者",它是生产厂中从事劳动的人的集团。①

生产厂中各种活动的协同需要对各种劳动进行指挥,需要一种特殊的具体劳动,这可以称为管理。马克思说:"凡是直接生产过程具有社会结合过程的形态,而不是表现为独立生产者的孤立劳动的地方,都必然会产生劳动的监督和管理。"②这是必不可少的,因为,"凡是有许多个人进行协作的劳动,过程的联系和统一都必然要表现在一个指挥的意志上,表现在各种与局部劳动无关而与工场全部活动有关的职能上,就像一个乐队要有一个指挥一样"③。管理工作可以由一个人(单人管理)或组织(集体管理)来做。从事管理工作的人通常会在进行自己的工作

① 卡尔·马克思:《资本论》第1卷,第363页,人民出版社,1975年版。在《资本论》第3卷,第96页,马克思谈到了"社会结合工人"。

② 同上书,第3卷,第431页。

③ 卡尔·马克思:《资本论》第1卷,第431页,人民出版社,1975年版。

时，借助于收集、保存和传递有关生产厂中所做工作的信息的人（例如会计、秘书、通信员）的帮助，这些人称为辅助管理人员。他们的活动对管理工作是必不可少的，所以被看成是管理工作的一部分。[①]

管理的特点是，它的直接对象不是在生产过程中加工的物质劳动对象，而是加工劳动对象的人的活动。[②] 管理影响、决定和协调那些人的活动。由于管理以这种方式间接影响加工劳动对象的过程，所以生产厂中的管理工作也是——和直接加工劳动对象的人的劳动一样——生产劳动。马克思说："这是一种生产劳动，是每一种结合的生产方式中必须进行的劳动。"[③]然而由于管理对劳动对象的加工的影响是间接的，所以它被称为间接生产劳动。

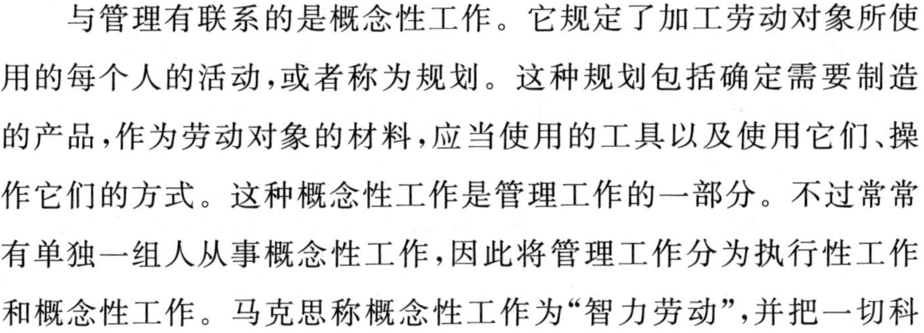

与管理有联系的是概念性工作。它规定了加工劳动对象所使用的每个人的活动，或者称为规划。这种规划包括确定需要制造的产品，作为劳动对象的材料，应当使用的工具以及使用它们、操作它们的方式。这种概念性工作是管理工作的一部分。不过常常有单独一组人从事概念性工作，因此将管理工作分为执行性工作和概念性工作。马克思称概念性工作为"智力劳动"，并把一切科

① 辅助管理人员常常称为行政人员，所以他们的工作称为行政工作。

② 参看考塔宾斯基的话。他在谈到更广泛的脑力劳动问题时认为这种管理劳动的产品是人们感受的状况，而管理的材料是人完成脑力劳动前的状况。见《论好工作》第 277 页。就管理这一特定情况来说，其材料或劳动对象是其他人的活动，劳动产品是被管理者的活动。

③ 卡尔·马克思：《资本论》第 3 卷，第 431 页，人民出版社，1975 年版。

学劳动、一切发现、一切发明都算在内。[①]

在生产厂中分离出管理并最后分离出概念性工作是在生产厂中工作的人员之间分工的一部分。生产厂中的分工是现代生产力发展的基础。亚当·斯密曾用以下的话证实了这一点:“劳动生产力的最大改进以及在任何地方使用的劳动所具有的技术、灵巧和判断的大部分,似乎是分工的效果。”[②]亚当·斯密谈到了实行分工导致产品数量增加的各种因素:“分工的结果是,同样数目的人能做的工作大大增加。这是由于三个不同原因:第一,每个具体工人的技巧提高;第二,节约了通常从一种工作过渡到另一种工作时损失的时间;第三,发明了许多机器帮助和减少劳动,并使一个人能做许多人的工作。”[③]特别是生产过程机械化以及自动化与生产厂中分工的发展有不可分割的联系。很久以前,在农业中,以及在许多手工业作坊中已存在一定的分工,但分工的大发展则与现代工业的发展相联系。大家知道,后者的兴起与资本主义生产方式的兴起和发展有关。它的发展开始时是工场手工业的兴起,那是很多人劳动的生产厂。简单协作改为应用分工的协作,简单工具、

① 劳动通常区分为脑力劳动和体力劳动。然而,实际上这种区分要应用于一切劳动是有困难的,因为,即使是使用人体肌肉力和技巧性的体力劳动也要求人的中枢神经系统的活动,也要求有意识的目标、意志和注意力。马克思说:“除了从事劳动的那些器官紧张之外,在整个劳动时间内还需要有作为注意力表现出来的有目的的意志……”见《资本论》第 1 卷,第 209 页,人民出版社,1975 年版。因此,马克思认为,劳动的定义是“人的大脑、肌肉、神经、手等部分的生产耗费”。见《资本论》第 1 卷,第 57 页(同上版)。甚至可以说,各种具体劳动或多或少是“脑力的”或“体力的”。不过由于机械化,特别是由于生产过程的自动化,一切劳动愈来愈带有“脑力的”性质。而管理和概念性工作则基于很精确的标准。这个标准得自一个事实,包括概念性工作在内的管理的对象,不是直接在生产过程中加工的物质对象,而是其他人的活动。

② 亚当·斯密:《国富论》第 9 页。

③ 同上书,第 13 页。

仪器以及少数手工操作的机器得到了应用。在工场手工业框架内发展的分工是生产过程机械化的基础，使采用机器成为可能，同时鼓励了这方面的发明。结果出现了工厂。这是具有现代特征的生产厂。在它的生产过程中，使用各种机器。①

生产过程的广泛机械化和作为新型生产厂的工厂的兴起，说明今后生产力的发展不能依靠分工来改进工人的能力和技巧（那

① 工厂的出现和发展是工业革命的内容，在上面已经谈过。与之有关的一系列发明使工场手工业劳动过程的机械化成为可能。主要的发明发生在英国的纺织工业，并且集中在很短的时期内。约在 1765 年，詹姆斯·哈格里夫斯发明了纺纱机，即珍尼纺纱机，在 1770 年得到专利。1769 年，理查德·阿克赖特发明了水力机械驱动的纺纱机。到 1779 年，这些发明以塞缪尔·克朗普顿的新纺纱机，即走锭纺纱机的形式得到完善。最后在 1792 年，威廉·凯利引入了自动纺纱机。稍晚一些时候，织布也机械化了。1773 年，约翰·凯已经发明了机械梭子，但是爱德门·卡特顿特到 1787 年才设计出来的织布机产生了深刻的变化。所有这些发明的机器都要求蒸汽动力。这种力通过蒸汽机的工作产生。1769 年，詹姆斯·瓦特得到蒸汽机专利。它在稍早一些时候已被应用。在这以前，蒸汽机已为人所知，因为在 17 世纪末已经使用，但是几乎完全用于抽水。现在瓦特的机器在工业上用途很大，起初在纺织工业，接着在生铁生产方面。正如马克思见到的，发生这个情况是因为已经发明了广泛应用蒸汽所需的工具机。见马克思的《资本论》第 1 卷，第 4 篇，第 13 章，第 1 节。他说："机器的这一部分——工具机，是 18 世纪工业革命的起点。在今天，当手工业或工场手工业生产过渡到机器生产时，工具机也还是起点。"他进一步说："……正是由于创造了工具机，才使蒸汽机的革命成为必要。"机器的发展产生了对铁的需要。感谢 1735 年亚伯拉罕·达拜发明了用焦炭代替木炭的炼铁过程，使扩大铁的生产成为可能。1784 年，亨利·考特引入精炼钢铁的新冶炼过程，同时采用辗辊以代替以前的锻打方法，这就使大量生产优质生铁以及发展机器制造或为可能。不过机器是用手工业方式生产的。到了 1717 年亨利·曼德斯来发明用螺纹杆传动的金属切削机床的时刻，机器制造工业才开辟了机械化的道路。这一系列的发明是工业革命的工艺基础。工业革命带来工厂生活，取代工场手工业（通常的道路是把工场手工业转变为工厂），并渐渐驱除手工业。新兴的工厂是——在工场手工业之后——资本主义生产方式的进一步发展阶段，它成为资本主义生产方式的生产厂的基本形式——几乎是资本主义工业的唯一的生产厂。社会主义生产方式不只是接管从资本主义生产方式继承的工厂，也要建设工厂形式的新的生产厂。

对工场手工业是很重要的),而是要依靠改进和引入机器形式的新的劳动资料。马克思说:“生产方式的变革,在工场手工业中以劳动力为起点,在大工业中以劳动资料为起点。”[①]在工厂中对工人的能力和技巧的要求,一般来说是不重要的。他们的劳动被引到操作机器上,而分工则附属于机器的专业化。[②] 最后,现代工厂中生产过程的机械化使自动化成为可能。可以看到,自动化的结果是把劳动过程引向只是监督自动化生产厂的活动。

第七节

生产厂生产一定的产品。生产厂是各个生产部类(例如农业、工业、运输业、仓储业)的一部分,并且它也是以一定产品为根据的各个分部类或生产部门的一部分(例如电力工业、化学工业、纺织工业)。不同生产厂之间存在着分工,同样也存在协作。一个生产厂在自己的生产过程中用其他厂的产品作为原料。伴随生产厂内部的分工存在着更为广泛的分工——在整个社会范围内的分工采取生产厂之间分工和协作的形式。生产厂之间的分工是人类社会成员之间不同层次的分工,[③]或社会分工。马克思用以下的话说

① 卡尔·马克思:《资本论》第1卷,第408页,人民出版社,1975年版。

② “在自动化工厂里出现了分工,但这种分工首先是把工人分配到各种专门机器上去。”同上书,第460页。

③ 把社会理解为由简单协作和分工关系联系起来的人们的整体。社会的范围随同生产关系范围的历史发展而变化。在原始社会中,共同狩猎的“社会”包括那个氏族的所有成员;在自给自足的农业公社、古代家族或中世纪封建庄园中,包括那个自然经济的每个成员。现代社会原则上包括国家成员(所以说国民经济),不过进一步还发展到国际分工。

明了这种层次："单就劳动本身来说，可以把社会生产分为农业、工业等大类，叫作一般的分工；把这些生产大类分为种和亚种，叫作特殊的分工；把工厂内部的分工叫作个别的分工。"①

社会分工以及把它分为各个层次的发展和变化不仅与生产力发展而且也与社会生产方式的发展有关。在前资本主义生产方式的家族自然经济中，还说不上存在劳动组织之间的分工协作。劳动组织是整个原始公社、农业公社（例如古代印度公社）、古代家族和封建庄园。一切生产活动都发生在原始公社、农业公社、家族或庄园内部，这被称为家庭经济。有意识和有目的的生产活动由经济组织的指挥者协调起来，其产品在家庭内部消费；只有偶然与其他家庭的产品交换。以后，随着商品关系的发展，在整个经济体内分化出不同的生产厂，由此产生了各个层次的社会分工。除了生产厂内部的协作和分工外，还出现了生产厂之间的协作和分工。

生产厂内部的协作和分工以及过去在家庭经济内部的协作和分工是为了直接满足在其中劳动的人的需要。我们已经谈过，其性质是有意识、有目的的，其一切活动由生产厂或家庭户主来协调。而生产厂之间的分工和协作起源于商品关系的发展，是自发

① 卡尔·马克思：《资本论》第 1 卷，第 389 页，人民出版社，1975 年版。马克思不止一次使用"社会分工"一词。在本卷第 1 篇第 1 章第 2 节中，这个名词是广义的，同样包括生产厂之间的分工以及生产厂内部的分工。马克思说："这种分工是商品生产存在的条件，但不能反过来说商品生产是社会分工存在的条件。在古代印度公社中就有社会分工，但产品并不成为商品。或者拿一个较近的例子来说，每个工厂内都有系统的分工，但是这种分工不是通过工人交换他们的产品来实现的。"马克思又在本卷第 4 篇第 12 章第 4 节中谈到"工场手工业分工"和"构成一切商品生产的一般基础的社会分工"之间的区别。在同一节中还谈到狭义的"社会分工"只包括生产厂之间的分工。我们使用广义的"社会分工"一词包括社会成员之间的一切层次的分工。

产生的。商品关系得到充分发展的资本主义生产方式的历史尤其如此。在资本主义生产方式中也可看出生产厂内部以及生产厂之间的分工的对比。正如马克思所说,“在工厂内部的分工中,预先地、有计划地起作用的规则,在社会内部的分工中只是在事后作为一种内在的、无声的自然必然性起着作用,这种自然必然性可以在市场价格的晴雨表的变动中觉察出来,并克服着商品生产者的无规则的任意行动”[①]。恩格斯把这种状况概括为“个别工厂中生产的有组织性和整个社会的生产的无政府状态之间的对立”[②]。

在资本主义生产方式框架内已经有过一些克服这些矛盾的实验,其形式为协调许多生产厂的活动的协定(例如卡特尔),把生产组织置于共同管理之下(托拉斯、康采恩),以及由国家协调行动。生产资料私有制是把它们组织起来的这种努力的一个阻碍,因为各个生产厂集团之间的分工和协作以后仍然是自发的。而社会主义生产方式对社会中一切生产厂的活动实行完全的协调。这种协调是通过社会经济计划实现的。[③] 计划给予生产厂之间的分工与协作以同样的有意识和有目的的性质,有如各个生产厂内部的协作和分工那样。

第八节

各个层次的社会分工导致了人们在一定活动方面的专业化,

---

① 卡尔·马克思:《资本论》第1卷,第394页,人民出版社,1975年版。

② 弗里德里希·恩格斯:《反杜林论》第270页,人民出版社,1970年版。

③ 关于这一点参见兰格:《政治经济学》第1卷,第150—152页。

或各种具体劳动的专业化。各种具体劳动由一定集团的人来完成，称为职业，如农民、鞋匠、织布工人、金属工人、不同专业的工程师、图书管理员、工厂经理等等。这种可以看见的社会分工称为职业分工。①

各种职业的划分导致各种劳动的具体分化。社会个人的劳动不再是相似活动的总和，不再是同质的劳动。各种职业的劳动不能直接比较，它们的差别在于所需要的知识、技巧和经验的不同，以及所需体力和脑力劳动的不同。也就是说，劳动要求一定的熟练程度。在一定职业中完成劳动所需要的熟练技术是通过学习这种劳动和实践这种劳动取得的。然而，不是一切劳动都要求学习和达到熟练程度，有一些简单活动（例如挖沟、搬运重物、操作简单机器等），每个正常健康的人都可以完成，而不需要专门学习。这

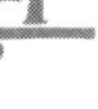

① 在人类社会历史中见到的最早的分工还不属于职业分工的性质，那是一种所谓的自然分工，通常表现在男女之间，部分地也表现在不同年龄的成员之间。妇女主要从事农业和园艺劳动（例如，耕地的最早形式——掘土），男人则从事渔猎。见路德维希·克西威斯基：《野蛮时代社会经济系统》第147—169页，华沙，1914年版。这也表现在各个社会往往分为“男性”和“女性”职业，它们要延续几千年。迈尔维·J.赫斯柯维茨的《经济人类学》第127—142页（纽约，1952年版）证明不同社会中“男”“女”的职业极为不同。然而它们总是有明确的范围并为风俗和传统所承认。恩格斯注意到了职业分工的发展，把它区分为三个阶段：社会分工的第一阶段，分出游牧民族，这在原始公社时代已经实现，它带来牧业产品与其他产品，特别是与农业产品的经常交换，那时开始有了牲畜货币。社会分工第二阶段，开始有了铁的生产和使用，有了手工业（或工业生产）与农业的划分。制造铁制的工具和武器，其他金属（银、金）加工，以及纺织等部分地成为独立职业。与此有关的是城镇的兴起，带来城乡划分。最后，社会分工的第三阶段为商业的独立。商业开始兴起，成为交换不同职业生产的产品的媒介，特别是成为手工业与农业之间、城乡之间以及城镇之间的媒介。商业是自己不从事生产的第一个大行业。见《马克思恩格斯全集》第21卷，第27—203页，人民出版社，1961年版。

种活动称为简单劳动或不熟练劳动。正如马克思所说的,简单劳动是“每个没有任何专长的普通人的机体平均具有的简单劳动力的耗费。简单平均劳动虽然在不同的国家和不同的文化时代具有不同的性质,但在一定的社会里是一定的”[①]。为了区别于简单劳动,熟练劳动通常又被称为复杂劳动。[②] 从事专门职业所需要的劳动常常是熟练劳动,所以具有复杂劳动的性质。简单劳动可由每个正常的适合劳动的人来做,不属于哪一种职业的劳动,可以由称为“没有任何一种职业”的人来做。

第九节

管理是职业分工的一部分。人们知道,它是生产组织中协调各种活动所需要的结果,并且是一切社会生产方式都不能缺少的。[③] 然而它还具有其他意义,即有关生产资料所有制或有关一定历史生产方式的性质的意义。在对抗性生产方式中,管理不仅服务于生产过程中协调活动的社会需要,而且那个过程从属于生

① 卡尔·马克思:《资本论》第1卷,第57—58页,人民出版社,1975年版。

② 同上书,第2节。德文版作 Kompliziertere Arbeit,即较复杂的劳动,以后又进一步表示为 Komplizierteste Arbeit,即最复杂的劳动。所以马克思不是指一种复杂劳动,而是指劳动的不同程度的复杂性,对应于某种职业所需的或大或小的熟练程度。

③ 对这个论点的最强大的支持是恩格斯描写的对于棉纺厂或铁路的整个活动进行协调的必要性。他在描写铁路时说:“这里无数人的合作也是绝对必要的;为了避免不幸事故,这种合作必须依照准确规定的时间来进行。在这里,活动的首要条件也是要有一个能处理一切所属问题的起支配作用的意志——不论体现这个意志的是一个代表还是一个负责执行有关的大多数人的决议的委员会,都是一样。不论在哪一种场合,都要碰到一个表现得很明显的权威。”见《论权威》。

产资料所有制的利益。管理成为通过生产资料所有制工作而获利的手段。马克思用以下的话描述了这一点："……凡是建立在作为直接生产者的劳动者和生产资料所有者之间的对立上的生产方式，都必然会产生这种监督劳动。这种对立越严重，这种监督劳动所起的作用也就越大。因此，它在奴隶制度下所起的作用达到了最大限度。但它在资本主义生产方式下也是不可缺少的。因为在这里生产过程同时就是资本家消费劳动力的过程。"[①]

管理在对抗性生产方式中的这种双重性质缘于生产资料所有者或其代理人（古代奴隶农场中的总管、封建庄园中的管家、资本主义工厂中的经理）同时也是生产过程的组织者。他起双重作用：社会不可缺少的生产过程中各种活动的协调者和营利工作的组织者。在生产过程中起协调者作用，因为他是生产资料所有者或其代理人；生产资料所有制是基本事实，生产过程中的协调作用是其后果。[②]

这与两种生产关系的存在及其相互依存关系相关。生产关系是人与人之间的社会关系。人与人在生产过程中互相联系。它的根源在于生产过程是社会过程，人在生产过程中合作并互相提供劳动。在这种社会过程中存在协作（简单协作及分工），也存在各种形式的生产资料所有制。由此产生两种生产关系：第一种生产

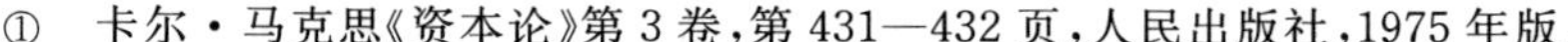

① 卡尔·马克思《资本论》第3卷，第431—432页，人民出版社，1975年版。

② "资本家之所以是资本家，并不是因为他是工业的领导人。相反，他所以成为工业的司令官，因为他是资本家。工业上的最高权力成了资本的属性，正像在封建时代，将军和法官的最高权力是地产的属性一样。"见马克思：《资本论》第1卷，第369页，人民出版社，1975年版。

关系是因劳动过程中的协作而产生和形成的,称为协作关系;第二种生产关系是在某个社会中存在的生产资料所有制基础上形成的,称为所有制关系。协作关系直接来源于简单协作和分工。只要存在相应的简单协作和分工的方式以及有关的应用于生产过程的技术,它就会继续存在下去。克西威斯基援引铁路劳动系统的例子很好地说明了这一点:"……适当时间有人售票,称量货物,注意列车的位置,还有人担任工程师职务,检查车辆,也有人执行电报员职能。一个人的活动,准确地配合着别人的活动。每个人都好像给这部分或那部分的死设备做活的补充。人的集团与整个铁路形成一个整体。不了解规定的铁路时间表,以及技术设备和货物流动情况,就不能理解人的职责。[①]

上述协作关系在很大程度上不取决于所有制关系,不取决于铁路是私人财产还是社会财产。但是它不能采用某些种类的私有制,因为它使铁路劳动技术要求的协作和分工成为不可能。而铁路是资本主义私有制还是社会主义公有制,会影响参加工作的劳动者的工资高低、对劳动付酬的形式和方法、管理者与工作人员之间的关系、是否存在工人自治及其权利、接受和解除工作的条件等等,可能也影响用于生产的技术,例如各种活动的机械化程度以及发展协作的道路。

协作关系和所有制关系互相影响又互相依赖。生产的技术条件和生产力水平决定协作关系。所有制关系也影响协作关系:或

---

① L.克西威斯基:《动物和人类的社会发展。社会学研究》第201—202页,华沙,1951年版。

是通过确定在某种所有制关系范围内可能有的协作关系直接施加影响，或是通过影响生产过程所使用的技术间接施加影响。所有制关系对协作关系的重要直接影响是决定谁是生产过程中各种活动的协调者，谁是生产过程中的管理者，以及为了谁的利益。

第十节

一定物品的生产需要适当的时间。生产过程包括的各种活动或具体劳动，需要一定的或长或短的时间。而且在生产过程中，不是一切活动都是同时进行的。各种活动通常是按时间依次进行的，而且完成前面的活动常常是后面的活动得以进行的条件。各种活动的相继出现是由劳动资料加工劳动对象的技术所决定的。例如，农业活动的顺序是由培养某种植物的技术决定的，制造白炽灯的各种活动的顺序决定于所用机器的种类、操作方式以及机器的作用。所以协调生产过程的各种活动包括均衡地协调这些活动的时间。

生产一定的产品进行的各种活动或劳动需要的时间称为这种生产的劳动期间。[①] 生产不同物品的劳动期间是不同的，通常决定于这种物品的数量和质量。马克思说："在一个部门，每天、每周提供一定量的成品棉纱，在另一个部门，劳动过程也许要反复进行三个月，才能制成一件成品、一台机车，……生产行为持续时间的

① "而我们所讲的劳动期间，指的是一定生产部门为提供一件成品所必需的互相联系的工作日的数目。"卡尔·马克思：《资本论》第2卷，第257页，人民出版社，1975年版。

差别,不仅在不同生产部门之间发生,而且在同一个生产部门内也会发生,因为所要提供的产品的规模有大有小。”[①]

然而劳动期间并没有包括制造产品所需要的全部时间。大家知道,生产应用间接活动,启动因果链,它代替人对劳动对象的直接干预,应用耦合作用系统,例如各种生物学和化学的过程以及机器的机构。这种耦合作用系统同样需要一定时间才能达到人所希望的结果,虽然它并不是所有时间都需要人的服务或劳动。马克思举了一系列例子:“例如,榨出来的葡萄汁,先要有一个发酵时期,然后再存放一个时期,酒味才醇。在许多产业部门,产品要经过一个干燥过程,例如陶器业。或者把产品置于一定条件下,使它的化学性质发生变化,例如漂白业。冬季作物大概要九个月才成熟。在播种和收获之间,劳动过程几乎完全中断。在造林方面,播种和必要的预备劳动结束以后,也许要过一百年,种子才变为成品。”[②]对这些例子可以补充一点,一定的产品由自动化机器制造,要求先有一定时间由工人把原料送给机器。为制造某种产品所需要的总时间称为生产时间或生产期间。[③] 可以看出,生产期间一

① 卡尔·马克思:《资本论》第2卷,第255页,人民出版社,1975年版。

② 卡尔·马克思:《资本论》第2卷,第266页,人民出版社,1975年版。

③ 同上。在普通经济计划和管理的实践中,现在用生产周期来表示生产期间。这种生产期间或生产周期是关于各个生产组织中的生产过程的。它不能与政治经济学中奥地利学派的著名代表人物欧根·庞巴维克理论中的生产期间混为一谈。庞巴维克的生产期间不是讲各个生产组织,而是指整个社会经济。他考察的生产是各阶段连贯的过程。从开采原料开始,经过制造各种半制品,以及用工具和装备加工劳动对象,直到产出可供消费的制成品。这个过程的每个阶段由一定的劳动来完成。从各个阶段中投入劳动算起,直到产出可供消费的制成品为止的全部过程经过的平均时间,庞巴维克称之为生产期间。

般地比劳动期间长，不会有一次比它短。

生产资料——劳动对象和劳动资料都一样——消耗在生产过程中。有些在一个生产期间完全消耗掉，那是劳动对象被转化为产品。用工艺学的语言来说，劳动对象是用以产生产品的原料，它是完全转化为产品的原料。也可以这样来表示：劳动对象"完全进入产品"，即在生产过程结束后，不存在一点原来的自然形式，它完全被消耗掉了。有些劳动资料在一次生产期间也被完全消耗掉(例如煤、石油、通向电动机的电流、机器用油脂、生产车间照明用电流等)。它们不是制造产品的原料，而完全消耗在生产期间。[①]完全消耗在一个生产期间中的生产资料称为营运资本。

然而，劳动资料的特点通常是很耐久的，它保留自然形式，同时适合于较长时间使用，它可以用于不止一个生产期间。这种生产资料称为固定资本。明显的事实是，生产资料的耐久性是有限的，各种劳动资料——工具和机器以及各种辅助装置——渐渐消耗掉，最后不适合再用，而必须用新的更换。它的原因是不同的。劳动资料在使用期中被消耗掉，但是它的消耗速度决定于使用的频率和强度。例如，每天运转 16 小时的机器的消耗速度比每天运转 8 小时的机器快，负荷较大的内燃机或蒸汽机消耗较快，列车频繁通过和负荷较重的铁路的铁轨消耗较快(车站的铁轨消耗特别

---

① "一部分生产资料——指这样一些辅助材料：它们在劳动资料执行职能时由劳动资料本身消费掉，例如，煤炭由蒸汽机消费掉；或者对过程只起协助作用，例如，照明用的煤气等——在物质上不加入产品。……但是，它们在所参与的每一个劳动过程中被全部消费掉。因此对每一个新的劳动过程来说，必须全部用同一种新的物品来替换。"卡尔·马克思：《资本论》第 2 卷，第 178 页，人民出版社，1975 年版。

快)。

即使没有用于生产,劳动资料也在逐渐消耗。房屋和各种装置暴露于自然环境的作用之中,构筑房屋或装置的材料随时间的消逝而朽坏,制造机器的钢铁会生锈或以其他形式失去效用。最后,由于技术进步的结果,出现了更好的劳动资料,特别是机器和装置,它们最容易变为陈旧。也就是说,出现了劳动资料的无形损耗或经济过时。[①] 与前面谈过的物质损耗对比,有些劳动资料则因偶然事件而不能再用(例如,工厂因失火被毁,农业设施因水灾被毁,船舶沉没,铁路车辆因事故而损坏……)。

需要指出,某种生产资料是营运资本还是固定资本,决定于它在生产过程中的消耗方式,决定于它在一个生产期间还是在几个生产期间被消耗掉,而不决定于它的物质性质。用作役畜的牛是固定资本,为了宰杀进行肥育时是劳动对象,同时也是营运资本。[②] 在第一种情况下,生产期间是进行农业活动的一年期间,牛被用于若干个这种期间。在第二种情况下,生产期间是为了送去屠宰而进行肥育的期间。牛被作为劳动对象而用于一个生产期间。

生产资料被用于生产过程的时期称为使用期间。使用期间的

---

① “精神消耗”一词是马克思使用的,他说“精神”一词不完全适当,它只是一种比喻,用来与物质损耗相区别。马克思说:“但是,机器除了有形损耗以外,还有所谓无形损耗。”见《资本论》第1卷,第443页,人民出版社,1975年版。S.G.斯特鲁米林在《苏联经济概论》第71—72页(华沙,1961年版)上评论说:“使用‘精神损耗’一词不合理。在那种社会里,正如施德林所说,‘看好口袋里的钱重于一切’。经济损耗与精神损耗的概念无从区别。合理的建议可用‘经济过时’一词与物质损耗的概念对照,而留下‘精神损耗’的意思,作为人的意识中许多资本主义遗迹之一。”现在也常用“经济损耗”一词。

② 卡尔·马克思:《资本论》第2卷,第181页,人民出版社,1975年版。

数值可用两种方式表示，或以生产时间或期间为单位，或以自然时间如年、月为单位。如果使用期间用生产期间来计量，则营运资本的使用期间总是等于1，而固定资本的使用期间是生产期间的一定倍数。然而，这种计量方法不可能直接比较各个生产活动和部门的生产资料使用期间。所以，通常用自然时间单位来计量使用期间。

生产资料在时间过程中消耗掉。或由于在生产过程中被使用（这是主要的），或由于其他原因而作用遭到削弱。生产资料的损耗速度用它的损耗率来计量。损耗率是生产资料使用期间的倒数。类似使用期间，损耗率可以用以生产期间表示的时间单位计量，或以自然时间单位计量。例如，生产期间为3个月，而在此生产过程中已安装的机器可使用10年。这时在一个生产期间过程中消耗掉的营运资本，其使用期间为一个生产期间，损耗率等于1。而机器的使用期间等于40个生产期间，它在一个生产期间的损耗率为1/40。如果数值以自然时间单位计量，则营运资本使用期间为1/4年，而它的损耗率为4，或在一年过程中营运资本需要更新四次，机器使用期间为10年，其损耗率每年为1/10，或在使用10年后机器需要更新。

第十一节

一个生产时期过去后生产过程并没有结束，它开始不断重复。为了满足人的社会需要，物质财富是不可缺少的。正如马克思所说，“不管生产过程的社会形式怎样，它必须是连续不断的，或者说,必须周而复始地经过同样一些阶段。一个社会不能停止消费,同样,它也不能停止生产。因此,每一个社会生产过程,从经常的联系和它的不断更新来看,同时也就是再生产过程”①。再生产是生产过程的重复。它和生产一样是社会过程,因此我们说社会再生产过程。

众所周知,在生产过程中会消耗生产资料,所以在再生产过程中需要重新消耗生产资料,否则生产过程就不能继续下去。生产资料需要重新制造,其目的是更换已消耗掉的生产资料。应当指出:必须拥有一定数量可供实际消耗的生产资料形式的产品,因为只有这样它们才可以得到更新。正如马克思所说,“生产的条件同时也就是再生产的条件。任何一个社会,如果不是不断地把它的一部分产品再转化为生产资料或新生产的要素,就不能不断地生产,即再生产。在其他条件不变的情况下,社会在例如一年里所消费的生产资料,即劳动资料、原料和辅助材料,只有在实物形式上为数量相等的新物品所替换,社会才能在原有的规模上再生产或保持自己的财富。这些新物品要从年产品总量中分离出来,重新并入生产过程”②。

更新的生产资料被用来不断重复某个生产过程的各种活动或具体劳动。再生产过程是一定劳动过程的重复。为了使这成为可能,必须利用社会成员的从事这些劳动的能力,所以必须使用能完成一定劳动的人并且必须保持他们完成这些劳动的能力。当这样

① 卡尔·马克思:《资本论》第1卷,第621页,人民出版社,1975年版。
② 同上。

的人由于生病或年老以及其他原因而失去从事各种具体劳动的能力和技巧时，就必须由得到这种能力和技巧的人代替。拥有从事一定劳动的能力和技巧的人称为劳动力。[①] 因此，随着已消耗生产资料的更新，社会存在的劳动力也需要更新。

劳动力更新包括两个过程。第一个过程是保持存在于个人身体内的劳动力，这种力在劳动过程中将被耗尽，必须通过营养、休息、适当的娱乐、居住条件以及为保持从事劳动的技巧（或职业熟练程度）所做的努力来恢复。它要求满足社会劳动成员的一系列——生物学的和社会文化的——需要。如这些需要没有得到满足或较少得到满足，则从事劳动的能力和技巧或劳动力将会减少。

不过，个人现有的劳动力不可能保持，也就是不可能更新，因为个人的时间不是无限的。生物学老化的自然过程和个人的死亡使更新成为不可能。这些过程导致在一定时间之后，个人现有的劳动力会减少并最终由于衰老或死亡而完全消失。最终，每个人都会从社会劳动过程中退出。因此，社会现有劳动力的更新要求由具备从事各种劳动的适当技巧的新人替代退出社会劳动过程的人。他们是社会劳动中新的一代人。这样一代人的更新，首先要求产生新人类的适当的生物学过程。他们可在将来代替劳动过程中的一代老人。这是所谓的人口再生产。[②] 但是这还不够，新生

① 马克思用“劳动力”一词以示劳动力与所从事劳动之间的区别。他下的定义是：“我们把劳动力或劳动能力理解为人的身体即活的人体中存在的每当人生产某种使用价值时就运用的体力和智力的总和。”《资本论》第 1 卷，第 190 页，人民出版社，1975 年版。

② 所谓人口再生产的定义应该是：“人口的再生产依靠用新的一代更新离去的一代。”见 A.A.波嘉斯基和 P.P.苏塞林的《人口统计学》，第 90 页，莫斯科，1955 年版。

的个人必须经过一定时期的抚养才能成长起来,为了获得在生产过程中从事各种具体劳动的技巧还要接受教育和参加学习(或者为了获得职业熟练程度)。这一切是在社会中从事劳动的一代人口的更新过程的各个方面。更新一代也要满足新一代的一整套生物学的和社会—文化的需要,包括从事对新一代的抚养、教育的老一代人的需要。

社会劳动力的更新因而同样包括现有个人劳动力的更新以及下一代劳动人口的更新。[①] 这两种过程都是为了更新社会中的劳动力,都与满足生物学的、社会的、文化的需要的必要性相关。它要求生产适当的物品以满足这种需要。这些物品是消费品(也包括服务设施,例如医药、教学、娱乐设施等)。所以必须有一定数量的产品作为更新社会劳动所不可缺少的消费品。这些消费品称为维持劳动力所不可缺少的生存资料。[②]

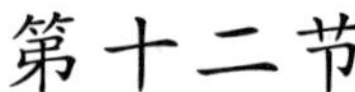

第十二节

以上讨论的结果表明,再生产过程要求制造一定数量的生产

① 马克思用以下的话来表达:“一个人的劳动力只有当他活着时候才存在。一个人要想成长和维持生活就必须消费一定量的生活资料。但是一个人也和一部机器一样是不免要损坏的,所以必须用另一个人来代替他。工人除了维持自己生活所必需的一定量的生活资料以外,还需要有一定量的生活资料来养育子女,因为他们将在劳动市场上代替他,并且还要延续工人的种族。”见《马克思恩格斯全集》第16卷,第145页,人民出版社,1964年版。

② 这个名词来自马克思。不过应记住,这些资料不仅是为了维持生物学意义上的生活,而且也是为了维持那些对于维持社会劳动力来说是必需的社会和文化条件。见《资本论》第1卷,第197页,人民出版社,1975年版。

资料形式的产品以更新消耗掉的生产资料，同样也要制造一定数量的维持社会劳动力所必需的生存资料形式的产品。然而在高于原始社会的生产力水平的某些阶段，社会生产过程制造的产品数量大于更新生产资料以及劳动力需要的数量。[①] 这个剩余数量的产品超过了再生产过程中所必需的剩余产品，这种剩余产品的总体称为社会生产过程的剩余产品。[②]

计入剩余产品总体的各种产品可以采取各种物质形式，可以有各种用途。当剩余产品只能用作消费资料，生产资料的生产只够更新再生产过程中消耗的生产资料时，称为简单再生产；[③]当剩余产品总体中一部分产品采取生产资料的物质形式，以后增加用

① 恩格斯的观点是，野蛮社会中期(按照 L.H.摩尔根划分的社会发展阶段)，也就是采用畜牧、金属加工、纺织和农业之后，开始出现剩余。见《马克思恩格斯全集》第21卷，第27—203页，人民出版社，1965年版。路德维希·克西威斯基同意这一点。见“经济关系的发展”，载《世界与人》第3册，第294页，华沙，1921年版。赫斯柯维茨举出一些现代民族的例子，认为他们在更新生产资料和劳动力的需要之外，不生产剩余产品，其中有非洲的布须曼人和霍屯督人、爱斯基摩人、中央省的土著、玻利维亚和茶考高地的某些印第安部落。所有其他已知的原始民族都生产剩余产品。见赫斯柯维茨的《经济人类学》第十八章。

② 用于这个意义的“剩余产品”一词是马克思引入的。见《资本论》第1卷，第6章。最初，重农学派用相似的名词(净产品)，古典学派经济学家则用同样的名词表示马克思称为剩余产品的事物。不过他们对剩余产品这个概念下的定义是不精确的。直到马克思在劳动的概念和劳动力的概念之间进行区别时才提出了精确的定义。使用“剩余劳动”一词的早期历史在马克思的著作《剩余价值学说史》第一篇中有所阐述。一些现代作者使用“经济剩余”的概念。例如，前面谈到的赫斯柯维茨的《经济人类学》第395页上用了这个概念，其含义等于马克思说的“剩余产品”。保罗·巴兰的《增长的政治经济学》第25—43页，华沙，1958年版，也使用了“经济剩余”一词。不过巴兰自己也注意到(25—26页)，他的经济剩余概念比马克思的剩余产品概念一部分含义较窄，一部分则含义较广。

③ 卡尔·马克思：《资本论》第1卷，第二十一章，人民出版社，1975年版。

于生产过程的生产资料总量时,称为扩大再生产。[①] 通过扩大再生产,生产资料得到增加,通常带来生产过程制造的产品数量的增加。生产资料总量增加,具体劳动的总量也要求增加——使用新增加的生产资料。这就要求增加社会中的劳动力。结果消费资料的剩余部分成为必需的生存资料,通常采取一定的物质形式(例如专门的营养品或职业教育的仪器设备)。所以通过扩大再生产,各种产品一部分以生产资料的物质形式、一部分以取得必需的生活资料的形式加入剩余产品的总体。

在某些情况下,例如发生战争或自然灾害(地震、洪水、歉收),生产过程中制造的产品数量可能不足以更新生产资料和劳动力。这可能是由于产品数量显著减少(例如歉收的情况)或大大需要增加更新的生产资料的数量(例如战争或地震的破坏)。那时,用于生产过程的生产资料总量以及劳动力(或只有其中之一)就会相对减少,其结果会导致制造产品的数量的减少。在此情况下,我们说发生了缩小再生产。[②]

再生产过程中存在着各种数量关系。必需的生活资料数量与更新已消耗的生产资料所需的产品数量的关系(后者决定于可供使用的生产资料总量及其消耗速度或损耗率)。制造各种物质形式的产品数量与这些产品用于各种目的(生产或消费)的数量之间的关系。生产资料消耗的数量、完成各种具体劳动的数量和生产

① 卡尔·马克思:《资本论》,第1卷,第二十二章,第2卷,第二十一章。

② 这个概念,据我所知被尼古拉·布哈林称为"负的扩大再生产"。见N.布哈林:《过渡时期经济学》第43页,汉堡,1922年版。在资本主义生产方式下,在商业循环的危机和衰退时期的某些阶段,可能发生缩小再生产。

产品的数量之间的关系。在这些产品中，哪一部分构成剩余产品，剩余产品的物质构成是什么，剩余产品总和中各种产品有多少用于增加生产资料总量，有多少用于增加劳动力必需的生活资料，以及在扩大再生产的不同条件下，生产数量的增长率达到多大，等等，所有这些数量关系问题都要求进行专门的探讨。

第二章　生产中的数量关系

第一节

生产是协同劳动过程的总体，在此过程中人们有意识、有目的地使用劳动资料加工劳动对象。换言之，生产表现为人的劳动和生产资料的结合，这种结合的结果是产品。马克思说："在劳动过程中，人的活动借助劳动资料使劳动对象发生预定的变化。过程消失在产品中。……劳动与劳动对象结合在一起。劳动物化了，而对象被加工了。在劳动者方面曾以动的形式表现出来的东西，现在在产品方面作为静的属性，以存在的形式表现出来。劳动者纺纱，产品就是纺成品。如果将整个过程从其结果的角度、从产品的角度加以考察，那么劳动资料和劳动对象表现为生产资料……"①

劳动和生产资料是生产过程的要素，或简称生产要素。这些要素包括各种具体劳动，例如织布、纺纱、金属加工、耕作、运输货物等等，以及各种具体生产资料，例如羊毛、生铁、硫酸、铲、机床、电力、机车等等。各种具体劳动是人的生产要素，并且不仅要求有

① 卡尔·马克思：《资本论》第1卷，第205页，人民出版社，1975年版。

适宜劳动的人，而且也要求这些人有一定技能或熟练程度。而各种生产资料是物质生产要素，它们的具体性质和形式表现为生产技术，也就是用于各种劳动过程的物质技术。①

为了制造产品，人和物的要素必须结合起来。在不同的社会生产过程中，这种结合所表现的方式是不同的，而且它有一定历史时期生产方式特征的印记。结合这个事实是一切社会制度不能缺少的生产条件。马克思用这样的话论证了这一点："不论生产的社会形式如何，劳动者和生产资料始终是生产的因素。但是，二者在彼此分离的情况下只在可能性上是生产因素。凡要进行生产，就必须使它们结合起来。实行这种结合的特殊方式和方法，使社会结构区分为各个不同的经济时期。"②然而在这种结合中，人和物的生产要素的作用是不同的。人的要素或者各种具体形式的劳动是生产过程中主动的、创造性的要素；生产资料或生产的物的要素是人类劳动所推动和加工的物质客体。"劳动作为这种有目的的生产活动，只要同生产资料接触，就使它们复活，赋予它们活力，使它们成为劳动过程的要素，并且同它们结合为产品。"③

所以作为生产过程中主动要素的人类劳动称为活劳动，以区别于生产资料，后者是以前物化在里面的劳动成果。④ 马克思用

① "人的"和"物质的"生产要素是马克思使用的名词。见《资本论》第 2 卷，第 32 页，人民出版社，1975 年版。

② 卡尔·马克思：《资本论》第 2 卷，第 44 页，人民出版社，1975 年版。

③ 同上书，第 1 卷，第 226 页。

④ "当一个使用价值作为产品退出劳动过程的时候，另一些使用价值，以前的劳动过程的产品，则作为生产资料进入劳动过程。"见卡尔·马克思：《资本论》第 1 卷，第 205 页，人民出版社，1975 年版。

以下的话表述活劳动在生产过程中的主动作用:“机器不在劳动过程中服务就没有用。不仅如此,它还会由于自然界物质变换的破坏作用而解体。铁会生锈;木会腐朽;纱不用来织或编,会成为废棉。活劳动必须抓住这些东西,使它们由死复生,使它们从仅仅是可能的使用价值变为现实的和起作用的使用价值。”[①]生产资料“被劳动的火焰笼罩着,被当作劳动自己的躯体,被赋予活力以在劳动过程中执行与它们的概念和职务相适合的职能……”[②]活劳动用这种方式推动生产过程并保持其运动,它们是有意识和有目的的人类活动,它们利用了物化在生产资料中的以前劳动的成果。生产资料是为了达到制造产品的目的而服务于人类活动——活劳动——的资料。[③]

上述生产资料的性质,作为制造产品的劳动和生产资料的结合,可以用下面的示意图来表达:

$$\begin{pmatrix}\text{劳动}\\\text{生产资料}\end{pmatrix}\rightarrow\text{产品。}$$

① 卡尔·马克思:《资本论》第1卷,第207—208页,人民出版社,1975年版。

② 同上书,第208页。

③ 在所谓生产要素理论中,没有区别人的生产要素或人的活劳动的主动作用与物的生产要素,即人的活动的物质资料的辅助作用。这种理论始自J.B.萨伊,见他的《政治经济学理论》,巴黎,1803年版,它在所谓奥地利学派和新古典学派的代表人物中间被十分一致地接受。它把人的劳动和生产资料当作对等的制造产品的生产要素。每一个生产要素同样对制造产品做出贡献,是生产中的“伙伴”,生产是它们的创造。这种拜物教的生产过程理论用自然主义的方式把生产过程理解为自然过程,在这个过程中生产要素自动加工为产品,忽视了生产过程是人的有意识、有目的的活动的性质,而将人的劳动和物的生产要素等量齐观。实际上这种理论被用来作为证明资本主义生产方式下社会产品分配范畴的合理性的辩护基础,把它当作生产过程自然性质的结果。见兰格:《政治经济学》第1卷,第3版。

令 L 代表劳动，Q 代表生产资料，P 代表产品，则上面的示意图可表示如下：

$$\binom{L}{Q} \rightarrow P。$$

在此式中，L 代表各种具体劳动，例如纺纱、织布、金属加工、安装、砌砖、播种、耕作等的总和。Q 代表各种具体生产资料，例如煤炭、生铁、一定种类的工具和机器、一定种类的土地（农田、草地和牧场、林地）等的总和。列入总和 L 或 Q 的具体种类的劳动或生产资料称为这些总和的元素。①

这个公式右边表示产品的 P 可以是在生产过程中制造的单

① 总和 L 的元素，或各种具体劳动可以用 $L_1, L_2, \cdots\cdots L_m$ 来表示，而总和 Q 的元素或各种具体生产资料，用 $Q_1, Q_2\cdots\cdots Q_n$ 来表示。这样总和可用符号表示如下：

$$L = \begin{vmatrix} L_1 \\ L_2 \\ \vdots \\ L_m \end{vmatrix}, \quad 以及\ Q = \begin{vmatrix} Q_1 \\ Q_2 \\ \vdots \\ Q_n \end{vmatrix}。$$

上面生产过程的公式因此也可写成展开的形式：

$$\begin{vmatrix} L_1 \\ L_2 \\ \vdots \\ L_m \\ Q_1 \\ Q_2 \\ \vdots \\ Q_n \end{vmatrix} \rightarrow P。$$

在这个公式中，总和 L 和 Q 的各个元素被表现出来。以这样的方式表达劳动和生产资料的明显的集体性质。

一物品。不过在同一生产过程中通常会同时制造许多品种的产品。例如,各种型号的收音机和电视设备;汽油(各种质量的)、石蜡、沥青以及各种油脂;在同一养猪过程中,生产猪肉、猪油、猪皮和猪鬃。这些情况称为联合生产。在有些联合生产中可区分主产品和副产品。生产是为了得到主产品才进行的。如在石油蒸馏过程中,汽油是主产品。不过主产品和副产品常常难以区分。在有些联合生产过程中,各种产品都是生产活动同等重要的目的。例如,同时制造收音机和电视机、摩托车和自行车或汽车和汽船。如果生产过程属于联合生产性质,则上面公式中出现的符号 P 表示联合生产中制造的各种产品的总体。各种产品是这个总体的元素。[①] 劳动和生产资料以及产品(或联合产品)的具体品种很多,借助于许多名称和公认的计量单位才能表达出来。各种劳动通常用时间单位(工作日)计量,即完成一定活动的工人劳动天数。产品用重量、体积、长度单位计量,或直接用件数计量。至于生产资料,其表示方式因营运资本或固定资本而异。营运资本完全消耗在一个生产周期中,其消耗部分用与产品相同的单位计量,即重量、体积、长度、能量、件数等等。然而,固定资本则经过一个生产周期后仍保持它自己的自然形式和用途,所以不测量其消耗而测量其使用期。使用期以时间单位计量,以某台机器、某个厂房、某

① 在此情况下,产品总体中的各个元素可用 $P_1, P_2, \cdots\cdots P_k$ 来表示:

$$P = \begin{vmatrix} P_1 \\ P_2 \\ \vdots \\ P_k \end{vmatrix}。$$

台车辆的使用天数计量各种劳动。生产资料和产品的单位称为自然单位。投入生产过程中的劳动数量以及消耗在这个过程中的营运资本和固定资本的数量统称为支出。而生产的产品数量称为该生产过程的报酬。可以看出，支出和报酬都以自然单位计量。支出和报酬是按一定时期，例如生产时期或自然时间单位（月、季、年等）计算的。所以它可用“某某时间中某某自然单位”或一定时间内的自然单位数计量。如果所考虑的时期有变化，支出和报酬的数量也会按比例变化。这个情况表明，支出和报酬具有流动性质，即在所考虑的时期中流过一定的自然单位数量。而在生产过程中发挥作用的固定资本数量（与它的使用支出有区别）以自然单位计量而不参考时间，例如机器、房屋、固定的耕地等的数量。这种不参考时间定义的数量称为存量。[①] 存量也包括流动资料的存量〔区别于它的支出（即在生产过程中消耗的），它是流量〕。

某个生产过程的各种劳动和生产资料的支出和报酬的含意与各个生产组织或各个组织的集团（例如工业托拉斯或联合体），或

① 众所周知，各种物理量表示为长度、质量和时间单位（用 L、M、T、表示）。用以计量物理量的单位是它的量纲。例如，速度的量纲用符号写成$\frac{L}{T}=LT^{-1}$，加速度的量纲为 LT^{-2}，力的量纲为 MLT^{-2}，机械功的量纲为 $ML^{2}T^{-2}$，等等。经济量的量纲，首先考虑用自然单位计量的数量，并用 N 代表适当的自然单位。存量的量纲是 N，流量的量纲是 NT^{-1}。W.S.杰文斯首先在经济中应用所研究数量的一定的量纲。见他的《政治经济学理论》第三章，伦敦，1971 年版。P.H.威克斯第更正了杰文斯处理问题的某些错误。《政治经济学常识》第 2 卷（伦敦，1946 年版）附录有“经济量的量纲”一文，它重印了《帕尔格雷夫政治经济学词典》（伦敦，1894 年版）发表的论文。关于这个题目，可参见 S.C.埃文斯：《经济学的数学引论》第二章，纽约—伦敦，1930 年版。还有最新的著作，A.J.波雅斯基：《数理经济学概论》第七章，莫斯科，1962 年版。并见兰格：《再生产和积累理论》第 20—21 页，华沙，1961 年版。

整个生产部门的含意一样(例如钢铁工业),即生产组织集团或整个生产部门的支出和报酬,是各个生产组织的相应支出和报酬的总和。以这样的方式求和,即把各种具体劳动或各种具体生产资料支出分别求和(在联合生产的情况下也分别求各种产品之和),结果得到这些和数的总和,它们表示生产组织集团或生产部门的劳动和生产资料的支出或报酬。各个和数是总和的元素。

劳动支出、生产资料支出及最终报酬表示的集合可进行某些计算。例如,集合可以求和,通过它们的元素的求和,使集合和集合相加,结果产生新集合,它的元素是相加集合的元素之和。此外,因为支出和报酬属于流量性质,集合可乘以实际数量。按照这种方式,每个元素乘以这个数,结果是新的集合。考虑时期变化时也可用乘法,例如,从以生产时期计量时间改变为以自然单位计量时间,或自然单位发生变化(例如,月变为年),其集合可用实数来除(用这个数的倒数来乘)以及用减法(加一个用 -1 来乘的集合)求得。

用实数集合(即任意排列的集合)表示的数量有一些特点,它可以相加(把作为它的元素的各数字相加),可以乘以实数(各个元素都乘以那个数)——它们称为矢量。① 集合包含的各个实数,称为矢量的元素。与矢量不同,借助于单一实数(而不借助于数的集

① 设$(x_1, x_2, \cdots\cdots x_n)$和$(y_1, y_2, \cdots\cdots y_n)$为任意选取的 n 个实数的集合。可以认为这些集合是 n 维矢量,而 $x_1, x_2, \cdots\cdots x_n$ 和 $y_1, y_2, \cdots\cdots y_n$ 是这些矢量的元素,写成

$$x = \begin{pmatrix} x_1 \\ x_2 \\ \vdots \\ x_n \end{pmatrix} \quad \text{和} \quad y = \begin{pmatrix} y_1 \\ y_2 \\ \vdots \\ y_n \end{pmatrix}, \quad \text{那么} \quad x + y = \begin{pmatrix} x_1 + y_1 \\ x_2 + y_2 \\ \cdots\cdots \\ x_n + y_n \end{pmatrix},$$

合)表示的数量称为标量。标量可以按照一定的标尺(例如长度或重量)来计量,故有此名。相反,矢量则不总是能够按照一定标尺计量的,因为它的每一元素可按不同比例变化;只在特殊情况下它才可以按照一定标尺计量,即在所有元素都按同一比例变化的时候,例如在扩大或缩小的时候。可以看到,劳动支出和生产资料支出(前面示意图中的数量 L 和 Q)是矢量。如果只制造一种产品,报酬 P 是标量;在联合生产的情况下则是矢量。

第二节

生产中保持的基本数量关系是报酬与劳动和生产资料支出之间的关系。这个关系决定于马克思称为劳动生产力的各种条件的总和。劳动生产力取决于以下情况,即“由于生产条件发展程度的不同,等量的劳动在同样时间内会提供较多或较少的产品量”①。劳动生产力决定于某个历史条件下生产力发展的总水平。马克思

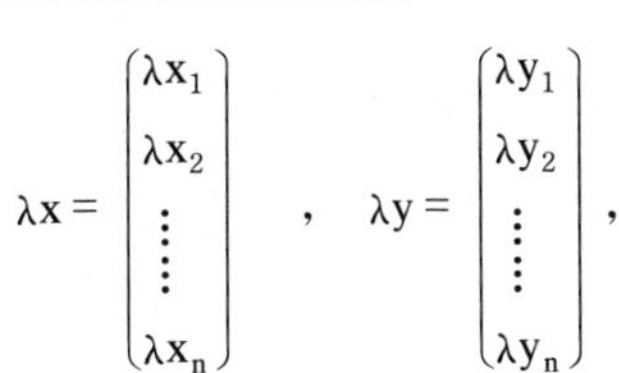

$$\lambda x=\begin{pmatrix}\lambda x_1\\ \lambda x_2\\ \vdots\\ \lambda x_n\end{pmatrix},\quad \lambda y=\begin{pmatrix}\lambda y_1\\ \lambda y_2\\ \vdots\\ \lambda y_n\end{pmatrix},$$

其中 λ 是任意实数(标量)。矢量的元素也可写成行而不写成列,即 $x=(x_1,x_2,\cdots\cdots x_n)$和 $y=(y_1,y_2,\cdots\cdots y_n)$。此外,如果矢量 x 和 y 的所有元素都相等,即 $x_1=y_1,x_2=y_2,x_3=y_3,\cdots\cdots x_n=y_n$,则 x 与 y 是相等的,即 $x=y$。

① 卡尔·马克思:《资本论》第 1 卷,第 568 页,人民出版社,1975 年版。关于马克思的劳动生产力与劳动生产率两个概念的关系(后者将在以后讨论),参见 S.G.斯特鲁米林的《劳动生产率问题》第 33 页,华沙,1959 年版。又见 F.D.马可松:《资本主义经济中劳动生产率的变化》第 3 卷,第 249 页,莫斯科,1957 年版(科学统计论文)。还可参见 B.明茨的《社会主义政治经济学》第 190—193 页,华沙,1963 年版。

说:“劳动生产力是由多种情况决定的,其中包括工人的平均熟练程度,科学的发展水平和它在工艺上应用的程度,生产过程的社会结合,生产资料的规模和性能,以及自然条件。”①劳动生产力变化的具体结果是一定的劳动(即活劳动)和生产资料支出得到的产品数量或报酬的变化。

为了进一步仔细研究它,须考察所得单位产品所分摊的各种具体劳动和各种具体生产资料。这种支出称为单位支出。一切支出除以所得产品数量得出单位支出的各个元素。采用上述代表生产过程示意图引入的符号,单位支出可表示为下列形式:②

$$\left[\frac{L}{P},\frac{Q}{P}\right]。$$

在此式中,前者代表各种具体劳动的单位支出集合(矢量),后者代表各种具体生产资料的单位支出集合(矢量)。这些集合的元素或

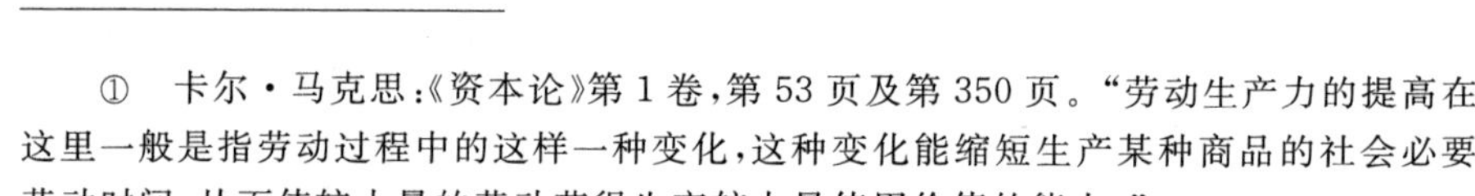

① 卡尔·马克思:《资本论》第1卷,第53页及第350页。“劳动生产力的提高在这里一般是指劳动过程中的这样一种变化,这种变化能缩短生产某种商品的社会必要劳动时间,从而使较小量的劳动获得生产较大量使用价值的能力。”

② $\frac{L}{P}$和$\frac{Q}{P}$是矢量L和矢量Q与实数$\frac{1}{P}$的乘积。令L_1,L_2,……L_m和Q_1,Q_2,……Q_n为这些矢量的元素,则

$$\frac{L}{P}=\begin{vmatrix}\frac{L_1}{P}\\ \frac{L_2}{P}\\ \vdots\\ \frac{L_m}{P}\end{vmatrix} \quad 而 \quad \frac{Q}{P}=\begin{vmatrix}\frac{Q_1}{P}\\ \frac{Q_2}{P}\\ \vdots\\ \frac{Q_n}{P}\end{vmatrix}。$$

上式还可分别以各个元素的形式表示。

各项单位支出，通常称为生产的技术系数，①它决定于生产过程得以进行的技术条件。所以生产系数是在某些技术条件下制造单位产品需要的生产要素，即各种具体劳动和各种具体生产资料的支出。②

单位支出或生产系数是用自然单位计量的。一吨钢用多少吨矿石，每千瓦电需用多少吨煤，每米布需要多少机器小时或工时，等等。在某个时期的支出和产品的关系，通过省略分母的时间因次，剩下自然单位（例如矿石吨数、钢吨数）的关系。③

显然，只有在报酬是标量的情况下，支出用所得产品数量来除才是可能的。在联合生产的情况下，报酬是矢量，即多种产品的集合，它可以挑选某一种具体产品作为“参照产品”，并计算其各种单位支出，或生产系数对参照产品的关系。于是除生产系数外，还增加了一种系数，表示与单位参照产品联合生产的各种产品数量。④

不研究生产要素单位支出或生产系数，也可研究其倒数。单位支出的倒数称为该生产要素的生产率，也称劳动生产率和生产资料生产率。劳动生产率是用于生产过程的各种具体活劳动的生

---

① 见兰格：《经济计量学引论》第 213—214 页，华沙，1961 年版。又见他的《再生产和积累理论》第 72—73 页。生产系数在以系统方式引入里昂·瓦尔拉的《纯粹政治经济学基础》第四章（巴黎，1874 年版）中时被称为“制造系数”。

② 在经济计划实践中，生产系数称为技术定额。

③ 用 NfT^{-1} 代表生产要素支出的因次，用 NpT^{-1} 代表产品（或报酬）的因次，则单位支出的因次是：

$$\frac{NfT^{-1}}{NpT^{-1}}=\frac{Nf}{Np}。$$

④ 令 $P_1, P_2, \cdots\cdots P_k$ 为表示联合生产过程的报酬矢量 P 的元素，又令 P_1 为表示参照产品的元素。这样得到系数

$$\frac{P_2}{P_1}, \frac{P_3}{P_1}, \cdots\cdots \frac{P_k}{P_1}。$$

进一步的细节，可参见兰格的《最优决策——规划原理》，华沙，1964 年版。

产率集合(矢量),生产资料生产率是各种具体生产资料的生产率集合(矢量)。每种具体劳动和每种具体生产资料都有其相应的生产率。[①] 它们的生产率决定于所用的生产技术,从而得出劳动(即活劳动)和生产资料支出的生产率之间的联系。一般地,愈高的生产率需要愈多的生产资料支出与劳动结合。劳动生产率的提高表现为加工更多数量的原料以及更多的活劳动物化在劳动资料中。马克思说过:"……社会劳动生产率的水平就表现为一个工人在一定时间内,以同样的劳动力强度使之转化为产品的生产资料的相对量。工人用来进行劳动的生产资料的量,随着工人的劳动生产率的增长而增长,……劳动生产率的增长,表现为劳动的量相对于它所推动的生产资料的量的减少,或者说,表现为劳动过程的主观要素的量相对于它的客观要素的量的减少。"[②]

一定的生产技术需要一定的单位支出,或生产系数的集合(矢量),或各种生产要素的生产率的一定的集合。某种产品通常可以借助于不同的生产技术,或说成是借助于不同的技术过程来制造。这些过程的每一个都可用它的单位支出矢量(生产系数)来表示。

① 卡尔·马克思:《资本论》第1卷,第53页及第664页,人民出版社,1975年版。他用"生产资料的效率"(Wirkungsfähigkeit,Wirksamkeit)一词表达生产资料的生产率。

② 同上书,第682—683页,马克思进一步说明:"这些生产资料起着双重作用。一些生产资料的增长是劳动生产率增长的结果,另一些生产资料的增长是劳动生产率增长的条件。例如,由于有了工场手工业分工和采用了机器,同一时间内加工的原料增多了,因而进入劳动过程的原料和辅助材料的量增大了。这是劳动生产率增长的结果。而使用机器、役畜、矿物质肥料、排水管道等的量则是劳动生产率增长的条件。以建筑物、炼铁炉、运输工具等形式积聚起来的生产资料的量,也是这样。但是,不管是条件还是结果,只要生产资料的量相对于并入生产资料的劳动力是增长的,就表示劳动生产率增长了。"

如果某种产品可以借助于 r 种不同的技术过程来制造，则这个情况可以用下式表示：[①]

$$\left|\begin{matrix} \frac{L_1}{P} & \frac{L_2}{P} & \cdots\cdots & \frac{L_r}{P} \\ \frac{Q_1}{P} & \frac{Q_2}{P} & \cdots\cdots & \frac{L_r}{P} \end{matrix}\right|。$$

此式中每一列表示某一技术过程的单位支出集合（矢量），每一行表示不同技术过程要求的某种生产要素的单位支出。这种式子称为生产技术矩阵。[②]

---

① 此式可以写成展开形式，所示元素是单位劳动和生产资料支出，即

$$\left|\begin{matrix} \frac{L_{11}}{P} & \frac{L_{12}}{P} \cdots\cdots & \frac{L_{1r}}{P} \\ \frac{L_{21}}{P} & \frac{L_{22}}{P} \cdots\cdots & \frac{L_{2r}}{P} \\ \cdots\cdots & & \\ \frac{L_{m1}}{P} & \frac{L_{m2}}{P} \cdots\cdots & \frac{L_{mr}}{P} \\ \frac{Q_{11}}{P} & \frac{Q_{12}}{P} \cdots\cdots & \frac{Q_{1r}}{P} \\ \frac{Q_{21}}{P} & \frac{Q_{22}}{P} \cdots\cdots & \frac{Q_{2r}}{P} \\ \cdots\cdots & & \\ \frac{Q_{n1}}{P} & \frac{Q_{n2}}{P} \cdots\cdots & \frac{Q_{nr}}{P} \end{matrix}\right|。$$

其第一个脚标表示一定的生产要素支出，第二个脚标表示技术过程。例如，L_{ij} 表示第 j 个技术过程中第 i 种劳动的支出。

② 矩阵是数字组成的矩形算式，可做一定的计算，或代数运算，如加法、乘法以及乘以实数（标量）。从内容可以看出，矩阵也可看成是矢量的集合。以矩阵形式代表某种产品的各种生产技术是 T.C.库普曼斯在“生产作为活动的有效组合的分析”这篇论文中采用的。该论文载入他主编的文集《生产和分配的活动分析》，纽约，1951 年版。最容易理解的是库普曼斯所写的小册子《关于经济科学状态的三篇论文》第 68—79 页，纽约，1957 年版。作者将各个技术过程称为活动；而借助于研究表现为生产技术矩阵各列的各个技术过程来分析生产过程，称为活动分析。这个名词现在已被普遍接受。兰格的《最佳决策——规划论》，华沙，1964 年版，以及 R.G.D.阿伦的《数理经济学》第 337—341、第 568—571 和第 621—625 页，都讲述了活动分析的基础。

技术过程也可按生产时期的长度来区分。这种区分可以看出单位支出的不同。如果在两个技术过程中使用的生产要素数量以及产出产品数量相同,但一个过程比另一过程时间长,则生产时期较长的过程中,单位时间产出的产品数量或报酬较小,于是单位支出相应地比较大。这种区分在生产技术矩阵中得到表现。此外,在不同的技术过程中,生产要素的支出可在时间上做不同的分解。在此情况下,不同时期的支出可以作为不同生产要素的支出来处理。这样支出在时间上的不同分解就可以表现在生产技术矩阵中。

生产技术矩阵表现用以制造某种产品的各个技术过程的差别性。如果某种产品借助于技术过程之一来制造,表现为生产技术矩阵中一定的单位支出列,则我们说产品是借助于纯技术过程制造的。然而这种产品可用这样的方式来制造:一定数量的产品借助于一种技术过程来制造,另一些数量借助于另一种技术过程,还有另一些数量最终借助于第三种技术过程等。于是我们说,产品是借助于混合技术过程制造的。混合技术过程依靠不同的纯技术过程制造不同数量的同一产品。在使用混合技术过程时,各个生产要素的单位支出(生产系数)是组成混合过程的各个技术过程中单位支出的加权平均数。这种平均的权数是借助于技术过程制造的产品数量。

设 a_{i1} 为第一个技术过程中一定的(依照规定的编号为第 i 个)生产要素的单位支出,而 a_{i2} 是第二个技术过程中这种要素的单位支出。于是在第一个技术过程中支出总额等于 $a_{i1}x_1$,而在第二个技术过程中支出总额为 $a_{i2}x_2$。生产要素的联合支出等于 $a_{i1}x_1 +$

$a_{i2}x_2$。在两个技术过程中制造的产品数量共计 x_1+x_2。所以混合技术过程中生产要素的单位支出等于

$$\frac{a_{i1}x_1+a_{i2}x_2}{x_1+x_2}。\tag{1}$$

它是两个过程中单位支出的加权平均数。对一切生产要素(即一切可能的脚标 i)都可这样做,这个道理可以推广到任意数目的技术过程。生产技术矩阵可以用这种方式表示一切混合技术过程的单位支出。生产规模,即制造产品的数量一般可以变化(在过程性质所决定的某个范围内)。值得特别注意的是,在这样的过程中,生产规模的变化不引起生产要素单位支出或生产系数的变化。在这类过程中支出与生产规模成正比,单位支出是常量,它不决定于生产过程。这种过程称为可分过程。[①] 因为它可以有意识地分解为一些生产规模较小的过程,其中每个过程保持同样的支出与报酬之间以及各项支出之间的比例。如系联合生产,也保持各种产品数量之间的关系。纯技术过程的可分性说明它总是可以用生产规模较小的纯过程组成的混合过程来代替,其中每个混合过程也是可分的,因为它的生产系数不决定于生产规模。因此,它导致表现在公式(1)中的单位支出加权平均数只决定于 x_2 与 x_1 的比率 $\frac{x_2}{x_1}$。它不决定于生产的绝对规模。联合各混合可分技术过程也是可分过程。所以可分技术过程可以任意混合,结果总是得到可分过程。

① 可分技术过程也称为线性技术过程,因为支出和报酬之间的数量关系属于正比例性质,或是线性函数性质。

第三节

在可用于制造某种产品的不同技术过程(纯过程或混合过程)的单位支出之间存在着一定关系。从根本上说,如果在一个技术过程中,一切生产要素的单位支出都大于任何一个其他过程,这种技术过程称为不可行技术过程。不可行技术过程不能用于生产过程,因为它需要一切生产要素的支出都较大——比其他已知技术过程——或至少有一种要素支出较大,而其他要素的支出并不少。由此,不可行技术过程可从生产技术矩阵中剔除,取消相应的列。如果两个(或更多)技术过程需要投入同样的各种生产要素的单位支出,可以说他们是等价的。等价的技术过程可以作为一种过程对待。在生产技术矩阵中表示等价的技术过程可在矩阵中保留其一,其余作为多余,予以剔除,省略相应的列。

从生产技术矩阵剔除不可行技术过程和多余的等价过程,可得到有效的生产技术矩阵。因此,有效的生产技术矩阵是选择的结果,它会导致剔除不可行的过程和多余的等价过程。经过选择后留下的技术过程称为有效的技术过程。在生产过程中只选择有效的技术过程。

有效的技术过程具有以下特点。在任何两个过程中,其中一个过程至少有一种生产要素的单位支出必须大于第二个过程,并至少有一种生产要素的单位支出必须小于第二个过程。因为,如果一切生产要素的单位支出在两个过程之间是相等的,则两个过程是等价的。并且,如果一种生产要素的单位支出在一个过程中大于或小于另一个过程,而其他要素的单位支出在两个过程中是相等的,则其中一个过程是不可行的。因此,一种生产要素单位支出较大必须相应地至少有一种其他生产要素单位支出较小(反之亦然)。有效过程的这种性质称为支出替代规律。用以制造一定数量的某种产品的技术过程的变化,总是出现在至少有一种生产要素单位支出增大,而同时至少有另一种生产要素单位支出缩小之时,也就是说出现了支出的替代。

支出替代规律可以表述为:伴随着技术过程的变化,至少有两种生产要素发生变化。其他未变的要素的单位支出比例可能变化或保持不变。所以替代至少包括两种生产要素,可能——但不是必然——包括其大多数。在实践中,人的支出和物质生产要素支出之间的替代有特别重要的作用。对这个问题以后还有机会探讨。

在联合生产方面,在一定条件下,还会出现报酬即各种产品数量的替代规律。它发生在这样的情况下:在两种不同的技术过程中,生产要素的单位支出是相等的,两种过程的不同必然表现在用一定生产要素支出制造的各种产品数量方面(否则是等价的)。如果用同样的生产要素支出,一种过程制造某种产品比另一过程多(少),则至少有一种这个过程制造的其他产品数量较少(多),否则,这个过程将是不可行的。和生产要素支出类似,报酬的替代也至少涉及两种产品的数量,可能——但不是必然——涉及更多。

在有效技术过程是可分过程的情况下,除支出替代规律外,还有支出替代率渐增规律;而在一定条件下的联合生产,则有报酬替代率渐降规律。

设有三个有效技术过程。用 a_{i1}、a_{i2} 和 a_{i3} 表示第 i 种生产要素在这三个过程中的单位支出(生产系数);第 j 种生产要素的单位支出相应地用 a_{j1}、a_{j2}、a_{j3} 来代表。假设这两种生产要素的支出可以相互替代。第一个技术过程用第二个技术过程代替,增加第 i 种要素的单位支出 $a_{i2}-a_{i1}$,并减少第 j 种生产要素的单位支出 $a_{j2}-a_{j1}$。[①] 单位支出的这种变化关系的绝对值

或
$$\left|\frac{a_{i2}-a_{i1}}{a_{j2}-a_{j1}}\right|$$

表示第 j 种生产要素的单位支出每减少一个单位时第 i 种生产要素单位支出的增加量。这个式子称替代率。第二个技术过程用第三个技术过程替代,第 i 个要素的单位支出继续增大,而第 j 个要素的单位支出继续减少,得出类似的替代率

$$\left|\frac{a_{i3}-a_{i2}}{a_{j3}-a_{j2}}\right|。$$

如果开始时过程是可分的,必然满足不等式

$$\left|\frac{a_{i2}-a_{i1}}{a_{j2}-a_{j1}}\right|<\left|\frac{a_{i3}-a_{i2}}{a_{j3}-a_{j2}}\right|, \tag{2}$$

或者说,通过技术过程相继变化带来的支出替代,替代率是上升的,其论据如下:

前面说过,可分的技术过程可以任意混合。因此由第一个和第三个过程混合而成的任何过程会得出与第二个过程同样数量的产品(生产规模)。用 $\bar{a}_{i2}$ 和 $\bar{a}_{j2}$ 代表那个混合过程中第 i 个和第 j

① 由于生产要素的编号是任意的,可以认为单位支出增大的要素是第 i 种要素,而单位支出减少的要素是第 j 种要素。

个生产要素的单位支出，按公式(1)，可得

$$\bar{a}_{i2}=\frac{a_{i1}x_1+a_{i3}x_3}{x_1+x_3}\text{和}\ \bar{a}_{j2}=\frac{a_{j1}x_1+a_{j3}x_3}{x_1+x_3},$$

其中 x_1 和 x_3 代表组成混合过程的第一个和第三个过程的生产规模。所以有

$$\frac{\bar{a}_{i2}-a_{i1}}{\bar{a}_{j2}-a_{j1}}=\frac{a_{i1}x_1+a_{i3}x_3-a_{i1}(x_1+x_3)}{a_{j1}x_1+a_{j3}x_3-a_{j1}(x_1+x_3)}=\frac{a_{i3}-a_{i1}}{a_{j3}-a_{j1}}$$

和

$$\frac{a_{i3}-\bar{a}_{i2}}{a_{j3}-\bar{a}_{j2}}=\frac{a_{i3}(x_1+x_2)-a_{i1}x_1-a_{i3}x_3}{a_{j3}(x_1+x_2)-a_{j1}x_1-a_{j3}x_3}=\frac{a_{i3}-a_{i1}}{a_{j3}-a_{j1}},$$

因此得到 $\dfrac{\bar{a}_{i2}-a_{i1}}{\bar{a}_{j2}-a_{j1}}=\dfrac{a_{i3}-\bar{a}_{i2}}{a_{j3}-\bar{a}_{j2}}$，

或者两个替代率是相等的。

如果第二个技术过程是有效的，必有 $a_{i2}<\bar{a}_{i2}$ 和 $a_{j2}\leqslant\bar{a}_{j2}$，或 $a_{i2}\leqslant\bar{a}_{i2}$ 和 $a_{j2}<\bar{a}_{j2}$，也就是一种生产要素在第二个过程中的单位支出必须小于在混合过程中的单位支出，而第二种要素的单位支出不能太大，否则第二个过程将与混合过程等价或成为不可行过程。用 a_{i2} 和 a_{j2} 代替上式中的 $\bar{a}_{i2}$ 和 $\bar{a}_{j2}$，并考虑那个不等式后，在左边分子减小或分母增大，或两者同时发生，而在右边则是分子增大或分母缩小，或两者同时发生。结果得到

$$\left|\frac{a_{i2}-a_{i1}}{a_{j2}-a_{j1}}\right|<\left|\frac{a_{i3}-a_{i2}}{a_{j3}-a_{j2}}\right|。$$

由于相继转变为其他技术过程，支出替代率表现为增长。这是支出替代率渐增规律。① 这个规律表示替代的难度渐增：代替

① 其图形解释见本章附录第6节。

某生产要素的每个相继的单位需要另一要素支出的更大增加。它也可以表示为一种生产要素连续用另一要素代替,另一要素的相对生产率降低。

可以用相似的方式表示,在报酬替代规律起作用的条件下的联合生产中,有效的和可分的技术过程在产品关系上满足替代率渐减规律。[①] 产品的替代愈来愈难,一种产品虽连续减少而另一种产品的增加愈来愈少。应当说明,支出替代率渐增规律和在一定联合生产条件下表现的报酬替代率渐减规律只适用于作为替代对象的那些生产要素或产品。这些规律说明替代受到进一步的限制,即使在可以替代的场合,它的条件也愈来愈困难。

可分有效技术过程发生替代困难渐增的结果是补充支出渐增规律。这个规律表现在生产规模(产品数量)扩大时,连续地从一个技术过程过渡到另一个技术过程,其中一切生产要素,除一个外,保持不变。在此条件下,扩大生产规模要求能变动的要素的支出增加,否则技术过程就不是有效的(可以扩大生产而不增加任何一个要素的支出,或者产出同样数量的产品而至少有一种要素的单位支出减少)。这是支出替代规律或联合生产时报酬替代规律应用于支出与产品之间关系的结果。[②] 如果有效技术过程是可分的,则连续增加一个单位的产品需要愈来愈多的某种要素的补充支出。

---

① 其证明见本章附录第 6 节。

② 如果将报酬视为负的支出就更直接明白了。那时与产品数量增加相联系的支出增加,可以解释为支出增加与另一种支出减少相联系,或解释为支出的替代。如果支出被当作负的报酬来对待,则可用相似方式解释为报酬的替代。

假设第 i 种要素的支出是可变的。用 a_{i1}、a_{i2}、a_{i3} 代表它在三个过程中的单位支出，并以 x_1、x_2、x_3 代表这些过程的生产规模。又令 $x_1<x_2<x_3$。这种要素在各个过程中的支出为 $a_{i1}x_1$、$a_{i2}x_2$、$a_{i3}x_3$。从第一个过程过渡到第二个过程，支出增加 $a_{i2}x_2-a_{i1}x_1$，而从第二个过程过渡到第三个过程，支出增加 $a_{i3}x_3-a_{i2}x_2$。每增加一单位产品，支出增加或补充支出为：

$$\frac{a_{i2}x_2-a_{i1}x_1}{x_2-x_1}\text{和}\frac{a_{i3}x_3-a_{i2}x_2}{x_3-x_2}。$$

现在来考察混合过程。在这个过程中，产出的产品数量为 x_2。在 x_2 中，产品数量

$$\frac{x_1(x_3-x_2)}{x_3-x_1}$$

借助于第一个过程制造，而产品数量

$$\frac{x_3(x_2-x_1)}{x_3-x_1},$$

是在第三个过程制造的。在混合过程中共计制造产品数量为

$$\frac{x_1(x_3-x_2)}{x_3-x_1}+\frac{x_3(x_2-x_1)}{x_3-x_1}=x_2。$$

在此混合过程中一个要素的支出等于

$$\bar{a}_{i2}x_2=\frac{a_{i1}x_1(x_3-x_2)+a_{i3}x_3(x_2-x_1)}{x_3-x_1},$$

其中 $\bar{a}_{i2}$ 代表单位支出。于是

$$\frac{\bar{a}_{i2}x_2-a_{i1}x_1}{x_2-x_1}=\frac{a_{i3}x_3-\bar{a}_{i2}x_2}{x_3-x_2}。$$

因为根据假设第二个过程是有效的，故 $a_{i2}<\bar{a}_{i2}$。代入上述等式后得到：

$$\frac{a_{i2}x_2 - a_{i1}x_1}{x_2 - x_1} < \frac{a_{i3}x_3 - a_{i2}x_2}{x_3 - x_2}。 \tag{3}$$

结果是连续地从第一个过程过渡到第二个过程和从第二个过程过渡到第三个过程等等,用于增加一个单位产品的生产要素的初始支出增加了,这是补充支出渐增规律。我们不谈增加一单位产品的补充支出,而是考虑它的倒数。它的倒数代表每增加一单位补充支出所增加的产品数量,或是补充支出的生产率。渐增的补充支出换来它的生产率渐减。补充支出渐增规律因此可以称为补充支出生产率渐减规律。两种形式是等价的。

支出替代规律(或在某些联合生产的情况下,作用于可分技术过程的报酬替代律)以及支出替代率渐增(或者最终为渐减)规律和补充支出渐增规律,与技术过程的选择有关。在有效技术过程的选择方面,支出替代规律起作用;而在某些条件下,报酬替代规律也起作用。如果技术过程是可分的,在这种选择方面,渐增支出替代率规律起作用;而在某些条件下,渐减报酬替代率规律以及渐增补充支出规律也起作用。这些规律证实了从一定的合理行为规则产生的合理行为学的规律性,那个规则是排除无效技术过程和多余等价过程的规则。这些规律不是普遍的生产技术规律——有时它们被错当成普遍规律。认为它们是普遍的生产技术规律,并认为它们会出现在每个生产过程以及社会生产力的历史发展过程中,是一种超出了经验可以证明的因素的范畴和近乎形而上学式的推测的总结。①

① 在支出替代率渐增(和报酬替代率最终渐减)规律中和在补充支出渐增规律中发现的普遍的生产技术规律的观点,与所谓报酬渐减规律或生产要素生产率渐减规律有关。这个规律认为如果补充生产要素单位连续用于生产过程,而其他要素的支出不

适应一定的生产力历史发展水平和一定生产部门的技术过程

变，则在超过一定的初始支出以后，会出现生产率渐减。支出替代率渐增规律被认为是这个规律的后果。由于要素被相继替代（由于相继被抽走，每个被替代的单位要素具有越来越大的生产率），为了补偿它们相继需要越来越多数量的替代它们的要素。而且替代它们的单位要素出现生产率渐减，从而要求这种要素支出连续增加。同样，在联合生产的情况下，生产要素生产率渐减导致因减少一种产品数量而撤出连续单位的要素，带来另一种产品的增加越来越少。然而生产要素生产率渐减规律不是替代律渐增规律的必要条件，更不总是它的充分条件。必要条件只是替代要素连续单位的生产率增长比被替代要素连续撤出单位的生产率增长慢。这是比两种生产要素更广泛的满足生产率渐减规律要求的条件。无论如何，满足生产要素生产率渐减规律对于实现要素替代率渐增来说不总是充分的。其结果可能由于补充一单位要素的生产率与第二种要素的支出互相依赖而受到破坏，也就是可能发生这样的情况，由于被替代要素支出减少的结果，连续单位替代要素的生产率提高了。而如果由于被替代要素支出减少，连续单位替代要素生产率下降很快，则替代率可能增加，即使连续单位的各种生产要素的生产率并不下降。因此，支出替代率渐增规律（报酬替代率渐减规律）与所谓报酬渐减规律并不是互相重合的。其证明参见本章附录第 7 节。证明替代率渐增（或渐减）规律与所谓报酬渐减规律不重合是很重要的，因为这个被认为是普遍的规律是不能用经验方法证明的。这个规律最初用于农业中土地面积不变情况下的劳动和生产资料支出。首先提出的是 A. R. J. 屠阁，见《对 G. 德 · 圣皮拉维的一个备忘录的意见》，巴黎，1768 年版。以后 E. 威斯特又独立撰写了《论资本用于土地》，伦敦，1815 年版。李嘉图把这个理论引入自己的地租理论，使这个规律得到了广泛传播。著名的化学家约斯图 · 李比希在 19 世纪中叶努力使土地上支出的生产率渐减规律具有自然规律的性质。E. A. 米谢里奇于 1909 年把它应用于土地施肥支出生产率经验的研究。马克思和李嘉图不同，他不把地租和所谓土地报酬渐减规律联系在一起。见《资本论》第 3 卷，第四十至四十四章。列宁批判李嘉图的观点是与历史经验矛盾的抽象思考，没有考虑在一定土地面积上增加的劳动和生产资料支出通常是与技术进步联系在一起这样的事实。见《列宁全集》第 5 卷，第 83—199 页，人民出版社，1959 年版。政治经济学中主观学派美国分支的创始人 J. B. 克拉克把报酬渐减规律扩大到一切生产要素。见《财富的分配》，纽约，1899 年版。他还以此为基础建立了生产要素边际生产率理论，给予它以同样的生产技术普遍规律的性质。这种形式的生产要素生产率渐减规律被古典学派及其近支所普遍接受。最为清楚地表达它的是 P. H. 威克斯第的《政治经济学常识》第 1 卷，伦敦，1902 年第 2 版。对生产率渐减规律做出现代的解释的还有：K. 维克赛尔的《政治经济学讲义》（从瑞典文译出）第 1 卷，伦敦，1934 年版；E. 施奈德的《生产理论》，维也纳，1934 年版；S. 卡尔森的《生产纯理论研究》，伦敦，1939 年版。然而，新

是多种多样的：要素支出和产品在一种过程中可以替代，在另一种过程中不可以替代，或者在一个领域内可以替代，而在另一个领域内不可以替代。因此，如果替代是可能的，就可能以不同方式替代——在替代率渐增、渐减或不变的条件下，技术过程之间的差别是巨大的。然而不是一切技术过程都能用于生产，要加以选择，排除不可行过程和多余的等价过程。

如果存在不止一种技术过程可以制造某种产品，则筛选时只留下单位支出的增大要由任何另外一种支出的减少来补偿(或报酬的减少要由另外一种报酬的增大来补偿)的技术过程，或者只留下能满足替代规律的过程。如系可以任意变化生产规模的可分过程，单位支出不变化，替代的难度就在于选择的标准。在可供选择的过程中，首先挑选替代最容易的过程，然后是替代较难的过程，

古典学派的创始人阿尔弗雷德·马歇尔在将生产要素生产率渐减的普遍规律应用于自己的理论分析时有很大保留。他认为生产要素的替代不是普遍现象，它只表现在有限范围内。报酬渐减规律的作用主要限制在农业和原料生产领域。见 A. 马歇尔的《经济学原理》第 318 页及以后各页，伦敦，1958 年，第 8 版。生产要素生产率渐减规律在所谓洛桑学派的理论中同样没有更大的意义。L. 瓦尔拉把他的理论建立在不变的生产系数的基础上，认为在制造每一种产品时只存在一种技术过程而没有生产要素替代的可能性。见他的《纯粹政治经济学》第四章。后来在 1900 年该书第 4 版中，瓦尔拉在结束他的分析时承认了生产要素替代的一般可能性，与边际生产率理论进行了调和(第七章)。帕累托把生产要素的替代作为特殊情况看待，即没有普遍意义，见他的《政治经济学教程》，巴黎，1907 年版。关于这个问题的历史，见 J. 熊彼特的《经济分析史》第 1026—1053 页，伦敦，1954 年版。著名数学家 K. 门格尔的《报酬规律，宏观经济学研究》(收入摩根斯坦主编的文集《经济活动分析》，纽约，1954 年版)和 S. 克鲁辛斯基的著作《报酬和成本的形成问题》(波兹南，1962 年版)如同我们在正文中说过的介入了形而上学，所有这些对生产过程中发生的数量关系来说都是无意义的。在连续变化的技术过程中，生产要素和产品的替代及其困难的渐增，不是生产技术的性质的结果，而通常是选择技术过程的结果。这是人类合理行为学问题，不是工艺学问题。

最后是替代最难的过程，等等。连续从一种过程过渡到另一种过程时，替代率渐增（而报酬取代率渐减）。通过增大一种要素的支出扩大生产规模，首先采用补充支出要素产量最大的过程，然后是产量较小的过程，最后是产量更小的过程，等等。因此，技术过程的选择使留下的过程即有效过程满足了上述替代规律、替代率规律和补充支出生产率规律。

观察用于生产过程的技术过程可能产生一种印象，它的特点与生产技术的性质有关，因为在生产过程中看不见不具备这些特点的各种技术过程。但是这个事实并非来自技术过程的“性质”，而是由于筛选时不可行过程和多余的等价过程受到限制。它是人类合理行为学的行为原理用于生产的结果。[①]

第四节

上述生产技术矩阵并不能反映生产的技术可能性全貌，因为它只表示各种技术过程的单位支出。各种技术过程不仅在生产要素的单位支出方面有所不同，每个技术过程中所需要的固定资本总量也不同。固定资本不仅以支出的形式而且是以在一定时期中使用的形式参与生产过程。我们知道使用是流量性质，用一定时期内的自然单位数量来计量，例如，在一月或一年中的机器小时数或车辆小时数。固定资本也以总量即存量参与生产过程，不决定

① 研究支出和报酬之间关系的人类合理行为学的性质，可参见前注提到的 S. 克鲁辛斯基的最近著作及 Z. 波希亚柯夫斯基对本书的评论，载《经济学人》第 437—452 页，1963 年第 2 期。

于它的使用程度。机器可以使用或多或少的天数,依靠它制造或多或少数量的产品。例如织布机依靠使用的天数织成或多或少数量的布;车辆可以使用不同的天数,相应地完成不同数量的运输(吨公里数);同一房屋可以使用不同的天数,如果在房屋内进行某种生产过程,则产品数量决定于使用房屋的天数。然而,没有整个机器,没有整个房屋,就不可能制造一单位的产品;没有整个车辆,就不可能把一吨货物运送一公里的路程(显然,这里不提代用生产资料的可能性)。援引马克思的话:“尽管机器的生命力日益减弱,但整个机器仍然不断地在劳动过程中起作用。由此可见,劳动过程的一个要素、一种生产资料是连续地全部进入劳动过程的。”①

固定资本以自己的自然形式和自己的用途而被用于不止一个生产期,并且一旦被用于生产过程,即作为整体不可分割的存量参与进去。机器、汽车或房屋可能每天只被使用几小时,但是没有它们是不行的。用于生产的固定资本存量常常称为生产的技术装备。为了完整表达生产条件,除生产要素单位支出外,同样要说明技术装备或固定资本存量。各种技术过程需要的技术装备是不同的。

每一种技术过程通常对应于一定的各种固定资本存量,如房屋、设备、装置、机器、运输资料等等,这些是该过程需要使用的,它们构成必要的技术装备。要借助一定技术过程生产钢,炉子必须有一定的容积、耐高温的性能以及炉壁厚度等,还需要一定数量和

① 卡尔·马克思:《资本论》第1卷,第203页,人民出版社,1975年版。马克思援引以下关于织袜机的话:“虽然一台机器可以织出许多双袜子,但是如果缺少机器的任何一部分,连一双袜子也制造不出来。”

适当容积的车辆以便运输原料，还需要一定大小的房屋，等等。这些要求的任何变化与技术过程的变化相对应。同样，在某种石油炼制技术过程中，需要适当数量和大小的装置、槽、管道、加热和冷却设备等等，以及适当大小的场地。这些装置的型号、数量和大小取决于所使用的技术过程。不同的制造硫酸或铝的方法需要不同的设备、机器和装置。不同的金属加工方法需要不同的机器（例如不同种类的机床）。这些机器的能力和精度也不同。因此，制造某种产品的不同技术过程需要不同的有严格规定的技术装备。技术装备或各种固定资本存量的大小不决定于其使用规模，也不决定于所制产品的数量。但对某种技术过程来说，它是一个固定数量。

为了获得生产的技术可能性的全貌，应将表示各种技术过程的技术装备引入生产技术矩阵。为此目的，需要在生产资料中区别固定资本和营运资本。为了区别，用 $Q^{(0)}$ 代表营运资本支出，用 $Q^{(1)}$ 代表固定资本支出，用 S 代表固定资本存量。于是，生产技术矩阵可写成：

$$\left|\begin{matrix} \frac{L_1}{P} & \frac{L_2}{P} & \cdots\cdots & \frac{L_r}{P} \\ \frac{Q_1^{(0)}}{P} & \frac{Q_2^{(0)}}{P} & \cdots\cdots & \frac{Q_r^{(0)}}{P} \\ \frac{Q_1^{(1)}}{P} & \frac{Q_2^{(1)}}{P} & \cdots\cdots & \frac{Q_r^{(1)}}{P} \\ S_1 & S_2 & \cdots\cdots & S_r \end{matrix}\right|。$$

矩阵中每一列代表某种技术过程需要的单位支出和技术装备

集合(矢量),技术装备(固定资本存量)在每一列下面;矩阵最后一行表示各种技术过程需要的技术装备。[①] 这个表称为完全生产技术矩阵。

把技术装备考虑进去,我们可以扩大不可行和等价技术过程概念。一种技术过程如果需要一种或更多生产要素的较大的单位支出,或技术装备中的一种或几种项目较大,[②]而又没有其他单位支出或其他技术装备项目是减小的,则这种技术过程是不可行的。如果用于技术过程的单位支出和技术装备项目是同样大小的,则此技术过程是等价的。排除不可行技术过程和多余的等价过程,便得到扩大意义的有效技术过程。与以上提出的论点相似的论证方法可以说明,(扩大意义的)有效技术过程符合替代规律。

因此,在各项单位支出之间,在技术装备的各个项目之间,或最后在技术装备项目和单位支出之间,可以发生替代。特别要提一下最后提到的那种替代。替代规律中至少必须包括两个数量的替代。因此,如果不发生支出的替代,也就不会发生技术装备项目的替代。必须在至少一种单位支出和至少一种技术装备项目之间

---

① 技术装备是集合,即矢量,它的元素是各种固定资本存量。对于一个给定的技术过程,例如,第 j 个技术过程,代表技术装备的矢量可写成以下形式:

$$S_j = \begin{vmatrix} S_{1j} \\ S_{2j} \\ \vdots \\ S_{ij} \end{vmatrix}。$$

在这里,脚标 j 是技术过程,或写成 j = 1,2,……r。

② 这些项目是技术装备矢量 S 的元素,是适用于这个技术过程的,因为它是具体的机器、房屋、装置等。

发生替代。这符合通常的经验——增加技术装备往往带来所谓经营支出或生产要素单位支出的减少。然而，这不是生产技术的“性质”造成的，而是消除了不可行技术过程和多余等价过程的结果。如果某个技术过程需要数量较多的一种或几种技术装备项目，但是不带来任何一个单位支出的减少，或不带来所谓经营支出的减少，则这个过程不能用于生产过程，因为它是不可行的。实践证实了这样的规律性，即较多的技术装备对应于较少的经营支出（反之亦然）。这不是什么神秘的生产技术的“自然”性质；它是人类合理行为学的规律，是对技术过程做一定选择的结果。

显然，马克思认为劳动单位支出的减少或劳动生产率的提高通常与生产过程技术装备的增加联系在一起。通过增加技术装备替代活劳动是提高人类劳动生产率的历史过程的主要杠杆。他常常把劳动生产率的提高与用单位生产资料，特别是流动资料的支出替代单位劳动支出相联系，因为，每单位劳动支出实现的生产增长需要增加转化为产品的劳动对象的数量。[①]

技术过程中所有的技术装备是最大支出，也就是固定资本的最大使用规模。固定资本的支出必须不断用于生产过程范围之内，但是固定资本的使用每天不可能超过 24 小时。如果有 10 台机器，每天使用不可能超过 240 小时；如果有 5 辆汽车，每天使用

① 马克思把劳动生产率的增长和用技术装备替代单位劳动支出联系在一起（“使用的机器、役畜、矿物质肥料、排水管等的量是劳动生产率增长的条件。建筑物、炼铁炉、运输工具等等……也是这样”），同样也和用单位生产资料支出特别是营运资本支出替代单位劳动支出联系在一起（“同一时间内加工的原料增多了”）。与劳动生产率增长联系在一起的这两种替代应该加以区别。缺乏精确的区别会导致经济学文献中的很多混乱。

不可能超过 120 小时;等等。固定资本的使用常常不可能不中断,因为需要中断以便检查和控制、维护和修理。这种中断的时间(例如,在检查和维护时中断)是在技术条件中精确规定的,不进行这些工作将导致固定资本功用的损失。其他中断(例如,为修理而中断)具有随机性质,然而可以根据经验推断出中断的平均时间长度,以此确定在某个时期(日、月、年)中固定资本的最大使用时间。一定的固定资本存量不可能超过这个存量的最大使用规模或最大支出。

因此,每个技术过程对应于一定的最大产品数量(生产规模),这个数量可以用此过程(在一定时期内)生产出来。最充分使用该过程具备的技术装备会实现该技术过程的生产能力。每个技术过程都有自己的生产能力。如果生产规模小于技术过程的生产能力,则生产能力没有被充分利用。实际生产规模与技术过程生产能力的关系,称为生产能力利用率。这个关系常用百分率表示,如生产能力利用了 70%、90%等等。最大利用率当然是 100%。生产能力未充分利用可能由于固定资本存量在其全部使用时间内未得到充分使用,或者由于并非全部存量(也就是并非一切固定资本)都得到充分使用。发生第一种情况是由于房屋和机器在一天中只有部分时间利用起来,譬如说八小时,因为生产厂只工作一个班次。发生第二种情况是因为部分机器(以及房屋)不运转,例如,由于缺乏原料,或者动力机只在部分负荷下工作。① 两种情况下

① 由此可以认为生产能力具有外延的和集约的利用率。第一个利用率涉及技术装备的使用时间,第二个利用率涉及存量中多大部分被使用。见 A.I.戈苏洛夫:《经济统计学》第 130—131 页,莫斯科,1953 年版。

固定资本存量(或技术装备)均未按最大规模加以使用。①

可能会发生这样的情况:各种固定资本的存量和最大使用时间内每个项目允许制造同样数量的产品,这时可以说技术装备属于调和结构。然而技术装备的各个项目常常允许制造不同数量的产品,这时我们说技术装备是不调和结构。如系不调和结构的技术装备,那么技术过程的生产能力中那个起决定作用的、与其他项目比较只出产数量最少的产品的技术装备称为限制性项目。技术装备的其余项目,因而不能按最大可能规模加以使用,它们的一部分没有被利用。

技术装备的结构是调和的还是不调和的,决定于某种生产技术,这种结构是一定技术过程的特点。因此,即使在生产能力被充分利用的时候,各种技术过程可能与技术装备的某些项目部分未被使用联系在一起。然而通过把各种技术过程联系起来,技术装备的不调和结构可以转变为调和结构。假设有两个技术过程使用同样的固定技术资本。第一个技术过程有三个技术装备项目,允许相应制造(在某个时期内)100 个、120 个、150 个单位产品,即第一个项目是限制性成分,其余两个项目不可能充分利用。在第二

① 除使用的最大规模外可能也存在固定资本使用的最小规模。但是由于技术特点,它的规模不可能小于一定的下限。例如 100 千瓦能力的动力机,假如它的负荷只有 10 千瓦,就不可能工作。锻工鼓风炉不可能在任意短时间内运转,而必须在其炉龄的期限内持续使用;除此以外,炉子还必须有一定的容积,每天不允许投入少于一定数量的原料。因此,有些人说技术过程的“最小生产力”与上面讨论的“最大能力”有区别。见 E. 戈登堡的《经济管理理论基础》第 1 卷,第 56—57 页,柏林,1957 年版。然而,所谓最小生产力大部分没有精确定义。仍引用戈登堡的话:“最小能力的概念不像最大能力的概念那样有精确的技术定义。”(同书第 58 页)所以,“生产能力”一词指的是最大的生产规模。在某个最低使用限度内才称这个能力的最小利用。

个过程中,假设同样的装备项目分别允许制造 200 个、180 个、150 个单位的产品,即第三个技术装备是限制性成分,其余两个项目未能充分利用。两个过程联合起来产生混合过程。如果这个过程中要制造 300 个单位产品,技术装备的一切项目就会得到充分的利用,而这个混合过程的技术装备结构就是调和的。技术过程的这种联合称为技术装备的调和化。

所以,通过把技术过程联合起来使技术装备调和化在以下情况下是可能的,即各种技术过程使用同样的固定资料,在一个技术过程中是限制性项目的技术装备,一部分没有利用起来,这时如把技术过程联合起来会减少技术装备结构的不调和性。但是,也总不能达到完全的调和,因为在不同过程中没有充分利用的技术装备的各个项目,不总是能通过把这些技术过程联合起来就予以完全消除的。

然而,通过将生产规模扩大到技术装备的各个项目许可的产量的倍数,以得到充分的调和化,总是可能的。但这种生产规模的扩大,不是对技术装备的一切项目都乘以相同的倍数。例如,在上述第一个过程中,生产规模增到六倍,即增到 600 个单位产出,那么技术装备的第一个项目,必须乘以六,第二个项目乘五,第三个项目乘四,从而使每个项目都达到 600 个单位的产出,使技术装备的结构得到调和。

同样,在上述例子的第二个过程中,有可能按 1,800 个单位的产出获得技术装备结构的调和化。在此情况下,必须将技术装备第一项乘以九,第二项乘以十,第三项乘以十二。任何产量只要是技术装备的各个项目可能实现的产出的倍数,就能导致技术装备结构的调和化。为此目的，找出各个项目的最小公倍数就够了。最小公倍数确定了带来技术装备结构调和化的最小产出（因而是多元过程的最小生产力）。事实上，我们适当联合各技术过程能减少不调和，而倍乘技术过程能实现技术装备的充分调和。为了按最小可能的产出实现完全调和的目的，两种方法可以联合起来。①

技术装备结构的调和化总伴随有生产能力的扩大。在通过合并生产过程实现调和化时，新的混合过程的生产能力等于合并的技术装备各个项目允许得到的最小产出。但是在技术过程扩大到几倍时，增加几倍的生产能力是技术装备的各个项目可能达到的产出的倍数，因此它大于原来过程的制约成分可能达到的产出。有时，合并生产不同产品的技术过程能实现技术装备结构的调和化，如果这些过程利用（全部或部分）同样的（在技术意义上）固定资本，往往导致联合生产两种以上的产品。联合生产常常是为了调和技术装备结构而合并不同技术过程的结果。

无论是通过增加单一产品的产出（作为合并或倍增生产过程的结果）还是通过转为联合生产来使技术装备结构调和化，都需要增加技术装备。因此，它与增加技术装备以及增加生产企业的生产能力都有联系。② 或者如俗话所说，联系着企业规模的扩大。

---

① 见本章附录第3节。丹麦工程师、经济学家伊瓦·詹森在他的论文中指出了技术装备的调和问题，见《企业经济基本原理》，哥本哈根，1939年版；E.施奈德的《生产理论》附录；并见伊瓦·詹森的“生产和成本规律”，载《经济计量学杂志》（华盛顿会议报告）第17卷，1949年补充本。就我们所知，詹森第一个陈述了通过扩大生产规模的倍数可以得到技术装备结构的调和化。他称这个定理为“调和规律”。

② 技术装备的调和化是作用于资本主义以及社会主义生产方式的生产集中规律的技术基础。它也与大家熟知的规模报酬或规模经济渐增现象相联系。

它可能要求较大数目的生产企业合并为一个新的“更大的”企业,它有更多的技术装备和更大的生产能力(或者如系转换为联合生产或增加产品品种,则为内容更多的生产能力)。而且可能发生一个生产部门中技术装备结构的调和化须依靠另一生产部门生产的增长的情况。这种依靠可能由于一个部门的生产增长是利用技术装备结构调和化带来的新增生产能力这一条件,也可能由于它是另一个生产部门提供的原料或所生产的产品的一个接受者。①

对技术装备的考虑使投入替代率渐增规律(和产出替代率渐减规律及新增投入渐增规律)的作用范围受到显著限制。我们知道,这些规律是取消低效率生产过程的人类合理行为学规则应用于生产过程的结果。不遵守这些规律的生产过程如果是可分的,它们就是无效的,因为那时就有一个或更多的混合过程,用较小的至少一种生产要素的投入生产同样的产出量。然而,技术装备决定技术过程的生产能力。为了生产一定的产出量而把两个或更多的过程混合起来,可能使这些过程的生产能力利用不足,并且使技术装备结构不调和。在这些条件下,技术过程是不可分的,应用混合过程不在考虑之列,混合过程不“争取”应用于生产过程。因此,不符合上述关于替代率和新增投入的规律的生产过程不一定是无效的。

在此情况下,这些规律不起作用。它们可在特殊情况下,即组成混合过程的各个过程的技术装备规模和生产能力比较小的情况

① 这构成马歇尔所谓外部经济性的现象的基础。见他的《经济学原理》第 226 页。

下起作用。在这类情况下，生产过程近似可分，混合过程不会造成生产能力利用不足或技术装备结构的不调和。所以这些规律只在技术过程的技术装备规模和生产能力比较小的一些生产部门中起作用。随着技术装备规模和生产能力的增大，生产企业的规模也增大，这些规律就不再发生作用。①

所以，投入替代率渐增（和产出替代率渐减）规律和新增投入渐增规律并不是技术过程选择中的普遍规律。它们只在技术装备和生产能力不起主要作用的可分过程中才成立。

第五节

上面讨论的技术过程的选择只限于有效过程的选择。在某些特殊情况下，技术装备不起任何主要作用，它要选择满足渐增（或渐减）替代率和渐增补充支出规律的过程。在选择后一般留下不止一种技术过程可以生产一定的商品（或一定的商品集合）。也有可能使用混合过程，但由于生产能力和技术装备结构的调和，这个方法可能受到限制。只根据实物单位的计算不可能达到技术过程

① 这些规律作为人类合理行为学的规律，主要在农业生产中和技术装备规模比较小的某些原料生产中起作用，而在以大型技术装备为特点的工业生产中不起作用。这符合 A. 马歇尔的《经济学原理》第 318—319 页及第 137—154 页所做的经验观察。但是技术进步的结果使农业和采矿业的技术装备的数量增加了，这些规律在这些领域中也不再起作用。这一点证明了列宁的资本主义条件下关于农业发展中土地报酬递减规律的经验结论，见《列宁全集》第 5 卷，第 83—199 页，人民出版社，1959 年版。L. 克西威斯基：《农业问题》第 188—190 页，1903 年版，在这一点上明确强调了技术装备在农业中的重要作用。

的进一步选择,因为没有判断标准。

在自然经济的实际经验中应用特定的技术过程生产各种商品是由社会劳动过程中的集体经验决定的。在漫长而自发的试错过程中,会形成技术过程的某种"自然选择",从而得到一种经验。这种选择的结果通常固定为风俗习惯,并靠传统来传播。选择过程没有唯一的判断标准,它在传统习惯行为的互相影响和社会生产力,即技术生产方法、生产资料和人们使用它们的技巧(以及具有这种技巧的人数)慢慢发生变化的条件下,自发地进行。所以我们在进一步考察时,要假设每种商品的生产以一种特定的技术过程进行,它是从上述选择过程产生的,并且被习惯和传统所承认。只有货币—商品经济的讨论才会以价值—货币会计和合理管理原则的形式为我们提供选择技术过程的唯一标准。

第二章附录　数学笔记

1. 生产技术矩阵

让我们以与上面正文中相似的方式,用

$$L_j = \begin{vmatrix} L_{1j} \\ L_{2j} \\ \vdots \\ L_{hj} \end{vmatrix}, \quad Q_j^{(0)} = \begin{vmatrix} Q_{1j}^{(0)} \\ Q_{2j}^{(0)} \\ \vdots \\ Q_{kj}^{(0)} \end{vmatrix}, \quad Q_j^{(1)} = \begin{vmatrix} Q_{1j}^{(1)} \\ Q_{2j}^{(1)} \\ \vdots \\ Q_{lj}^{(1)} \end{vmatrix} \quad (j=1,2,\cdots\cdots r)$$

来表示第 j 个技术过程中劳动、营运资本和固定资本的投入矢量。

令劳动的不同种类数为 h,营运资本的不同种类数为 k,固定资本的不同种类数为 l,我们来考察 r 个不同可能的技术过程。用 p 表示得到的产品量。投入和产出以一定时期内的物质单位来计量(即它们是流量),我们假设投入是非负的(并且至少它们中有些是正的),而产出是正的。上述矢量形成投入矩阵:

$$\begin{vmatrix} L_1 & L_2 & \cdots\cdots & L_r \\ Q_1^{(0)} & Q_2^{(0)} & \cdots\cdots & Q_r^{(0)} \\ Q_1^{(1)} & Q_2^{(1)} & \cdots\cdots & Q_r^{(1)} \end{vmatrix}。$$

这个矩阵也可写成下列展开形式:

$$\begin{vmatrix} L_{11} & L_{12} & \cdots\cdots & L_{1r} \\ L_{21} & L_{22} & \cdots\cdots & L_{2r} \\ \cdots\cdots & & & \\ L_{h1} & L_{h2} & \cdots\cdots & L_{hr} \\ Q_{11}^{(0)} & Q_{12}^{(0)} & \cdots\cdots & Q_{1r}^{(0)} \\ Q_{21}^{(0)} & Q_{22}^{(0)} & \cdots\cdots & Q_{2r}^{(0)} \\ \cdots\cdots & & & \\ Q_{k1}^{(0)} & Q_{k2}^{(0)} & \cdots\cdots & Q_{kr}^{(0)} \\ Q_{11}^{(1)} & Q_{12}^{(1)} & \cdots\cdots & Q_{1r}^{(1)} \\ Q_{21}^{(1)} & Q_{22}^{(1)} & \cdots\cdots & Q_{2r}^{(1)} \\ Q_{11}^{(1)} & Q_{12}^{(1)} & \cdots\cdots & Q_{1r}^{(1)} \end{vmatrix}。$$

这个矩阵的各列表示当使用特定的技术过程时不同生产要素的投入,矩阵的各行表示一种特定的生产要素在不同技术过程中的投入。如令 $n=h+k+l$,我们发现这个矩阵有 n 行和 r 列。

为了简化,我们用 X_{ij} 代表展开式投入矩阵的元素,即 X_{ij} 是位于矩阵的第 i 行、第 j 列的元素($i=1,2,\cdots\cdots n;j=1,2,\cdots\cdots r$),于

是这个矩阵可写成以下形式：

$$X=\begin{vmatrix} X_{11} & X_{12} & \cdots\cdots & X_{1r} \\ X_{21} & X_{22} & \cdots\cdots & X_{2r} \\ \cdots\cdots & & & \\ X_{n1} & X_{n2} & \cdots\cdots & X_{nr} \end{vmatrix}。\tag{1.1}$$

第 j 个技术过程中第 i 个生产要素的每单位投入为

$$a_{ij}=\frac{X_{ij}}{P}(i=1,2,\cdots\cdots n;j=1,2,\cdots\cdots r)。\tag{1.2}$$

每单位投入也称生产系数。这些系数的量纲与时间无关,即它是两个流量的比例。

生产系数形成生产技术矩阵

$$A=\begin{vmatrix} a_{11} & a_{12} & \cdots\cdots & a_{1r} \\ a_{21} & a_{22} & \cdots\cdots & a_{2r} \\ \cdots\cdots & & & \\ a_{n1} & a_{n2} & \cdots\cdots & a_{nr} \end{vmatrix},\tag{1.3}$$

这个矩阵的各列表示一个特定的技术过程中不同生产要素的单位投入,各行表示不同技术过程中一种特定的生产要素的单位投入。

第 j 个生产过程所需的不同固定资本的存量形成矢量 S_j,称为特定过程的技术装备矢量：

$$S_j=\begin{vmatrix} S_{1j} \\ S_{2j} \\ \vdots \\ S_{lj} \end{vmatrix}\quad(j=1,2,\cdots\cdots r)。$$

$S_{1j},S_{2j},\cdots\cdots S_{lj}$ 是非负的，代表技术装备的各个成分。存量量纲与时间无关。技术装备的各个成分可以表现一个有 l 行和 r 列的矩阵 S。

将各个生产过程需要的技术装备引入生产技术矩阵，我们将得到完全生产技术矩阵，即

$$\begin{vmatrix} A \\ S \end{vmatrix} = \begin{vmatrix} a_{11} & a_{12} & \cdots\cdots & a_{1r} \\ a_{21} & a_{22} & \cdots\cdots & a_{2r} \\ \cdots\cdots & & & \\ a_{n1} & a_{n2} & \cdots\cdots & a_{nr} \\ S_{11} & S_{12} & \cdots\cdots & S_{1r} \\ S_{21} & S_{22} & \cdots\cdots & S_{2r} \\ \cdots\cdots & & & \\ S_{l1} & S_{l2} & \cdots\cdots & S_{lr} \end{vmatrix} \tag{1.4}$$

或

$$\begin{vmatrix} A \\ S \end{vmatrix} = \begin{vmatrix} a_1 & a_2 & \cdots\cdots & a_r \\ S_1 & S_2 & \cdots\cdots & S_r \end{vmatrix}, \tag{1.4a}$$

其中

$$a_j = \begin{vmatrix} a_{1j} \\ a_{2j} \\ \vdots \\ a_{nj} \end{vmatrix} \quad (j=1,2,\cdots\cdots r)。$$

在完全生产技术矩阵中，各列表示一个特定技术过程中的单位投入和技术装备，各行表示不同技术过程中一定生产要素的单位支出或一定种类的固定资本的存量。

2. 联合生产

把几种产品之一当作参照产品,可将联合生产引入生产技术矩阵。于是所有其他产品作为特殊的一类生产要素,其投入是负的。这些“生产要素”的每单位投入表示每单位参照产品产出得到的其他产品的产出。①

生产技术矩阵中计算联合生产的另一个方式是用正数表示产出和用负数表示投入(因此投入是负的产出)。这种方法可在生产技术矩阵中计算一切产出和一切投入。由于对数量符号采用的规则,这个矩阵取平衡表的形式,其中产出是正的而投入是负的。②这种方法有一些明显的优点。不过,我们将不使用它,因为对于我们的目的而言,正数用于不同生产要素的投入较为方便。技术装备的各个项目也将假设为正数。

3. 生产能力和技术装备结构

前已说明,S_{ij} 是第 j 个技术过程中第 i 种固定资本的存量。让我们用 t_{ij} 表示在一定时期中使用固定资本的最多时间。于是这种资本的最大可能投入是

$$(X_{ij})_{max} = t_{ij}S_{ij}(i = 1, 2, \cdots\cdots l; j = 1, 2, \cdots\cdots r)。$$

利用(1.2)式,我们求出存量 S_{ij} 最多可以产出(在一定时期内)以

① 见兰格的《最优决策》,华沙,1964 年版。

② O. 皮奇来的《经济和统计问题中矩阵的应用》,维尔茨堡,1959 年版;M. M. 菲多罗维奇主编的《生产计划的数学方法》,莫斯科,1961 年版。上述二书中可找到这种矩阵的例子。

下数量：

$$(P_{ij})_{max} = \frac{t_{ij}S_{ij}}{a_{ij}}(i = 1,2,\cdots\cdots l;j = 1,2,\cdots\cdots r)。\quad (3.1)$$

对于给定的(例如第 j 个)技术过程,技术装备的各个项目 $S_{1j},S_{2j},\cdots\cdots S_{lj}$ 分别决定产品的最大可能产量 $(P_{1j})max,(P_{2j})_{max}$, $\cdots\cdots(P_{lj})_{max}$。这些产量中最小的一个决定技术过程的生产能力。这个生产能力用 $\hat{P}_j$ 表示。则

$$\hat{P}_j = \min_i (P_{ij})_{max} \quad (j = 1,2,\cdots\cdots r)。\quad (3.2)$$

在 $(P_{1j})_{max} = (P_{2j})_{max} = \cdots\cdots = (P_{ij})_{max}$ 的特殊情况下,技术装备结构是调和的。等式不成立时,这种结构是不调和的。在后一情况下,满足条件(3.2)的第 i 个固定资本是技术装备的制约成分。下列差额可以测量对调和结构的偏离,也就是作为对不调和的测量:

$$\max_i (P_{ij})_{max} - \min_i (P_{ij})_{max},$$

也可写成

$$\max_i (P_{ij})_{max} - \hat{P}_j \quad (j = 1,2,\cdots\cdots r)。\quad (3.3)$$

这是最大潜在生产能力和制约成分 i 决定的实际生产能力之间的差异。合并 k 个技术过程,其生产能力是

$$\min_i \sum_{j=1}^{k} (P_{ij})_{max}。$$

如果对所有 h = 1,2,……k,都有

$$\max_i \sum_{j=1}^{k} (P_{ij})_{max} - \min_i \sum_{j=1}^{k} (P_{ij})_{max} < \max_i (P_{ih})_{max} - \min_i (P_{ih})_{max}, \quad (3.4)$$

则这将导致技术装备结构的不调和程度降低。

让我们用 M_j 代表第 i 个技术过程中数字 $(P_{1j})_{max}$，$(P_{2j})_{max}$，……$(P_{lj})_{max}$ 的倍数。于是对一切 i = 1,2,……l，

$$\lambda_{ij} = \frac{W_j}{(P_{ij})_{max}} \tag{3.5}$$

是一个整数。用 λ_{ij} 乘技术装备项目 S_{ij}，我们得到一个新的、放大倍数的第 j 个技术过程。在放大倍数的过程中，技术装备的项目是

$$\lambda_{1j}S_{1j}, \lambda_{2j}S_{2j}, \cdots\cdots \lambda_{lj}S_{lj}。$$

由(3.1)可得出这些项目的产出为

$$\lambda_{1j}(P_{1j})_{max} = \lambda_{2j}(P_{2j})_{max} = \cdots\cdots = \lambda_{lj}(P_{lj})_{max} = W_j, \tag{3.6}$$

这个等式表明，技术过程放大倍数导致它的技术装备有完全调和结构。

4. 替代

以下几何解释说明了投入替代规律。用 W(n+1)维欧几里得空间中的矢量表示技术过程，这些矢量的分量是有效的完全生产技术矩阵中各列的元素。每个矢量有 n+l 个分量，即 n 种单位投入(生产系数)和 l 种技术装备项目。有些分量显然可以等于零(当某个生产要素不用于一个具体技术过程的时候)。这些矢量的终端决定一个(n+l-1)维单纯形组成的联合超平面。投入替代律意味着超平面至少向一个坐标倾斜，或者换句话说，超平面在坐标系的至少一个平面上的投影是一条“渐减”线。

由于投入和技术装备项目的编号是任意的，投影可以下列方法来画(见图1)。

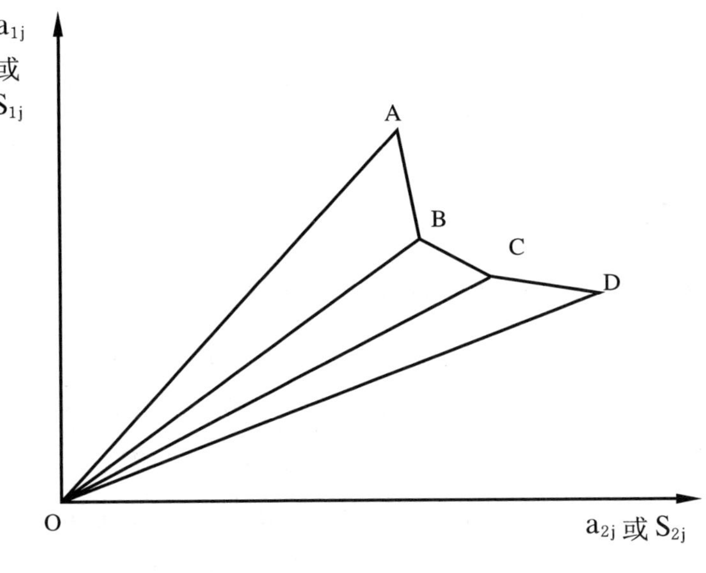

图 1

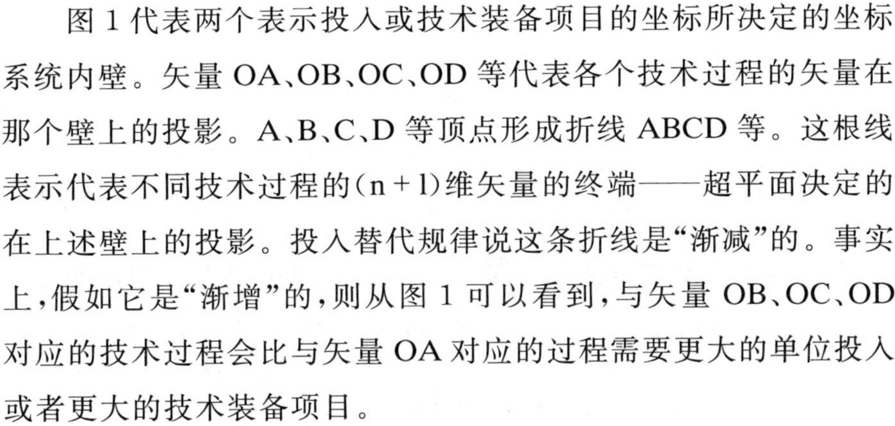

图 1 代表两个表示投入或技术装备项目的坐标所决定的坐标系统内壁。矢量 OA、OB、OC、OD 等代表各个技术过程的矢量在那个壁上的投影。A、B、C、D 等顶点形成折线 ABCD 等。这根线表示代表不同技术过程的(n+1)维矢量的终端——超平面决定的在上述壁上的投影。投入替代规律说这条折线是“渐减”的。事实上,假如它是“渐增”的,则从图 1 可以看到,与矢量 OB、OC、OD 对应的技术过程会比与矢量 OA 对应的过程需要更大的单位投入或者更大的技术装备项目。

所以这些过程是无效的。同样,如果 ABCD 线是水平线,这些过程也不会是有效的。矢量 OB、OC 和 OD 代表的过程于是会比矢量 OA 代表的过程需要更大的单位投入 a_{2j} 或更大的技术装备项目 S_{2j},同时每单位投入 a_{1j} 或技术装备项目的规模 S_{1j} 保持不变。而如果 ABCD 中两个或更多的点重合,相应的技术过程会是等价的。因此,ABCD 线必然是“渐减”线。这是投入替代率的几何解释。

5. 混合过程

当应用混合技术过程的时候,每单位投入是构成混合过程的各技术过程的单位投入的加权平均。我们假设用这样一种方式生产一定数量的产品:用一个过程,例如过程 1,制造数量为 x_1 的产品;用另一过程,例如过程 2,制造数量为 x_2 的产品。令 a_{i1} 为过程 1 中第 i 个生产要素的每单位投入,并令 a_{i2} 为过程 2 中该要素的每单位投入。过程 1 中第 i 个要素的投入等于 $a_{i1}x_1$,而过程 2 中的投入等于 $a_{i2}x_2$。于是混合过程中的每单位投入(用 $\bar{a}_{ix}$ 表示)为

$$\bar{a}_{ix} = \frac{a_{i1}x_1 + a_{i2}x_2}{x_1 + x_2}。$$

让我们用 $x = \frac{x_1}{x_1 + x_2}$ 表示过程 1 在混合过程产出中的份额,于是过程 2 的份额应该是 $\frac{x_2}{x_1 + x_2} = 1 - x$。因此混合过程中第 i 个生产要素的每单位投入可以写成

$$\bar{a}_{ix} = a_{i1}x + a_{i2}(1 - x)。 \qquad (5.1)$$

可以看到,它决定于参数 x,产品即按此比例由两个过程的产出组成。

现在我们来考察第一和第二个生产要素(生产要素的编号顺序是任意的)的每个单位投入,也就是坐标 a_{1j} 和 a_{2j} 定义的坐标系

的壁。图 2 表示分别代表技术过程 1 和技术过程 2 的矢量在壁上的投影。

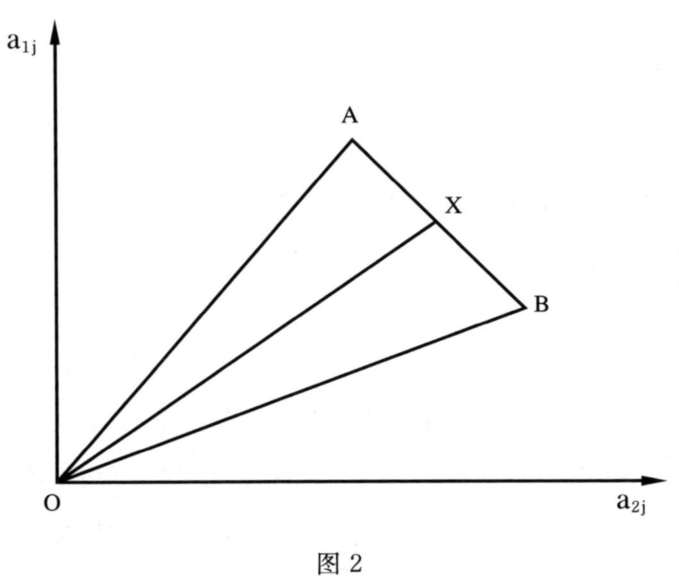

图 2

它们是矢量 OA 和 OB。矢量的终点，即 A 和 B 的坐标是 (a_{11}, a_{21}) 和 (a_{12}, a_{22})，两个过程组成的混合过程对应于一个矢量，其终点的坐标是 (a_{1x}, a_{2x})。这个矢量用 OX 表示。由(5.1)得

$$\bar{a}_{1x} = a_{11}x + a_{12}(1-x),$$

$$\bar{a}_{2x} = a_{21}x + a_{22}(1-x)。$$

这是通过坐标为 (a_{11}, a_{21}) 和 (a_{12}, a_{22}) 的两个点，即通过 A 和 B 点的一根直线的参数方程。它说明 X 点，即代表混合过程的矢量 OX 的终点位于线段 AB 上。X 点在这个线段上的位置决定于参数 x。如果 $x = 0$，则 X 点与 B 点重合，这意味着只使用过程 2。如果 $x = 1$，则 X 点与 A 点重合(即只使用过程 1)。如果 $0 < x < 1$，

则X点位于A和B之间某处,其位置决定于两过程的产出用以组成产品的比例。

6.替代率的性质

现在考察三个可分技术过程,用1、2、3代表它们,它们的矢量是第一个和第二个生产要素决定的坐标系壁上的投影,如图3所示,即矢量OA、OB和OC。图2上还表明了与过程1和过程3组成的混合过程对应的矢量OX。如果代表技术过程2的矢量OB比OX长,则这个过程需要的两种生产要素的每单位投入大于上述混合过程,也就是与混合过程比较,这个过程是无效的。如果矢量OB的长度等于OX,则过程2与混合过程需要同样的每单位投入,因而与后者等价。由此推论,只有OB短于代表混合过程的矢量OX时,过程2才是有效的。

相似的论点,可以用于过程2、3、4,其相应的矢量为OB、OC、OD。由此可知,代表有效技术过程的这些矢量的终点产生的折线ABCD对于坐标系原点是凸的。也可推知,只有混合相邻的技术过程(例如过程1和2、过程3和4等)才是有效的。[①] 从图上可见,由过程1和3得到的任何混合过程用终点在线段AC上的矢量表示。这种混合过程需要的两个生产要素的每单位投入比过程2多。同样,混合过程2和4使两种要素的每单位投入高于过程3,而混合过程1和4需要的两种要素的每单位投入比过程2和3

① 按替代规律,折线ABCD等是渐降的。ABCD等点可以按照它们的高度单调排列。矢量OA、OB、OC、OD可以按同法排列。我们称“相邻”技术过程为如此排列的矢量集中互邻矢量所对应的各过程。

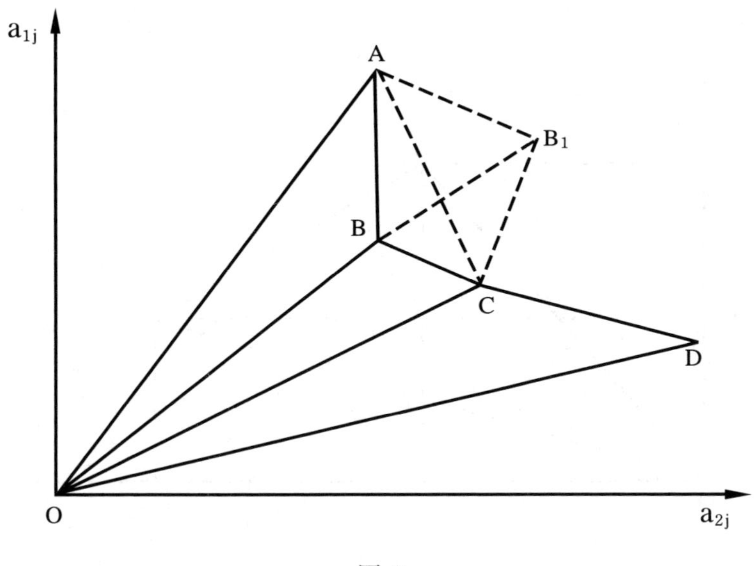

图 3

更大。

折线 ABCD 是“渐降”的，并且对于坐标系原点是凸的。可以推论它的线段（AB、BC、CD 等）的斜率对于横坐标轴是渐降的（见图 3）。

所以相继各线段的斜率形成如下渐降序列：

$$\left|\frac{a_{11}-a_{12}}{a_{21}-a_{22}}\right|>\left|\frac{a_{12}-a_{13}}{a_{22}-a_{23}}\right|>\left|\frac{a_{13}-a_{14}}{a_{23}-a_{24}}\right|>\cdots\cdots \qquad (6.1)$$

这在图 4 中得到了说明。序列（6.1）的第一项等于 AB 线段的斜率系数。同样，可以说明序列的以后各项等于线段 BC、CD 等的斜率系数。这些系数用它们的绝对值来衡量，否则它们都会是负值，因为线段 AB、BC、CD 等是“渐降”的。

这些系数的倒数形成一个渐增序列：

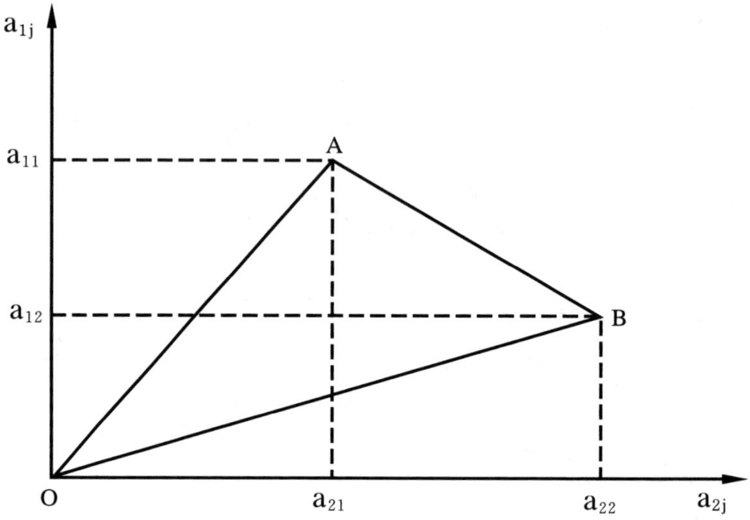

图 4

$$\left|\frac{a_{21}-a_{22}}{a_{11}-a_{12}}\right|<\left|\frac{a_{22}-a_{23}}{a_{12}-a_{13}}\right|<\left|\frac{a_{23}-a_{24}}{a_{13}-a_{14}}\right|<\cdots\cdots \quad (6.2)$$

这些倒数是投入替代率。它们表示一种生产要素每单位投入的增量对另一要素每单位投入的减量的比例。序列(6.2)表明,连续从一个技术过程过渡到另一(相邻的)过程时替代率渐增。这个性质是投入替代率渐增规律。

把产出作为负投入对待,我们得到产出替代率渐减规律,它是投入替代率渐增规律的直接结果。把负投入变换为正产出,我们会看到(6.2)中各项的符号,因此产出替代率渐减规律在几何上可用一根凸向坐标系原点的折线表示,如图 5。坐标轴 Oa_{1j} 和 Oa_{2j} 代表每单位产出。

以相同方式我们可得到新投入渐增(它们的生产率渐减)规

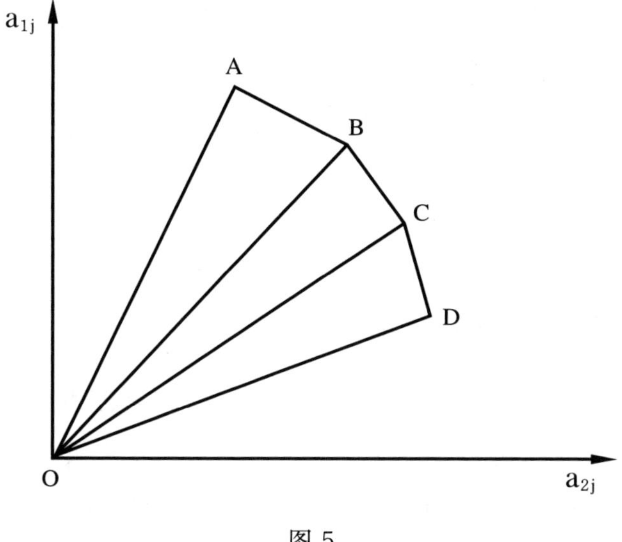

图 5

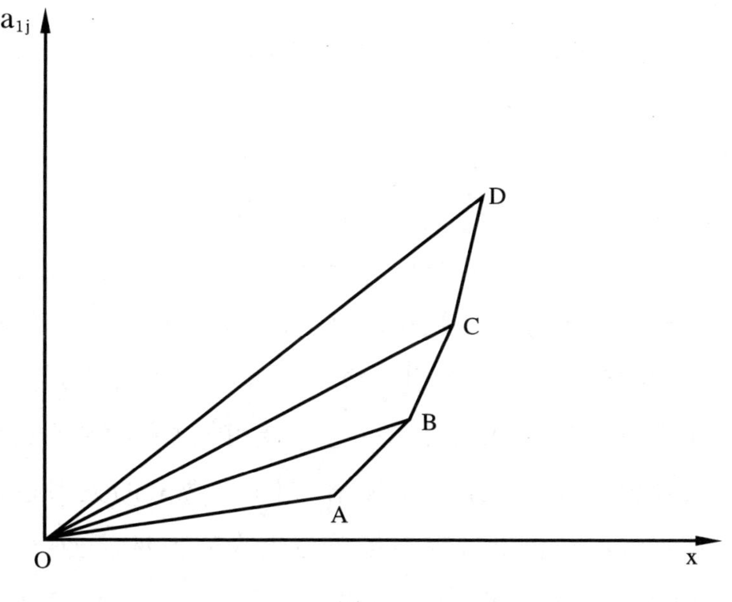

图 6

律,它也是由投入替代率渐增规律推导得出的。让我们考察一个正的单位投入(一种生产要素的)和一个负的单位投入,也就是报酬或产出。单位投入的减少解释为单位产出的增加,也就是生产数量的单位增加。产出是一个正值(我们用 x 来表示),可在图 6 中得到几何解释。

7. 新古典学派生产理论

以上所述研究生产过程中存在的数量关系的方法是假设存在有限的技术过程,可以用来得到产品。这个方法假设具体技术过程有特定的技术装备和相应的生产能力。如果(1)取消特定的技术装备(和一定的生产能力)的假设,代之以生产过程可分的假设,和(2)它们的数目是无穷的和不可列举的(因而形成一个连续体),以及(3)替代规律适用于一切生产要素(而在联合生产的情况下为一切产品),我们便得到新古典学派的生产理论。

代表不同技术过程的矢量的终点在此是一根光滑的(即不是折线)连续线,于是我们得到图 7,而不是图 1 和图 3。

连接各个矢量终端的线称为等量线(这是生产同一数量产品的一切可能的技术过程的轨迹)。实线代表对应于一单位产出的等量线,因为半径 OA、OB、OC、OD 是每单位投入的矢量。按照我们的假设,没有固定技术装备并且没有相应的生产能力,生产可以以任何规模进行。如果产出加倍,则生产要素的投入也必须加倍。不用代表不同技术过程中每单位投入的矢量,我们得到两倍长度的矢量,即 OA′、OB′、OC′、OD′(见图 7),它们代表在生产两个单位产出的各个过程中不同生产要素的投入。这些矢量的终端

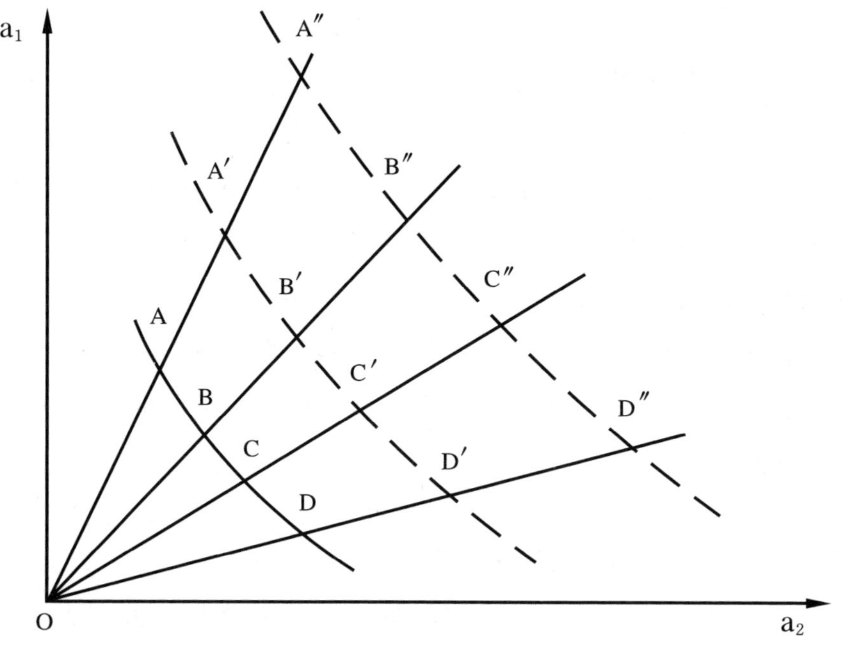

图 7

是一根新的等量线,在图上表现为虚线。这个等量线对应于两个单位的产出。以相似方式可以得到对应于任何数量的产出,或者对应于不同规模产出的等量线。产生等量线的矢量长度与产品的数量,即产出的规模成比例,因而所有等量线是平行的。

因此,在两种生产要素的情况下(如图 7),有一组等量线可以表示为方程

$$f(a_1x, a_2x) = x,$$

或在 n 种生产要素的情况下,表示为方程

$$f(a_1x, a_2x, \cdots\cdots a_nx) = x, \tag{7.1}$$

在此方程中,参数 x 表示产出规模。可以看出,生产要素的投入 $a_1x, a_2x, \cdots\cdots a_nx$ 与产出规模成比例。设

$$V_1 = a_1 x, V_2 = a_2 x, \cdots\cdots V_n = a_n x,$$

并将产出 x 列在等号左边,则

$$x = f(V_1, V_2, \cdots\cdots V_n), \tag{7.2}$$

产出规模 x 是生产要素投入 $V_1, V_2, \cdots\cdots V_n$ 的函数。在新古典学派的生产理论中,这个函数称为生产函数。根据(7.1)推知这个函数是一次齐次函数。①

新古典理论假设生产函数有一阶和二阶导数。一阶导数称为各个生产要素的边际生产率。假设对于超过一定值的 V_i,有

$$\frac{\partial f}{\partial V_i} > 0 \text{ 而} \frac{\partial^2 f}{\partial V_i^2} < 0。 \tag{7.3}$$

第二个不等式表示"报酬递减率"。

等量线是"渐降"线(投入替代率)并且对坐标原点是凸的(投入替代率渐增规律)。等量线是凸的由以下不等式表示:

$$\frac{d^2 V_1}{d V_2^2} > 0, \tag{7.4}$$

其中 V_1 和 V_2 是两种不同生产要素的投入(编号次序是任意的)。

在不等式(7.4)表示的投入替代率渐增规律和(7.3)的第二个不等式表示的报酬递减规律之间,有以下关系。应用关于隐函数的导数的定理,得

① 生产函数的齐次性作为一个假设出现在新古典学派生产理论的早期形式中。P. H. 威克斯第在《论分配规律的协调》(伦敦,1894 年版)中明白地做了这个假设。在以后的假设形式中生产函数只对产业部门是齐次的,而对单一工厂则不一定是齐次的。假设所有工厂生产最优数量的产品,结果得到生产函数的齐次性。在此情况下,工厂数目增到 k 倍则产出亦能增到 k 倍。见 K. 威克赛尔:《政治经济学讲义》第 127—131 页,伦敦,1935 年版。生产函数齐次性问题引起了广泛的讨论。G. J. 斯蒂格勒的《生产和分配理论》和 E. 施奈德的《生产理论》等,对此做了介绍。

$$\frac{dV_1}{dV_2}=\frac{\dfrac{\partial f}{\partial V_2}}{\dfrac{\partial f}{\partial V_1}}。$$

因此，

$$\frac{d^2V_1}{dV_2{}^2}=-\frac{\dfrac{\partial^2 f}{\partial V_2{}^2}\left(\dfrac{\partial f}{\partial V_1}\right)^2-2\dfrac{\partial^2 f}{\partial V_2\partial V_1}\cdot\dfrac{\partial f}{\partial V_1}\cdot\dfrac{\partial f}{\partial V_2}+\dfrac{\partial^2 f}{\partial V_1{}^2}\left(\dfrac{\partial f}{\partial V_2}\right)^2}{\left(\dfrac{\partial f}{\partial V_1}\right)^3}。\tag{7.5}$$

然而，在$\frac{\partial^2 f}{\partial V_1\partial V_2}<0$的情况下，也就是在投入 V_2 的增加能减少投入 V_1 的边际生产率的时候，可能发生以上表达式为负值或 0 的情况，它是在边际生产率的这种减少很多的时候发生的。这时报酬渐减规律的作用受到阻碍。

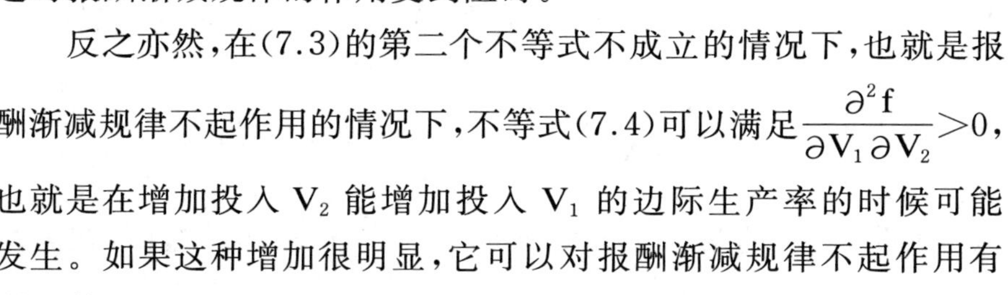

反之亦然，在(7.3)的第二个不等式不成立的情况下，也就是报酬渐减规律不起作用的情况下，不等式(7.4)可以满足$\frac{\partial^2 f}{\partial V_1\partial V_2}>0$，也就是在增加投入 V_2 能增加投入 V_1 的边际生产率的时候可能发生。如果这种增加很明显，它可以对报酬渐减规律不起作用有所贡献。

不过，一种生产要素对另一种生产要素的边际生产率的这种抵消作用受生产函数的齐次性的限制。一次齐次性函数的二阶导数之间证明有以下关系：①

① 这个关系来自欧拉的齐次函数定理。在一次齐次函数的情况下，

$$\frac{\partial f}{\partial V_1}V_1+\frac{\partial f}{\partial V_2}V_2+\cdots\cdots+\frac{\partial f}{\partial V_n}V_n=f。$$

用这个等式对 V_r 求导数，我们得到正文中的关系式。

$$\frac{\partial^2 f}{\partial V_1 \partial V_r}V_1+\frac{\partial^2 f}{\partial V_2 \partial V_r}V_2+\frac{\partial^2 f}{\partial V_r^{\,2}}V_r+\frac{\partial^2 f}{\partial V_n \partial V_r}V_n=0(r=1,2,\cdots\cdots n)。$$

从这一关系式可推知

$$\frac{\partial^2 f}{\partial V_r^{\,2}}=\frac{1}{V_r}\sum_{i\neq r}\frac{\partial^2 f}{\partial V_i \partial V_r}V_i \quad (i=1,2,\cdots\cdots n)。\qquad (7.6)$$

因此,(7.3)第二个不等式包含着对出现在(7.6)式右边混合导数的某些限制。

在生产函数只是两个变量的函数的特殊情况下,报酬递减规律是投入替代率渐增规律的充要条件。这时关系式(7.6)取以下形式:

$$-\frac{\partial^2 f}{\partial V_2^{\,2}}=\frac{V_1}{V_2}\frac{\partial^2 f}{\partial V_1 \partial V_2}。$$

把此式代入(7.5)中,得

$$\frac{d^2 V_1}{dV_2^{\,2}}=\frac{-\dfrac{\partial^2 f}{\partial V_2 \partial V_1}\dfrac{\partial f}{\partial V_1}\left(\dfrac{V_1}{V_2}\dfrac{\partial f}{\partial V_1}+2\dfrac{\partial f}{\partial V_2}\right)+\dfrac{\partial^2 f}{\partial V_1^{\,2}}\left(\dfrac{\partial f}{\partial V_2}\right)^2}{\left(\dfrac{\partial f}{\partial V_1}\right)^3}。$$

考虑到 $V_1>0, V_2>0, \frac{\partial f}{\partial V_1}>0, \frac{\partial f}{\partial V_2}>0$,我们发现当且仅当 $\frac{\partial^2 f}{\partial V_2^{\,2}}<0$,也就是(7.3)的第二个不等式成立时,$\frac{d^2 V_1}{dV_2^{\,2}}>0$。然而,在生产函数是两个以上变量的函数的一般情况下,不会发生这个情况。

联合生产可用和上述相似的方式计算,把参照产品以外的产品当作投入为负值的生产要素来处理,或者假设一切产出是正值,而一切投入是负值(或者反之)。① 把产出作为投入处理,我们发

---

① 假设投入是负产出以处理联合生产的方法是 J.R.希克斯在《价值和资本》第319页(伦敦,1946年版)中首先引入的。以后这种处理方法也被用于所谓活动分析,也就是用于假设只存在有限数目的技术过程的生产理论中。见兰格的《最优决策》和 R.G.D.阿伦的《数理经济学》第613页。

现不等式(7.4)也表示产出替代率渐减规律。设 V_1 表示投入，而 V_2 表示产出(负号)，我们可把不等式(7.4)解释为新增每单位投入渐增规律，也就是新增投入生产率渐减规律。不过要强调的是，以这种方式引入的新增投入生产率渐减规律带有某种假设的性质，而不是报酬递减规律解释为边际生产率渐减或满足(7.3)第二个不等式的结果，因为我们知道(7.3)的第二个不等式和(7.4)一般不重合。

可以看出，新古典学派生产理论以高度理想化的方式构思生产过程中的数量关系，产生了一种远离实际生产过程的理论模型。实际上，技术过程的数目是有限的(而且比较小的)，而且各个技术过程为一定的技术装备和一定的生产能力所表达。此外，在实践中，并非所有生产要素都服从替代规律和报酬递减规律，这些规律被人理解为生产函数的一个性质，也就是一种技术规律。如此假设是一种缺乏足够经验基础的概括。

所以，必须把新古典学派生产理论看成是分析生产中数量关系的一种失败的尝试。[①] 它的历史来源是劳动、资本和土地三种平行的“生产要素”的理论，目的在于证明社会产品在这些要素的主人之间分配是合理的。新古典学派推广了这个理论并使它现代化。它被广泛接受，并被认为是资本主义生产模式下收入分配方式的辩护性结论。按照新古典理论，生产要素的主人们收到他们恰好拥有的要素的边际产品价值，而要素的主人们收到他们拥有

① 关于新古典学派的生产理论问题，见兰格:《最优决策》和《政治经济学杂志》，芝加哥，1929 年。H.舒尔茨的“边际生产率和一般价格过程”一文对此也提出了有趣的观点。

的要素的边际产品价值是理所当然的。这是从他们应当而且恰好拥有的生产要素数量的隐含假设中得出的一个推论,也就是历史确定的财产分配是正确的。

第三章　生产资料的更新*

再生产是生产过程的不断重复。我们知道，它需要经常更换用掉的生产资料，也需要经常更换劳动力。劳动力的更换包含更换现有人力组成的劳动力和世代相传的劳动力。为了得到与这种更换有关的劳务，也需要消费和使用作为提供劳务的手段的某些产品。最终，劳动力的更换还原为商品的消费。劳动力的更换通过消费，即消费维持劳动力必需的生活资料进行。它发生在生产过程之外，[①]并

* 本卷第三章和第四章英译本。原文笔误颇多，可能是据兰格未定遗稿翻译的。汉译时均予改正。——译者注

① 在奴隶制条件下，劳动力的更换可直接在生产过程中进行——当主人像他们"繁殖"牛那样"繁殖"奴隶时会出现这种情况。这种繁殖是一个生产过程，而奴隶的必要维持资料是生产资料，类似役畜的饲料、粮食及各种设备。不过在奴隶制社会中，这种奴隶繁殖只在有限程度上进行。奴隶劳动的更换通常是奴隶人口中自发的人口学过程的结果，并且主要是靠战争和捕获奴隶得到新奴隶（也就是将自由人变成奴隶）的结果。依靠战争和捕捉奴隶远征队得到奴隶在古代社会制度中，特别是在古罗马起很大作用。见 N.马希金:《古罗马史》。马希金说，在公元前 2 世纪繁殖一个奴隶的费用超过在市场上买他的价格。马克斯·韦伯的《古代农业关系》第 19 页和第 244 页（杜平根，1924 年版）指出，在大农庄中指定奴隶住宿地阻止了它的自然再生产。战争和海盗时期的结束带来了向殖民制度的过渡。在非洲捕捉的奴隶是美洲奴隶人口形成和补充的一个来源（在大陆上，特别是在美国南部各州，和在加勒比海的岛屿上都是这样）。在 1486—1641 年，单从安哥拉海岸就运出约 140 万名奴隶；1580—1688 年约有 100 万名奴隶（即每年约 10 万名）被运到巴西；1783—1793 年的 11 年间，有 30 万名奴隶通过利物浦转运异地。见 B.戴维森《重新发现老非洲》，伦敦，1951 年版。

且只是间接与生产有关。所以,消费必要的生活资料的"产品"是做工作的能力,它构成在生产过程中起作用的人的要素的基础。而生产资料的更换在生产过程中进行,通过生产更换在生产中消耗掉的必需的资料。我们在这里只探讨更换生产资料中的数量关系问题。劳动力更换问题是人口学、卫生学、医学、教育抚养、职业训练、劳动心理学和社会学等方面的问题。

营运资本和固定资本的更换是不同的。营运资本在一个生产期过程中被完全用掉,它们必须在那个期间用新的来更换。在一个自然时间单位内(例如一年)用掉的生产资料数量等于生产期中用掉的数量乘以包括在所考虑的时间单位的生产期(整数或分数)。为了更换用掉的资料,必须有一定数量的营运资本。知道用于生产技术过程所需具体营运资本的单位支出,我们就能计算这个数量,它等于单位支出和产出商品数量(在单位时间内)的乘积。固定资本的更换比较复杂。它们逐渐损耗,其寿命长达若干生产期,在它们的作用结束时,它们就被撤除并用新的来更换。具体的固定资本的更换,不像营运资本那样连续地进行,前者在长时期后更换,即在一种特定的资料已到达它的寿命终点时更换。[①] 在使用期结束前,固定资本保持它的作用,并不需要更新。

不过,为了保持它的作用,固定资本需要一些劳动和生产资料两方面的支出。首先有维护支出,这涉及各种活动,即特定种类的

① 使用期通常也称为一种特定固定资本的服务期。这个名词在成本会计中被广泛地使用。它也被卡尔·马克思在《资本论》第 1 卷,第 228—229 页中所使用(人民出版社,1975 年版)。

劳动(维护工作)和生产资料。例如,船舶、桥梁和其他钢质设备用的保护层,以防腐蚀;保护建筑物的墙壁的涂料;机器用的油脂;牵引动物用的饲料;土壤用的肥料;等等。没有维护支出,固定资本会迅速失去它们的作用,可能变成完全无用的东西。各种修理支出也是必需的。固定资本在它们的使用过程中可能被损坏,必须加以修理。修理需要一定的劳动支出(修理工作)和一定数量的生产资料。固定资本的损坏一般带有随机性质,由许多大小不同的原因造成,与生产中使用的技术方法过程没有直接关系,它是这个过程的外部原因。换言之,它们是对生产过程的干扰。

固定资本的损坏通常是具体零件损坏的结果,例如,机器、槽、建筑物、运输工具等的零件。修理工作包括用一个新零件更换损坏的零件(例如,修整一个孔,焊接一根断裂的棒,固定一片掉下来的瓦)。损坏常常与一个特定的资料已使用的时间长度有关。这一点马克思指出过:“机器等的个别部分所受的损伤,自然是偶然的,因而由此造成的修理也是偶然的。但是从这中间可以分出两类修理劳动,它们都多少具有固定的性质,并且是在固定资本寿命中不同的时期进行的。这就是幼年期的病患和中年期以后多得多的病患。例如,一台机器的构造不管怎样完美无缺,进入生产过程后,在实际使用时都会出现一些缺陷,必须用补充劳动来纠正。而机器越是超过它的中年期,正常的磨损越是增多,构成机器的材料越是消耗和衰老,使它维持到平均寿命的末期所需要的修理劳动就越频繁、越多。正像一个老年人,为了防止死去,必须比一个年轻力壮的人支付更多的医药费。"[①]这不仅适用于机器,而且也适用于在生产中使用的一切种类的固定资本。

我们应当对一个固定资本的完全毁坏和简单损坏加以区别。这种毁坏可能是一个随机事件的后果,例如,失火、洪水、沉船、车祸、飞机或火车失事,等等。它与损坏的不同之处在于它不仅影响一个固定资本的具体零件,而且影响整个资本,或者至少其中一个重要的零件,以致它不能再靠修理而恢复使用,必须用新的资料更换完全毁坏了的资料。

不过,用掉的或者毁坏的固定资本的更新和修理之间的界限是模糊的。通常是在经常修理和大修理之间进行区别。经常修理是在使用一个特定的固定资本的正常过程中发生固定资本的损坏时进行的,它与维护相似。维护是保护一个固定资本不受损坏;经常修理是为了防止一个特定固定资本的大损坏或全损耗,它是要排除在生产过程中造成的损坏。在维护和经常修理中用掉的生产资料属于营运资本性质,它们在修理过程中被完全用掉,并在某种意义上构成一种被修好的资料完全吸收了的材料。例如,涂料变成建筑物的一部分,一个新螺线变成一台机器的一部分,一段新保险丝变成一台电气装置的一部分,等等。它们的更新直接在它们被用掉之后进行。生产厂要形成供任何时候发生新损坏时修理用

① 卡尔·马克思:《资本论》第2卷,第195页,人民出版社,1975年版。马克思在这里谈固定资本,但所引文字内容也适用于资本主义生产方式以外的生产方式的固定资本。

的资料库存。[①]

存在于一个特定固定资本的部分更新中的大修理的情况与生产过程中造成的普通损坏的经常修理不同。在大修理中，一个固定资本资料的重要零件作为独立的物体被新的零件更换。[②] 因此，它意味着更换属于一个特定固定资本的重要部分的特定物体。例如，更换一个引擎的轮子、一台内燃机的活塞、一台工作母机的传动轴、一个建筑物的屋顶，等等。这些物体在"更换"一词的严格意义上被更换了，并且它们有一定的独立性，在被修理的固定资本中不会丧失（例如，一台引擎的轮子不同于经常修理的铆钉和螺丝）。这些新物体要服务于一个长时期，直到固定资本的使用结束，或者直至以后大修理中被新的零件撤换下来。为此缘故，我们把它们包括在固定资本中。

大修理可能是固定资本大损坏的结果，或者是由于火灾、事故等原因使固定资本部分毁坏的结果。所以，这个资本的一部分仍能使用，而其他零件则需更换。并不是所有的大修理都是由随机

① 为了可能需要的任何新修理，也要保持一定的劳动力后备。"因为立即排除机器的故障是一件非常重要的事，所以每一个较大的工厂，除了真正的工厂工人，还雇有一批工程师、木匠、机械师、钳工等等。"见卡尔·马克思：《资本论》第 2 卷，第 196 页，人民出版社，1975 年版。大的生产企业、农场和运输公司一般有它们自己的修理车间。马克思对修理中用掉的生产资料的性质表示了某些疑问。在考察资本主义生产条件下的这个问题时，他写道："这种投在真正修理上的资本，从某些方面看，形成一种独特的资本，既不能列入营运资本，也不能列入固定资本，但作为一种经常支出，算作营运资本较为合适。"同上引书第 197 页。如果在一个制度的较广意义上把这个问题作为生产的自然（物质）性质之一来考虑，经常修理用掉的生产资料纳入营运资本中应当不容置疑。

② "修理还分小修和大修，大修是固定资本在实物形式上的局部更新……"卡尔·马克思：《资本论》第 2 卷，第 198 页，人民出版社，1975 年版。

事件造成的。除损坏和部分毁坏的修理外，有些大修理是因为固定资本的各个零件不同步损耗，有些零件比其他的零件损耗得快，不必更换整个固定资本，只需更换那些损耗快的零件就行，其余的可以继续使用。在某种意义上，这是一个用掉了的特定固定资本的具体零件的"再生"。固定资本的这种更换可能常常以连续的大修理方式分阶段进行。在连续的每次大修理中，更换不同的零件，直至最后这个特定的固定资本完全更新，不留下一个原来的零件。

特别是铁路车辆，常用连续的大修理进行更新。马克思援引了以下的例子："……旧有的机车和车箱不断地更新；有时安装一个新轮，有时新添一个车身。运动着的，因而磨损得最厉害的部分，会逐渐地更新。这样，机车和车箱可以进行一系列这样的修理，以致有些机车和车箱一点旧材料的痕迹也没有留下来。"①

这一点通常适用于耐久的资本，即使用期很长的资本，例如建筑物、桥梁、运河，等等。在这类资本中，零件不是均匀地损耗，而是使用整个资本时，有一些零件担负较大负荷(例如汽车轮胎、工作母机的刀具、收音机的电子管)或者较容易受到自然界的破坏性影响(例如屋顶)，而必须比其他零件早一些更换。不过，用连续大修理来完成更新并不总是可行的。工业企业用的大多数机器常常

---

① 卡尔·马克思:《资本论》第2卷，第200页，人民出版社，1975年版。在书中，马克思还说了以下的话："……我们永远维持住机车，我们更新我们的机器，……在旧机器上总会有几个车轮、一个车轴，或别的可以利用的零件，使我们可以更便宜地制造出一台和全新机器一样的机器。我们现在每周生产一台新机车，就是说和新机车一样好的机车，因为它的锅炉、汽缸和车身都是新的。"

在一定次数的大修理之后被撤下来，而用新的更换。之所以必须如此，通常是由于技术进步使特定的固定资本过时。在这些情况下不能套用马克思援引的例子。如果用一台电动机或一台柴油机更换一台蒸汽机，就不宜采用连续大修理分阶段更换零件的办法，因为一台蒸汽机必须整台撤下来，而用其他类型的引擎更换。不过仍有这样的事实：当一种特定资本的具体零件损耗不均匀的时候，其中有些零件比其他的要早一些更换，这就需要大修。

一种固定资本的使用时间的长度决定于已进行的维护和修理，包括经常修理和大修理在内。我们假设在一种固定资本的使用过程中，做了一切必要的维护和修理工作，使资料能尽可能长期使用。在这种情况下能实现的最大使用期是固定资本的使用期。马克思写道："不言而喻，我们计算固定资本的正常寿命时是以它在这个期间内正常执行职能的各种条件已经具备为前提的，正如说人平均活了 30 年时已经把洗脸洗澡也考虑在内一样。"①

这也适用于资本主义生产方式以外的那些条件下的固定资本。用于一个特定技术过程的每个固定资本有一个特定的使用期，超过这一时期，固定资本就需用新的更换。当采用连续大修理对固定资本分阶段更换时，对于整个资本来说这个使用期不存在，但是有关零件存在使用期。我们将这些零件作为独立的更新物件处理，它有一个特定的使用期。

① 卡尔·马克思：《资本论》第 2 卷，第 194 页，人民出版社，1975 年版。

使用期对一种特定的固定资本的一切样品可能是相同的。不过,这要求所有样品(或物件)是完全同质的,并在相同条件下使用。通常情况并非如此,具体物件互不相同,即使只存在细微的差别。这是由于材料的强度、结构的强度、薄弱环节等造成的。并且,它们的使用条件也不同:承受的负荷、受到的振荡、受到某些化学过程影响的程度,以至于工人们的工作态度都各不相同。因此,属于同样的固定资本的相同形式的不同物件,有不同的使用期。然而,根据经验我们能确定特定的固定资本的平均使用期。马克思说:"因此,一种劳动资料的生存期,包括若干不断重新用它来反复进行的劳动过程。在这方面,劳动资料同人的情况一样。每人每天都消耗掉他们生命的24小时,但无论从谁身上都不能确切地看出,他已经消耗掉了生命的多少天。然而,这并不妨碍人寿保险公司从人的平均寿命中得出非常准确、非常有利(这重要得多)的结论。劳动也是这样。根据经验可以知道一种劳动资料(例如某种机器)平均能使用多长时间。"①

这段话提示用保险计算方法,也就是精算数学方法处理固定资本的更新。② 根据从统计学观察得到的经验或生产企业的记

① 卡尔·马克思:《资本论》第1卷,第229—230页,人民出版社,1975年版。

② 精算学或精算数学是数学的一个分支,讨论保险中的风险、保费和储备基金的计算。这些计算的核心是在一个被保险对象的总体中随机事件的发生频率——这些事件导致支付保险赔偿金。在此基础上决定为了弥补支付保险赔偿金所需的保费,以及为了应付随机事件的频繁发生的储备基金。精算数学首先应用于人寿保险。计算所需数据由保险公司的记录提供,其中有被保险人的年龄。负责记录的公司职员称为精算师,他们进行必要的计算。所以有"精算学"的名词,并用"精算师"一词代表从事于保险计算的人。天文学家E.哈雷奠定了精算数学的科学基础,他在1663年发表了第一份消除表。在他之前,J.格朗特编制了一份消除表的早期版本(1662年)。在

录，我们可以设计各种固定资本按照一个特定物件的使用时间长度的分布表。这种表有时也称为存活表，① 因为它们表明了经过

18世纪，J.P.许世密尔奇设计了一份消除表(1741年)。最后，P.S.拉普拉斯(1814年)将概率计算应用于死亡率的研究。这导致了研究人口自然运动模式的数学方法。讨论这个问题的科学方法称为数理人口学。G.宙纳(1869年)、F.G.克那普(1874年)和W.来克昔斯(1875年)奠定了数理人口论的基础。数理人口学的方法也应用于保险的其他分支，例如，对工作事故、火灾、航运损失的保费的计算，等等。这最终导致了数理人口学方法以更换理论的形式推广，它研究可更新集合的性质，也就是从可更新集合中消除具体元素并同时添加新的元素。数理人口学讨论的人口或牲畜头数是这类可更新集合的具体例子。死亡和出生是一群人口的元素的增减的具体例子。更换理论是精算数学的一个基本部分，因为它使所有各种保险有一种一致的理论研究方法。W.沙克塞在《精算数学》第1编(柏林，1955年版)第十章和第2编(柏林，1958年版)第四章都阐述了更换理论。1913年，美国经济学家D.H.罗伯逊指出了固定资本的更换过程和人口更换过程之间的一种类似性质。见他的"研究商业波动的一些材料"，载《皇家统计学会杂志》(1913年版)和《产业波动的研究》第36—45页，伦敦，1915年版。最后，著名的人口学家和精算师J.洛特卡在"工业更换研究"，载《斯堪的纳维亚保险学杂志》1933年版，和"对自更新总数理论的贡献，兼论工业更换"，载《数理统计记事》，1939年版中，将数理更换理论应用于固定资本的更换，开辟了用保险学方法处理固定资本更新问题的道路。这个方法以后变得更常见了，它导致了更换理论的进一步发展。在这方面可参见：M.弗来雪的《更新和更换统计总体》，巴黎，1949年版；L.科斯涅斯卡的《更新问题》，华沙，1963年版；兰格的《再生产和积累理论》，牛津—华沙，1969年版；A.波雅斯基的《数学经济学研究》第九章，莫斯科，1962年版。关于更换理论的现状，可参见W.L.史密斯的"更新理论及其各方面的应用"，载《皇家统计学会杂志》B编刊，1958年版；D.R.考克斯的《更新理论》，伦敦，1962年版。更新理论也被用于核物理学，以研究核分裂过程。核分裂中基本粒子的出现和消失是一种更新过程，类似生和死的人口学过程。D.R.考克斯在他的书中举了很多例子。首先指出保险学方法对原子物理学的重要性的人之一是著名的统计学—经济学家W.波特凯维兹，见他的《放射性辐射和它们的理论概率研究》，柏林，1913年版。更新理论的另一应用领域是各代生物学个体数的更新过程的研究，包括病理学的细菌个体数，这关系到研究人口作为细菌的培养介质(传染病学)和各种生物学个体数之间的相互关系(生态学)。这种研究的先驱者是著名的数学家V.伏尔特拉，著有《关于存活的数学理论的讲义》，巴黎，1931年版。关于这方面，还可参见M.巴特利特的《生态学和传染病学中的随机个体数模型》，伦敦，1960年版。

① 在这里我们关心的是固定资本。按照使用时间长度的物件分布表也可用于耐用消费品，例如住宅、汽车，等等。

一定的使用期后存活的物件数目。它们类似于按年龄的人口分布。它们提出的"年龄",也就是某种形式的固定资本的样品的使用期,采取统计频率分布的形式。在第一栏中列出一种特定物件的使用时间长度,也就是它的年龄,第二栏中是物件的相应数目。这在表1中得到了说明。此表显示了100,000个已安装的灯泡按照使用时间长度(例如,以周计)的分布。①

表1 灯泡按照使用寿命的分布

(存活表)

周龄(星期数)τ	(在使用的)灯泡数 N_τ	存活系数 $l_\tau=\frac{N_\tau}{N_0}$
0	100,000	—
1	100,000	1.00
2	99,000	0.99
3	98,000	0.98
4	97,000	0.97
5	96,000	0.96
6	93,000	0.93
7	87,000	0.87
8	77,000	0.77
9	63,000	0.63
10	48,000	0.48
11	32,000	0.32
12	18,000	0.18
13	10,000	0.10
14	6,000	0.06
15	3,000	0.03
16	2,000	0.02
17	1,000	0.01
18	0	0.00

① 此例取自C.W.邱吉曼、R.L.阿柯夫和E.L.阿诺夫的《运筹学引论》第493页,纽约,1957年版。

表 1 列出的分布可以长条图表示，见图 8。

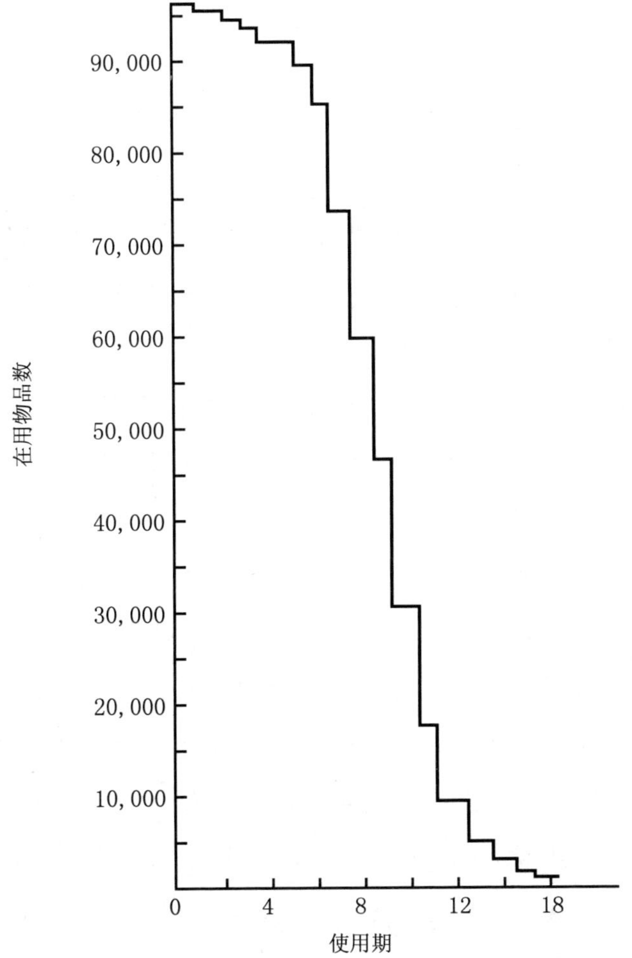

图 8　按照使用时间（存活时间）的灯泡分布图

表 1 第三栏列出了某个周龄的灯泡数对正在使用的灯泡总数（在这例中是 100,000 个）的比率。一般说来，如果原先安装的物件数目是 N_0，而使用期是 τ 个时期单位（例如年、月、周）的物件数

目是 N_τ，则比率是

$$l_\tau = \frac{N_\tau}{N_0} \quad 。 \tag{1}$$

这个比率称为在过去 τ 个时间单位后一个物件的存活系数。它表示经过 τ 个时间单位后将存活的物件的百分率。

经过长时间使用的物件数目通常小于经过短期使用的物件数目。换言之，老物件的数目小于经过短期使用的物件数目。因为，经过一段时间后，有些物件不能再用。只有在例外的情况下，当所有物件都有同样的使用期时，它们的数目才同时下降，并且同时不再使用。不过，在一般情况下，具体物件使用期是不同的，其中有一些比另外一些更早地不能使用。这在表 1 第二栏表现为频率渐降的形式。随着使用期 τ 的渐增，存活系数相应地下降。

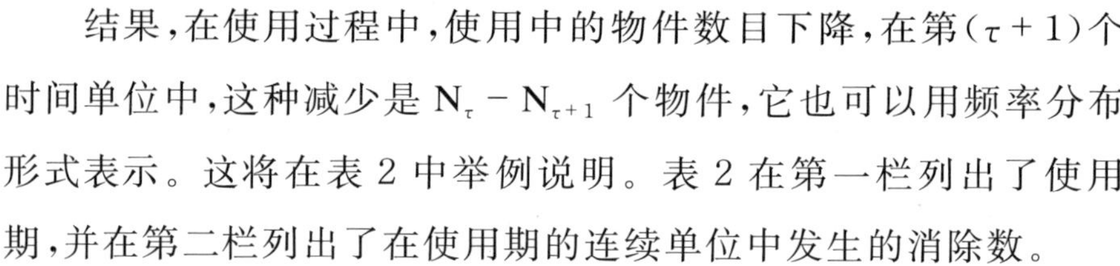

结果，在使用过程中，使用中的物件数目下降，在第($\tau+1$)个时间单位中，这种减少是 $N_\tau - N_{\tau+1}$ 个物件，它也可以用频率分布形式表示。这将在表 2 中举例说明。表 2 在第一栏列出了使用期，并在第二栏列出了在使用期的连续单位中发生的消除数。

这样一个表称为消除表。[①] 它与人口学中使用的寿命表相似。消除表是从存活表减去该表中的第二栏的数值得出的。

在 1 个单位使用时间中物件的消除数对原始安装的物件数目的比率称为消除系数。它用公式(2)表示：

① “消除表”一词是 S. 舒尔茨在《统计方法》第十四章，华沙，1965 年版中引用的。各种固定资本的第一批“消除表”是由 E. B. 寇茨在《预期寿命和物质性质》，纽约，1930 年版中发布的。在更新理论中，按照应用于人口学中寿命表的“死亡顺序”一词的习惯，消除表也称为“消除顺序”。

$$P_\tau = \frac{N_\tau - N_{\tau+1}}{N_0} \quad 。 \tag{2}$$

它表示 τ 和 $\tau+1$ 个使用时间单位之间已安装物件被消除的比例。在表 2 的第三栏中列出已安装灯泡总体的消除系数值。这些数值的长条图如图 9 所示。

表 2　灯泡在使用过程中的消除表

周龄（星期数）τ	消除数 $N_\tau - N_{\tau+1}$	消除系数 $P_\tau = \frac{N_\tau - N_{\tau+1}}{N_0}$	消除强度 $m_\tau = \frac{N_\tau - N_{\tau+1}}{N_\tau}$
0	—	—	—
1	0	0.00	0.0000
2	1,000	0.01	0.0100
3	1,000	0.01	0.0101
4	1,000	0.01	0.0102
5	1,000	0.01	0.0103
6	3,000	0.03	0.0312
7	6,000	0.06	0.0645
8	10,000	0.10	0.1149
9	14,000	0.14	0.1818
10	15,000	0.15	0.2381
11	16,000	0.16	0.3333
12	14,000	0.14	0.4375
13	8,000	0.08	0.4444
14	4,000	0.04	0.4000
15	3,000	0.03	0.5000
16	1,000	0.01	0.3333
17	1,000	0.01	0.5000
18	1,000	0.01	1.0000

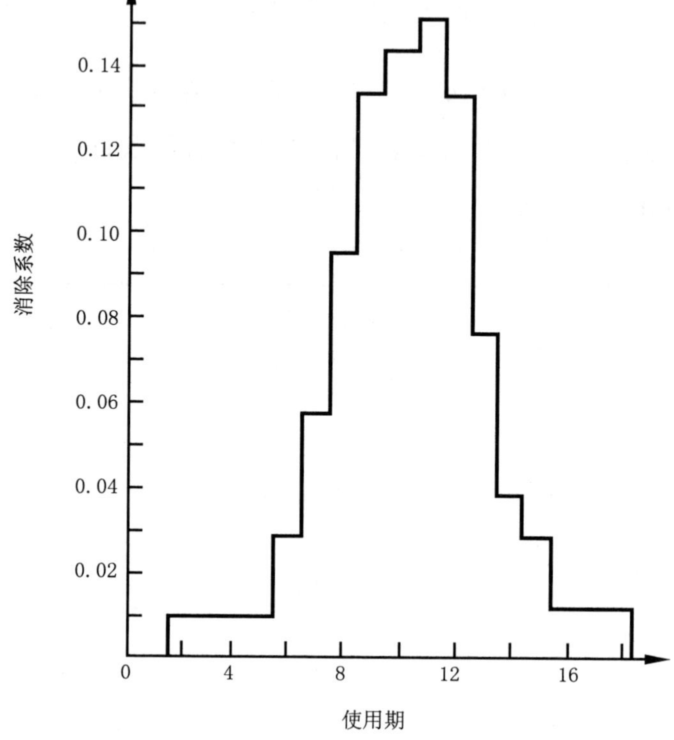

图 9　消除系数数值图

在这里值得提一下所考虑的数量与人口学的类似之处。在人口学中,死亡数相当于一个特定周龄组中的消除数,死亡率相当于消除系数。

存活系数和消除系数也可解释为概率。如果我们从一个已安装物件的总体中随机抽样,[①]抽出的物件使用 τ 个时间单位后存

① 如果抽样许多次,每个物件被抽出的频率相等,则抽样是随机的。

活的概率等于已安装物件经 τ 个时间单位后存活的比例，即等于 l_τ。抽出物件在经过 τ 和 $\tau+1$ 个时间单位之间后将消除的概率等于 P_τ，即在所提时期中失去用途的物件的比例。所以，存活系数和消除系数也称为存活概率和消除概率。除消除系数（概率）外，有另一种系数称为消除强度。它可以表示为

$$m_\tau = \frac{N_\tau - N_{\tau+1}}{N_\tau}, \tag{3}$$

也就是使用了 τ 个时间单位后存活的物件数在（$\tau+1$）个时间单位中被消除的比例。消除强度可以解释为一个物件使用 τ 个时间单位后仍存活而将在下一个时间单位中失去用途的概率。在人口学中相当于这个系数的是死亡强度，一个人活到一定年龄（例如 50 岁）将在下一年内（即在 51 岁）死亡的概率。消除强度在表 2 的第四栏中列出，相应的见图 10。

一般地，消除强度随物件使用时间而增加，即 m_τ 随 τ 增加。物件愈旧，在下一个使用期它将失去用途的概率愈大。从公式（1）、（2）、（3）推知：

$$m_\tau = \frac{P_\tau}{l_\tau}, \tag{4}$$

即消除强度等于消除系数对存活系数的比例。存活系数随使用时间 τ 的增加而下降，因为，旧物件比新物件少。唯有上面提到的情况是个例外，即当所有物件的使用期完全相同的时候（在整个使用期中 $l_\tau=$ 常数，$P_\tau=0$，并且 $m_\tau=0$）。为了使消除强度随 τ 增加，只需使 P_τ 比 l_τ 减少更慢。然而消除系数 P_τ 是增加的，至少在 τ 值的某一下限到某一上限的范围内是这样，这会进一步促使 m_τ

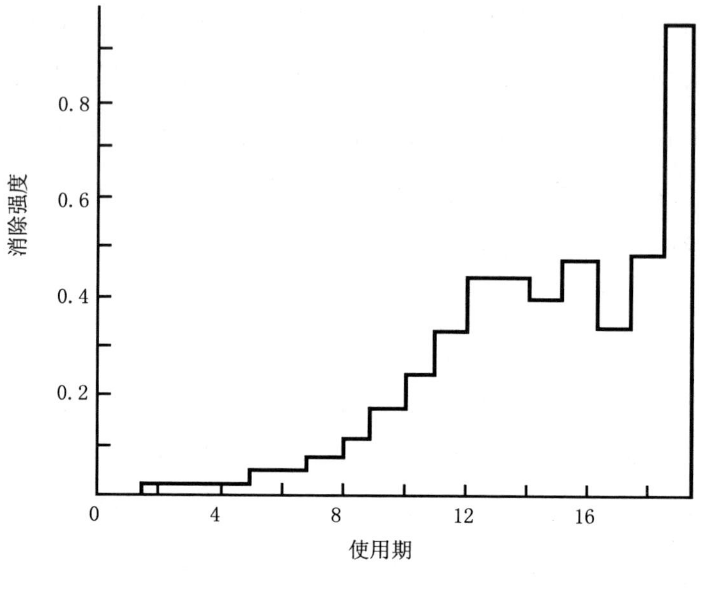

图 10 灯泡消除强度图

的增加。很新的物件由于设计中的错误及材料的缺陷等原因,可能有相对大的数量被消除(可能有一个较高的消除系数)。在经过使用考验的较旧的物件中没有这种情况,并且较旧的物件因此已构成一个恰当选出的总体。而很旧的物件因为它们为数很少,而且存活下来的那些又特别耐久,故而可能以较小的数量消除。除了很新和很旧的物件的这种特点外,消除系数随物件的使用年龄而增加。

固定资本会由于一些原因发生损耗。年龄本身与这些物件的逐渐破坏有关:大气条件(风雨、湿度、温度的变化)、材料变化(铁生锈,建筑材料分解)等会在这一过程中起作用。固定资本也在使用过程中损耗。一般说来，物件愈老，使用过的次数愈多，因此，老物件在下一个时间单位中比新物件更可能失去作用。老物件即使在物质上与新物件一样，由于经济上过时，在下一个时间单位中也更容易失去作用。在由于过时而被淘汰的过程中，老物件首先被撤换，因为无论如何它们将很快需要在物质上更新。所有这一切都使消除强度随物件使用时间长度而增加。

物件也因不能修理的损坏（或修理无利）等随机原因被从使用中消除，这类随机原因通常不因其年龄而影响物件。于是，随机原因的消除强度可能是一个常数，不决定于使用期 τ。不过，这不改变这样一个事实，即作为这里所讲的一些原因的联合结果，消除强度随物件的使用时间而增加。① 而且，即使随机事件影响特殊物件而不论它们的年龄，损坏也可能与物件年龄有关。

借助于这样一张表，我们能计算在一个特定时间单位内从使用中撤下的物件总数。这个数目是从投入使用起，存活到一个特定的时间单位，在这个时间内被撤下来的物件消除总数。我们用 t 代表我们所关心的单位时间。为简化计，我们假设它为一年（事实上它可能是一年、一季、一月、一周等），它是由于某些原因与我们有关系的任意一年，可能是五年计划的最后一年、当年、将来一

① A. 波雅斯基在《数理经济学研究》第 238—240 页中说，物件从使用中被撤出，或由于随机事件，或由于与它的使用时间长度有关的原因。所以，消除强度可以分解为两个成分：$m = m'_\tau + m''_\tau$。第一个成分代表随机事件的效应，并且是一个常数。第二个成分随 τ 增加。因此，m_τ 也随 τ 增加。波雅斯基举出了特殊情况的例子，其中物件实际上不损耗，而只是会因随机事件而消除，例如咖啡馆的壶和盘、商店的橱窗、各种工具等。在这类情况下，$m''_\tau = 0$，而消除强度完全决定于随机事件的概率。不过，也有比较没有代表性的例子，它们适用于很大一类固定资本。

年或任何其他年份。为了简化,我们假设物件的寿命是整数年头,例如一年、两年、三年等;我们也假设物件寿命有一个合计为 ω 年的上限。在 t 年中,有一年前、两年前、三年前和最多 ω 年前,也就是 $t-1, t-2, t-3, \cdots\cdots t-\omega$ 年投入使用的物件。没有更老的物件,因为它们已从使用中撤出。我们用 $N_0(t-1)$ 表示在 $(t-1)$ 年投入使用的物件数,用 $N_0(t-2)$ 表示在 $(t-2)$ 年投入使用的物件数,等等。最后用 $N_0(t-\omega)$ 表示在 $(t-\omega)$ 年投入使用的物件数。在 t 年消除的物件数计算如下:在一年前投入使用的物件 $N_0(t-1)$ 中,消除了 P_1;在二年前投入使用的物件 $N_0(t-2)$ 中,消除了 P_2;等等。最后,在 ω 年前投入使用的物件 $N_0(t-\omega)$ 中,消除了 P_ω。这里 $P_1, P_2, \cdots\cdots P_\omega$ 代表一年、二年、……ω 年后的消除系数。按照公式(2)在 t 年的总消除数应是

$$N_0(t-1)P_1 + N_0(t-2)P_2 + \cdots\cdots + N_0(t-\omega)P_\omega。$$

为了保持一种特定的固定资本的存量,我们应当在 t 年更换从使用中消除的物件数目,也就是等于以上和数的数目。我们用 $N_0(t)$ 代表在 t 年投入使用的物件数目。这个数目必须等于在这一年中被消除的物件总数,即

$$N_0(t) = N_0(t-1)P_1 + N_0(t-2)P_2 + \cdots\cdots + N_0(t-\omega)P_\omega \quad (t \geqslant \omega)。 \qquad (5)$$

这是决定在某个年度内(或者在另一个时间单位内)为了抵消从使用中消除的物件数目而必须更换的物件数目。它称为更新方程。[①] 它具有一种反复出现的性质,使我们能决定相继在 t,t+1,t

① 在本章末附录的“更新过程的数学分析”中,对此方程做了更详细的分析。

+2,……年度更换的数目。①

表 3 连续各时间单位中更换灯泡的数目

时间单位 t(星期数)	更换数目 $N_0(t)$	时间单位 t(星期数)	更换数目 $N_0(t)$
1	0	21	12,047
2	1,000	22	11,706
3	1,000	23	10,820
4	1,010	24	9,697
5	1,020	25	8,700
6	3,030	26	8,288
7	6,040	27	8,413
8	10,090	28	8,862
9	14,201	29	9,523
10	15,392	30	10,100
11	16,665	31	10,413
12	15,000	32	10,503
13	9,480	33	10,348
14	6,174	34	9,999
15	6,160	35	9,636
16	5,521	36	9,079
17	7,309	37	9,220
18	9,317	38	9,271
19	10,181	39	9,447
20	11,529	40	9,669
当 $t \to \infty$ 时,$N_0(t)=9,709$			

① 我们假设 $t \geqslant \omega$,也就是更新过程是“全程”的。如果第一批物件在 t=0 年引入,则对于 $t<\omega$ 的值,方程会出现“中断”形式,因为在 t=1 年中,最老的物件是一岁,在 t=2 年中,最老的物件是两岁,等等。因此,对于相当于 t=1,2,……ω 的年度,更新方程被“中断”,成为:

$N_0(1)=N_0(0)P_1$;$N_0(2)=N_0(1)P_1+N_0(0)P_2$;

……

$N_0(\omega-1)=N_0(\omega-2)P_1+N_0(\omega-3)P_2+\cdots\cdots+N_0(0)P_{\omega-1}$。

这些是决定更新方程“起动”的初始条件。

应用更新方程于表 2 中提供的数据,即灯泡消除表,我们得到表 3 中连续各时间单位的灯泡更换数目。

由表 3 的数据可以画出更换数目的图形,如图 11。

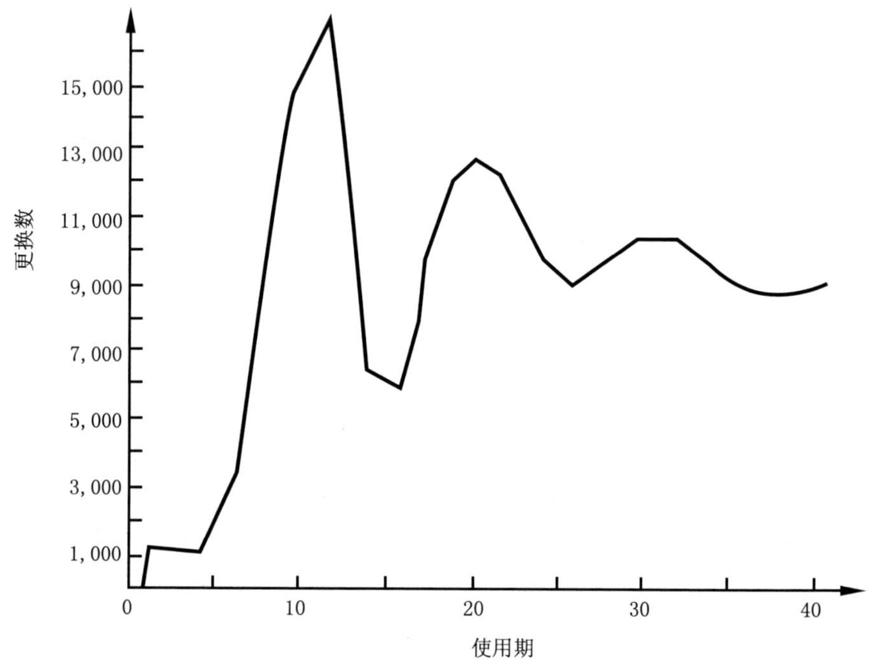

图 11　连续时间单位中更换灯泡的数目

事实表明,在某些情况下更换有一种周期性质的经常波动。这种波动在表 3 和图 11 中清楚地表现出来。为了解释这些波动的原因,让我们首先考虑上面曾提到的所有物件有同样的使用期的这种例外情况。假设在第一年有 100 个物件投入使用,并且它们都有五年的使用期,于是有五年不需要更换。但在五年期末以后,我们必须更换所有的 100 个物件。在下一个五年不需要更换,但过了十年之后,又必须更换所有的 100 个物件。在下一个五年中仍没有更换，但在十五年之后，所有物件又必须更换，等等。这是五年一次的更换循环，或者称为重值循环。这个循环呈跳跃前进：在五年中没有更换，但五年以后所有物件同时更换。一般地，如果更换期是 ω 年，更新循环期（长度）也是 ω 年，即和物件使用期同样多的年头。每个 ω 年更换所有物件而在平时不需要更换。①

更新循环由于初始引入新物件的时间集中，导致定期（ω 年）重新置备新物件，因此旧物件从使用中撤换的时间也是集中的。在某种意义上，这个集中是原来引入新物件的集中的一种“回声”。在人口学中，“回声”一词表示一种相似的现象。人口升降的波形是人们熟知的。例如，在战争时期，出生率集中下降，那么在二十多年之后（战时出生的人进入育龄），出现一个人口学深谷，并且每二十多年重复一次。同样，战争刚结束之后有一个集中出生飞跃，每二十多年，它的“回声”成为人口高峰的再现。为了使更新有一个均匀的过程而不形成循环，引入新物件必须在一开始就注意在时间上均匀分布。在上例中，必须在第一年引入 20 个物件，在下一年又引入 20 个，等等。在五年之后，就有 100 个物件在使用，并且每年消除和更换 20 个，这种均匀的更新过程见表 4。

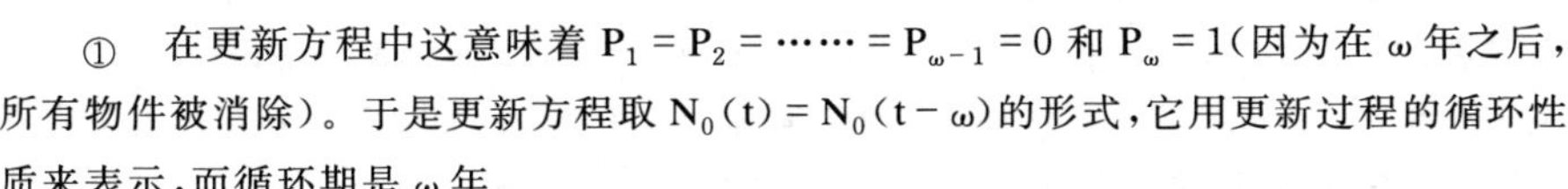

① 在更新方程中这意味着 $P_1 = P_2 = \cdots\cdots = P_{\omega-1} = 0$ 和 $P_\omega = 1$（因为在 ω 年之后，所有物件被消除）。于是更新方程取 $N_0(t) = N_0(t-\omega)$ 的形式，它用更新过程的循环性质来表示，而循环期是 ω 年。

表4　均匀更新过程

年	物件年龄					更换物件数
	一年	二年	三年	四年	五年	
1	20					
2	20	20				
3	20	20	20			
4	20	20	20	20		
5	20	20	20	20	20	
6	20	20	20	20	20	20
7	20	20	20	20	20	20
8	20	20	20	20	20	20
……	……	……	……	……	……	……

各个年度所有不同年龄的物件的数目列于表的中部,对角线表示每年终了物件转移到较高的年龄组,也就是物件老化过程。在右边最后一栏列出各年度更换的物件数目。表4的设计类似人口学中使用的寿命表。[①] 从这张表可以看出,一个均匀的更新过程需要五年的安排,在五年之后,均匀过程在"运转":在使用中的

① 在人口学中,人口的老化和死亡过程用对角线表示,连同坐标形成一个人口网络,见J.郝尔塞的《人口分析基础》,华沙,1963年版。B.祖纳的《数学和统计学文集》,莱比锡,1869年版,将这种图示法引入人口学。并见G.F.克那普的《人口学理论》,布仑斯威克,1894年版;W.来克锡斯的《人口统计理论导引》,斯特拉斯堡,1875年版;以及该作者的另一著作:《人口学理论文集》,耶拿,1903年版。表4以及表6和表7中有相似的对角线,是按照与人口网络原理同样的原理设计的。

物件存量总是 100，每年更换其中的 20，也就是 1/5。一般地，如果使用期（对所有物件是相等的）是 ω 年，安排一个均匀的更新过程也需要 ω 年。如果现有物件存量是 N，则在 ω 年中我们每年必须将 $\frac{N}{\omega}$ 个物件投入使用。更新也以这种方式变成均匀的过程，每年更换 $\frac{N}{\omega}$ 个物件，也就是更新的物件数等于存量除以物件的使用期。[①]

在各个物件的使用期不同的情况下，物件更新时间的集中也产生更新周期。[②] 这表现在表 3 和图 11 上。不过在此情况下，循环的波动（振荡）随时间减弱，更新过程渐渐变为均匀。实践中遇到的大多数更新过程属于这一种。我们说，随着时间的推移更新循环逐渐消失，它的振荡衰减，以迄最后消失，而更新过程开始稳定化。

为了更好地说明更新循环消失的过程，我们举下面简化的例子。假设在开始年度同时引入 10,000 个新物件。其中第一年后需要更换 10%，第二年后更换 30%，第三年后更换 60%。物件的最长使用期因而是 $\omega = 3$ 年，而消除系数取数值 $P_1 = 0.1$，$P_2 = 0.3$，$P_3 = 0.6$。更新循环的模式见表 5。

① 这些数量的量纲值得注意。在使用中的物件是它们的存量，它的量纲（物质单位）用 N 表示。使用期 ω 用时间量纲 T 表示。在一个单位时间内更换的物件数，表示为量纲 NT^{-1}，也就是属于流量性质。

② T. 捷曹夫斯基在《简单再生产过程中的循环模式》，华沙，1957 年版中讨论了这个问题。

表 5　在一次引入一万个物件后更新循环的消失

年	新引入物件数	物件更换数		
		一年后	两年后	三年后
1	10,000	1,000	3,000	6,000
2	1,000	100	300	600
3	3,100	310	930	1,860
4	6,610	661	1,983	3,966
5	2,191	219	657	1,315
6	4,062	406	1,219	2,437
7	5,029	503	1,509	3,017
8	3,037	304	911	1,822
9	4,250	425	1,275	2,550
10	4,353	435	1,306	2,612
11	3,532	353	1,060	2,119
12	4,209	421	1,263	2,525
13	4,093	409	1,228	2,156
14	3,791	379	1,137	2,265
15	4,132	413	1,240	2,479
16	4,006	401	1,202	2,403
17	3,906	391	1,172	2,343
18	4,082	408	1,225	2,449
19	3,983	398	1,195	2,390
20	3,966	397	1,180	2,360
21	4,041	404	1,212	2,425
22	3,974	397	1,192	2,384
23	3,969	397	1,191	2,281
24	4,014	401	1,204	2,409
25	3,967	397	1,190	2,380
•	↓	↓	↓	↓
•	4,000	400	1,200	2,400
•	4,000	400	1,200	2,400
•	4,000	400	1,200	2,400
•	4,000	400	1,200	2,400
•	4,000	400	1,200	2,400
	•	•	•	

表 5 中第二栏是各年度中投入使用的新物件数目，后面三栏是一年、两年和三年后更换的物件数目。每年更换的物件数目是前三年中投入使用并需要在一年、两年和三年后更换的物件数之和。这在表中用对角线表示，对角线连接应当更换的一年、两年和三年前引入的物件。例如，第四年中新物件数 6,610 是前一年引入的已经需要更换的 310 件和两年前引入的并且需要更换的 300 件以及三年前引入的并且现在需要更换的 6,000 件之和。这张表表明了更新过程的逐渐稳定化。它趋向于一个均匀的过程——每年更换 4,000 个物件。收敛是渐近的，但从第 22 年开始，更换物件数的波动不超过均匀过程中更换的物件数的 1%。我们可以说从第 22 年开始，更新过程变得均匀了。如果将波动不超过 1%作为更新过程均匀性的标准，在表 3 更换灯泡的例子中，从第 36 个时间单位（周）开始，更新过程变得均匀了。

与我们的例子对应的物件老化和消除过程见表 6。在第一年引入的 10,000 件中，第二年只有 9,000 件在使用，第三年只有 6,000 件在使用。对角线表示每年终了时转移到一个较高年龄组的物件。表 6 与表 4 相似，其中也表现了物件的老化过程。不过，在表 6 中具体物件有不同的使用期，因此它们不同时转移到下一个年龄组（像表 4 中的情况那样），而其中有些被消除。过渡到下一个年龄组时被消除的物件数，等于对角线上连续两项的差额。过渡到一个较高年龄组时被消除的物件数在表 5 各行中表示。值得注意的是，当更新过程稳定化时，各年度消除的物件数和移到各年龄组的物件数变得不同。在上例中，每年引入 4,000 个物件，第一年后消除 400 个，只有 3,600 个移到下一个年龄组；在第二年后

表 6　物件老化和消除过程

年	以年计算的物件使用期　(达到的年龄)		
	一年	两年	三年
1	10,000	—	—
2	1,000	9,000	—
3	3,100	900	6,000
4	6,610	2,790	600
5	2,191	5,949	1,860
6	4,062	1,972	3,966
7	5,029	3,652	1,315
8	3,037	4,526	2,437
9	4,250	2,733	3,017
10	4,353	3,825	1,822
		3,918	2,550
			2,612
·	4,000	3,600	2,400
·	4,000	3,600	2,400
·	4,000	3,600	2,400
·	4,000	3,600	2,400
·	4,000	3,600	2,400
·	·	·	

再消除 1,200 个,只有 2,400 个移到下一个年龄组。

更新循环的逐渐消失是各个物件使用期不相等的结果。在所有物件使用期相同的情况下,更新循环以不衰减的方式进行,所有时间以同样的规模重复出现。我们已经看到,注意引入新物件在时间上的均匀分布,可以避免更新循环和保证更新过程的均匀性,见表 4。如果各个物件有不同的使用期,则尽管被引入的新物件开始时在时间上是集中的,但在一定时间以后,为了更新它们,需要引进的物件却变得较均匀了。开始时引入的物件不是同时更换,因此,以后各年引入新的物件在时间上也比较不集中,反而分布比较均匀。各个物件不相等的使用期导致物件更新时间的进一步分散。更新循环的振荡随时间愈变愈小，以至最后变为“渐近地”均匀。更新的初始集中的“回声”变得愈来愈弱，愈来愈不显著，以迄最终消失。

各个物件使用期的不均匀性愈大，更新循环的衰减就愈快，更新过程的稳定化也愈快。显然各个物件的使用期如相差很短，更换在时间上就较为集中，因此，要想让使用期的差异能减少这种集中并使更新时间有较大的均匀性，需要一个很长时间。而如果各个物件的使用期很长，则更新时间的分散也很快，更新循环会大大衰减并且迅速消失。我们知道，各个物件的使用期形成消除表中显示的统计频率分布，它反映了一定的使用期后从使用中消除的物件数目。各个物件使用期的不相等程度在统计上可用离中趋势，例如方差或标准差来表示。方差或标准差的数值决定于更新循环的衰减程度和消失的速度。[①]

因为更新循环是物件更新时间初始集中的一个结果，它可依靠物件初始更换时间的均匀分布来避免。表 7 说明了在上例规定的条件下，更新应在时间上拉开，以避免更新循环。事实是在头三年中，每年必须有 4,000 个物件投入，三年后物件存量是 10,000 个。在三年中共投入了 12,000 个物体，在此总数中，第一年消除了 400 个，第二年消除了 1,600 个，结果在使用中留下 10,000 个。三年后，均匀的更新过程在“运转”，每年更换 4,000 个。

在一个均匀的更新过程中，每年(或在某个时间单位中)会消除和更换同样数目的物件。在上例中是每年 400 个，在上述灯泡

---

① 本章附录“更新过程的数学分析”对此有较详细的讨论。

更换的例子中是一个星期 9,709 个灯泡。这个数目等于物件现存量的特定的分数,即物件存量除以物件的平均使用期。在表 5 的例子中,物件存量是 10,000 个,在这些物件中,10%用一年,30%用二年,60%用三年。平均使用期是 0.1×1+0.3×2+0.6×3=2.5 年。每年更换现有存量的 1/2.5,即 4,000 件。在表 3 灯泡更新的例子中,平均使用期是 10.3 星期,所以每星期要更换 100,000 个灯泡存量的 1/10.3,即 9,709 个灯泡。

表 7　建立一个均匀的更新过程

年	新物件数	更换物件数		
		一年后	两年后	三年后
1	4,000	400	1,200	2,400
2	4,000	400	1,200	2,400
3	4,000	400	1,200	2,400
4	4,000	400	1,200	2,400
5	4,000	400	1,200	2,400
6	4,000	400	1,200	2,400
⋮	⋮	⋮	⋮	⋮

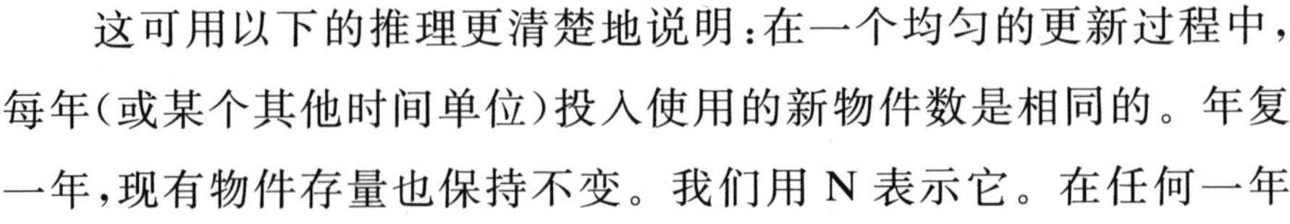

这可用以下的推理更清楚地说明:在一个均匀的更新过程中,每年(或某个其他时间单位)投入使用的新物件数是相同的。年复一年,现有物件存量也保持不变。我们用 **N** 表示它。在任何一年

t 中，这个存量包括在 t－1、t－2……t－ω 年投入使用并存活到 t 年的物件数（更早引入的物件已被消除）。这些物件的总数是 $N_0(t-1)l_1+N_0(t-2)l_2+\cdots\cdots+N_0(t-\omega)l_\omega$，其中的 $N_0(t-1)$、$N_0(t-2)$ 等代表第一年、第二年等以前引入的物件数，而 l_1、l_2 等代表这些物件经过一年、二年等以后的存活系数。于是可得

$$N=N_0(t-1)l_1+N_0(t-2)l_2+\cdots\cdots+N_0(t-\omega)l_\omega。$$

然而，在一个均匀的更新过程中，每年投入使用的物件数目是相同的，即

$$N_0(t)=N_0(t-1)=N_0(t-2)\cdots\cdots=N_0(t-\omega)。$$

所以，上面的方程可以写成下列形式：

$$N=N_0(t)(l_1+l_2+\cdots\cdots+l_\omega),$$

因此，

$$N_0(t)=\frac{N}{l_1+l_2+\cdots\cdots+l_\omega}。\tag{6}$$

这个公式决定了任何一年 t 中引入的新物件数 $N_0(t)$。公式右边表明这个数不受 t 的影响而在所有各年度是相同的。

上面公式中的分母代表物件的平均使用期。确实，如果现有物件存量是 N，则它们的联合使用时间是 $Nl_1+Nl_2+\cdots\cdots+Nl_\omega$。联合使用时间用现有物件数目来除，即用 N 除，就得到平均使用期 $l_1+l_2+\cdots+l_\omega$。事实是，每年更换的物件数，等于现有物件存量除以它们的平均使用期。

物件的平均使用期等于从使用中消除的物件的平均年龄，即 $P_1+2P_2\cdots\cdots\omega P_\omega$。从消除系数的含义〔公式(2)〕可知，$P_\tau=l_\tau-l_{\tau+1}$，即 $l_\tau=P_\tau+l_{\tau+1}$。于是得 $l_1=P_1+l_2$，$l_2=P_2+l_3$，……$l_\omega=P_\omega$

$+l_{\omega+1}=P_{\omega}$(因为 $l_{\omega+1}=0$,没有年龄超过 ω 的物件数)。把这些 l 关系相继代入 $l_1,l_2,\cdots\cdots l_{\omega}$ 的表达式中,得到

$$\begin{aligned} l_1 &= P_1+P_2+P_3+\cdots\cdots+P_{\omega}, \\ l_2 &= \quad\; P_2+P_3+\cdots\cdots+P_{\omega}, \\ l_3 &= \quad\quad\; P_3+\cdots\cdots+P_{\omega}, \\ &\cdots\cdots \\ l_{\omega} &= \quad\quad\quad\quad\quad P_{\omega}。\end{aligned}$$

于是一个特定年龄的存活系数等于达到那个年龄后的消除系数之和。这是明显的,因为一个特定年龄的物件的存活相当于一个事实,它在以后的某一年被消除。上述方程求和,得到

$$l_1+l_2+\cdots\cdots+l_{\omega}=P_1+2P_2+\cdots\cdots+\omega P_{\omega}。\tag{7}$$

把(7)代入(6),得到

$$N_0(t)=\frac{N}{P_1+2P_2+\cdots\cdots+\omega P_{\omega}},\tag{8}$$

也就是任何一年更换的物件数等于现有的物件存量除以从使用中消除的物件的平均年龄。

平均使用期的倒数,或者可以说从使用中消除的物件的平均期限的倒数,称为平均损耗率:[①]

$$S=\frac{1}{l_1+l_2+\cdots\cdots+l_{\omega}}=\frac{1}{P_1+2P_2+\cdots\cdots+\omega P_{\omega}}。\tag{9}$$

所以公式(6)可简化为

$$N_0(t)=NS。\tag{10}$$

---

① 见本卷第一章。

在一个均匀的更新过程中，每年(每个时间单位)更换的物件数等于现有物件存量乘以平均损耗率。在上例表5中，平均损耗率是 $S=\frac{1}{2.5}=0.4$，$N=10,000$，因此 $N_0(t)=4,000$。同样，在表3的例子里，$S=\frac{1}{10.3}=0.09709$，$N_0(t)=9,709$，并且是一个均匀的更新过程。

为了建立一个均匀的更新过程，我们必须在前ω年里每年引入 NS 个新物件。于是，我们看到在ω年之后，一个均匀的更新过程在"运转"中，物件存量达到N的水平。为了在ω年期间投入使用新物件，需要做适当计划。如果忽视这种计划工作，可能开始一个更新循环。如果各个物件的使用期的非均匀性(离中趋势)较小，这种循环将缓慢地消失。在上述例子中(表5)，更新循环基本上消失需要22年(也就是波动变得小于1%)。物件平均使用周期为2.5年，而ω=3年。如果就是这种情况，假设平均使用期为25年，而ω=30年，这在发达工业国家中相当接近实际。按表中的比例，更新循环的实际消失会需要220年，显然，更新循环的波动甚至在早得多的时间就会失去实际重要性，因为将它们与各种随机干扰区别开是不可能的。例如，在表5中，11年后它们甚至达不到4%。不过，在没有适当计划时，更新循环可能持续下去。

最终，更新循环消失而在足够长时间后更新过程得到稳定。①

① 假设在更新过程中，由于更新过程之外的原因，不发生新物件的新积累。在资本主义经济中，这种积累经常与商业循环联系着出现。商业循环会造成新物件的积累，它们在某些年度中(商业循环的各阶段)被引进——这能保持更新循环而不让它消

只有上述所有物件的使用期相等这一情况为特殊例外。因此,如果各个物件的使用期不同,则很久以前开始的更新过程是均匀的。在这些过程中初始更新循环已消失,更新过程已稳定。[①]一个均匀的更新过程的“历史剖面”和它的“同时剖面”相同是它的一个特点。这在表5的下半部分可以看出,它描绘了一个均匀的更新过程。

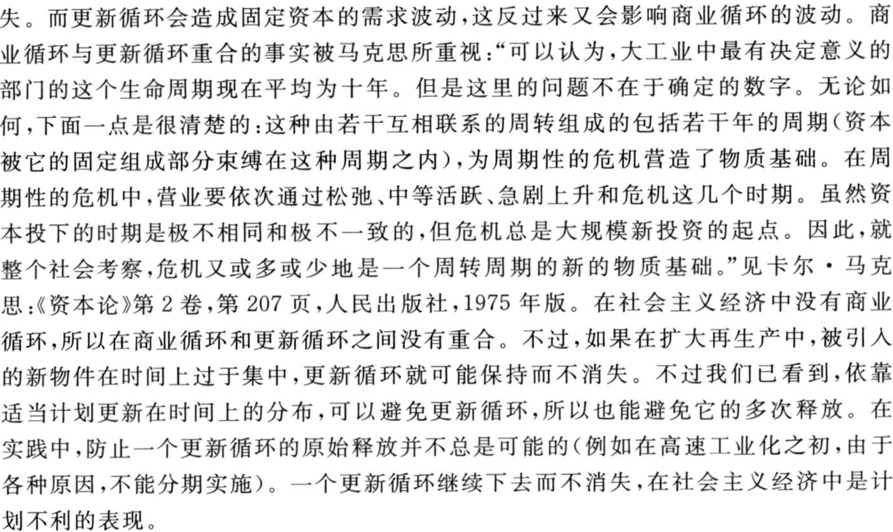
失。而更新循环会造成固定资本的需求波动,这反过来又会影响商业循环的波动。商业循环与更新循环重合的事实被马克思所重视:“可以认为,大工业中最有决定意义的部门的这个生命周期现在平均为十年。但是这里的问题不在于确定的数字。无论如何,下面一点是很清楚的:这种由若干互相联系的周转组成的包括若干年的周期(资本被它的固定组成部分束缚在这种周期之内),为周期性的危机营造了物质基础。在周期性的危机中,营业要依次通过松弛、中等活跃、急剧上升和危机这几个时期。虽然资本投下的时期是极不相同和极不一致的,但危机总是大规模新投资的起点。因此,就整个社会考察,危机又或多或少地是一个周转周期的新的物质基础。”见卡尔·马克思:《资本论》第2卷,第207页,人民出版社,1975年版。在社会主义经济中没有商业循环,所以在商业循环和更新循环之间没有重合。不过,如果在扩大再生产中,被引入的新物件在时间上过于集中,更新循环就可能保持而不消失。不过我们已看到,依靠适当计划更新在时间上的分布,可以避免更新循环,所以也能避免它的多次释放。在实践中,防止一个更新循环的原始释放并不总是可能的(例如在高速工业化之初,由于各种原因,不能分期实施)。一个更新循环继续下去而不消失,在社会主义经济中是计划不利的表现。

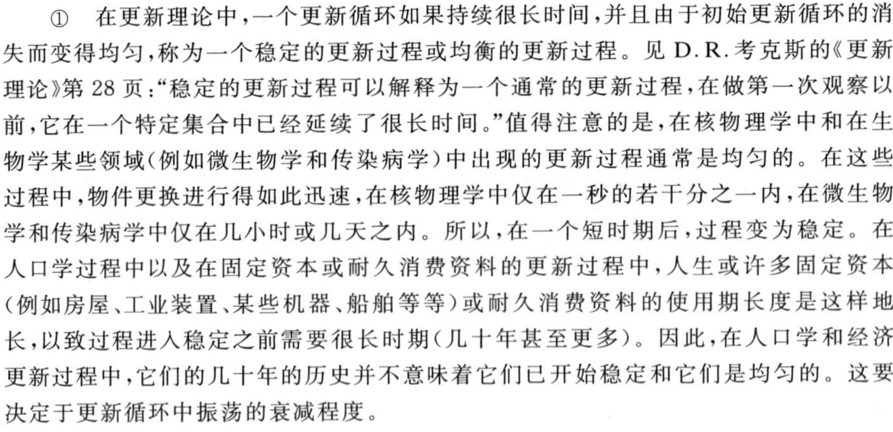
① 在更新理论中,一个更新循环如果持续很长时间,并且由于初始更新循环的消失而变得均匀,称为一个稳定的更新过程或均衡的更新过程。见D.R.考克斯的《更新理论》第28页:“稳定的更新过程可以解释为一个通常的更新过程,在做第一次观察以前,它在一个特定集合中已经延续了很长时间。”值得注意的是,在核物理学中和在生物学某些领域(例如微生物学和传染病学)中出现的更新过程通常是均匀的。在这些过程中,物件更换进行得如此迅速,在核物理学中仅在一秒的若干分之一内,在微生物学和传染病学中仅在几小时或几天之内。所以,在一个短时期后,过程变为稳定。在人口学过程中以及在固定资本或耐久消费资料的更新过程中,人生或许多固定资本(例如房屋、工业装置、某些机器、船舶等等)或耐久消费资料的使用期长度是这样地长,以致过程进入稳定之前需要很长时期(几十年甚至更多)。因此,在人口学和经济更新过程中,它们的几十年的历史并不意味着它们已开始稳定和它们是均匀的。这要决定于更新循环中振荡的衰减程度。

对角线上数字(一个“历史剖面”)和水平各行数字(一个“同时剖面”)相同。对角线上数字相加(按照“历史剖面”相加)和各行数字相加(按照“同时剖面”相加)都能计算每年更换的物件数——可知每年更换相同数目的物件。

以上述公式(5)形式的更新方程,将以前连续各年引入的物件中的被消除数合计起来,表示“历史剖面”的更新过程,即

$$N_0(t) = N_0(t-1)P_1 + N_0(t-2)P_2 + \cdots\cdots + N_0(t-\omega)P_\omega。 \tag{5}$$

在一个均匀更新过程中,每年引入同样数目的物件,即

$$N_0(t-1) = N_0(t-2) = \cdots = N_0(t-\omega) = N_0(t)。$$

在此情况下,更新方程可写成

$$N_0(t) = N_0(t)P_1 + N_0(t)P_2 + \cdots + N_0(t)P_\omega, \tag{5a}$$

它相当于“同时剖面”各数的合计。更新方程的第一形式相当于表(5)中对角线各数的合计,第二形式相当于各行的合计。显然只有过程均匀时才能用更新方程的第二形式。

计算一个均匀过程中的更新系数,须既根据更新过程的“历史剖面”,又根据它的“同时剖面”。按照公式(10),这个系数是

$$S = \frac{N_0(t)}{N},$$

而根据方程(5)和(5a),即借助于“历史剖面”数字或“同时剖面”数字相加都能得到 $N_0(t)$。

更新循环消失的结果是,随着时间的推移,更新过程的“历史剖面”和“同时剖面”变得相似。在如此久远之前开始的更新过程中,有足够时间的稳定令这两种剖面相同,而过程的性质,可用这

些剖面的任何一个表达。[1]

生产更换所需要的物件所需要的时间,决定于所用技术过程相应的生产期。如果这个生产期是 T 年(或其他时间单位),在 t 年中更换所需要的物件的生产应当在 t－T 年开始。生产或更换生产资料,包括固定资本和营运资本(以及为了更换耗用的消费资料),必须及早地开始。不过,一定种类的具体物件的生产可能不同,物件可在使用不同技术过程的生产企业中生产,因此生产期也不同。即使在同一生产企业中,同样的物件也可用生产期不同的

① 这是归入称为时间稳定过程范畴的那些过程的性质。所谓时间稳定过程,我们理解为:一个特定数量在时间中的变化,随着时间的推移,趋向于一个特定值的不断重复(称为均衡态、定态、一个均衡过程,等等),而不取决于初始值。一个特定数量在过程的具体时间模式中的连续数值的平均数(称为时间平均数或历史平均数),随时间趋向于这个数量在这个过程的独立的、“平行”的时间模式集合中各同时数值的平均数(称为阶段平均数或同时剖面平均数)。这是由于在一定时间后,一个特定数量渐近地总是取同样数值,而不论初始数值如何。在这些条件下,一个特定数量的连续数值的平均数随时间趋向于最终被不断重复的数值,也就是均衡值。而一个特定过程的具体“平行”模式也都趋向不断重复同一数值(均衡值),一个特定数量在过程的“平行”模式中的平均值在一定时期之后变为等于均衡值。因此,一个特定过程的具体时间模式的历史平均数和这个过程的独立“平行”时间模式集合中同时剖面的平均数趋向同一数值,称为均衡值。可知这两个平均数(渐近地)趋向一致。时间稳定过程的最重要例子产生在随机过程领域中,也就是某些时刻或时间单位的随机变量的数值决定了这个随机变量在一个以后的时刻或时间单位的概率分布的过程。定态随机过程,也就是随机变量的平均值和方差不随时间变化的过程,是时间稳定过程。把消除系数解释为概率,我们可以把更新过程作为一个随机过程处理:在更新方程左边出现的更换数 $N_0(t)$ 是在特定年度消除的物件数的概率分布的平均值。我们假设这个分布不随时间变化,所以它的平均值和它的方差也不变。于是更新过程是一个定态随机过程,是时间稳定的。关于定态随机过程的时间稳定性,见 J. L. 多布的《随机过程》第十章和第十一章,纽约,1953 年版;A. M. 雅格龙的“定态函数理论导引”,载《数理科学发展》第 7 卷,莫斯科,1952 年版。在人口学中更新过程的时间稳定性表现为人口按年龄的分布(一种同时剖面),它趋向于存活的概率分布(一种人口的历史年龄分布)。

几个技术过程生产。在此情况下，生产一定系列物件的计划，必须便于当老物件从使用中被撤出时，有适当数目的新的替代物品可供投产。

我们用 $B_0(t-\tau)$ 代表物件数目，它们的生产期是 τ 年，而它们的生产是于 $t-\tau$ 年开始。令 $N_0(t)$ 为在 t 年更新所需要的物件数，假设各个企业和各个技术过程的生产能力是这样的：在同一生产期不能生产所需的全部物件，而是不同的物件有 1，2，……，T 年的生产期。在此情况下，各个物件生产的开始在时间上必须按以下等式分布：

$$B_1(t-1)+B_2(t-2)+\cdots\cdots+B_T(t-T)=N_0(t)。\quad(11)$$

物件开始生产的时间如未适当安排，到了 t 年，满足从使用中撤出的物件的更新需求的物件，就可能太少或太多，物件开始生产的时间和更换时间不协调。为此缘故，我们将称上面的方程为物件生产开始时间的协调方程。

让我们通过分析以下的例子来进一步说明。假设更新过程是均匀的，并且每年更换的物件数目是 4,000 个（像上面的情况那样），每年必须有 4,000 个物件可供更换从使用中消除的物件。我们进一步假设在一年之内可以生产 500 件，两年之内生产 1,000 件，三年之内生产 1,500 件，于是各年度开始生产与更换物件必需数目的协调如表 8 所示。

在表 8 中，第二、三、四栏表示在各年度开始生产的物件数目，分别有三年、两年和一年的生产期。最后一栏表示各年中备好的物件数。备好的物件数是前三年开始生产的物件数之和，用对角线表示。从表中可以看到，在设置协调生产过程需要的三年之后，

表 8　更换用物件的协调生产

年	已开始生产的物件数,其生产期是			备好物件数目
	三年	两年	一年	
1	1,500	2,000	500	—
2	1,500	2,000	500	500
3	1,500	2,000	500	2,500
4	1,500	2,000	500	4,000
5	1,500	2,000	500	4,000
6	1,500	2,000	500	4,000
⋮	⋮	⋮	⋮	⋮

备好的物件数总是等于更换所需要的物件数(在我们的例子中是 4,000 件)。生产过程从而与一个均匀生产过程的需要协调。一般情况下,如果最长的生产期是 T 年,那么在 T 年后达到协调生产过程。①

如果更换物件的生产过程与一个均匀的更新过程协调,则生产过程也变得均匀,即它的“历史剖面”和它的“同时剖面”是相同的。这显示在表 8 中。从第四年开始,表中对角线上数字与各横行的数字相同。由于生产过程的均匀性,下列方程成立:

$B_1(t-1)=B_1(t)$, $B_2(t-2)=B_2(t)$, …… $B_T(t-T)=B_\tau(t)$,

即有 1,2,……T 年生产期,并在 t－1,t－2,……t－T 年开始的物件数目等于在 t 年开始的有同样生产期的物件数。把这代入协调

① H.邓那犹斯基在《经济增长理论研究》第一章,华沙,1965 年版中讨论了这个问题。

方程(11),得到

$$B_1(t) + B_2(t) + \cdots\cdots + B_T(t) = N_0(t)。\qquad (11a)$$

在一个均匀的生产过程中,“历史剖面”和“同时剖面”相同,意味着在与一个均匀更新过程协调的生产过程中,对现成产品用不着“等待”。在需要更换那些从使用中消除的物件的同时就已有了这种更新物件处于“等待”中。只在实施一个均匀生产过程所需的前 T 年中发生“等待”,“等待”也在需更换的物件数目有变化时发生,因为,那时为了在生产过程中实现均匀,需要有一定的时间。

于是,“等待”成为生产过程中缺乏均匀性的一个结果,它或者由于与更新过程缺乏协调,或者由于在更新过程中缺乏均匀性。在更新过程及与它协调的生产过程同时进行的情况下,不发生“等待”。①

第三章附录　更新过程的数学分析

1. 连续更新过程

为了使阐述简化,我们假设更新过程是连续的。让我们用 N_τ 代表使用了 τ 个时间单位也就是年龄为 τ 的物件数,并用 N_0 代表投入使用的新物件数(即年龄为 0)。到年龄 τ 时的存活系数是

① 一个均匀生产过程是否需要“等待”和在什么程度上需要“等待”是奥地利学派和新古典学派存在严重争议的问题。这是关系到能否把资本的报酬解释为“等待”的报酬的问题。主要是庞巴维克和马歇尔为一方。反对他们的有维塞尔、克拉克和奈特,他们认为在一个均匀生产过程中对生产的结果不需要“等待”。在本卷中我们将继续讨论这个问题(已故的作者原本打算继续他的著作。——编者注)。

$$l(\tau)=\frac{N_\tau}{N_0}。 \tag{1.1}$$

假设 $l(\tau)$ 是 τ 的一个有连续导数的可微函数,则消除系数表达为[①]

$$f(\tau)=-l'(\tau), \tag{1.2}$$

而消除强度为

$$\mu(\tau)=\frac{f(\tau)}{l(\tau)}, \tag{1.3}$$

以下关系成立:

$$l(\tau)\geqslant 0,f(\tau)\leqslant 1,\mu(\tau)\leqslant 1。$$

存活系数和消除系数可以解释为概率密度,于是,$l(\tau)d\tau$ 是物件存活到第 $\tau+d\tau$ 年(终了时)的概率,而 $f(\tau)d\tau$ 是物件将在 $\tau+d\tau$ 年被从使用中消除的概率。消除强度因而是条件概率密度:$\mu(\tau)d\tau$ 是使用了 τ 年的物件将在第 $\tau+d\tau$ 年从使用中消除的概率。

2. 更新方程

我们用 $N_0(t)$表示在时间 t 中引入的新物件数,假设 $N_0(t)$是 t 年的一个可微函数。在 t 时刻我们消除 $N_0(t-\tau)f(\tau)$个在$(t-\tau)$时刻引入的物件。令 ω 为物件的最长使用期。于是,物件在 t 时刻的联合消除数是

$$\int_0^\omega N_0(t-\tau)f(\tau)d\tau,$$

在 t 时刻应当更换的物件数(即必须投入使用以更换被撤出物件的新物件数)因此是

---

① 将负号放在右边,使 $f(\tau)$不是负数,因为 $l(\tau)$是一个渐减的或至少是不增的函数(老物件较少并且无论如何不比新物件多),所以 $l'(\tau)\leqslant 0$。

$$N_0(t)=\int_0^{\omega}N_0(t-\tau)f(\tau)d\tau。\qquad(2.1)$$

这是更新方程。[①]

更新方程是积分方程，它的未知函数称为更新函数的函数$N_0(t)$，而函数$f(\tau)$（物件消除函数）是已知的。

除公式(2.1)中所用的形式外，表示更新方程还有其他形式。有时不用最长使用期ω，而假设原则上物件能无限期使用，即$\omega=\infty$，并规定随着年龄的增长，老物件数渐近地趋向于0。所以方程(2.1)右边的积分是在从0到∞的范围内。这种积分极限同时是更新方程的一个较广义的解释。因为，如果存在一个有限最长的使用期ω，则

$$\int_0^{\infty}N_0(t-\tau)f(\tau)d\tau=\int_0^{\omega}N_0(t-\tau)f(\tau)d\tau+\int_{\omega}^{\infty}N_0(t-\tau)f(\tau)d\tau,$$

右边第二个积分等于0，于是左边积分等于方程(2.1)中的积分。

通常的情况是不用0到ω的积分极限，而假设极限从0到t。于是更新方程采取以下形式：

$$N_0(t)=\int_0^{t}N_0(t-\tau)f(\tau)d\tau。$$

在此形式中，更新方程只考虑从$t-\tau=0$时刻投入使用的物件。对于最长使用期ω，在$t>\omega$时，这个方程与方程(2.1)相同。因为

---

① 意大利数学家维多·伏尔特拉在《积分方程和积分——微分方程讲义》，巴黎，1913年版（1910年做的讲演）中第一次写出更新方程，作者称之为遗传效应的积分方程，即决定于一个特定系统的以前状态的效应，因此在某种意义上是一种“来自过去的遗产”。作者将此方程应用于研究生物学个体数的发展和组分。美国人口学家和精算师J.洛特卡将它应用于人口学，然后又应用于生产资料的更新。

积分能分解为两个积分$\int_0^{\omega}$与$\int_{\omega}^{t}$之和,其中第二部分等于0。如果$\omega=\infty$,则更新方程是

$$N_0(t)=\int_0^{\infty}N_0(t-\tau)f(\tau)d\tau$$

$$=\int_0^{t}N_0(t-\tau)t(\tau)d\tau+\int_t^{\infty}N_0(t-\tau)f(\tau)d\tau。$$

最后一项的第二个积分表示更新方程无限回溯,在t时刻也更换无限久远以前投入使用的物件。

不过通常假设更新过程在有限时间,例如假设在0时刻开始,于是不用右边的积分,我们取$N_0(0)f(t)$的值,也就是在初始时刻0投入使用的物件数在t时刻被从使用中消除。于是更新方程变成以下形式:

$$N_0(t)=N_0(0)f(t)+\int_0^{t}N_0(t-\tau)f(\tau)d\tau。$$

引入分数

$$g(t)=\frac{N_0(t)}{N_0(0)}和\ g(t-\tau)=\frac{N_0(t-\tau)}{N_0(0)},$$

我们也可把上面这个方程写成以下形式:

$$g(t)=f(t)+\int_0^{t}g(t-\tau)f(\tau)d\tau。$$

分数$g(t)$和$g(t-\tau)$称为更新密度,它们把特定时刻引入的物件数表示为初始时刻0引入的物件数的分数。

而且,我们可以在包括固定资本扩大再生产的情况下推广更新方程。我们在最后一个方程右边加上函数$\Phi(t)$,它表示t年中需要增加的物件数(相对于初始时刻0)。

对于我们的目的来说，最方便的更新方程形式是(2.1)。

3. 更新方程的解

在(2.1)中更新方程是一个齐次积分方程，假设求解函数的形式为

$$N_0(t)=e^{\zeta t},$$

式中 ζ 是一个参数，借助于代入积分方程，我们检查这个函数是不是这个方程的解。

代入后得到

$$e^{\zeta t}=\int_0^{\omega}e^{\zeta(t-\tau)}f(\tau)d\tau,$$

即
$$e^{\zeta t}=e^{\zeta t}\int_0^{\omega}e^{-\zeta\tau}f(\tau)d\tau。\tag{3.1}$$

两边除以 $e^{\zeta t}\neq 0$，此式可化为[①]

$$\int_0^{\omega}e^{-\zeta\tau}f(\tau)d\tau=1。\tag{3.2}$$

事实是，如果参数 ζ 也满足方程(3.2)，则 $N_0(t)=e^{-\zeta t}$ 是积分方程的解，这是积分方程(2.1)的一个特征方程。假设 ζ 是在复数集上定义的，并且 f(t) 函数是连续的，我们发现特征方程的左边是一个在整个复平面范围内的解析函数。从解析函数的理论知道(函数是常数的情况例外)，函数取特定有限值(在本例中此值等于

---

① 特征方程(3.2)的左边是消除系数 f(τ)的拉普拉斯变换。这个方程中 f(τ)函数的拉普拉斯变换等于 1。拉普拉斯变换应用于积分方程可以直接导致这个结果。我们用 L 表示拉普拉斯变换，方程(2.1)右边是 $N_0(t)$和 f(τ)的一个卷积(设 t⩾ω，因此 t 可作为积分上限)。于是得到 $LN_0(t)=LN_0(t)Lf(\tau)$。按平常情况，$LN_0(t)=0$(则也有 $N_0(t)=0$)。如果 $Lf(\tau)=1$，这个方程被满足，这与特征方程(3.1)等价。

1)的各个点是孤立的。在一个定义的范围内,这种点的数目是有限的;而在整个复平面上,它们形成一个不可数的集。因此,有无限数目的满足特征方程(3.2)的参数值,而这些值的集合是可数的。这些数值形成一个无限序列 ζ_1,ζ_2,……所以存在一个无限序列的函数 $e^{\zeta_1 t},e^{\zeta_2 t}$,……它们构成积分方程(3.2)的解。

借助于代入积分方程,我们可以证明任何数目的这些函数的线性组合(加权和)也是积分方程的解。于是更新方程(2.1)的一般解有以下形式:

$$N_0(t)=\sum_{j=1}^{\infty}Q_j e^{\zeta_j t},\qquad(3.3)$$

其中 Q_j 系数是实数。在这个一般解(通解)中,参数 ζ_1,ζ_2,……是特定方程的根,而系数 Q_1,Q_2,……是自由的,但须假设函数 $N_0(t)$在一个规定时期中有所需要的模式可以给它们特定的值。

如果 ζ_j 根是多元的,并且它的乘积是 r,则函数 $te^{\zeta_j t},t^2e^{\zeta_j t}$,……$t^{r-1}e^{\zeta_j t}$ 也是积分方程(3.1)的解。① 所以,线性组合

---

① 让我们用 F(ζ)代表特征方程(3.2)的左边。如果 $F(\zeta_j)=1$,而 $F(\zeta)=(\zeta-\zeta_j)^r\phi(\zeta)$,我们说 ζ_j 是特征方程的 r 重根。所以,

$$F'(\zeta_j)=F''(\zeta_j)=\cdots\cdots=F^{(r-1)}(\zeta_j)=0$$

而 $F^{(r)}(\zeta_j)\neq 0$。

公式(3.1)两边相继求导,我们得到:

$$te^{\zeta t}=te^{\zeta t}F(\zeta)+e^{\zeta t}F'(\zeta),$$

$$t^2e^{\zeta t}=t^2e^{\zeta t}F(\zeta)+2te^{\zeta t}F'(\zeta)+e^{\zeta t}F''(\zeta),$$

$$\vdots$$

如果 ζ_j 是特征方程的 r 重根,结果得到

$te^{\zeta_j t}=te^{\zeta_j t}F(\zeta),t^2e^{\zeta_j t}=t^2e^{\zeta_j t}F(\zeta_j),\cdots\cdots t^{r-1}e^{\zeta_j t}=t^{r-1}e^{\zeta_j t}F(\zeta_j)$。因为 $F(\zeta_j)=1$,事实证明函数 $te^{\zeta_j t},t^2e^{\zeta_j t},\cdots\cdots t^{r-1}e^{\zeta_j t}$ 也满足积分方程(2.1)。

$$Q_{j0}e^{\zeta_j t}+Q_{j1}te^{\zeta_j t}+\cdots\cdots+Q_{j,r-1}t^{r-1}e^{\zeta_j t}$$

也是这个方程的解。在此情况下，不用常数系数 Q_j，而出现表达式

$$Q_j(t)=Q_{0j}+Q_{j1}t+\cdots\cdots+Q_{j,r-1}t^{r-1},$$

即变量 t 的多项式，其次数比根的乘积少 1。

考虑特征方程的根的可能倍数，我们将通解(3.3)写成下面的形式：

$$N_0(t)=\sum_{j=1}^{\infty}Q_j(t)e^{\zeta_j t}。\qquad(3.4)$$

在 ζ_j 是单一根的情况下，多项式 $Q_j(t)$ 化为常数 Q_j。通过这种方式，(3.3)的情况就包括在求解更新方程的公式(3.4)中。

特征方程(3.2)有一个并只有一个实根，即 $\zeta=0$。把此值代入特征方程，我们可以直接检查 $\zeta=0$ 是根。于是

$$\int_0^{\omega}f(\tau)d\tau=1。$$

根据消除系数(概率)$f(\tau)$的定义，这个等式被满足。在时间间隔$(0,\omega)$之内，这个间隔初始时刻引入的一切物件被消除，因此，上面式子左边的积分始终等于 1。我们也注意到特征方程(3.2)左边是参数 ζ 的一个连续函数，以及 $f(\tau)\geqslant0$。所以，在实数 τ 值的集合中，这个函数随 ζ 的增加而单调地下降。它的值从 $\zeta=-\infty$ 时的 ∞ 到 $\zeta=+\infty$ 时的 0 不等，所以只存在一个实数 ζ 值，使这个函数等于 1，这个值是 $\zeta=0$。

所以存在一个实根 $\zeta=0$，而特征方程的其他根是复数。结果更新方程通解(3.3)可以写成①

① ζ 是单根，因为 $F'(0)=-\int_0^{\omega}\tau f(\tau)d\tau<0$。

$$N_0(t)=Q_1+\sum_{j=2}^{\infty}Q_j(t)e^{\zeta_j t},\tag{3.5}$$

其中参数 $\zeta_2,\zeta_3,\cdots\cdots$ 都是复数。

4. 决定特征方程的根

为了用连续逼近法求特征方程的根,我们把 $e^{\zeta\tau}$ 展开为一个幂级数。因而特征方程(3.2)取以下形式:

$$\int_0^{\omega}\left(1-\frac{\zeta\tau}{1!}+\frac{\zeta^2\tau^2}{2!}-\cdots\cdots\right)f(\tau)d\tau=1,$$

即 $\int_0^{\omega}f(\tau)d\tau-\frac{\zeta}{1!}\int_0^{\omega}\tau f(\tau)d\tau+\frac{\zeta^2}{2!}\int_0^{\omega}\tau^2f(\tau)d\tau-\cdots\cdots=1$。(4.1)

因为 $f(\tau)$ 可以解释为概率密度,所以上式中的积分是年龄 τ 的概率分布的中心矩——年龄为 τ 的物件从使用中消除掉。我们用 $m_0,m_1,m_2,\cdots\cdots$ 代表这些矩,并将方程(4.1)写成以下形式:

$$m_0-\frac{m_1}{1!}\zeta+\frac{m_2}{2!}\zeta^2-\frac{m_3}{3!}\zeta^3+\cdots\cdots=1。\tag{4.2}$$

前面说过,方程(4.1)左边的第一个积分等于1,也就是 $m_0=1$,所以,

$$\frac{m_1}{1!}\zeta+\frac{m_2}{2!}\zeta^2-\frac{m_3}{3!}\zeta^3+\cdots\cdots=0。\tag{4.3}$$

这是一个无限次数的代数方程,并且它有无限个可数的根。方程的系数是从使用中消除的物件年龄概率分布的相继中心矩除以相应的阶乘。

从出现在方程左边的多项式取有限数目的表达式,我们求得有限多项式的根。通过这种方式我们得到作为更新方程一般解的无限和(3.5)的一个近似值。取愈来愈多的数目的多项式的表达式，可以得到这个解的任何所需要的近似值。由于出现在它们的分母中的阶乘使多项式的连续的系数下降，少数表达式足以得到一个好的近似值。

在方程(4.3)中，我们可以把 ζ 放在括号前面，即可知这个方程有实根 $\zeta=0$。我们知道，这是唯一的实根，并且它又是单根。因为，在把 ζ 放在括号前面之后，我们得到

$$-m_1+\frac{m_2}{2!}\zeta-\frac{m_3}{3!}\zeta^2+\cdots\cdots=0, \tag{4.4}$$

这里 $m_1=\int_0^\omega \tau f(\tau)d\tau$ 是从使用中消除的物件的平均年龄，所以，$m_1>0$。[①] 因此，我们不能再把 ζ 放在括号前面。$\zeta=0$ 是特征方程(4.3)的一个单根。

特征方程(4.3)的其他根同时是方程(4.4)的根。我们知道，它们是复数，所以方程(4.4)可以用来确定复数根。由于这个方程的系数是实数，各个根以共轭对出现。因此，在用一个有限多项式逼近时，我们应当使用一个偶次数的多项式(对一个奇次数，必然会出现一个实根)。

上述用相继逼近法决定特征方程以及更新函数 $N_0(t)$ 的根的方法，其特点是它以概率分布 $f(\tau)$ 的中心矩为基础。这些矩可以

① 我们不说 $m_1=0$ 时这种没有实际重要性的情况，因为它意味着物件在年龄为 0 时从使用中被撤出，也就是完全没有投入使用。这样，对于 $\tau\neq0$ 的一切值，我们必会有 $f(\tau)=0$。如果对至少一个 $\tau\neq0$ 的值，$f(\tau)>0$，则(考虑到 $\omega>0$)所有的矩 m_1，m_2，……都是正的。

根据统计数据计算。

事实是,特征方程的左边是一个产生中心矩的函数。我们从数理统计知道,发生函数的(自然)对数也可以展开为一个幂级数。在特征方程(3.2)两边加对数,我们得到

$$\ln\int_0^{\omega} e^{-\zeta\tau}(\tau)d\tau = 0,$$

并把左边展开为一个幂级数,得到

$$-\frac{K_1}{1!}\zeta + \frac{K_2}{2!}\zeta^2 - \frac{K_3}{3!}\zeta^3 + \cdots\cdots = 0。\tag{4.5}$$

系数 $K_1, K_2, \cdots\cdots$ 是物件从使用中撤出的年龄的概率分布的半不变量。

把 ζ 放在方程(4.5)左边表达式的括号之前,我们求出 $\zeta = 0$ 是一个(单)实根,并且

$$-K_1 + \frac{K_2}{2!}\zeta^1 - \frac{K_3}{3!}\zeta^2 + \cdots\cdots = 0。\tag{4.6}$$

取表示偶次多项式的有限数目的式子,我们可以用任何所要的近似值决定特征方程的复根的值。

这是根据统计数据靠连续逼近决定特征方程的根的另一种方式。应当注意在半不变量和矩之间,下列关系式成立:①

$$K_1 = m_1, \qquad K_2 = m_2 - m_1^2,$$

$$K_3 = m_3 - 3m_2m_1 + 2m_1^3。\tag{4.7}$$

更多半不变量的多项式表达式更加复杂,所以在用一个二次多项

① 见 M.G.肯德尔的《高等统计理论》第 1 卷,第 63 页,伦敦,1948 年版;或 M.菲斯的《概率论和数理统计》第 103 页,华沙,1958 年版。

式逼近时，我们有

$$-K_1+\frac{K_2}{2!}\zeta-\frac{K_3}{3!}\zeta^2=-m_1+\frac{m_2}{2!}\zeta-\frac{m_3}{3!}\zeta^2$$

$$-\left(\frac{m_1^2}{2!}\zeta+\frac{-3m_2m_1+2m_1^3}{3!}\zeta^2\right)。$$

可以看到，平均数 m_1 愈小，用矩和半不变量逼近之间的差别愈小。对于较大的 m_1 值，只有用高次多项式逼近，差别才会变小。

5. 更新函数的性质

更新方程，即更新函数的一般解，可以写成公式(3.5)的形式，而出现在求和号下面的参数 $\zeta_2,\zeta_3,\cdots\cdots$ 是复数。我们将用 $\zeta=\alpha_j+i\beta_j(j=2,3,\cdots\cdots)$ 和方程(3.5)的以下形式来说明这一点：

$$N_0(t)=Q_1+\sum_{j=2}^{\infty}Q_j(t)e^{(\alpha_j+i\beta_j)t}。\qquad(5.1)$$

使用欧拉定理 $e^{i\varphi}=\cos\varphi+i\sin\varphi$，我们把上式写成以下形式：

$$N_0(t)=Q_1+\sum_{j=2}^{\infty}Q_j(t)e^{\alpha_j t}(\cos\beta_j t+i\sin\beta_j t)。\qquad(5.2)$$

事实是更新函数 $N_0(t)$ 有一个振动模式，有无限数目的可数的振动互相叠加，这些叠加的振动形成更新循环。所有这些振动以及更新循环围绕常数值 Q_1 波动。

把 $\zeta=\alpha+i\beta$ 代入特征方程(3.2)，并考虑欧拉定理

$$e^{-i\varphi}=\cos\varphi-i\sin\varphi,$$

我们得到 $\int_0^{\omega}e^{-\alpha\tau}(\cos\beta\tau-i\sin\beta\tau)f(\tau)d\tau=1。$

如果实数部分等于1，而虚数部分等于0，这个方程被满足，即

$$\int_0^\omega e^{-\alpha\tau}\cos\beta\tau d\tau = 1 \tag{5.3a}$$

和
$$\int_0^\omega e^{-\alpha\tau}\sin\beta\tau d\tau = 0。 \tag{5.3b}$$

从这两个条件中的第一个,可知 $\alpha_j<0$,因为 $\cos\beta\tau\leqslant 0$,对 τ 的几乎所有的值,$\cos\beta\tau<1$,因此积分下的表达式小于 $e^{-\alpha\tau}f(\tau)$。所以,

$$\int_0^\omega e^{-\alpha\tau}\cos\beta\tau f(\tau)d\tau < \int_0^\omega e^{-\alpha\tau}f(\tau)d\tau。$$

我们知道,如果 $\alpha=0$,上面不等式右边项等于1,所以只有 $\alpha_j<0$,左边项才可能等于1。结果随着 t 的不断增大,$e^{\alpha_j t}$ 趋近于0,振动衰减而更新循环渐渐消失。

就我们迄今所假设的,如函数 $f(\tau)$ 不连续,则出现一个特殊情况,但是对于 $\tau<\omega$ 和 $f(\omega)=1, f(\tau)=0$。这是特殊情况,①其中所有物件有相同的使用期 ω。因此,为了满足条件(5.3a),要求 $\alpha=0$,振动是常数,并且都有同样等于 ω 的周期。因而在 ω 时期内,存在一个常数不消失的更新循环。

从两个条件的后一个可知,如果 $Q_j=\alpha_j+i\beta_j$ 满足特征方程,则 $Q_j=\alpha_j-i\beta_j$ 也满足它。参数 Q_j 以共轭对出现,而这也是方程(5.1)或(5.2)左边是实数的要求。

结果(不谈上述的特殊情况),当 t 趋近于 ∞,公式(5.2)右边出现的和趋向0。所以

$$\lim_{t\to\infty}N_0(t) = Q_1, \tag{5.4}$$

---

① 严格地说,当对一定值 τ_0,$f(\tau)=1$,而对 τ 的所有其他值,$f(\tau)=0$ 时,才发生这种情况。使用期于是等于 τ_0,即 $\tau_0=\omega$,它导致了正文中所说的结果。

即更新函数趋向一个常数值。

这意味着在一个具体时刻更换的物件数目变得愈来愈接近常量:更新循环渐近地变换为一个均匀的更新过程。这使决定它的价值成为可能。

在一个均匀的更新过程中,现有物件存量是常数,我们用 N 表示它。在另一个时刻 t 上,这个存量是

$$N=\int_0^{\omega}N_0(t-\tau)l(\tau)d\tau。$$

在每个时刻引入同样数目 Q_1 的物件,即对于 t 和 τ 的每一个值,$N_0(t-\tau)=Q_1$ 成立。因此,

$$N=Q_1\int_0^{\omega}l(\tau)d\tau,$$

即

$$Q_1=\frac{N}{\int_0^{\omega}l(\tau)d\tau}。\quad(5.5a)$$

这个式子的分母是物件的平均使用期。在每个时刻更换的物件数等于物件存量除以它们的平均使用期。

应用分部积分公式,我们发现(对 $\varepsilon>0$)

$$\int_0^{\omega+\varepsilon}l(\tau)d\tau=[\tau l(\tau)]_0^{\omega+\varepsilon}-\int_0^{\omega+\varepsilon}\tau l'(\tau)d\tau。$$

由于 ω 是物件使用时间的上限,于是 $l(\omega+\varepsilon)=0$,

并得

$$\int_0^{\omega+\varepsilon}l(\tau)d\tau=-\int_0^{\omega+\varepsilon}\tau l'(\tau)d\tau,$$

即平均使用期等于从使用中消除的物件的平均年龄。因而公式(5.5a)也可以写成

$$Q_1=\frac{N}{m_1}。\quad(5.5b)$$

最后,更新系数可表示为

$$S=\frac{1}{\int_0^{\omega} l(\tau)d\tau}=\frac{1}{m_1},$$

我们也得 $Q_1 = NS$。 (5.6)

这些都是确定 Q_1 的值的等价的方法。

Q_1 的值是更新函数的边际价值。在一定初始时期适当安排引入新物件的批量,我们可以达到一个均匀的更新过程,而没有过渡的更新循环。为此目的,我们应在初始时期以这样的数量引进物件,使方程 $N_0(t)=Q_1$ 能立即满足。因而更新方程(2.1)采取以下形式:

$$Q_1=\int_0^{\omega} N_0(t-\tau)f(\tau)d\tau。\qquad (5.7)$$

因为已知 $\int_0^{\omega} f(\tau)d\tau = 1$,可以看出,如果在 $(t-\omega,t)$ 区间内,$N(t-\tau)=Q_1$,则这个方程被满足。同时这是一个必要条件,它可以用下列方式验算。两边对 t 求导,得到对任何 t 的值,

$$0=\int_0^{\omega} N'_0(t-\tau)f(\tau)d\tau。$$

可知 $N'_0(t-\tau)=0$,即 $N_0(t-\tau)=$ 常数。用 C 代表这个常数,代入方程(5.7),可发现 $C=Q_1$。

在长度为 ω 的初始时期中,在每个时刻必须投产 Q_1 个物件。在此期间,物件存量成比例增加,以迄它最后达到 $\omega Q_1 = N$ 件。在 ω 时间过去之后,存量是 N 件不变,其中,在每个时刻更换 $Q_1 = NS$ 件。

6. 更新循环的衰减及其期限

我们已看到，在更新过程中出现的振荡会衰减和消失。各部分振荡〔用公式(5.2)中和数的各个成分表示〕的衰减程度可能不同。它用$|\alpha_j|$测量，即特征方程相应根的实数部分的绝对值。在 t 时刻振荡幅度是 $e^{\alpha_j t}$，因此，在单位时间中振幅按以下比率减小：

$$\frac{e^{\alpha_j(t+1)}}{e^{\alpha_j t}} = e^{\alpha_j} < 1, \qquad 对\ \alpha_j < 0。 \tag{6.1}$$

数量 e^{α_j} 称为振荡的衰减系数，这个系数是一个常量（与时间无关）。t 时刻振荡幅度乘以衰减系数，我们得到 t+1 时刻的振荡幅度。因为 $\alpha_j<0$，α_j 的值愈小，即绝对值$|\alpha_j|$愈大，衰减系数愈小。所以，这个数值被用来衡量振荡的衰减程度。

如果具体振荡的 α_j 值不同，则它们的衰减程度和它们消失的速率也不同。因此，有些振荡衰减比其他的快，而持续最久的是$|\alpha_j|$值最小的振荡。我们称它为主导振荡。我们将主导振荡的衰减系数和衰减程度表示为更新循环的衰减系数和衰减程度。

于是更新循环的衰减程度决定于 $\min|\alpha_j|$。我们将设法估计这个值。借助于半不变量，即多项式(4.6)，把特征方程的（自然）对数展开为一个幂级数，用它最方便。

用一个二次多项式初步逼近得出二次方程

$$-K_1 + \frac{K_2}{2!}\zeta - \frac{K_3}{3!}\zeta^2 = 0。 \tag{6.2}$$

我们知道这个方程的根是复数，因此，它们是共轭的，二者都有同样的实数值部分，即 $\alpha_1 = \alpha_2 = \alpha$。从二次方程理论知道

$$\alpha = -\frac{1}{2}\left(\frac{K_2}{2!} - \frac{K_3}{3!}\right)。$$

因此我们发现

$$|\alpha| = \frac{3}{2}\left|\frac{K_2}{K_3}\right|。\qquad (6.3)$$

根据关系式(4.7),第二和第三半不变量等于相应的中心矩,将它们表示如下:

$$\begin{cases} K_2 = \mu_2 = \sigma^2 \\ K_3 = \mu_3 \end{cases},\qquad (6.4)$$

这里 μ_2 和 μ_3 代表第二和第三中心矩,σ^2 代表方差。因此,估计值(6.3)可写成下列形式:

$$|\alpha| = \frac{3}{2}\cdot\frac{\sigma^2}{|\mu_3|}。\qquad (6.5)$$

因为 $\alpha<0$,所以 $\mu_3<0$ 必然成立,也就是说,所有物件被从使用中消除的概率分布必然偏向左边。这意味着从使用中消除的较大物件必然偏向左边。事实上,循环的衰减程度(在此例中是 $|\alpha|$)与 σ^2,也就是与物件消除年龄概率分布的方差成比例。方差愈大,循环消失愈快。而当 σ^2 趋近于 0 时,$|\alpha|$ 趋近于 0,即循环不再消失。①

---

① 我们回到上述特殊情况,其中所有物件有同样的使用期。在此情况下,概率密度函数 $f(\tau)$ 不再是连续的。于是,对 $0\leqslant\tau\leqslant\omega$ 我们有 $f(\tau)=0$,而对 $\tau=\omega$ 有 $f(\tau)=1$。因此第 r 个矩等于

$$m_r = \int_0^\omega \tau^r f(\tau)d\tau = \omega^r。$$

考虑关系式(4.7),发现在此特例中,

$$\sigma^2 = K_2 = 0 \text{ 和 } \mu_3 = K_3 = 0。$$

于是公式(6.5)变得不确定而不能使用。

用一个较高次的多项式可对衰减程度做较精确的估计。我们考虑下面一个 2n 次方程：

$$-K_1+\frac{K_2}{2!}\zeta+\cdots\cdots+\frac{K_{2n}}{(2n)!}\zeta^{2n-1}+\frac{K_{2n+1}}{(2n+1)!}\zeta^{2n}=0。\tag{6.6}$$

这个方程的根是成对共轭的，因此所有根的和等于它们的实数部分之和，而实数部分自己重复两次，因此考虑其中几个就够了。

我们知道，在方程(6.6)的根和系数之间以下关系成立：

$$\zeta_1+\zeta_2+\cdots\cdots+\zeta_n=-\left(\frac{K_{2n}}{(2n)!}-\frac{K_{2n+1}}{(2n+1)!}\right)。\tag{6.7}$$

考虑到根是复数和成对共轭的事实，可得

$$2(\alpha_1+\alpha_2+\cdots\cdots+\alpha_n)=(2n+1)\frac{K_{2n}}{K_{2n+1}}。$$

因而，$|\alpha_1+\alpha_2+\cdots\cdots+\alpha_n|=\frac{2n+1}{2}\left|\frac{K_{2n}}{K_{2n+1}}\right|$。　(6.8)

用 $\bar{\alpha}$ 表示这个式子左边的算术平均数（即 $n\bar{\alpha}=|\alpha_1+\alpha_2+\cdots\cdots+\alpha_n|$），我们得

$$\bar{\alpha}=\frac{2n+1}{2n}\left|\frac{K_{2n}}{K_{2n+1}}\right|\approx\left|\frac{K_{2n}}{K_{2n+1}}\right|。\tag{6.9}$$

因为所有 α_j 有同一符号（负号），所以 $\min_j|\alpha_j|\leqslant\bar{\alpha}$，于是，

$$\min_j|\alpha_j|\leqslant\frac{2n+1}{2n}\left|\frac{K_{2n}}{K_{2n+1}}\right|。\tag{6.10}$$

这个估计数决定了更新循环的衰减程度的上限。

利用多项式(4.6)，还可得到特征方程根的虚数部分的系数 β_j

(记住 $\zeta_j=\alpha_j+i\beta_j$)的近似估计。取二次方程(6.2)并考虑它的两个复数根是共轭的,我们发现

$$(\alpha+\beta i)(\alpha-i\beta)=\alpha^2+\beta^2=\frac{-3!\ K_1}{K_3},\qquad(6.11)$$

所以

$$\beta=\sqrt{-\frac{\sigma K_1}{K_3}-\alpha^2}。$$

考虑半不变量和中心矩之间的上述关系,我们得到

$$\beta=\sqrt{-\frac{\sigma m_1}{\mu_3}-\alpha^2},\qquad(6.12)$$

其中 $\alpha^2=\frac{9}{4}\left(\frac{\sigma^2}{\mu_3}\right)^2$。根据(6.5),我们知道,$\mu_3<0$ 而 $m_1>0$,因此,根号下的式子是正的。[①]

让我们用 T 表示更新循环的期间,由于 $\beta T=2\pi$,因此, $T=\frac{2\pi}{\beta}$。于是我们发现

$$T=\frac{2\pi}{\sqrt{-\frac{\sigma m_1}{\mu_3}-\alpha^2}}。\qquad(6.13)$$

这是根据一个二次多项式估计的更新循环期间。

可以看出,循环衰减程度 $|\alpha|$ 愈大,T 愈大。其他条件不变,衰减较强的循环比衰减不那么强的循环为长,或者换句话说,衰减弱的循环比衰减强的循环有更大的频率。[②] 若其他条件不变,m_1

① 由于 $\mu_3=K_8<0$,我们将负号引入公式(6.11)右边。

② 将频率表示为振荡周期的倒数,更新循环频率因而是 1/T。

愈小，即从使用中消除的物件的平均年龄愈小，T 愈大。[①] 物件“寿命”愈长，更新循环愈短。我们可以粗略地说，更新循环的长度（周期）与从使用中消除的物件的平均年龄的平方根成反比。以下的事实可以说明，物件“寿命”愈长，在特定时期内更换的物件数的波动愈有余地。波动频率愈高，更新循环愈短。最后，物件从使用中撤出的年龄的概率分布的绝对偏斜度的增加，也就是 $|\mu_3|$ 的增加与物件“寿命”平均长度 m_1 的减少以同样方式起作用，即它们导致更新循环周期延长。

7. 离散更新过程

更新方程（2.1）右边也可表示为斯蒂耶斯积分的形式，即 $f(\tau)d\tau = -dl(\tau)$。于是更新方程取以下形式：

$$N_0(t) = -\int_0^{\omega} N_0(t-\tau)dl(\tau)。\qquad (7.1)$$

更新方程采取这种形式，可以有更广义的解释，包括连续根和离散的更新过程两方面。

如果更新过程是连续的，存在概率密度 $f(\tau)$，而对于离散过程，变量 τ 只取一个离散值的序列。为简化计，假设这些数值之间的间隔是相等的，因此 τ 取整数值 1，2，3，…… 在此情况下 $dl(\tau)$ 也以离散方式变化，取 $dl(1)$，$dl(2)$，……$dl(\omega)$ 值，而对于 $s=1$，2，……ω，$dl(s)=l(s+1)-l(s)$。如 $p_s=-dl(s)$，我们可以把方程（7.1）写成

① 注意，公式（6.13）中的 $-\frac{\sigma m_1}{\mu_3}$ 是正的。

$$N_0(t) = \sum_{s=1}^{\omega} N_0(t-s)p_s, \tag{7.2}$$

这是一个离散更新方程。它是线性差分方程(ω 阶),它的解有以下形式:

$$N_0(t) = \sum_{j=1}^{\omega} Q_j(t)\lambda_j^t, \tag{7.3}$$

其中,λ_j 是特征方程的根,而 $Q_j(t)$是多项式 ωt,其次数比根的乘积小 1。由于过程的离散性质,变量 t 也只取整数值。特征方程有以下形式:

$$\lambda - p_1\lambda^{\omega-1} - \cdots\cdots - p_\omega = 0。 \tag{7.4}$$

因为,$\sum_{s=1}^{\omega} p_s = 1$(消除概率的系数之和),在这个方程的根中,有一个单根 $\lambda = 1$,所以(离散)更新函数方程(7.1)的解,可以写成下式:

$$N_0(t) = Q_1 + \sum_{j=2}^{\omega} Q_j(t)\lambda_j^t。 \tag{7.5}$$

与连续更新函数(3.4)对比,右边的和包含有限数目的成分。①

可以证明,特征方程(7.4)的其余的根,即 $\lambda_2, \lambda_3, \cdots\cdots$都是负数,而且它们的绝对值小于 1(唯一例外的是,当所有物件的使用期相同时,$|\lambda_j| = 1$)。因此,公式(7.5)中求和号下的各个成分有振荡性质。

借助于对这些公式的解释,这个结果能从公式(3.2)和(3.5)直接得到。和(7.1)相似,我们用斯蒂耶斯积分代替在这些公式中

① 这与以下事实有关,物件年龄有个有限的上界 ω。如 $\omega = \infty$,则方程(7.4)变成一个无限次的方程,求和号下的成分数目变为无限。

出现的积分。然后将这些公式对应于现在考虑的离散更新过程。在这些公式中，$e^{\zeta_j}=\lambda_j$，可以从公式(3.4)得到离散更新函数(7.5)。与特征方程(3.2)的实根 $\zeta=0$ 对应的有方程(7.4)的根 $\lambda=1$。在复数根的情况下，$e^{\alpha_j}=|\lambda_j|$，其中 e^{α_j} 是根 ζ_j 的实数部分。设 λ_j 与 α_j 同符号，不考虑所有物件有同样的更新周期的这种特殊情况，$\alpha_j<0$，因而 $e^{\alpha_j}<1$，即 $\lambda_j<0$ 而 $|\lambda_j|<1$。因此，公式(7.5)右边求和号下面的各个成分表示衰减的振荡。

第四章　再生产的均衡条件

再生产过程要求某些商品不断地生产出来，必须更换损耗了的固定资本和耗用的营运资本，以更新生产资料。劳动力的更新要求生产消费资料，称为维持资料。特定数量的商品的生产及其物质形式决定于再生产的要求。而且，除很原始的社会以外，通常都有某些剩余商品被生产出来，它们称为剩余产品。

剩余产品可能包括各种消费资料，它们的数量和质量可能超过维持资料。这些富余的消费资料如何利用决定于再生产过程在其中进行的那个社会制度的性质。在对抗性生产方式的社会制度中，富余的消费资料通常被生产资料所有者阶级、与它有关的社会阶层以及向这些人提供劳务的人们消费掉。在特殊情况下，生产资料的主人可能被迫放弃一定份额的富余消费资料，照顾生产过程中被雇用的人们。在非对抗性生产方式的社会制度中，富余的消费资料由生产者自己和为他们提供劳务的工人们消费。

此外，剩余产品也可能包括某些生产资料，它们超过了更新所需要的生产资料的数量（也可能包括质量），因此生产资料存量增加，并且使扩大再生产（与简单再生产对比，其中剩余产品不包括生产资料）得以进行。扩大再生产过程中发生的生产资料存量的增加称为积累。[1] 生产资料的积累通常使劳动就业增加，以利用富余的生产资料。所以，在扩大再生产中，一部分富余的消费资料必须用作新增劳动力的维持资料。在扩大再生产过程中一部分剩余产品形成生产资料和维持资料两种形式。

生产必须适应更新的要求，而扩大再生产也必须适应生产资料的积累要求。这种适应意味着必须按更换耗用的生产资料以及积累所需的物质形式和数量生产生产资料。所有耗用的生产资料——不论它们是固定资本还是营运资本——必须用新生产的生产资料更换。增加生产资料现有存量的一切生产资料也必须生产出来。还必须生产所雇劳动力以及可能由于积累而增雇的劳动力所需的维持资料。因此，再生产的要求决定着必须生产的商品，决定着它们的数量和它们的物质形式，也决定着具体商品生产中的数量关系（比例）。换句话说，再生产的要求决定着生产过程的物质和数量结构。

如果生产以上述方式适应再生产的要求，我们说再生产过程是均衡的，产出的商品种类和数量恰好是再生产过程需要的。

如果没有这种均衡，某些商品生产得太少或太多，再生产过程就会受到干扰。如果有些生产资料的生产数量不够，这些生产资料计划的积累或更新便不可能，扩大再生产甚至简单再生产也不再可能。如果所需维持资料生产得太少，可能妨碍雇用新增的劳动力，甚至现有劳动力的更换也可能受阻碍。这使扩大再生产或

---

① “积累”一词我们理解为供将来使用的产品的积累。我们可以积累生产资料（固定资本和营运资本）和消费资料（耐用品，如房屋或家具；易耗品，如食物）。扩大再生产基于生产资料的积累，消费资料的积累与消费结构和它在时间上的分布有关。

简单再生产都成为不可能。在这种情况下,我们说再生产过程中有了薄弱环节,它干扰了再生产的进程。

而如果相对于再生产过程的需要而言,某些商品生产太多,我们说生产有了过剩,再生产过程也要受到干扰。因为,某些商品过剩将使生产不能继续。常见的是在某些商品过剩的同时伴随有其他商品的生产不足,即出现薄弱环节,这就是再生产过程的比例失调。薄弱环节、生产过剩和比例失调,构成了对再生产过程的干扰。再生产过程的模式要想平滑,没有干扰,就必须均衡。

再生产过程的均衡要求商品生产和它们的更换及积累的需要之间有一些等式必须被满足。为了确定这些等式,让我们回忆一下:在生产过程中,人和物的生产要素,也即劳动力和生产资料融合在一起。在特定的技术过程中,在生产的商品数量、具体生产资料和具体劳动的支出之间,有一个确切的数量关系。我们以下面形式表达这个关系:[①]

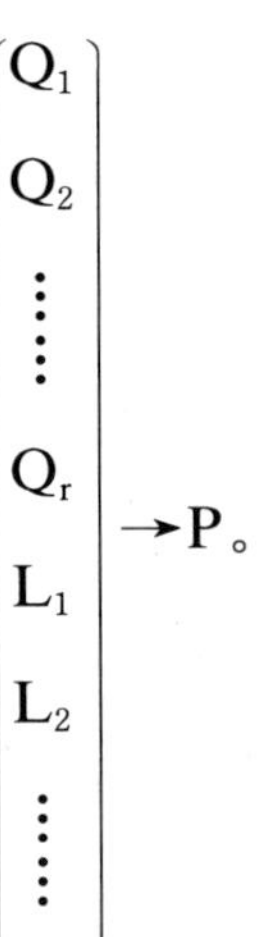

$$\begin{pmatrix} Q_1 \\ Q_2 \\ \vdots \\ Q_r \\ L_1 \\ L_2 \\ \vdots \\ L_s \end{pmatrix} \rightarrow P。$$

① 见本卷第二章。

在此例中，Q_1，Q_2，……Q_r 为具体生产资料（固定资本和营运资本）支出，而 L_1，L_2，……L_s 表示各种劳动的支出（直接劳动），P 表示产出商品数量（报酬）。

令生产的商品品种数为 n，r 为生产资料的品种数，n－r 为消费资料的品种数，用 P_1，P_2，……P_r 代表生产的生产资料数量，而用 P_{r+1}，P_{r+2}，……P_n 代表生产的消费资料数量，用 Q_{ij} 代表生产第 j 种商品时支出的第 i 种生产资料，用 L_{kj} 代表生产第 j 种商品时支付的第 k 种劳动，并假设有 s 种不同的劳动。支出和产品用物理单位测量并且是流量。这样得出支出和报酬之间的数量关系，用下式引入第 j 种商品：

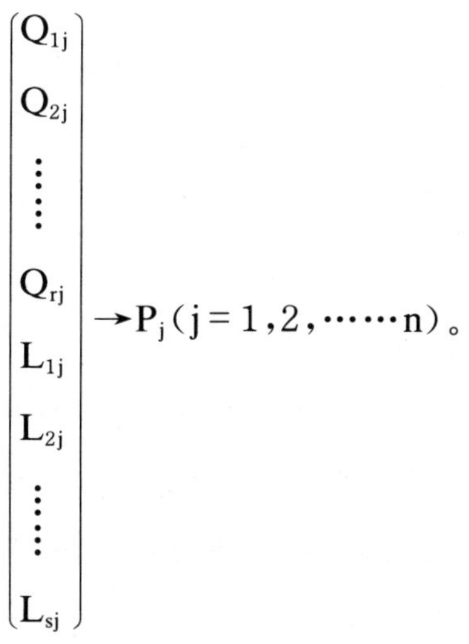

$$\begin{pmatrix} Q_{1j} \\ Q_{2j} \\ \vdots \\ Q_{rj} \\ L_{1j} \\ L_{2j} \\ \vdots \\ L_{sj} \end{pmatrix} \to P_j (j=1,2,\cdots\cdots n)。$$

由于商品是同时生产的（包括 r 种生产资料和 n－r 种消费资料），上述数量关系可以表示为表 9 的形式。该表称为投入产出平衡表。表中四部分的各栏表示生产数量为 P_1，P_2，……P_n 的各种商品所需的投入。这些产品分为生产资料和消费资料。前者用指标 1，2，……r 表示，后者则用 r＋1，r＋2，……n 表示。产出商品的

表 9　投入产出平衡表(按物理单位)

	生产资料投入	消费资料投入	指定用于生产资料积累的投入	总投入
对生产资料的需求	$Q_{11},Q_{12},\cdots\cdots Q_{1r}$ $Q_{21},Q_{22},\cdots\cdots Q_{2r}$ …… $Q_{r1},Q_{r2},\cdots\cdots Q_{rr}$	$Q_{1,r+1}\cdots\cdots Q_{1n}$ $Q_{2,r+1}\cdots\cdots Q_{2n}$ …… $Q_{r,r+1}\cdots\cdots Q_{rn}$	Q_{1a} Q_{2a} …… Q_{ra}	Q_1 Q_2 …… Q_r
对劳动的需求	$L_{11},L_{12},\cdots\cdots L_{1r}$ $L_{21},L_{22},\cdots\cdots L_{2r}$ …… $L_{s1},L_{s2},\cdots\cdots L_{sr}$	$L_{1,r+1}\cdots\cdots L_{1n}$ $L_{2,r+1}\cdots\cdots L_{2n}$ …… $L_{s,r+1}\cdots\cdots L_{sn}$	L_{1a} L_{2a} …… L_{sa}	L_1 L_2 …… L_s
生产的商品数量	↓　↓　……↓ $P_1,P_2,\cdots\cdots P_r$	↓　……↓ $P_{r+1}\cdots\cdots P_n$		

数量在表下部箭头下列出(箭头表示生产过程)。表中各行指出了对各种生产资料和劳动投入的需求。位于四块中的一行的各部分说明生产各种商品(生产资料和消费资料)对某种生产资料或某种劳动的需求。这是生产一定数量商品,也就是将生产维持在一定水平的要求,它是更换耗用的生产资料和维持特定劳动投入的需要,也就是简单再生产的需要。而且,在每一行中(在消费资料投入右边)指出为了生产资料积累(即扩大再生产)的目的对特定生产资料或劳动投入的需要。这些需要分别用以下符号表示:

$Q_{1a},Q_{2a},\cdots\cdots Q_{ra}$ 和 $L_{1a},L_{2a},\cdots\cdots L_{sa}$,双竖线右边第二列的数量表示某一行所有前面各项之和,因而代表对各种生产资料或劳动投入的联合需要,例如:

$$Q_1 = Q_{11} + Q_{12} + \cdots\cdots + Q_{1r} + Q_{1,r+1} + \cdots\cdots + Q_{1n} + Q_{1a},$$

同样

$$L_1 = L_{11} + L_{12} + \cdots\cdots + L_{1r} + L_{1,r+1} + \cdots\cdots + L_{1n} + L_{1a}。$$

表 9 中所有各项用物理单位测量，并且是流量，它们代表每单位时间（例如每年）的数量。

表内各行中的式子（双横线下面的式子例外）可以相加在一起，因为每一行中各个式子属于同种商品或同种劳动，并且以同一物理单位计量。不过，我们不能把各列中的式子相加，因为每一列包含用不同的物理单位计量的式子，即不同生产资料和不同种类劳动的投入。表下部的数量 $P_1, P_2, \cdots\cdots P_n$ 不是各种投入之和，而是它们的产品，我们用箭头示意。还应当注意，表中各个式子（双竖线右边和双横线下边的式子例外）可以等于 0。所以，如果 $Q_{ij}=0$ 或 $L_{kj}=0$，这意味着在生产第 j 种商品时不需要投入第 i 种生产资料或第 k 种劳动。例如，为了生产钢，无须投入棉花或缝纫劳动。如果指定供积累的投入列中某个式子等于 0，这意味着相应的生产资料或劳动与生产资料的积累无关。如果这一列的所有式子等于 0，就没有生产资料的积累，即简单再生产。

根据表 9，我们可以设立一些方程（或不等式），给出再生产过程的均衡要求。我们称这些方程（或不等式）为平衡条件。对于生产资料我们得到 r 个平衡方程，说明每种资料的生产必须等于对它的需求。例如：

$$P_1 = Q_1$$

$$P_2 = Q_2$$

$$\cdots\cdots$$

$$P_r = Q_r。$$

因为 $Q_1, Q_2, \cdots\cdots Q_r$ 等于相应行在双竖线右边第二列左边的式子之和(表 9),即

$$\begin{aligned} P_1 &= Q_{11} + Q_{12} + \cdots\cdots + Q_{1r} + Q_{1,r+1} + \cdots\cdots + Q_{1n} + Q_{1a}, \\ P_2 &= Q_{21} + Q_{22} + \cdots\cdots + Q_{2r} + Q_{2,r+1} + \cdots\cdots + Q_{2n} + Q_{2a}, \\ &\cdots\cdots \\ P_r &= Q_{r1} + Q_{r2} + \cdots\cdots + Q_{rr} + Q_{r,r+1} + \cdots\cdots + Q_{rn} + Q_{ra}。 \end{aligned} \tag{1}$$

它们是生产资料的平衡方程。一组这些方程简称为生产资料平衡表。这个表说明表 9 中最后一行(双横线下面)的一部分,即生产资料的生产,等于最后一列的一部分(在双竖线右边),即对生产资料的需求。如果这个等式成立,生产资料平衡表即被满足。

以相似方式,我们可得到劳动力平衡表。对于任何一种劳动,其需求不能超过做所涉及的工作的联合能力,即某一种劳动力。我们用 $L_1^{(0)}, L_2^{(0)}, \cdots\cdots L_s^{(0)}$ 代表具体种类劳动力的数量,然后劳动力平衡表以 s 个平衡不等式的形式表示:

$$\begin{aligned} &L_1^{(0)} \geqslant L_1, \\ &L_2^{(0)} \geqslant L_2, \\ &\cdots\cdots \\ &L_s^{(0)} \geqslant L_n。 \end{aligned}$$

由于 $L_1, L_2, \cdots\cdots L_s$ 等于双竖线左边相应一行的各项之和,所以

$$\begin{aligned} L_1^{(0)} &\geqslant L_{11} + L_{12} + \cdots\cdots + L_{1r} + L_{1,r+1} + \cdots\cdots + L_{1n} + L_{1a}, \\ L_2^{(0)} &\geqslant L_{21} + L_{22} + \cdots\cdots + L_{2r} + L_{2,r+1} + \cdots\cdots + L_{2n} + L_{2a}, \\ &\cdots\cdots \\ L_s^{(0)} &\geqslant L_{s1} + L_{s2} + \cdots\cdots + L_{sr} + L_{s,r+1} + \cdots\cdots + L_{sn} + L_{sa}。 \end{aligned} \tag{2}$$

这些是半不等式,如果它们中的任何一个是等式,则某种劳动力的可供数量就会被完全耗尽。不过,如果某个不等式是严格的不等式,即有“>”号,就会有剩余劳动力在生产过程中未得到使用(它可能在非生产岗位得到就业,或者仍然失业)。

用 $R_1, R_2, \cdots\cdots R_s$ 代表这些剩余劳动力,可以把平衡不等式(2)变换为等式:

$$
\begin{aligned}
L_1^{(0)} &= L_{11} + L_{12} + \cdots\cdots + L_{1r} + L_{1,r+1} + \cdots\cdots + L_{1n} + L_{1a} + R_1,\\
L_2^{(0)} &= L_{21} + L_{22} + \cdots\cdots + L_{2r} + L_{2,r+1} + \cdots\cdots + L_{2n} + L_{2a} + R_2,\\
&\cdots\cdots\\
L_s^{(0)} &= L_{s1} + L_{s2} + \cdots\cdots + L_{sr} + L_{s,r+1} + \cdots\cdots + L_{sn} + L_{sa} + R_s。
\end{aligned} \tag{3}
$$

以此方式,不用不等式,即可得到劳动力的平衡方程。在第 i 种劳动力对于需求不出现剩余的情况下,$R_i = 0$。然而,这些方程不能像生产资料那样,用表 9 的最后一行和最后一列的相应部分的等式形式来表示。

生产资料平衡表和劳动力平衡表可以表示为简化的向量形式。方程系列(1)和(3)的各列可以解释为向量,在方程(1)中分别用 $P_1, Q_1, Q_2, \cdots\cdots Q_n, Q_a$ 表示,在方程(3)中用 $L^{(0)}, L_1, L_2, \cdots\cdots L_n, L_a, R$ 表示。记住,只有当对应的元素相等时,两个向量才相等。[①] 这些方程可以写成压缩形式

$$P = Q_1 + Q_2 + \cdots\cdots + Q_r + Q_{r+1} + \cdots\cdots + Q_n + Q_a \tag{1a}$$

和 $$L^{(0)} = L_1 + L_2 + \cdots\cdots + L_r + L_{r+1} + \cdots\cdots + L_n + L_a。 \tag{3a}$$

以此方式,生产资料平衡表只需用一个方程表示(一个向量方程)。

① 见本卷第二章。

同样,劳动力平衡表也可用一个方程表示。

生产资料平衡表还需要一个补充条件。平衡方程(1)或向量方程(1a)决定了为满足再生产要求所需的各种生产资料的产量。不过,为使这种生产成为可能,必须有合适的生产能力。生产资料平衡表应当用相应的生产能力平衡表来补充。我们用 $\hat{P}_1$,$\hat{P}_2$,……$\hat{P}_r$ 代表生产资料各部门的生产能力,[①]于是以下不等式得到:

$$\begin{aligned}&\hat{P}_1 \geqslant P_1,\\&\hat{P}_2 \geqslant P_2,\\&\cdots\cdots\\&\hat{P}_r \geqslant P_r。\end{aligned} \tag{4}$$

用 $\hat{R}_1$,$\hat{R}_2$,……$\hat{R}_r$ 表示未利用的生产能力(它们中有一些或全部可能等于 0),我们可以把这些不等式变换为平衡方程,即

$$\begin{aligned}&\hat{P}_1 = P_1 + \hat{R}_1,\\&\hat{P}_2 = P_2 + \hat{R}_2,\\&\cdots\cdots\\&\hat{P}_r = P_r + \hat{R}_r。\end{aligned} \tag{5}$$

还可写成向量方程的形式:

$$\hat{P} = P + \hat{R}。$$

我们将生产能力和它们的未利用部分引入表 9,例如,在表的下部另外增加两行,于是生产能力平衡表将在表 9 中表示出来。为了避免使表太复杂,我们不这样做。但是,应理解只有生产能力

① 见本卷第二章附录。其中生产能力的定义在公式(3.2)中已经指出。让我们记住,生产能力决定于技术设备和在特定时期中它的最大利用时间。

平衡表被满足，表格中的生产资料平衡表才能被满足。

然而，表9和生产资料平衡表（连同生产能力平衡表）以及以它为根据的劳动力平衡表并不表示生产资料生产、直接劳动投入和消费资料生产之间的任何完整联系。表的第二方块表示生产消费资料时用掉的生产资料数量，但是消费资料生产本身在这里不服从任何平衡条件。不过，为了让表中第三和第四两个方块提到的各个种类和数量的劳动出现平衡条件，即要有一定数量的消费资料，构成所需劳动力的必要生存资料。

我们用 $Q_{r+1,i}$，$Q_{r+2,i}$，……Q_{ni} 代表从事 L_{1i}，L_{2i}，……L_{si} 项工作的劳动力，即生产数量为 P_i 的第 i 种商品中雇用的劳动力生存所必需的各种消费资料的数量。在上述生存资料和劳动力投入之间，其对应关系表示为下列形式：

$$\begin{pmatrix} Q_{r+1,i} \\ Q_{r+2,i} \\ \vdots \\ Q_{ni} \end{pmatrix} \sim \begin{pmatrix} L_{1i} \\ L_{2i} \\ \vdots \\ L_{si} \end{pmatrix}, \tag{6}$$

即两个向量——必要维持资料向量和劳动投入向量——的对应关系的形式。[①] 这些向量的某些元素可能等于0，即有些消费资料不

---

① 这个对应关系不是一个等式，两个向量的元素以不同物理单位计算，而且元素数目是不同的。两个向量作为整体之间，而不是它们的各个元素之间成为对应关系。更精确地说，这个对应关系可用以下方式表示：用 $Q_{r+1,ji}$，$Q_{r+2,ji}$，……$Q_{n,ji}$ 表示从事 L_{ji} 工作的劳动力，即在第 i 种商品生产中第 j 种劳动投入的必要维持资料的集合（向量）。然后可以得出下列对应关系：

$$L_{1i} \sim (q_{r+1,1i}, q_{r+2,1i}, \cdots\cdots q_{n,1i}),$$

$$L_{2i} \sim (q_{r+1,2i}, q_{r+2,2i}, \cdots\cdots q_{n,2i}),$$

成为第 i 种产品的生产中必要维持资料的一部分,或者不使用某些种类的劳动。

将这些对应关系代入表 9,我们得到表 10,它们不表示劳动投入,而表示必要生存资料的投入。[①]

表 10 称为商品生产及其需求平衡表,它与表 9 的不同之处在于它表示必要维持资料的投入而不是劳动投入(第三和第四栏以及它们右边各项)。而且指定供生产资料积累用的投入(生产资料和必要维持资料两方面)分为两部分:增加生产资料部类中生产资料存量的投入和增加消费资料部类中生产资料存量的投入。前者用符号Ⅰ表示,后者用Ⅱ表示,这种区分对于下面的论述是必要的。最后,在表 10 的下面列出了未利用的生产能力 R_i 和现有总生产能力 P_i,这也将是有用的。

据表 10 我们得出生产资料平衡和消费资料平衡。对于生产资料来说,这些平衡表现为 r 个生产资料方程:

$$\begin{aligned} P_1 &= Q_1, \\ P_2 &= Q_2, \\ &\cdots\cdots \\ P_r &= Q_r。 \end{aligned} \tag{7}$$

……

$L_{si} \sim (q_{r+1,si}, q_{r+2,si}, \cdots\cdots q_{n,si})$,

$(Q_{r+1,i}, Q_{r+2,i}, \cdots\cdots Q_{ni})$。

右边各列中的各项可以相加,因为它们属于同样的消费资料并用同样的物理单位计量。用 $Q_{r+1,i}, Q_{r+2,i}, \cdots\cdots Q_{ni}$ 表示各列各项之和,我们得到正文中的对应关系(6)。

① B. 克拉普考斯基和 A. 克林斯基在《计算生产资料和消费资料价值的问题》中列出了一张相似的表格。该书收入矿冶学院科学丛书,克拉科夫,1961 年版。

表 10 商品生产及其需求的平衡表

	生产资料投入	消费资料投入	指定供积累的生产资料		投入合计	必要维持资料以外的消费资料
对生产资料的需求	Q_{11}， Q_{12}， ……Q_{1r} Q_{21}， Q_{22}， ……Q_{2r} …… Q_{r1}， Q_{r2}， ……Q_{rr}	$Q_{1,r+1}$， ……Q_{1n} $Q_{2,r+1}$， ……Q_{2n} …… $Q_{r,r+1}$， ……Q_{rn}	Ⅰ Q_{1a} Ⅰ Q_{2a} …… Ⅰ Q_{ra}	Ⅱ Q_{1a} Ⅱ Q_{2a} …… Ⅱ Q_{ra}	Q_1 Q_2 …… Q_r	
对消费资料的需求	$Q_{r+1,1}$，$Q_{r+1,2}$，……$Q_{r+1,n}$ …… Q_{n1}， Q_{n2}， ……Q_{nr}	$Q_{r+1,r+1}$，……$Q_{r+1,n}$ …… $Q_{n,r+1}$， ……Q_{nn}	Ⅰ $Q_{r+1,a}$ …… Ⅰ Q_{na}	Ⅱ $Q_{r+1,a}$ …… Ⅱ Q_{na}	Q_{r+1} …… Q_n	M_{r+1} …… M_n
产出商品的数量	↓ ↓ ↓ P_1， P_2， ……P_r	↓ ↓ P_{r+1}， ……P_n				
未利用的生产能力	$\hat{R}_1$， $\hat{R}_2$， ……$\hat{R}_r$	$\hat{R}_{r+1}$， ……$\hat{P}_n$				
生产能力	$\hat{P}_1$， $\hat{P}_2$， ……$\hat{P}_r$	$\hat{P}_{r+1}$， ……$\hat{P}_n$				

对于消费资料来说,则表现为 n - r 个不等式:

$$\begin{aligned}&P_{r+1} \geqslant Q_{r+1},\\&P_{r+2} \geqslant Q_{r+2},\\&\cdots\cdots\\&P_n \geqslant Q_n。\end{aligned} \tag{8}$$

这些方程和不等式右边的数量代表对生产资料和对必要维持资料的总需求(表 10 中双竖线右边出现的和数)。然而,必要维持资料(通常)并不耗尽消费资料的总产量。所以消费资料平衡属于不等式性质。我们利用 M_{r+1},M_{r+2},……M_n 代表各种维持资料的过剩产量。这样消费资料平衡可以写成下列方程式(而不是不等式):

$$\begin{aligned}&P_{r+1} = Q_{r+1} + M_{r+1},\\&P_{r+2} = Q_{r+2} + M_{r+2},\\&\cdots\cdots\\&P_n = Q_n + M_n。\end{aligned} \tag{8a}$$

在此形式中(右边)清楚地表明了必要维持资料和其他维持资料。[①]

① 马克思用“奢侈品”一词表示不是必要维持资料的消费资料。见《资本论》第 2 卷,第 448 页,人民出版社,1975 年版。在现行条件下,这个名词可能造成一些误解。在一个发达的工业社会中(社会主义社会或资本主义社会),必要维持资料在经济发展的早期被认为是奢侈品,在今天的日常用语中,有时还认为如此。例如,汽车、书、电视机等,对许多工人而言,是上班或保持、改进职业资格的必要维持资料。而且,马克思(在援引的地方)认为一部分必要维持资料被资本家所得,所以如按照商品的自然性质而不是按照它们在再生产中的功能区别必要维持资料和奢侈品,则这种区分会模糊劳动力更新问题。我们给必要维持资料下的定义纯粹是功能性的,并且包括劳动力更新所需的一切消费资料而不包括其他资料,它们的自然形式是与此无关的事。

我们可在表 10 右边列出数量 $M_{r+1}, M_{r+2}, \cdots\cdots M_n$ 以表示消费资料和生产资料的平衡条件得到满足，而第一双横线下面的一行，列出生产数量 $P_1, P_2, \cdots\cdots P_r$，它们是表的最后两列（双竖线右边）之和。通过这种方式，消费资料和生产资料都被包括在平衡表内。

显然，只有具备必要的生产能力，消费资料平衡表才能被满足。我们必须增加生产能力平衡，它现在不仅包括生产资料的生产，而且也包括消费资料的生产。和前面一样，用 P_i 代表生产能力，并用 R_i 代表生产能力的未利用部分，该平衡可表示为 n 个方程的形式：

$$\begin{aligned} \hat{P}_1 &= P_1 + \hat{R}_1, \\ \hat{P}_2 &= P_2 + \hat{R}_2, \\ &\cdots\cdots \\ \hat{P}_n &= P_n + \hat{R}_n, \end{aligned} \tag{9}$$

这些方程包括生产资料和消费资料。

生产能力平衡表在表 10 的下部表示。下部的一行（在第二双横线下面）必须分别等于它们所对应的上面两行之和（即两条双横线之间）。表 10 即用这个方式表示生产资料和消费资料再生产过程中出现的所有平衡条件。

事实是，方程（7）、（8a）和（9）表示的再生产过程的所有平衡条件，以相应各行和各列（或各行各列之和）的等式形式在表 10 中表示出来。把这些行和列称为向量，我们可以用两个向量方程的形式表示平衡条件的总和，即

$$P = Q + M（其中生产资料\ M = 0） \tag{7a,8a}$$

和

$$\hat{P} = P + \hat{R}, \tag{9a}$$

第一个方程表示生产资料和消费资料的联合平衡，即商品生产及其需求的平衡——方程(7a)、(8a)。第二个方程表示生产能力平衡——方程(9a)。

因此，表10指出了整个再生产过程的情况。在一定时期内(例如一年)生产的商品的集合是社会总产品。在表中它在第一双横线下面的一行中表示，而且它包括产出的所有商品的数量，P_1，P_2，……P_n，即向量P。此表指出了社会总产品的结构。列在四栏中的数量Q_{ij}代表社会产品中指定用于更换生产资料和劳动力的部分。这是社会总产品中保证简单再生产需要的部分。这部分适当地分为生产资料和必要维持资料。而且，此表还表示分配供更换用的生产资料和分配必要维持资料供生产资料和消费资料的生产过程之用。此表四个方块右边是剩余产品。它包括Q_{1a}(Ⅰ)和Q_{1a}(Ⅱ)两列以及最后一列M_n。

可以看出，剩余产品可表现为向量和的形式：

$$\overset{\text{I}}{Q}_a + \overset{\text{II}}{Q}_a + M。$$

这个和的前面两个元素代表社会产品中指定用于生产资料积累，即保证扩大再生产的部分。第一个元素指定用于扩大生产资料的生产，第二个元素指定用于扩大必要消费资料的生产。表10指出了每个元素内部分成生产资料和消费资料(必要维持资料)的情况。最后一个元素代表必要维持资料以外的消费资料。再生产过程中不涉及这些资料，它们构成这个过程的剩余(超过扩大再生产的需要)。如果把必要维持资料的消费称为再生产消费，则上述剩余的消费可称为纯消费。

表 10 表明了再生产的结构，它把再生产过程中出现的各个数量分成和数的组成部分（表中各行）或向量的元素（表中各列）。然而，在再生产过程中，产品不断被耗用和更换，而且由于积累的原因生产还会扩大。因此，再生产过程是一个“永远运动”的过程，其中一个数量不断地变换为另一个数量。① 各个物质客体变换着它们的经济功能：它们从再生产过程的最终产品变换为生产资料或必要维持资料；它们从消费资料领域转移到生产资料领域（作为生产资料生产中的必要维持资料）；它们从生产资料领域转移到消费资料领域（作为消费资料生产中的生产资料）；它们从剩余产品的组成部分变换为生产资料和必要维持资料（生产资料的积累）；等等。

为了理解这种“运动”——各种物质客体行使的经济功能的变换，必须把社会经济分成一些部类，也可能分成许多部门和子部门，它们对应于某种物质客体在再生产过程中行使的各种经济功能。所以，我们可以把一个物件行使的功能的变换解释为我们常说的从一个产业到另一个产业的转移或流动。②

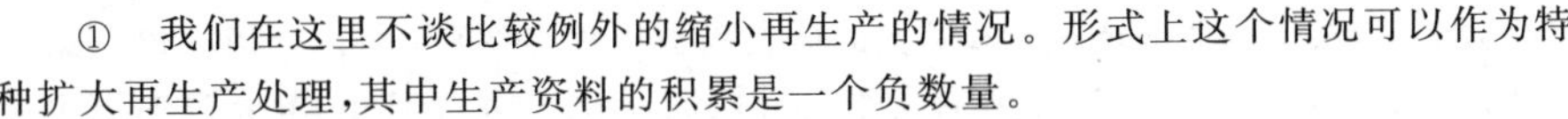

① 我们在这里不谈比较例外的缩小再生产的情况。形式上这个情况可以作为特种扩大再生产处理，其中生产资料的积累是一个负数量。

② 重农学派的创始人 F. 魁奈首先以物件从社会经济的一个部门转移到另一个部门的“运动”的形式分析再生产过程。他在 1758 年出版的《经济表及其解释》一书中，阐述了产品在各个社会阶级之间的“流通”以及每个阶级在再生产过程中行使的特定职能。他用一个表格表示这个过程，他称之为经济表。关于魁奈的理论，见马克思的《剩余价值学说史》；J. 沙高斯基的《F. 魁奈的经济学》（华沙，1963 年版）及 V. S. 涅姆钦诺夫的《经济数学方法和模型》（莫斯科，1956 年版）。在《资本论》第 2 卷第 3 篇中，马克思根据产品从生产生产资料的部类转移到生产消费资料的部类，以及反方向的转移，对再生产过程做了详细的分析。马克思首先提出了再生产的均衡条件，并且以数字的和代数的形式表述了它们。马克思据此形成了整个再生产理论。虽然，这个理论在原则上是以对资本主义制度中再生产的研究为依据的，但正像他本人指出的，它有更

在这方面,我们把社会主义经济划分为两个基本部类——生产生产资料的部类和生产消费资料的部类。我们效仿马克思,用Ⅰ和Ⅱ代表这两个部类。马克思说:“这两个部类中每一部类拥有的所有不同生产部门,联合起来都形成一个单一的大的生产部门:一个是生产资料的生产部门,另一个是消费资料的生产部门。”[①]在再生产过程中,产品从一个部类流向另一个部类,或者像马克思说的,产品在两个部类之间交换。[②]

广的用途,它的一部分适用于所有社会制度中的再生产过程。见《资本论》第2卷,第493页和第545—547页,人民出版社,1975年版。马克思在《剩余价值学说史》中,对再生产理论也做了广泛的评论。见他在1863年7月8日给恩格斯的信。信中,他第一次列举了他的再生产理论的原则,并提出一张模仿魁奈的经济表的表格,将两个表做比较。见《马克思和恩格斯〈资本论〉通信》。马克思的再生产理论长时间不为人所知,因为《资本论》第2卷直到1885年才出版(恩格斯在马克思去世后两年予以发表)。甚至在它出版后,人们也很少注意马克思的再生产理论,直到19世纪末才因两件事被人们“发现”。第一件事是在俄国马克思主义者和“民粹派”之间对有无可能创造一个市场经济以促进资本主义生产方式在俄国发展的问题展开辩论。在这次辩论中,列宁基于对马克思再生产图式的分析,于1893年发表了“论所谓市场问题”一文,载入《列宁全集》第1卷。在这篇论文中,列宁进一步发展了马克思的图式。见V.S.涅姆钦诺夫的《经济数学方法和模型》第197—211页中对这个题目的讨论。第二件事是俄国经济学家M.杜根-巴兰诺夫斯基提出了资本主义作为一个经济制度有无限的发展可能性的主张。见《英国商业循环理论和历史的研究》,彼得堡,1894年版。杜根-巴兰诺夫斯基用马克思再生产图式论证他的主张,从而引起广泛讨论。其中,马克思的再生产理论(特别是它的图式)变成争论中的一个基本工具。关于这些争论的较重要的文献中,值得注意的包括:R.希法亭的《金融资本》,柏林,1947年版;R.卢森堡的《资本积累》,柏林,1913年版;O.鲍尔的“资本的积累”,载《新时代》,1913年版;H.格罗斯曼的《积累和资本主义制度崩溃的规律》,莱比锡,1929年版。关于马克思的再生产图式的论述,见兰格的《再生产和积累理论》第一、二章,牛津—华沙,1969年版。马克思的理论构成了再生产过程的一切现代分析的基础。它的主要原理已被讨论这个问题的许多经济学家们,包括距离马克思政治经济学方法甚远的那些人所适应(并被“重新发现”)。这方面也见兰格的文章“政治经济学”,载《大万有百科全书》第3卷,第332页,华沙,1964年版。

① 卡尔·马克思:《资本论》第2卷,第439页,人民出版社,1975年版。

② 同上书,第442页。

为了表示这种交换，我们用展开的形式写出生产资料和消费资料的平衡方程(7)和(8a)，即在这些方程的右边，我们不写 Q_1，而写从表 10 各行得到的各个相应和数。在对元素的顺序做些改变之后，我们得到方程组(10)：

Ⅰ

$$P_1 = Q_{11} + Q_{12} + \cdots\cdots + Q_{1r} + Q_{1a} +$$
$$P_2 = Q_{21} + Q_{22} + \cdots\cdots + Q_{2r} + Q_{2a} +$$
$$\cdots\cdots$$
$$P_r = Q_{r1} + Q_{r2} + \cdots\cdots + Q_{rr} + Q_{ra} +$$

$$\boxed{\begin{array}{l} Q_{1,r+1} + \cdots\cdots + Q_{1n} + Q_{1a} \\ Q_{2,r+1} + \cdots\cdots + Q_{2n} + Q_{2a} \\ \cdots\cdots \\ Q_{r,r+1} + \cdots\cdots + Q_{rn} + Q_{ra} \end{array}}\begin{array}{l} , \\ , \\ \\ 。\end{array}$$

$\updownarrow$　　　Ⅱ　　　　　　　　　　　　　　　　　(10)

$$\begin{array}{l} P_{r+1} = \\ P_{r+2} = \\ \cdots\cdots \\ P_n = \end{array}\boxed{\begin{array}{l} Q_{r+1,1} + Q_{r+1,2} + \cdots\cdots + Q_{r+1,r} + Q_{r+1,a} \\ Q_{r+2,1} + Q_{r+2,2} + \cdots\cdots + Q_{r+2,r} + Q_{r+2,a} \\ \cdots\cdots \\ Q_{n1} + Q_{n2} + \cdots\cdots + Q_{nr} + Q_{na} \end{array}}$$

$$+ Q_{r+1,r+1} + \cdots\cdots + Q_{r+1,n} + Q_{r+1,a} + M_{r+1},$$
$$+ Q_{r+2,r+1} + \cdots\cdots + Q_{r+2,n} + Q_{r+2,a} + M_{r+2},$$
$$\cdots\cdots$$
$$+ Q_{n,r+1} + \cdots\cdots + Q_{n,n} + Q_{n,a} + M_n 。$$

两个部类之间的交换在方程组(10)中表示。第Ⅰ部类把第一个矩形内所示的生产资料转移给第Ⅱ部类,而从第Ⅱ部类得到第二个矩形内所示的消费资料(必要维持资料)。通过这种方式,每个部类能按至今为止的数量继续生产:第Ⅰ部类得到它所雇劳动力必需的维持资料,而第Ⅱ部类得到更换耗用的资料的必要生产资料。可以看出,这种交换是生产过程,即再生产过程继续下去的一个主要条件。没有它,第一部类会没有劳动力的必要维持资料,而第Ⅱ部类会失去生产资料。

我们用以下方式表示这种交换:

$$\overset{\text{Ⅱ}}{\begin{pmatrix} Q_{1,r+1}\,Q_{1,r+2}\cdots\cdots Q_{1n}\,Q_{1a} \\ Q_{2,r+1}\,Q_{2,r+2}\cdots\cdots Q_{2n}\,Q_{2a} \\ \cdots\cdots \\ Q_{r,r+1}\,Q_{r,r+2}\cdots\cdots Q_{rn}\,Q_{ra} \end{pmatrix}} \leftrightarrow \overset{\text{Ⅱ}}{\begin{pmatrix} Q_{r+1,1}\,Q_{r+1,2}\cdots\cdots Q_{r+1,r}\,Q_{r+1,a} \\ Q_{r+2,1}\,Q_{r+2,2}\cdots\cdots Q_{r+2,r}\,Q_{r+2,a} \\ \cdots\cdots \\ Q_{n1} \quad Q_{n2} \quad \cdots\cdots \quad Q_{nr} \quad Q_{na} \end{pmatrix}}。\quad (11)$$

这个公式表示了部门之间流量的均衡条件。如果条件未被满足,则生产不能按现有水平进行。因为,要么第二部类中缺乏生产资料,要么第一部类中缺乏必要维持资料。[①] 这里提出的公式表达了扩大再生产中部门之间流量的均衡条件。如果两边最后一列都是0(这时我们可以不写它),则公式表示简单再生产中流量的均

① 方向相反的箭头符号↔表示交换。我们不能用等号,因为,两个矩形包含用不同物理单位计量的不同产品,甚至两个矩形中的产品品种数通常也不同。马克思用等号是因为其数量用价值单位计量。因此,所有不同产品的集合(向量和矩阵)变换为标量后,它们可以相加,并可对它们的量的方面做比较而不受限制。在第Ⅰ部类和第Ⅱ部类之间的交换中也交换了价值。不过,在我们的考察中,我们完全关心以物理单位计量的物质的产品,我们将在第五章中讨论价值范畴发生作用时商品生产条件下的再生产理论。

衡条件。

部门之间流量的均衡条件可以写成压缩形式。用 $Q_{I,II}$ 和 $Q_{II,I}$ 表示(10)中矩形(矩阵)中的内容，并用 $Q_{I,I}$ 和 $Q_{II,II}$ 表示矩形之外的数量 Q_{ij} 的集合。我们把方程(10)写成以下形式：

$$\begin{aligned} &\text{第 I 部类}: P_{I} = Q_{I,I} + \boxed{Q_{I,II}} \\ &\qquad\qquad\qquad\qquad \swarrow\!\!\nearrow \\ &\text{第 II 部类}: P_{II} = \boxed{Q_{II,I}} + Q_{II,II} + M。\end{aligned} \tag{10a}$$

P_{I} 和 P_{II} 表示产品集合(向量)，它们是生产资料和消费资料。$Q_{I,II}$ 表示从第 I 部类转移到第 II 部类的生产资料，$Q_{II,I}$ 表示从第 II 部类转移到第 I 部类的消费资料(必要维持资料)。留在第一部类中供自己需要的生产资料用 $Q_{I,I}$ 表示，留在第 II 部类中的消费资料用 $Q_{II,II}$ 表示。最后，M 代表必要维持资料之外的消费资料，我们知道，它们与再生产过程无关。因此除了(11)，我们还可得到部门之间流量的均衡条件的一个压缩形式：[①]

① 再生产过程的均衡所必需的第 I 部类和第 II 部类之间的商品交换只包括 $Q_{I,II}$ 和 $Q_{II,I}$，M 发生什么情况无关宏旨。因为再生产过程中不涉及这个数量，它可能被与第 II 部类有关的人们消费掉，或者，它可能都转移给与第 I 部类有关的人们，或者，它可能在这两群人之间任意分配，它对再生产过程的进行没有影响。如果——像我们正在做的这样——我们从物质(自然)形式即作为一个商品再生产过程来研究再生产过程，那么情况就是如此。马克思原则上是把再生产作为价值的再生产来研究的。商品再生产过程是这个过程的组成部分(以自然形式)，但是不停留在那里。马克思的第 I 部类中不仅生产商品，而且也生产价值，包括剩余价值。因此，从第 II 部类到第 I 部类的流量也包括一部分 M，即相当于第 I 部类中生产的而不做积累用的剩余价值(在资本主义的条件下，这部分剩余价值被第 I 部类中的资本家们消费掉)。在这些条件下，公式(10a)有以下形式：

$$\begin{aligned} &\text{第 I 部类}: P_{I} = Q_{I,I} + \boxed{Q_{I,II} + M_{II,I}} \\ &\qquad\qquad\qquad\qquad \swarrow\!\!\nearrow \\ &\text{第 II 部类}: P_{II} = \boxed{Q_{II,I}} + Q_{II,II} + M_{II,II}。\end{aligned}$$

$$Q_{\mathrm{I},\mathrm{II}} \leftrightarrow Q_{\mathrm{II},\mathrm{I}} 。 \tag{11a}$$

再生产过程中部门间和部门内的流量可用图 12 说明。

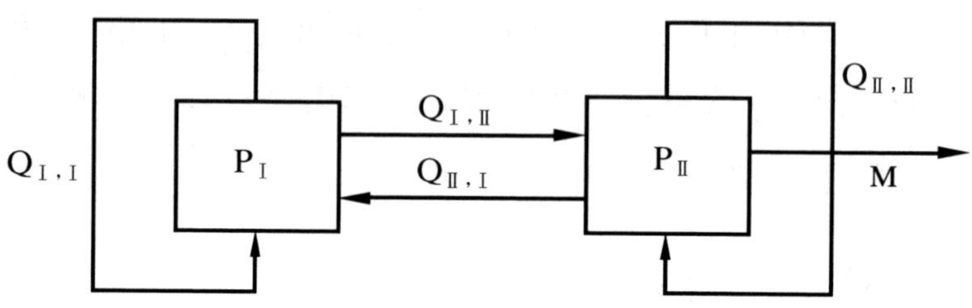

图 12　再生产过程的方块图

上图中,方块分别代表生产资料和消费资料的生产(向量 P_{I} 和 P_{II})。从一个方块指向另一方块的箭头表示从一个部类到另一个部类的流量($Q_{\mathrm{I},\mathrm{II}}$ 和 $Q_{\mathrm{II},\mathrm{I}}$),而从一个方块回到同一方块的箭头表示保留在某一部类供它自己需要的产品($Q_{\mathrm{I},\mathrm{I}}$ 和 $Q_{\mathrm{II},\mathrm{II}}$)。右边的单向箭头,从第二个方块开始并不再折回来,代表不构成必要生存资料的消费资料 M;可以看出这些资料与再生产过程无关。与再生产过程有关的其余数量表现为从一个方块开始并且回到一个方块(同一个方块或另一个方块)的箭头。

图 12 表示再生产过程是一个耦合作业系统,[①] 它的作业元件是各个生产过程。各个元件互相耦合,并有一些反馈。它们在每个部类中的表现形式是留在自己生产过程中作为投入的有关部类

这里 $M_{\mathrm{II},\mathrm{I}}$ 是不构成第Ⅱ部类转移给第Ⅰ部类的必要生存资料的那部分消费资料,而 $M_{\mathrm{II},\mathrm{II}}$ 是第Ⅱ部类中保留的那部分消费资料。

这时公式(11a)采取以下形式:

$$Q_{\mathrm{I},\mathrm{II}} + M_{\mathrm{II},\mathrm{I}} = Q_{\mathrm{II},\mathrm{I}} 。$$

这相当于马克思著作中出现的公式。在以后各章中我们将继续研究这个问题。

① 见本卷第一章。

的产品数量。其表现符号是从一个方块出发回到同一方块的箭头。它们代表闭合环。[①] 两个部类之间也有反馈，它包括商品的交换。连接两个方块的箭头方向相反，因此，也代表一个闭合环。在再生产过程中发生这些反馈提示这个过程应当用控制论方法进行分析。这种分析将列在本章的附录中。

产品分为生产资料和消费资料是以这些产品行使的经济功能为根据的，它不唯一地由产品的物质性质（自然形式）决定。就专用劳动工具来说，例如工具和机器，由于它们的物质形式的特点，它们确实属于生产资料那一类，因为它们不具备任何其他用途。在生产过程中起辅助作用的资料情况则不同，许多这类器具可以用作消费资料。运输工具（马车或汽车）可以做生产资料和消费资料。大多数劳动对象，特别是原料，也能用于消费。例如，煤用于公寓取暖，电力在公寓中用于照明或各种家庭目的，石油可用于客车，日常分类中作为消费资料处理的各种化学产品可用作生产资料，在农业中尤其是这样。粮食也可作为种子，马铃薯用作饲料，有时甚至面包也被用来饲养牲畜。通常在家庭中行使耐久消费品功能的许多产品可以用作生产资料，如冰箱，电视机，桌椅等等。

消费资料分为必要生存资料和再生产过程中不行使这种功能的资料，甚至与产品的物质形式关系更少。无疑，我们可以挑出某些生存资料，它们由于自身的物质性质而习惯上不构成劳动力必需的生存资料，例如奢侈食品、奢侈服装、奢侈住房。虽则这也可能决定于地理条件（由于营养来源的差别）和文化条件的差别，不

① 在关于控制论和自动化的文献中使用“闭合环”一词。

过,同样物质形式的产品(例如面包、肉、服装、汽车、书)通常既作为必要生存资料,又作为纯粹消费资料,即与劳动力的更换无关的消费。这决定于一定消费资料被消费的数量和消费它们的人,即取决于这些人是否受雇于生产过程或劳动力更换所必需的活动(例如医疗、各种技术训练等等)。这里的分类完全是功能性的。

可以看出,产品再生产过程中的经济功能和它们的物质形式之间的关系是相当松散的。对生产资料和消费资料分别编制平衡表,又在后者中挑出劳动力的维持资料,这种形式的再生产均衡条件不能用生产过程的物质性质直接表达,在产品按照它们的物质形式分类的统计中也不能得到直接反映。不过,最重要的一点是,功能性分类与生产过程的技术条件无关,后者完全决定于产品的物质性质,而不决定于它们的经济功能。为了把再生产过程的条件和生产的技术条件结合起来,必须考虑产品的物质形式。

为了这个目的,我们假设国民经济包括各个生产部门,每一个部门生产一种(或几种)特定物质性质(特定自然形式)的产品,例如煤、钢、各种机器、运输工具、纺织品、建筑物、粮食、肉、各种化学品、纸等等。令选出部门数为 n,用 X_i 代表第 i 个部门中生产的商品数量(按单位时间生产的物理单位计算)。这个数量我们称为某个部门的总产品。某个部门产品的一部分被用作生产资料,用于更换在一定期间内耗用的生产资料。它可以一部分留在某部门内供它自己需要,而一部分转移到其他部门,这是满足部门对生产资料的需要的规则(例如,煤转移到钢厂、热电厂或铁路)。我们用 X_{ij} 代表第 i 个部门转移到第 j 个部门作为生产资料使用的数量(也包括 j = i 的情况)。我们称 X_{ij} 为再生产投入数量。不作为再生产投入用掉的其余产品称为某部门的最终产品，我们用 Y_i 表示它。可以看出 X_{ij} 和 Y_i 是流量。

对所有生产部门采用同一划分方法，我们得到投入产出流量表（见表 11）。

表 11　部门间流量平衡表（按物理单位）

再生产投入	最终产品	总产品
$X_{11}, X_{12}, \cdots\cdots, X_{1n}$	Y_1	X_1
$X_{21}, X_{22}, \cdots\cdots, X_{2n}$	Y_2	X_2
……	⋮	⋮
$X_{n1}, X_{n2}, \cdots\cdots, X_{nn}$	Y_n	X_n

表的左边表示每个生产部门转移到其他部门用于再生产目的的产品数量和各部门为此目的留下的产品数量（表中第一部分对角线上的数量 $X_{11}, X_{22}, \cdots\cdots X_{nn}$）。表的这部分通常称为部门间流量矩阵，而整个表称为部门间流量平衡表。① 各个部门的产品

① 部门间流量平衡表是最早在苏联，其后又在其他社会主义国家为国民经济计划工作而设计的。起初，它们以物资平衡表的形式被用于原料和其他生产材料。苏联在编制第一个五年计划过程中（1928—1932），设想了更广泛的投入产出生产平衡表。美国经济学家瓦西里·里昂惕夫发展了这种平衡表的一般理论，特别是把它和生产的技术条件联系起来的平衡表的数学的解释，并于 1941 年在《1919—1930 年美国经济的结构》一书（纽约，1953 年版）中，提出了这个理论。在此之前的 1937 年，他已在《经济统计评论》中发表了一篇关于这个题目的论文。值得注意的是，第一篇包含部门间流量的基本概念的论文是里昂惕夫于 1925 年以"苏联国民经济平衡表"为题目在苏联的《计划经济》期刊第 12 期上发表的。里昂惕夫那时在苏联生活。以后他在美国发展了他的理论。部门之间流量方法被里昂惕夫称为投入产出分析。以英语表达的这个名词在各国得到了广泛的应用。以后，部门间流量分析、部门间平衡表等名词，也得到了应用。今天，这个方法在资本主义和社会主义两类国家都被广泛应用。在后一类国家中，它愈来愈和国民经济计划工作实践相联系。关于部门间流量法产生和发展的历史

由它们的物质形式决定,并在原则上既可用作生产资料,又可用作消费资料。如果 i 部门的产品不在 j 部门中作为生产资料使用,即 $X_{ij}=0$;如果产品完全不作为生产资料使用,即完全用于消费目的,则部门间流量矩阵中整个相应的一行都是 0,而全部总产品是一种最终产品。最终产品 Y_n 可以用于消费或用于生产,或用于两种目的。如果最终产品或它的一部分用于生产,生产资料发生积累,因为生产资料更换的需要已被再生产投入 X_{ij} 满足。当某种产品完全用作生产资料时,全部最终产品构成生产资料的积累。[①]

可以看出,表 11 也包括产品完全行使生产资料或消费资料的经济功能的情况,但它不是只限于这些情况。把可以用作生产资料和消费资料的总产品分成构成生产资料的部分和构成消费资料的部分,我们可以把表 11 变换为表 9 的上部(即表中不包含劳动投入的那部分)。于是可以按照产品的经济功能改变它们的分类。

部门间流量矩阵的各列代表了生产某种商品所用的各种生产资料投入。然而,表 11 各列中的各项不能相加,因为它们代表用不同物理单位表示的数量。但是各行中的各项(直到双竖线为止)可以相加,它们的和就是各个部门的总产品(列于双竖线之右)。这

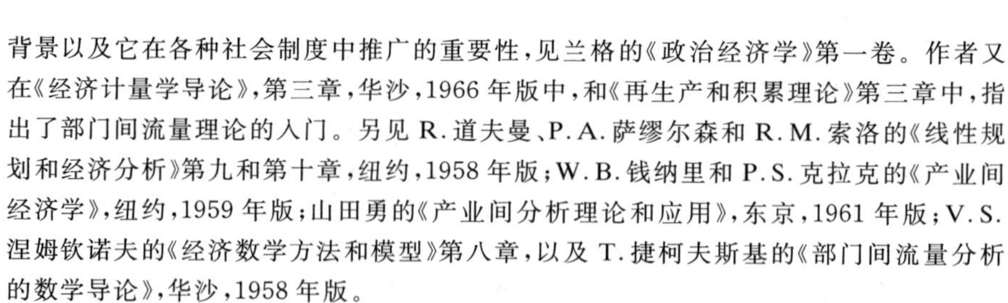

背景以及它在各种社会制度中推广的重要性,见兰格的《政治经济学》第一卷。作者又在《经济计量学导论》,第三章,华沙,1966 年版中,和《再生产和积累理论》第三章中,指出了部门间流量理论的入门。另见 R.道夫曼、P.A.萨缪尔森和 R.M.索洛的《线性规划和经济分析》第九和第十章,纽约,1958 年版;W.B.钱纳里和 P.S.克拉克的《产业间经济学》,纽约,1959 年版;山田勇的《产业间分析理论和应用》,东京,1961 年版;V.S.涅姆钦诺夫的《经济数学方法和模型》第八章,以及 T.捷柯夫斯基的《部门间流量分析的数学导论》,华沙,1958 年版。

样相加产生以下方程：

$$\begin{aligned} X_1 &= X_{11} + X_{12} + \cdots\cdots + X_{1n} + Y_1, \\ X_2 &= X_{21} + X_{22} + \cdots\cdots + X_{2n} + Y_2, \\ &\cdots\cdots \\ X_n &= X_{n1} + X_{n2} + \cdots\cdots + X_{nn} + Y_n. \end{aligned} \tag{12}$$

这些方程称为分部门的平衡表。它们表示分部门的再生产过程的均衡条件。

方程(12)也可写成向量形式。我们用 X 代表总产品向量(即集合),用 Y 代表最终产品的向量,并用 X_{ij} 代表再生产投入向量。[①] 这些向量分别代表社会总产品、社会最终产品和再生产投入(都分部门)。我们把方程组(12)写成一个方程的形式：

$$X = X_{ij} + Y。 \tag{12a}$$

用方程(12a)表示的再生产过程也可用一个方块图表示(图13),方块代表分成两部分的社会总产品,一部分是不再回到方块的社会最终产品,[②]另一部分是回到方块的社会再生产投入。可以看到再生产过程中有反馈(闭环),即一种再生产投入回到生产

① 这些向量有以下形式：

$$X = \begin{pmatrix} X_1 \\ X_2 \\ \vdots \\ X_n \end{pmatrix}, \quad Y = \begin{pmatrix} Y_1 \\ Y_2 \\ \vdots \\ Y_n \end{pmatrix}, \quad X_{ij} = \begin{pmatrix} X_{11} + X_{12} + \cdots\cdots + X_{1n} \\ X_{21} + X_{22} + \cdots\cdots + X_{2n} \\ \cdots\cdots \\ X_{n1} + X_{n2} + \cdots\cdots + X_{nn} \end{pmatrix}。$$

② 这里假设为简单再生产。在扩大再生产中,社会最终产品 Y 的一部分转入生产资料积累而回到方块。我们将在下一章考察这个问题。

过程的那部分社会产品。这种过程可用控制论分析法讨论。[①]

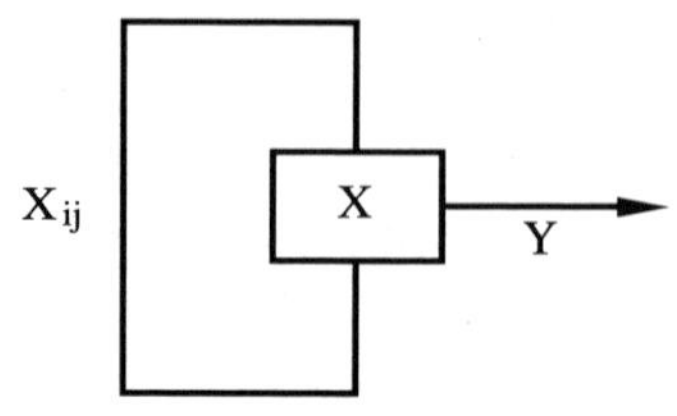

图 13　分部门再生产的方块图

第四章附录　再生产理论的控制论图式*

1. 简单再生产图式

本章将用控制论分析和解释马克思的再生产图式。我们先从整个国民经济的角度来考察这个问题,然后再把国民经济分为两部分。最后,我们按广义形式,假设国民经济分为几个部门来考察。

用价值单位表示的总产值 X 可以表示为三个成分之和:

$$X = c + (v + m), \tag{1.1}$$

第一个成分 c 代表生产数量为 X 的产品所需的生产资料支出量,而(v + m)之和是直接劳动支出。[②]

将由公式

① 见本章附录。

* 本附录为兰格的《经济控制论》的一部分,牛津—华沙,1970 年版。

② 直接劳动支出划分成 v 和 m 两部分,在这里无关宏旨。

$$a_c = \frac{c}{X} \text{ 和 } a_{v+m} = \frac{v+m}{X} \qquad (1.2)$$

(其中 $a_c + a_{v+m} = 1$)所指明的生产资料和直接劳动支出系数引入我们的考察,则公式(1.1)可表现为以下形式:

$$X = a_c X + (v+m) \text{或} \qquad (1-a_c)X = v+m,$$

所以

$$X = \frac{1}{1-a_c}(v+m)。\qquad (1.3)$$

公式(1.3)代表形成价值的过程,从中可明显地看出在此过程中存在某种反馈关系。形成价值的过程确实可以表示为以下控制论方块图的形式。

从图 14 可知,直接劳动 v + m 变换为产品 X,这个恒等变换用符号 1 表示。在某种意义上,受控系统包括一个控制器,它有一个比例操作元件 a_c,其存在是由于产品 X 的一部分必须用来更换耗用的生产资料这个事实。在这种受控系统中发生的变换用公式(1.3)表示。

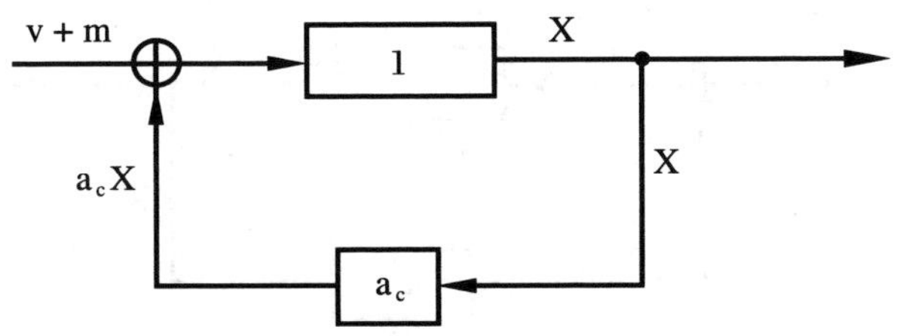

图 14 形成价值的过程方块图

假设国民经济分为两大部类:第Ⅰ部类生产生产资料,第二部类生产消费资料。我们以下列公式表示国民经济各部类的产值:

$$X_1 = c_1 + (v_1 + m_1) = a_{1c}X_1 + (v_1 + m_1),$$
$$X_2 = c_2 + (v_2 + m_2) = c_2 + a_{2(v+m)}X_2。 \quad (1.4)$$

在公式(1.4)中,a_{1c} 代表第Ⅰ部类中的生产资料支出系数,而 $a_{2(v+m)}$ 代表第Ⅱ部类中的直接劳动支出系数。简单再生产的著名的均衡条件是

$$c_2 = v_1 + m_1。 \quad (1.5)$$

这个条件意味着第Ⅱ部类从第Ⅰ部类取得的生产资料的价值即 $v_1 + m_1$,必须等于从第Ⅱ部类转移给第Ⅰ部类的消费资料的价值,即 c_2。[①] 从公式(1.4)我们得到所生产的生产资料和消费资料总数量的变换了的公式:

$$X_1 = \frac{1}{1 - a_{1c}}(v_1 + m_1),$$
$$X_2 = \frac{1}{1 - a_{2(v+m)}}c_2。 \quad (1.6)$$

它符合图 15 中第Ⅰ部类方块表示的变换,和图 16 中第Ⅱ部类方块表示的变换。

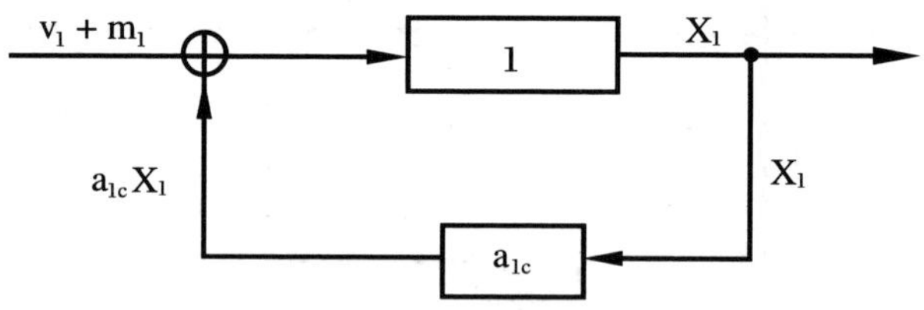

图 15 第Ⅰ部类变换形式图

① 兰格的《再生产和积累理论》中可以找到关于这个问题的详细分析。

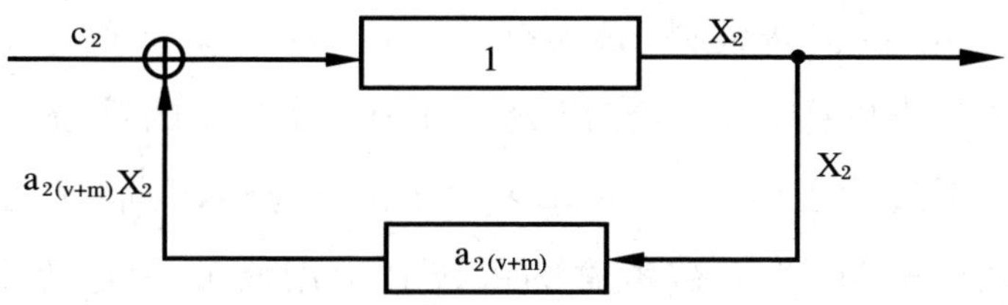

图 16　第Ⅱ部类变换形式图

根据公式(1.6)我们计算两部类中总产品的价值的比例。考虑均衡条件(1.5),并考虑到

$$a_{2c} + a_{2(v+m)} = \frac{c_2}{X_2} + \frac{v_2 + m_2}{X_2} = 1,$$

我们得到

$$\frac{X_1}{X_2} = \frac{1 - a_{2(v+m)}}{1 - a_{1c}} = \frac{a_{2c}}{1 - a_{1c}},$$

因此,

$$X_1 = \frac{a_{2c}}{1 - a_{1c}} \cdot X_2\text{。} \tag{1.7}$$

变换(1.7)也可用图 17 的方块形式来表示。从经济学的角度,这个图可以解释如下:

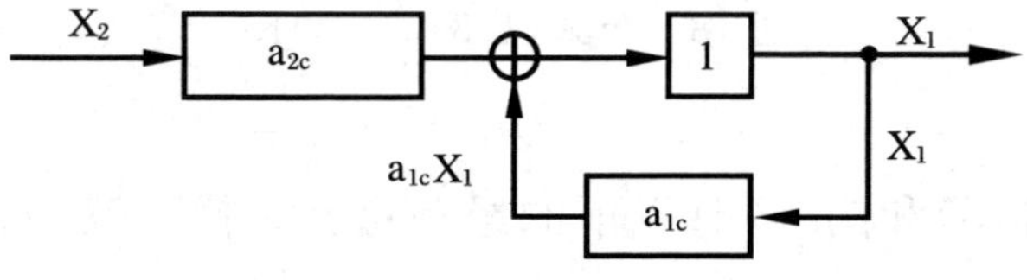

图 17　公式(1.7)的方块图

假如我们想生产数量为 X_2 的消费资料,并希望知道为了简单再生产过程中达到均衡,以便完成计划所需生产资料的数量。

为了生产 X_2 的消费资料,必须有 $c_2=a_{2c}X_2$ 的生产资料,其中 a_{2c} 是第Ⅱ部类中的生产资料支出数。在有算符 a_{2c} 的系统中进行这个变换。不过为了生产 $c_2=a_{2c}X_2$ 的生产资料,我们又需要一定数量的生产资料,所以被考察的系统必须用调节系统(控制器)串联反馈连接,根据公式(1.7),调节系统的算符等于 $a_{1c}=\frac{c_1}{X_1}$,即等于第Ⅰ部类中生产资料的支出系数。

用与前面相似的方式,可以得到第Ⅱ部类中总产值对第Ⅰ部类中总产值的比值:

$$\frac{X_2}{X_1}=\frac{a_{1(v+m)}}{1-a_{2(v+m)}},$$

因而

$$X_2=\frac{a_{1(v+m)}}{1-a_{2(v+m)}}X_1。\tag{1.8}$$

变换式(1.8)的对应方块图见图 18。

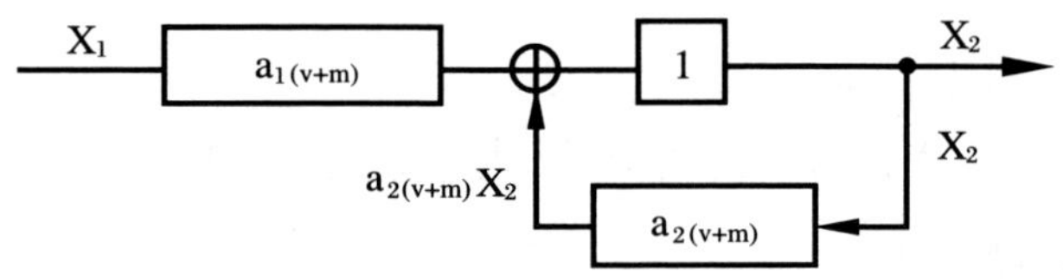

图 18　公式(1.8)的方块图

公式(1.8)和图 18 有以下的经济意义。假设我们正在生产数量为 X_1 的生产资料,并且希望决定实现这个计划所需的消费资料的数量。为了生产数量为 X_1 的生产资料,需要数量为 $v_1+m_1=a_{1(v+m)}X_1$ 的消费资料。但是,为了生产这些消费资料,又必须增加消费资料的数量。所以,在一个受控系统中出现一个根据反馈关系工作的调节系统，其算符等于 $a_{2(v+m)}=\frac{v_2+m_2}{X_2}$，它是第Ⅱ部类中的直接劳动支出系数。

2. 扩大再生产图式

现在我们将讨论扩大再生产图式的控制论分析。与第一节相似，假设国民经济分为两个部类，马克思的扩大再生产图式可写成以下形式：

$$\begin{aligned} c_1+v_1+m_{1c}+m_{1v}+m_{1o}&=X_1, \\ c_2+v_2+m_{2c}+m_{2v}+m_{2o}&=X_2。\end{aligned} \tag{2.1}$$

上面第一个公式中，m_{1c} 和 m_{1v} 代表第Ⅰ部类的剩余产品价值①中，指定用于增加生产资料存量和在生产中雇用追加劳动的部分，而 m_{1o} 代表第Ⅰ部类的剩余产品价值中，供非生产性消费的部分。数量 m_{2c}、m_{2v} 和 m_{2o} 应用类似方法解释。公式(2.1)中其余变量与前一节中的意义相同。

把公式(2.1)左边出现的各个成分按以下次序排列：

$$\begin{aligned} c_1+m_{1c}+\boxed{v_1+m_{1v}+m_{1o}}&=X_1, \\ &\swarrow\!\!\nearrow \\ \boxed{c_2+m_{2c}}+v_2+m_{2v}+m_{2o}&=X_2。\end{aligned} \tag{2.1a}$$

上面这两个公式中，和数 c_1+m_{1c} 代表第Ⅰ部类对生产资料的总需要，而 $v_1+m_{1v}+m_{1o}$ 之和代表第Ⅰ部类对消费资料的总需

① 使用“剩余产品价值”一词，使公式(2.1)及以后的公式对社会主义和资本主义经济都能成立。

要。从公式(2.1a)的形式,我们能导出已知的扩大再生产过程的均衡条件:

$$c_2 + m_{2c} = v_1 + m_{1v} + m_{1o}\text{。} \tag{2.2}$$

它意味着第Ⅱ部类对生产资料的需要 $c_2 + m_{2c}$ 等于第Ⅰ部类对消费资料的需要,后者供给已雇用的和增加雇用的工人们 $v_1 + m_{1v}$ 的数量,以及将剩余产品价值中的一部分 m_{1o} 供给非生产性消费。

引入第Ⅰ部类生产资料支出系数 $a_{1c} = \frac{c_1}{X_1}$,第Ⅰ部类生产资料积累系数 $\alpha_{1c} = \frac{m_{1c}}{X_1}$,第Ⅱ部类直接劳动支出系数 $a_{2v} = \frac{v_2}{X_2}$,第Ⅱ部类可变资本积累(即扩大就业用的消费资料)系数 $\alpha_{2v} = \frac{m_{2v}}{X_2}$,和第Ⅱ部类中剩余产品价值中非生产性消费部分与产值的比率 $\alpha_{2o} = \frac{m_{2o}}{X_2}$,公式(2.1a)也可以用不同方式表示:

$$\begin{aligned} &a_{1c}X_1 + \alpha_{1c}X_1 + v_1 + m_{1v} + m_{1o} = X_1,\\ &c_2 + m_{2c} + a_{2v}X_2 + \alpha_{2v}X_2 + \alpha_{2o}X_2 = X_2\text{。}\end{aligned} \tag{2.1b}$$

因此,可得到

$$\begin{aligned} X_1 &= \frac{1}{1-(a_{1c}+\alpha_{1c})}(v_1 + m_{1v} + m_{1o}),\\ X_2 &= \frac{1}{1-(a_{2v}+\alpha_{2v}+\alpha_{2o})}(c_2 + m_{2c})\text{。}\end{aligned} \tag{2.3}$$

公式(2.3)也可用图 19 和图 20 那样的方块图分别表示第Ⅰ和第Ⅱ部类中产品价值形成的过程。

从图 19 可知 $v_1 + m_{1v} + m_{1o}$ 之和被恒等地变换为第Ⅰ部类的产值。这个产值的一部分留在该部类,并且从公式(2.3)的第一式

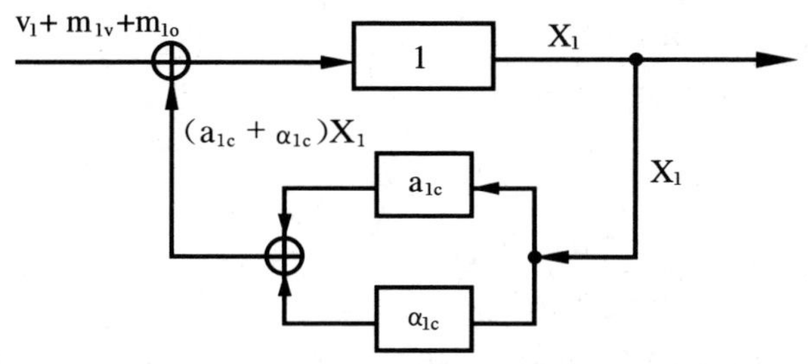

图 19 第Ⅰ部类中价值形成的过程

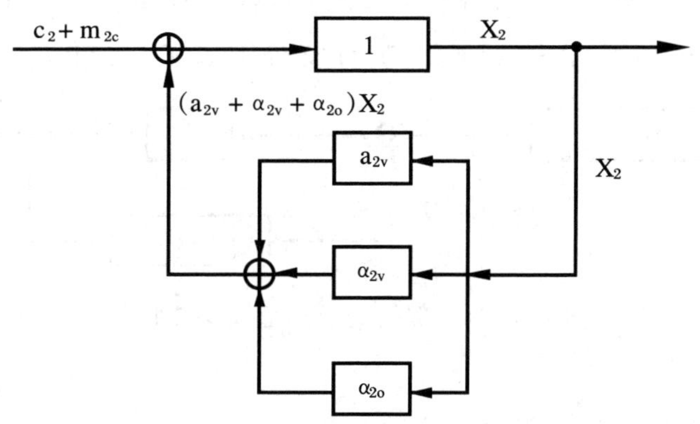

图 20 第Ⅱ部类中价值形成的过程

可知，这里进行的变换，相当于以并联方式连接两个调节系统的反馈关系，它们的比例算符是 a_{1c} 和 α_{1c}。

同样，我们可以说明图 20 中表示的调节系统的操作，只是这里有用并联方式连接的三个调节系统，其算符是 a_{2v}、α_{2v} 和 α_{2o}。

从公式(2.3)能计算第Ⅰ部类总产值对第Ⅱ部类总产值的比率。考虑扩大再生产过程的均衡条件(2.2)并考虑到 $1-(a_{2v}+\alpha_{2v}+\alpha_{2o})=a_{2c}+\alpha_{2c}$，我们得到：

$$\frac{X_1}{X_2}=\frac{a_{2c}+\alpha_{2c}}{1-(a_{1c}+\alpha_{1c})},$$

因此,

$$X_1=\frac{a_{2c}+\alpha_{2c}}{1-(a_{1c}+\alpha_{1c})}X_2\text{。} \tag{2.4}$$

公式(2.4)指明的变换可用方块图 21 表示。注意在此图中有算符 $a_{2c}+\alpha_{2c}$ 的受控系统可以用以并联方式耦合的两个系统代替,其算符分别等于 a_{2c} 和 α_{2c}。同样,有算符 $a_{1c}+\alpha_{1c}$ 的,可以用两个控制器以并联方式耦合,其算符分别等于 a_{1c} 和 α_{1c}。

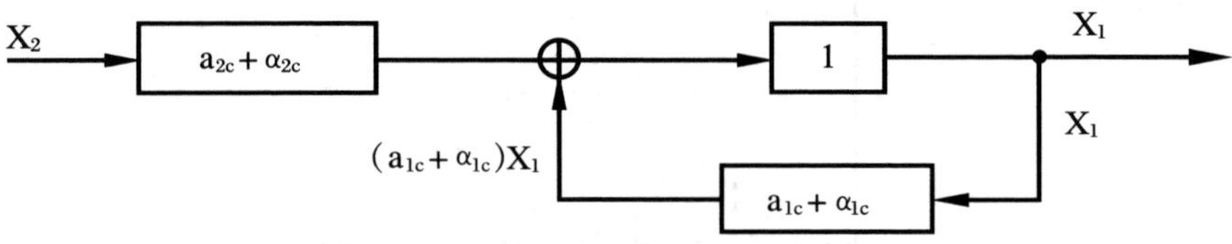

图 21　两个部类的总产值比率变换图

用类似方式,可算得

$$X_2=\frac{a_{1v}+\alpha_{1v}+\alpha_{1o}}{1-(a_{2v}+\alpha_{2v}+\alpha_{2o})}X_1, \tag{2.5}$$

这个变换也可用方块图表示。公式(2.4)和(2.5)的相应方块图的经济解释,与前一节公式(1.7)和(1.8)的解释相似。

最后让我们注意代表简单再生产的公式(1.7)和(1.8)是扩大再生产公式(2.4)和(2.5)的特例。为了证实这一点,假设在公式(2.4)和(2.5)中积累系数等于 0 就够了。

我们已用这个方式说明,简单再生产和扩大再生产图式可用控制理论的基本公式来解释。这并不奇怪,因为在这些图式中出现了控制过程的反馈特性。因此,我们可以看到,不仅国民经济支出意义上的国民收入的凯恩斯理论借此形成，而且马克思的再生产图式也可根据一般控制理论来解释和分析。

3. 多部门再生产图式

现在，我们要讨论在国民经济分为几个部门的情况下，再生产过程的控制论分析。

相当于这个情况的投入产出如下表：

X_1	$c_{11}, c_{12}, \cdots\cdots c_{1n}$	Y_1
X_2	$c_{21}, c_{22}, \cdots\cdots c_{2n}$	Y_2
⋮	……	……
X_n	$c_{n1}, c_{n2}, \cdots\cdots c_{nn}$	Y_n
v	$v_1, v_2, \cdots\cdots v_n$	
m	$m_1, m_2, \cdots\cdots m_n$	
	$X_1, X_2, \cdots\cdots X_n$	

在此表中，$X_1, X_2, \cdots\cdots X_n$ 表示各部门总产值；$c_{ij}(i, j = 1, 2, \cdots\cdots n)$ 表示从 i 部门到 j 部门的生产资料流量价值；$Y_1, Y_2, \cdots\cdots Y_n$ 是各部门中的最终产品；$v_1, v_2, \cdots\cdots v_n$ 是劳动支出；$m_1, m_2, \cdots\cdots m_n$ 是国民经济各部门中得到的剩余产品价值。

根据部门间流量表，可得（表中各行合计）以下产品分配平衡方程：

$$X_i = c_{i1} + c_{i2} + \cdots\cdots + c_{in} + Y_i (i = 1, 2, \cdots\cdots n), \quad (3.1)$$

而（表中各列合计）生产支出平衡方程是

$$X_i = c_{1i} + c_{2i} + \cdots\cdots + c_{ni} + v_i + m_i (i = 1, 2, \cdots\cdots n), \quad (3.2)$$

用 c_i 代表后一个方程中 $c_{1i}+c_{2i}+\cdots\cdots+c_{ni}$ 之和,得以下方程:

$$X_i = c_i + v_i + m_i (i = 1, 2, \cdots\cdots n)。\quad (3.2a)$$

这与马克思的图式中出现的方程属于同一类型。设方程式(3.1)和(3.2)的右边相等,我们得到部门间的流量均衡方程,它们与马克思[①]得出的再生产过程的均衡方程等价。

为了使进一步的考察简化,我们引入由公式

$$a_{ij} = \frac{c_{ij}}{X_i} \quad (i, j = 1, 2, \cdots\cdots n)$$

决定的生产资料支出系数。生产支出平衡方程可以写成以下形式:

$$X_i = a_{1i}X_i + a_{2i}X_i + \cdots\cdots + a_{ni}X_i + v_i + m_i (i = 1, 2, \cdots\cdots n)。\quad (3.3)$$

因此可得到

$$X_i = \frac{1}{1 - (a_{1i} + a_{2i} + \cdots\cdots + a_{ni})}(v_i + m_i)(i = 1, 2, \cdots\cdots n)。\quad (3.4)$$

如果用 a_i 表示 $a_{1i}+a_{2i}+\cdots\cdots+a_{ni}$ 之和,则公式(3.4)可变换为

$$X_i = \frac{1}{1 - a_i}(v_i + m_i) \quad (i = 1, 2, \cdots\cdots n)。\quad (3.5)$$

这些公式与公式(1.6)类似,后者相当于从马克思简单再生产图式得到的变换。

公式(3.4)表示的变换可以表示为图 22 的方块形式。在画这

① 在兰格的《经济计量学导论》,牛津—华沙,1967 年版,以及他的《再生产和积累理论》,牛津—华沙,1969 年版中,能找到关于部门间流量和多部门再生产图式理论的详细介绍。

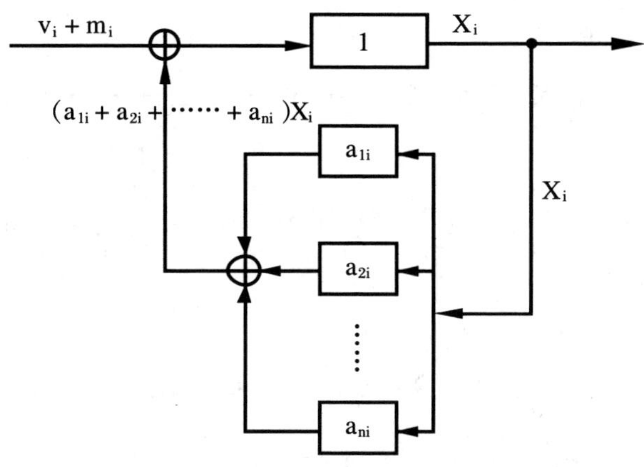

图 22　公式(3.4)的方块图

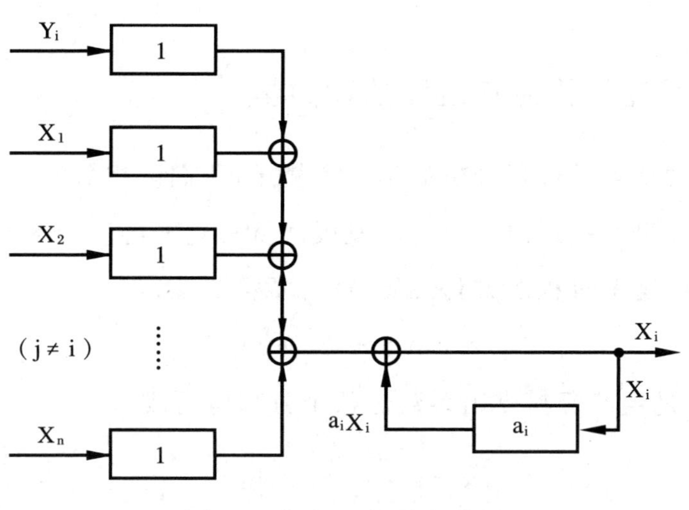

图 23　公式(3.7)的方块图

张图时，我们利用关于算符之和的定理，它可以解释为各基本系统的并联耦合(第一章第 6 节)。

现在讨论产品分配平衡方程，在它们中引入支出系数之后，它们成为以下形式：

$$X_i = a_{i1}X_1 + a_{i2}X_2 + \cdots\cdots + a_{ii}X_j + \cdots\cdots + a_{in}X_n + Y_i \quad (i = 1,2,\cdots\cdots n), \quad (3.6)$$

$$X_i(1 - a_{ii}) = \sum_{j\neq 1} a_{ij}X_j + Y_i \quad (i = 1,2,\cdots\cdots n),$$

因此，

$$X_i = \frac{1}{1 - a_{ii}}(\sum a_{ij}X_j + Y_i) \quad (i = 1,2,\cdots\cdots n)。 \quad (3.7)$$

与方程(3.7)对应的方块图见图 23。

受控过程的动力学

4. 马克思再生产过程的动力学*

作为动力学过程分析的第二个例子，我们以相似的方式，按照马克思提出的图式研究经济的发展。从马克思再生产图式中出现的相当于这个过程的方程开始(第二章第 1 节)：

$$x = a_c x + (v + m), \quad (4.1)$$

其中 a_c 是生产资料支出系数。这个方程可写成

$$x = \frac{1}{1 - a_c}(v + m), \quad (4.1a)$$

数量 x、v 和 m 以价值单位或价格表示。

为研究再生产的动力学，在我们所考察的方程(4.1)中，必须引入时间元素，即必须给数量以"日期"。引入表示时间指标的 t,

---

* 兰格的《经济控制论导论》的片段，第 77—80 页。

为了简化，取一年为一单位时期。我们假设某年的生产资料支出 $a_c x_{t-1}$ 与前一年的生产成比例。方程便采取如下形式：

$$x_t = a_c x_{t-1} + (v_t + m_t), \qquad (4.2)$$

这意味着 t－1 年的生产决定着 t 年用掉的生产资料数量。换言之，某一年用掉的生产资料数量（即转移给产品的生产资料价值）是前一年生产的某个固定比例（$0<a_c<1$）。

我们用迭代法求解差分方程（4.2）。为了简化，我们假设每年直接劳动支出 $v_t + m_t$ 是常数，而且和初始年度的支出，即 $v_0 + m_0$ 相同。并且假设在初始年度没有生产资料，于是我们得到以下方程组表示以后各年的产值：

$$x_0 = v_0 + m_0,$$

$$x_1 = a_c x_0 + (v_0 + m_0) = (v_0 + m_0) \cdot (1 + a_c),$$

$$x_2 = a_c x_1 + (v_0 + m_0) = (v_0 + m_0) \cdot (1 + a_c + a_c^2),$$

……

一般的形式为

$$x_t = a_c x_{t-1} + (v_0 + m_0) = (v_0 + m_0) \cdot (1 + a_c + a_c^2 + \cdots\cdots + a_c^t)。 \qquad (4.3)$$

从（4.3）式可知，如果 $|a_c^i|<1$（在这里，由于 $0<a_c<1$，情况正是如此），则所研究的过程趋向均衡。因此

$$\lim_{t\to\infty} x_t = (v_0 + m_0) \cdot \frac{1}{1 - a_c}。 \qquad (4.4)$$

按照这种方式，马克思的再生产过程在时间上的模式可制成一幅图。出现在公式（4.4）中的反馈算符 $\frac{1}{1-a_c}$，是产品价值对直

接劳动支出的比率。因为 $0<a_c<1$,故 $\frac{1}{1-a_c}>1$。因此,这个算符是一个扩大器,表示生产资料的耗用所导致的产品价值(相对于直接劳动支出)的增加。

和第一个例子相似,对这个过程的动力学研究可以简化。我们可假设有一个产值 $\hat{x}_t=\frac{v_0+m_0}{1-a_c}$,对应于均衡状态

$$\bar{x}_t=x_t-\hat{x}_t=x_t-\frac{v_0+m_0}{1-a_c}。\qquad (4.5)$$

在变换之后,和以前相似,我们得到以下简化(齐次)式的差分方程:

$$\bar{x}_t=a_c\bar{x}_{t-1}。\qquad (4.6)$$

这个方程的解是

$$\bar{x}_t=a_c^t\bar{x}_0。\qquad (4.7)$$

从方程解(4.7)可知,如果因为 $0<a_c<1$,过程是稳定的,则与均衡状态的偏差自我消除。马克思的再生产过程可以和以凯恩斯乘数为基础的国民收入形成过程取相似方式,我们用图 24 来说明。

我们接受的,关于直接劳动支出 v_0+m_0 的稳定性的假设是不必要的。甚至用图解法也可以证明,当直接劳动支出年年变化的时候,分析的基本结果不改变。因而如图 24 所示,在相应的图形中,代表产值 $x_t=a_cx_{t-1}+(v_t+m_t)$ 的直线,即使 $0<a_c<1$,将不平行于代表生产资料支出 $x_t=a_cx_{t-1}$ 的直线,过程将趋向均衡。与 t 年生产对应的线不一定是直线,但是它应与通过坐标系原点的直线相交,并且它对 x 轴正方向的斜率是 45°。

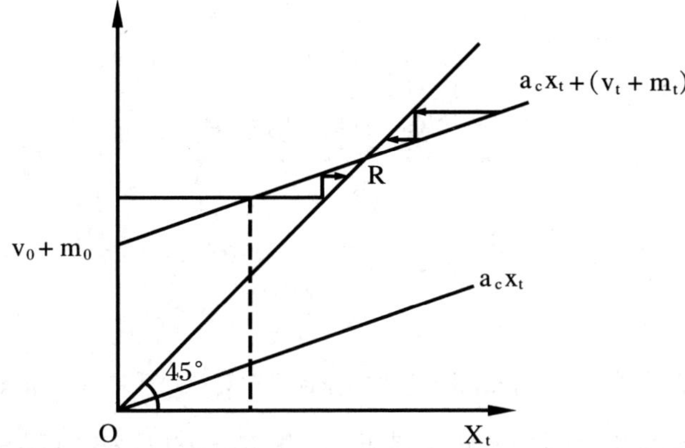

图 24　马克思的再生产过程在时间上的模式

政治经济学

政治经济学〔来自希腊文“Oikos”（家屋）和“nomos”（秩序）〕是决定物品的生产和分配以满足人类需要的规律的科学。生产，即为了满足这些需要而制造物品，并把这些物品在社会成员中分配，一般称为经济活动，或者比较狭义地称为管理。这就是人们常说政治经济学是经济活动或管理的科学的原因（在这里，它是生活在社会中的人所进行的经济活动的问题）。生产是在人与人之间互相协作的条件下进行的，不仅涉及协作，而且也涉及分工。分工在本质上是社会行动。管理的社会性质意味着管理方法是历史发展的产物。决定生产和分配的规律也有历史的性质。各种经济规律的历史范围不同：有些规律作用于社会发展的一切（或者几乎一切）阶段，有些规律的历史范围则很窄。但是首要的规律是某些社会和经济制度特有的规律，如封建主义、资本主义和社会主义。政治经济学从它们的历史范围来研究这些规律。它设法比较具体地阐明历史形成的各种生产方法的运行以及和它们相对应的社会制度。为此，它运用所有经验科学所应用的方法：在经验基础上的抽象，逐步具体化，使这种抽象的结果更接近实际，以及通过将结果与经济生活的实践对照来验证。在政治经济学中，经验具有历史性质，因而抽象导致将历史材料逻辑概括为经济范畴和规律。这

种概括反映了通过社会过程的内部矛盾的发展的辩证性质。政治经济学为自己提出研究一切社会和经济制度以及把人类全部经济发展包括在自己的范围内的任务。然而,到现在为止,只有资本主义生产方式的分析有了充分发展。只在最近,政治经济学才开始研究社会主义生产方式的经济规律。现在,随同资本主义政治经济学,社会主义政治经济学作为政治经济学的一个新的方面正在兴起。

亚里士多德曾用“经济”一词作为家务管理规律的科学。“政治经济学”一词是法国学者 A. 蒙特克来汀(A. Montchrétien)在他 1615 年出版的《政治经济学》一书中首先使用的。他在书中讨论了国家的经济活动问题,为此缘故,在“经济”一词前加上了形容词“政治的”。从那以后,“政治经济学”一词在法国和英国主要被用来代表不单单是国家而且是整个人类社会的管理的科学。这是由于“政治的”一词的广义解释不仅指“国家”,而且也指“社会”。例如 W. 配第在他 1676—1677 年写的题为《政治算术》的书中,讨论了人类社会中发生的数量过程,包括人口学过程。19 世纪末,鉴于“政治的”一词含义不清楚,开始使用“社会经济学”一词。甚至更早一些,在 18 世纪末,开始使用“国民经济科学”一词(著名的波兰经济学家 F. 斯卡贝克在 1859 年称他的书为《国民经济一般原理》)。特别是在德国,这个名词开始被广泛采用。19 世纪末,在 A. 马歇尔的影响下,以前也曾时常被使用的“economics”(经济学)一词开始被采用。今天这个名词在盎格鲁—撒克逊各国的大学中被普遍接受,它在那些地方几乎完全超过了政治经济学的传统名词。在盎格鲁—撒克逊科学的影响下,它也在其他国家被采

用,其中如两次大战之间的波兰。不过,这个名词使主题变得有些狭窄,因为它低估了经济活动的社会性质。为此缘故,在盎格鲁-撒克逊国家中产生了相反的作用,并且出现了恢复“政治经济学”一词的趋势。这个名词今天在波兰和其他社会主义国家以及在与进步社会运动有关的人士中被广泛使用,他们的主要兴趣恰好在经济活动的社会性质方面。

政治经济学的诞生和发展

政治经济学的诞生与资本主义生产方式的奠基和发展密切相关。是的,古代的学者们确实对经济问题有一些注意,但是它们大多数是家务管理问题,符合“经济”一词的原意。只有色诺芬比较广泛地讨论了分工问题,而亚里士多德相当注意交换问题,他甚至引入一个专门名词“交换学”,与讨论家务管理的经济学相区别。在经济问题的研究领域中,亚里士多德没有任何继承人。无论如何,古代学者们关于这个题目的著作都只是有伦理评价而非科学分析的性质。中世纪经济题目的研究具有同样的性质。中世纪的学者们,其中最著名的代表是托马斯·阿奎那,他讨论经济问题是从对神学理论规范道德进行评价的角度出发的。那时的经济研究是道德神学的一个组成部分。这些研究特别重视所谓公平价格问题和高利贷问题。只是当荷兰、法国北部和英国的商品与货币流通经济以及商业资本广泛发展起来,接着是工业中资本主义生产开始后,才唤起了对国民经济中出现的规律性的研究和将这些规律性的知识运用于国家经济政策的兴趣。起初受到关注的是与贸易，特别是与对外贸易有关的金融过程。讨论这些问题的学者们被称为重商主义者（重商主义）。最早的重商主义者，即所谓金属主义者（金属主义）认为国家的财富决定于它所拥有的金属矿物数量，而且他们还制定出方法，使国家输入尽可能多的这种金属矿物，达到这个目标的手段是对外贸易。以后的重商主义者们（按这个词的严格意义）更多注意的是商品生产的发展和生产供对外贸易用的剩余商品。重商主义者中最著名的是英国的 T. 曼（他在 1628—1630 年写了《对外贸易给英国带来的财富》）和法国的蒙特克来汀。在 18 世纪被称为重农主义者的法国学者们对社会生产和分配过程第一次进行了系统的分析。他们认为这个过程受制于某些规律（自然规律），因此称为自然规则。* 他们中间最著名的 F. 魁奈于 1758 年出版了他的《经济表》。它是不断重演的再生产过程的一种图示法，说明了产品在当时社会各阶级之间的分配。

人们一般认为经济科学的真正发展是从所谓古典政治经济学开始的，它主要是在英国随同资本主义生产的发展而诞生和发展的。同时它也起源于法国，而它的影响以后延伸到许多其他国家。古典经济学的先驱者在英国是 W. 配第，在法国是包斯格来伯。他们关心的主要题目是发展生产力的条件。对古典经济学的第一次系统陈述是 1776 年出版的亚当・斯密的著作《国富论》。按照亚当・斯密的观点，英国，特别是 18 世纪的英国，其生产力发展的源泉是与新的资本主义生产组织（工场手工业）有关的分工、资本

---

* 重农主义者原文为“Physiocrats”，其原义为“自然主义者”，重农是他们的主张。——译者注

的积累和目的在于雇佣劳动的财富投资。亚当·斯密也提出了价值规律,证明商品价值决定于用来生产它们的劳动量。他认为商品的生产和交换自动导致"看不见的手"所指示的均衡(自动调节)。与此有关的是,他认为国家、行会或其他经济组织干涉经济生活是有害的,并且认为封建地主们是在用非生产的方式浪费财富。所以,斯密的说教是工业资产阶级克服经济活动中无阻碍的首创精神的表现。

对古典经济学最成熟而扼要的陈述是D.李嘉图在1817年出版的《政治经济学和赋税原理》中做出的。按照他的观点,政治经济学的主题是对社会产品在地主、资本家和工人之间分配的方式进行研究。从这个目的出发,他叙述了一个自圆其说的价值理论——商品的价值决定于制造这种产品所需要的劳动,并且阐述了资本家之间的竞争如何使商品原则上按照符合它们的价值的价格来交换。他解释说,地租是不同肥力的土壤所需劳动量之间的差异和同样土壤上相继投入劳动的递减生产率的结果(级差地租)。他用这个方式第一次把地租理论和价值理论调和起来。他认为物质劳动决定于维持一个体力劳动工人和他的家庭所必需的生理的最小需要量。如果工资落到那个最小数字以下,工人数目将下降;而如果工资上升到最小额以上,则工人人数将随之增加(按照R.T.马尔萨斯的理论)。按照李嘉图的观点,人口增加使社会收入分配中地租的份额不断提高,而利润的份额下降,又削弱了积累资本和发展生产力的动力。所以李嘉图认为地主是经济发展的主要障碍,这是符合当时英国资产阶级激进分子的观点的,他们主张取消谷物进口税以降低地租。李嘉图有一些著作是研究货

币问题的。他也指出了工人阶级的利益和资本家的利益之间的某些矛盾——他说技术进步对工人阶级的状况可能有不利影响。

资本主义生产方式中出现的阶级利益的矛盾也被瑞士古典经济学派著名的代表J.C.西斯蒙第注意到了(《政治经济学新原理》,1815年版)。他注意到在国民产品的资本主义分配条件下,生产力增加和居民购买力之间的矛盾。古典经济学学说与英国和法国工业资产阶级反对封建关系残余和加在它的经济活动上的约束的斗争,以及它要在社会和政治生活中占据领导地位的愿望密切联系着。资产阶级对资本主义生产方式的运行和经济发展条件的科学分析感兴趣,当时它是经济发展的主要提倡者。然而资产阶级的政治胜利使情况发生了变化,尤其是由于从古典经济学原理开始引出结论,说明了资本家对工人阶级的剥削和资本主义对社会发展的阻碍作用,这是所谓李嘉图派社会主义者的理论所阐述的(其中最著名的是T.霍吉斯金的《为劳动辩护反对资本的权利》,1825年版)。结果,资产阶级在经济科学中的兴趣范围变了。它认为资本主义生产关系一旦建立就将永久不变,不需要进一步讨论,最多只需要为了对抗来自正在形成的工人阶级运动(英国宪章派群众运动、法国第一次工人起义)的日益增长的批评找理由(辩护)。资产阶级的经济学兴趣于是转向流通问题,例如市场价格机制、货币流通、信用、对外贸易等等。这种兴趣改变的一个标志是一群经济学家的出现,他们的理论被马克思轻蔑地称为庸俗经济学。他们认为自己是古典经济学的追随者,但事实上他们把自己的兴趣范围缩小到表面的市场现象和用辩护词代替对生产关系的科学分析。

在这些条件下,与发展中的工人阶级运动相联系,对政治经济学的研究产生了一种新的方法,这种新方法来自卡尔·马克思。马克思改造了古典政治经济学(以及重农学派)的所有成就。同时,他研究了法国和英国的空想社会主义著作以及李嘉图派社会主义者文献中包含的对资本主义生产关系的批判。他也从工人阶级运动的实际活动中得到启发——他个人参加了这个运动。他从黑格尔学派得到完全的哲学知识和人类社会是历史发展的产物的观点。黑格尔的发展是由内部矛盾激发的辩证过程的观点,成为马克思的出发点,他给予辩证法一种物质解释,并用它来说明人类的历史发展。他用这个方式创造了唯物的历史观点,使他能对古典经济学的成就和社会主义学者们的著作有一种新的见解。他与他的朋友恩格斯共同做了这个工作。他们保持了密切的科学和政治的接触,直至他生命终了。后来,恩格斯为传播马克思的思想做了许多工作。

马克思在经济研究中写就的第一部成熟的著作是《政治经济学批判》(1859 年)。马克思在《资本论》中对他的经济理论做了系统的陈述。马克思生前只出版了《资本论》的第 1 卷(1867 年),第 2 卷和第 3 卷是恩格斯在 1885 年和 1894 年根据他的未完稿出版的。第 4 卷《剩余价值论》是由 K. 考茨基第一次(1905—1910 年)出版的。马克思将政治经济学纳入历史唯物主义的社会发展理论中。这使他得出资本主义生产方式的历史过渡性质的命题和经济范畴与规律的历史性质的思想。古典经济学发现的经济范畴和规律是资本主义经济的运行规律。但是资本主义的发展服从它特有的经济规律,并且如马克思所说,有它自己的"运动规律"。为了研究这个“运动规律”，马克思应用古典经济学发现的经济范畴和规律，同时更精确和彻底地分析了它们。对价值规律较彻底的分析使马克思能解释来自拥有资本的收入来源，这是A.斯密和D.李嘉图未能做到的。发现资本收入来源的关键，是劳动和人力之间的区别以及对于这一事实的陈述：工人工作的工资决定于这些产品的价值，而工人生产的价值超过他们的工资的剩余部分是被占有生产资料的资本家剥夺的一种剩余价值。马克思用这个方式揭示了资本主义社会中工人阶级和资本家阶级之间对立的基本经济原因。同时他指出了这种对立与封建社会和奴隶社会中发生的根本阶级对立的相似性。在封建社会和奴隶社会中，统治阶级也剥削农民或奴隶生产的剩余产品。

在资本主义社会中，剩余产品采取剩余价值的形式，并且通过价值规律的作用获得。社会生产的全部剩余价值在各资本家之间按照他们投入生产中的资本分配，其结果是商品价格与它们的价值（生产成本）经常有一定的偏离。不同范畴的资本以特定收入范畴的形式（工业利润、商业利润、利息）参与全部剩余价值的分配。土地所有权的垄断使地主们能为自己以地租形式剥夺一部分剩余价值。在阐明资本主义制度下的资本家、资本的各个部分和地主剥夺剩余价值的机制时，马克思澄清了资本主义社会的各阶级和阶层之间的经济关系。

生产和分配剩余价值的机制是资本主义生产方式发展理论的基础。资本家之间为增加利润而进行的斗争以及生产成本较高的工业资本家被淘汰的威胁迫使资本家进行技术和组织的改进，降低生产成本。进行这类改进需要更多资本，结果资本家们被迫把他们的利润的一部分变为新增资本,这就是积累。积累和技术进步变成资本家生存的必要条件。而这导致了用机器代替活劳动,这在资本主义制度下导致了所谓产业后备军形式的失业。资本的积累,连同一些企业的竞争力减弱,使资本集中于大企业。社会人口日益增大的部分被转化成大资本的雇佣工人或以某种其他方式依附于大资本,而这样就创造了生产资料被全社会接管的条件,全社会的大多数人是受大资本剥削的。由于资本主义生产方式中涉及的日益增长的内部矛盾,由社会接管生产资料变成历史的必然。

资本主义导致了劳动过程的社会化,它把单个的生产组织变成大工业企业。然而在生产资料私有制的条件下,各企业之间的关系(协作和分工)受价值规律作用的自发调节,这说明了资本主义生产方式的不合理、无政府的性质。它的发展不受社会的自觉管理,这就导致了经济危机的破坏和灾难。特别在需求赶不上生产增长时尤为如此,这是资本主义经济的一个特点。资本的集中增加和激化了这些矛盾。最后,生产力的发展与生产资料的资本家所有制——生产资料的私人资本家垄断所有制的矛盾越来越大。同时,这些同样的经济过程导致工人阶级队伍组织得越来越好,它领导着对日益增加的剥削和资本主义生产的无政府状态的反抗。为了保证社会的进一步发展,社会主义革命成为必然。

从马克思开始,政治经济学向着与两个不同的和对抗的社会领域联系的不同方向发展。马克思的经济理论和唯物史观变成工人阶级革命运动的社会和政治学说,成为科学社会主义的基础。从马克思的理论中发展起来的政治经济学的派别称为马克思主义学派,或简称马克思主义政治经济学。而以资产阶级和有关资产阶级为背景（例如，在资本主义国家的各大学中）的政治经济学已被马克思称为资产阶级经济学。这些派别反映了它所联系的社会背景的利益和思想范围。

马克思主义经济学变成唤醒和形成工人阶级意识的有力因素，它变成有组织的工人阶级运动的行动策略和科学基础。它关心的主要问题是资本主义生产方式的发展规律、它们的内部矛盾和发展前景，以及对资产阶级经济学说的批判——该学说认为资本主义是服务于所有社会阶级，包括工人阶级的利益的一个和谐而合理的社会制度。20 世纪初，马克思主义政治经济学特别活跃。那时新问题成熟了，要求得到解决，特别是卡特尔和托拉斯、国家对经济生活干涉的增多，以及危机减轻和工资上涨的问题。有鉴于此，工人阶级运动中产生了一种修正主义趋势，它怀疑资本主义内部矛盾正在变为马克思主义的日益尖锐的命题（E. 伯恩斯坦、C. 施密特、M. 杜根 - 巴兰诺夫斯基）。使马克思主义经济学活跃起来的另一个因素是俄国的马克思主义者和民族主义者之间的争论，即资本主义能否主宰俄国的经济并使它从经济和社会落后的状态中得到改善。这把马克思主义经济学家们的兴趣引向资本主义再生产和积累的问题，它以《资本论》第 2 卷的理论图式为基础。这个问题直接与危机问题和危机的渐趋减轻或加重问题，以及日益广泛的大垄断资本主义企业的作用问题联系着。关于资本主义中农业的发展趋势，马克思主义经济学家与修正主义者也有争论。关于这个问题出现了一批马克思主义经济学文献，作者包括 K. 考茨基、G. 普列汉诺夫、R. 卢森堡、V. 列宁、L. 克西威斯基和其他人。

资本主义最终转变为垄断帝国主义发展阶段和列强之间由于殖民政策而发生的第一次冲突,使工人阶级运动面临着一些问题,不考虑马克思的经济思想就不可能分析这些问题。这标志着政治经济学发展的新阶段。第一个事件是R.希法亭的《金融资本》一书在1910年出版,它分析了资本主义垄断组织(股份公司、银行、卡特尔和托拉斯)与工业资本和银行资本合并为一种新资本形式——金融资本的过程。希法亭的书也分析了资本主义垄断企业对社会收入的分配、对社会各阶级之间的关系、对危机和经济循环过程以及对国外贸易和资本输出的影响。他阐明了资本主义国家在保护大垄断企业中的新作用(主要是关税政策)和那个国家走向帝国主义扩张的趋势以及民族主义的新社会作用和列强的政策。第一次世界大战爆发前夕的1913年,出现了R.卢森堡的《资本积累》一书,书中引人注目的副标题是"帝国主义的经济解释"。R.卢森堡在资本积累的过程中看到了帝国主义的来源,并且特别指出了落后国家对资本主义发展的重要性。她也指出了军火生产作为新积累领域的重要性。争夺殖民地、战争和革命是帝国主义时代的不可分割的特点。它们加速了社会主义的社会革命。R.卢森堡的概念的理论基础,特别是她对马克思的再生产图式的解释,招致了马克思经济学家的许多批判(O.波尔、N.布哈林,H.格罗斯曼和其他人)。

然后,在1916年,当帝国主义战争激烈的时候,列宁写了《帝国主义是资本主义的最高阶段》(1917年)。在这本书以前,还有在战争初年写的关于帝国主义的一些理论文章。列宁把帝国主义直接与资本主义发展的垄断阶段联系起来,论证了帝国主义与垄断资本主义是相同的。帝国主义时代的标志是垄断企业占优势，金融资本寡头统治，资本输出起更大的作用，国际大资本家集团之间瓜分市场，以及列强之间对殖民地和势力范围的领土的和政治的瓜分。各资本主义国家和集团的不平衡发展使这种瓜分不稳定，这种情况导致了重新瓜分的尝试，因而发生了帝国主义战争。帝国主义时代和资本主义瓦解时代是同义语。主要帝国主义国家变成食利寄生国家，剥削落后国家的人民。帝国主义国家工人阶级的一部分（工人阶级贵族）也分享了这种剥削的果实。按照列宁的看法，这是这些国家工人阶级运动中改良主义和民族主义的来源。在以后的著作中，列宁进一步指出了帝国主义的后果，即殖民地和附庸国人民的民族解放运动的发展。这些运动成为国际工人阶级运动的同盟。列宁论述帝国主义和民族解放运动的著作成为世界范围内的革命工人运动采用的新策略的基础。

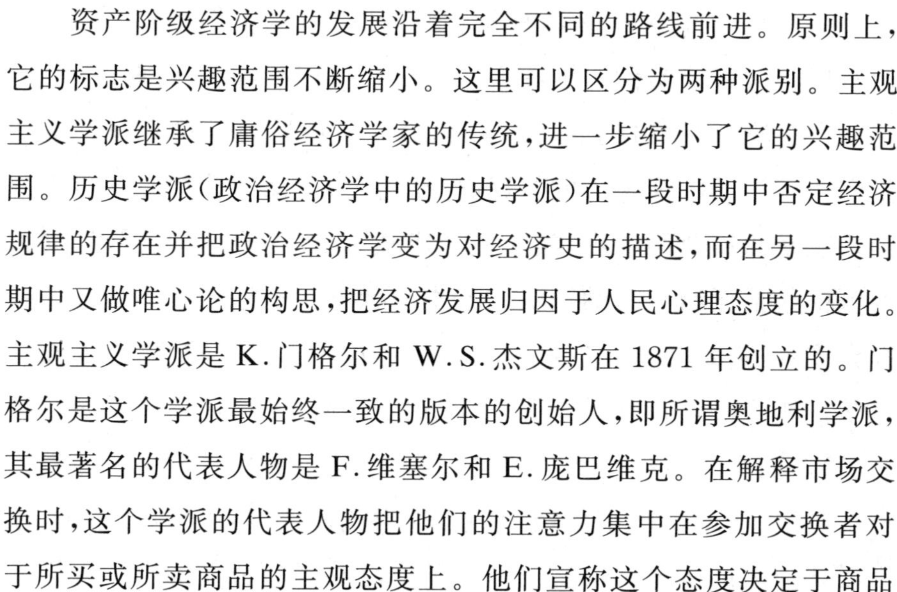

资产阶级经济学的发展沿着完全不同的路线前进。原则上，它的标志是兴趣范围不断缩小。这里可以区分为两种派别。主观主义学派继承了庸俗经济学家的传统，进一步缩小了它的兴趣范围。历史学派（政治经济学中的历史学派）在一段时期中否定经济规律的存在并把政治经济学变为对经济史的描述，而在另一段时期中又做唯心论的构思，把经济发展归因于人民心理态度的变化。主观主义学派是 K. 门格尔和 W. S. 杰文斯在 1871 年创立的。门格尔是这个学派最始终一致的版本的创始人，即所谓奥地利学派，其最著名的代表人物是 F. 维塞尔和 E. 庞巴维克。在解释市场交换时，这个学派的代表人物把他们的注意力集中在参加交换者对于所买或所卖商品的主观态度上。他们宣称这个态度决定于商品对个人的边际效用价值，而边际效用的度量也被用于决定生产过程中商品的消耗。按照这个观点，经济学变成按照商品的边际效用处理它们的科学，而它的研究对象是人对物的态度；古典政治经济学和马克思主义政治经济学的中心问题——人们之间的社会关系不见了。对经济学主题的同样观点也反映在生产资料的边际生产率理论中。这个理论的最著名的代表人物是J.B.克拉克。与边际效用理论类似，它在实践中常常服务于证明国民收入的资本主义分配是合理的，其中各个生产要素的主人据说会收到等于他们所有的要素对社会产品价值的贡献的金额。资本主义生产资料的历史—社会性质问题被完全忽视了。在所谓洛桑学派中，也能找到采取按照商品的边际效用评价它们的形式的主观因素。其最著名的代表是L.瓦尔拉和V.帕累托。以及在盎格鲁—撒克逊各国赢得了主导地位的所谓新古典学派，其创始人是A.马歇尔。瓦尔拉和马歇尔按照庸俗经济学的模式研究全部市场过程。但是他们对这些过程确实做了更深入的分析。他们找到了达到这个目标的一个手段，即用边际效用理论来解决消费品的需求。马歇尔对生产成本做了主观主义的解释，他认为，与劳动和等待生产过程的结果联系的反效用产生“实际社会成本”。市场对这种反效用支付的价格包括付给劳动的工资和资本的利息。而地租并不代表任何社会成本，它是“无功受禄的收入”。在这一点上，马歇尔认为他自己是古典经济学特别是李嘉图学派的后继者(因而有新古典学派之名)。而瓦尔拉把生产成本与发展的一定技术水平决定的生产资料支出(所谓生产系数)联系起来，因此他更接近于古典学派，该学派认为生产成本是决定生产某种产品必需的劳动支出的客观条件的表现。马歇尔和瓦尔拉都讨论了货币和信用理论。利用图解和数学的帮助，马歇尔对市场价格的形成过程（需求和供给弹性、短期和长期的市场均衡）以及国际交换（贸易条件）做了详细分析，他也研究了利率和信用政策对投资及物价水平的影响。新古典学派的其他代表人物继续了这类研究，他们为此目的发展了一套精巧的技术和分析工具。这是适合当时资产阶级的实际利益和需求的研究——资产阶级的经济决策需要关于市场和货币信贷过程的准确信息。然而以这种方式设置的技术和分析工具也可以用于其他历史和社会条件下的研究工作。

在德国，历史学派是在对古典政治经济学的批判中产生的。和古典政治经济学不同，它对封建因素和促进德国资本主义发展的普鲁士王室的国家机器（所谓发展资本主义的普鲁士方式）的历史遗产和社会作用，持一种赞赏的态度。但是它也不同于作为马克思主义政治经济学基础的社会发展的历史唯物论。在它发展的第一个阶段（所谓旧历史学派），这个学派否认经济规律的存在，并在越来越大的程度上把它的工作限制为历史著作。这也是第二阶段（所谓青年历史学派：G. 希摩勒、K. 布歇、L. 布伦坦诺）出现的原因。这个学派的代表人物的活动成果是历史—经济知识领域中的重要成就，不过它们不属于作为一门理论科学的经济学本身的主题。在 20 世纪第一个十年结束时，历史学派产生了 W. 桑巴特和 M. 韦伯讨论资本主义奠基和发展的伟大历史—综合著作。两位作者都利用了马克思的科学著作，从中得到资本主义是历史范畴的概念。他们还设法对马克思著作中所提出的问题给出了不同于马克思的答案，他们的答案基于对社会制度的唯心的解释，即说

成是在所谓时代精神中表现的心理态度自发发展的结果。资本主义的奠基和发展的问题因此被简化为所谓资本主义精神的奠基和发展。在马克思的理论影响下产生的另一部著作是奥地利学派的J.熊彼特的《经济发展理论》(1912年版)。熊彼特和马克思相似,他在各企业努力实现技术和组织进步、制造新产品和在生产过程中引入其他革新方面,看到了资本主义经济的动力学。但是和马克思不同,他把这些努力归功于作为技术进步先驱的主要企业家们的创造性心理态度。历史学派的一个近亲是制度学派(T.凡勃伦、W.C.米切尔、J.R.康芒斯及其他人),它起源于19世纪末而发展于20世纪初的美国。它的代表人物否定古典学派的理论,认为那是不结果实的空论,并且集中他们的注意力于连篇累牍地描写经济生活的制度组织。对凡勃伦的著作应特别注意,它包含对大企业的社会和经济作用的批判性分析。凡勃伦追随与资产阶级批判资本主义有关的那一群资产阶级经济学家的足迹。他们的见解在西斯蒙第的著作中也可找到。他们以后的代表人物是P.蒲鲁东和J.S.穆勒。在19世纪后半叶,这种批判消失了;它在20世纪初被修订为对于正在扩大而变得更强有力的大垄断企业的反作用。这种批判在J.A.霍布森的《帝国主义》一书(1902年版)中得到表现。列宁在他的论述帝国主义的著作中对它进行了高度评价和利用。

今日的政治经济学

十月革命的胜利在世界上建立了第一个社会主义国家,它和垄断资本主义内部的发展过程一起，创造了政治经济学发展的新条件。这些条件的进一步发展是在第二次世界大战以后。那时，建设社会主义制度的过程推广到欧洲和亚洲的许多国家，殖民地和附庸国中的民族解放运动变得更强大，它们的人民对尽可能快地克服它们的落后状态做出了努力，并且开始在加速经济发展的道路上前进。社会主义和资本主义这两种经济制度之间的对立和不发达国家存在的问题，使政治经济学面临崭新的问题。

社会主义生产关系的建立和发展以及社会主义经济的管理和其发展计划工作产生了对一个经济知识的新分支——社会主义政治经济学的需要。曾经几乎完全用于研究资本主义的马克思主义科学工具，现在必须适应社会主义的经济问题。这是一件开拓性的工作，特别是考虑到以前曾有人怀疑社会主义政治经济学的可能性和必要性，情况就更是如此。R.希法亭认为，在社会主义制度下政治经济学可能被“各国财富”的科学所代替，其主要问题可能是生产力的组织和发展。R.卢森堡认为，资本主义生产的无政府状态的消失，可能使单独的政治经济学不再必要，唯一的需要是研究有关再生产过程的要求的规律性。最后，N.布哈林完全否认这一门科学的可能性，他说在社会主义条件下，经济规律的科学可能被一种对实际活动的描述和规范的体系所代替。社会主义经济是在各国的困难条件下诞生和发展的，从经济的角度看，它们要么是不发达的，要么干脆是落后的(而不是像马克思和恩格斯预见的在主要工业国家中建立)，而且它们是受战争破坏的国家。那里，社会主义经济的经验和规律是逐渐形成的，因此，用科学方法对它们进行的理论概括也只能逐渐形成。

列宁在革命后几年发表的许多著作中开始对社会主义经济做科学分析。在20世纪20年代,由于当时对苏联的工业化和农业的社会主义改造进行了热烈的讨论,这些分析得到了进一步发展。

当时提出的其他问题是:社会主义经济的运行,社会主义制度中的商品—货币关系以及经济核算的作用。当时最著名的两位经济学家是N.布哈林和J.普里奥布拉仁斯基。德国和奥地利同时革命,提出了生产资料社会化问题。关于这一点,一些资产阶级经济学家(L.米塞斯、F.哈耶克和其他人)提出了一个命题:在社会主义经济中,合理经济核算是不可能的。在经济危机时期,资本主义各国又得到新生的时候对这个题目进行了讨论,O.莱特、M.多布、奥斯卡·兰格等人站在社会主义一边。当时第一次系统地讨论了物价和市场在调节社会主义经济中的作用问题。

由于编制经济发展的第一个五年计划(1928—1932年),苏联拟订了国民经济计划工作方法的基本原则。G.克西善诺夫斯基、W.巴札洛夫、G.费尔曼参加了这个工作和讨论,S.斯特鲁米林也如此,到今天他仍在进行他的丰富的科学活动。在20世纪30年代流行一种见解:商品—货币关系是社会主义的一个长期特点(与共产主义不同)。然而政治经济学的发展受到了教条主义气氛的阻碍。斯大林创造的唯意志论的经济和政治管理制度无助于经济规律的客观研究。现行经济政策的辩护词在越来越大的程度上代替了科学分析。辩护词企图把唯意志论的管理制度说成是不可避免的客观经济规律的结果。这种辩护词最强烈地表达于斯大林的著作《苏联社会主义经济问题》(1952年出版)中。但是这本著作引导人们注意经济规律的客观性质和社会主义中生产关系和生产力之间的矛盾，开辟了走向科学分析的道路，特别是在教条化过程不太深的人民民主国家中。在克服了这些障碍之后，1956 年出现了新的进展，诞生了几本社会主义政治经济学的教科书。

社会主义政治经济学的主题是研究社会主义生产方式的特性和规律性。它的基本概念是以马克思主义的社会发展理论（历史唯物主义解释）和马克思主义经济学为基础的，因为它讨论的经济规律的范围超出了资本主义生产方式。不过，社会主义特有的经济规律不同于资本主义特有的经济规律，而在这个领域内，社会主义政治经济学必须超过马克思和以后追随他的马克思主义者的理论著作，尤其是有关合理管理生产资料和人力的新问题。传统的马克思主义经济学，原则上不讨论这个问题，只在批判资本主义经济的不合理性时触及它的边缘。资产阶级经济学得到的成果也不是很有用，它只讨论各个企业中的合理管理问题，而且如果它超出了这个界限，就是对整个资本主义经济制度创造一种辩护性的神话。社会主义政治经济学到今天为止的成就首先体现在积累与经济增长的条件的分析方面、国民收入的创造和分配方面以及投资效率核算的基本原理和商品—货币关系的作用方面。价值规律的作用问题以及货币理论和社会主义经济中价格机制和结构的原理问题仍然是讨论的焦点。社会主义各国中国民经济组织和管理形式的多样化和各个国家中这些形式的变化，提供了比较观察和研究的丰富材料，促进了社会主义政治经济学的发展。

社会主义经济学的一个重要部分是国民经济计划工作的科学。在计划科学的发展中可以看到两个不同阶段。在第一个阶段，主要的、几乎唯一有趣的主题是计划的内部一致性问题，从保证国民经济各部门按比例增长。计划的内部协调工具是平衡表——国民经济及其各部分的平衡表(物资、人力等的平衡表)。在这个阶段,资本主义企业中发展的核算方法被用于国民经济。经济核算的这种广义应用已被马克思预见到了,而列宁则把它付诸实施。编制国民经济平衡表的理论基础是由马克思的再生产理论提供的,它的基本原理过去被完全用于资本主义经济。计划科学的第二阶段开始于较近的时期。这里的主要问题是最优计划问题,计划的内部一致性是它的实施条件,但是它仍然不保证国民经济的力量和手段的最佳利用。最优计划的选择要求比较这些计划的不同方案,这只是在今天才变成实际上可能了,要感谢电子计算机的发展,使许多复杂的计算能迅速而有效地解决。这些计算机也使有效率的社会经济平衡核算成为可能。这导致许多社会主义经济问题得以用数学表达,特别是再生产过程的分析。

可以看出,社会主义政治经济学迄今的发展,首先在于对社会主义经济的物质和平衡方面的讨论。而对于有关社会主义生产关系发展的内部辩证法以及这些关系中内在的社会矛盾和经济发展的推动力的科学分析等问题,则注意较少。起初,大部分注意力用在对新的社会主义生产关系及其实际问题的描写上。只是到了20世纪50年代,注意力才开始转向形成社会主义生产关系和分配关系(支付形式、工人分享利润、工人自治、合作社、农民和工人之间的经济联系、市场的作用等)的不同方式中涉及的经济和非经济刺激问题。

社会主义经济的建立及其迅速发展,特别是整个社会主义国家体系的建立,对于垄断资本主义和资产阶级思想的发展,都构成了一种新的情况。资本家在世界人口中的统治范围减少了1/3，以后，民族解放运动和前殖民地的纷纷独立将使帝国主义主宰的面积减少得更多。资本主义制度不再是世界经济中的唯一制度，并且被迫与迅速发展的对手——社会主义制度共存。这削弱了资本主义经受危机和震动的社会抵抗力，并且创造了资本主义经济达到更大稳定性的社会需要。在这些条件下，由经济理论支持的为生产方式辩护的理由不再充分了。资产阶级政治经济学被迫对资本主义制度最显眼的弱点进行批判性的分析，并且寻找改善现状的方法。提供直接刺激的是1929—1933年的经济危机以及随之而来的一直持续到第二次世界大战爆发时(除少数短时期外)的大萧条。这个时期苏联工业化的伟大成就使这次萧条更加明显，不仅在工人阶级和所谓中间阶层中加强和传播了革命精神，而且也降低了资产阶级对自己力量的自信。正是在这种情况下诞生了J.M.凯恩斯的新经济理论。他在《就业、利息和货币通论》(1936年版)一书中说，在一个成熟的资本主义经济中，由于资本家有逃避投资风险的类似食利者的倾向，积累导致资本盈利率低，通常不能给现有全部人力提供就业，因而失业成为资本主义的一个结构特点。按照凯恩斯的理论，这种情况的出路是国家的积极干预。这种干预包括降低利率以鼓励私人投资，借助于照顾低收入阶层的社会再分配以增加对消费品的需求，以及为了增加就业和使整个经济生活活跃起来，如有必要，国家应直接投资。凯恩斯的这种理论，其先驱为K.威克赛尔学派的瑞典经济学家，以及大萧条时期诞生的刺激商业循环的理论。这些理论开创了通常称为凯恩斯学派的整个趋势的发展。在这个趋势之内明显地形成不同的流

派。第二次世界大战以后在美国出现的所谓凯恩斯右翼,用提供充分就业的需要,为国家的军备支出辩护。所谓凯恩斯左翼,其最著名的代表是J.罗宾逊,提出了一个规模庞大的社会改革规划和目的在于国家接管经济生活的重要领域的国家投资规划。这一派的某些代表人物走得相当远,甚至提出社会主义性质的要求。

20世纪50年代中叶,在资本主义经济的相对稳定时期,凯恩斯提出的问题被搁置起来(特别是在美国和德意志联邦共和国),因为有些见解把这种稳定性看成是当代资本主义的一项长久成就——不需要像凯恩斯及其追随者设想的那样,由国家方面做任何特殊干预。而有些人提出了当代工业社会吸收“丰富商品”的社会和心理问题。这是当代资本主义辩护词的主要趋势,但它的代表人物中有些人(例如,J.K.加尔布雷思:《富裕的社会》,1958年版)批评资本主义不能满足社会的集体需要(文化和科学、保健、自然资源保护等),并且建议国家干预,目的在于把部分国民收入引到满足这些需要上来。

社会主义政治经济学,特别是国民经济计划科学的发展,以及社会主义经济的实际成就对资本主义国家的经济思想和实践已有影响。这已唤起对经济计划问题的兴趣,它也受到那些国家中工人阶级运动的纲领性要求的鼓励。社会经济平衡核算(所谓社会核算)的方法已广泛应用,凯恩斯的国民经济稳定政策也表明了这种需要。民族解放运动和经济不发达国家把它们自己从它们的经济落后状态中解放出来的努力唤起了对国民经济发展问题的兴趣。这意味着超出了今日资产阶级经济学的范围,它主要研究市场过程,并把经济学表述(通常为了替它辩护)为保持均衡的自动机制。它对马克思主义经济学的一个基本问题——经济发展问题（特别是这个发展对生产关系体系的依赖关系）不感兴趣，它也不讨论积累的条件和可能性问题，而这是马克思主义文献中讨论最多的主题。不发达国家的问题迫使它对这些问题有一些兴趣。这样就产生了增长经济学。增长经济学现在已经变成资产阶级经济学感兴趣的主题之一。这个主题的性质本身要求研究以前几乎完全属于马克思主义经济学领域内的问题。这导致了对于长期以来在马克思主义文献中已知的理论范畴和观点的重新发现，并且也部分地导致了对马克思主义科学著作的有意识的利用。增长经济学已经成为不发达国家特别感兴趣的话题，它们在其中寻找关于加速经济发展的知识。在高度发达的资本主义国家中，对它的兴趣来自理解不发达国家问题对世界经济和政治的重要性，特别是对资本主义和社会主义之间的竞争的重要性。但是帝国主义各国中的某些人宣传这样的一些增长理论是企图证明它们对加速不发达国家的进步缺乏积极的政策是合理的。这与这些国家的经济发展计划问题有关。社会主义各国的经验，已在所有不发达国家中唤起了对计划问题的兴趣。这些国家中有许多现在已经有了它们自己的经济发展计划，其中国家投资起决定性作用。前面提到的辩护词否定指令性计划的需要，并且断言不发达国家的发展应当以私人资本，特别是从帝国主义国家进口的资本为基础。

关于增长经济学以及计划经济发展和国民经济平衡表问题，许多被传统的资产阶级经济理论哺育起来的经济学家，特别是新古典学派，开始批判这些理论在赢得对基本经济过程的理解方面的有用性。这时出现了超越市场现象的界限研究再生产和积累过

程,并把这个过程与国民收入的分配联系起来的动向。其结果是,出现了回到古典政治经济学的基本概念和回到马克思的基本概念的趋势,这个趋势的证明是J.罗宾逊的《资本积累》(1958年版)一书。P.斯拉法的《用商品生产商品》(1960年版)在这方面迈出了最勇敢的一步。以前他就曾批判过新古典理论的基本原理。在此情况下,社会上出现了对马克思和马克思经济理论的广泛兴趣。

第一次世界大战以后对资本主义垄断企业的另一个批判浪潮来自有小资产阶级及中等资产阶级观点的经济学家们。大学知识分子在经济研究和发表他们的成果方面的作用日益增加,加强了这个倾向。它导致了对于政治经济学影响深远的专门职业化,使经济研究成为一种专门职业。在某种程度上,这使得经济研究独立于资产阶级的直接利益。职业经济学家中的大部分属于所谓新中等阶级的成员,他们的倾向与小资产阶级和中等资产阶级的背景有联系。在这些条件下,对资本主义垄断活动的批判采取两种形式:其一是不完全竞争理论(E.张伯伦和J.罗宾逊);其二是福利经济学,其主要代表是A.C.庇古(《福利经济学》,1920年版)。福利经济学理论家批判垄断的出发点是自由竞争运行的理想模型,与这个模型有任何偏离都被认为是浪费社会的经济资源。持这个观点的小资产阶级和中等资产阶级的社会范围是很明显的。这些理论家建议国家干预(有时是很深远的干预),其目的是排除或中和垄断的有害活动。

同一时期内,对资本主义制度的社会主义批判也增加了,大多数是以马克思主义经济学为根据的。俄国革命、苏联的社会主义建设以及20世纪30年代资本主义经济的严重危机和长期衰退,

是引起批判的新刺激。苏联(例如J.瓦尔加)和资本主义国家(O.波尔、P.斯威齐、M.多布)都有许多马克思主义经济学家参加了批判。特别应当提一下M.卡莱茨基的《1933—1939年商业循环理论研究》和其他著作,他把马克思主义再生产理论作为出发点,以创造性的方式提出了商业循环理论,并且解释了资本主义制度不稳定性的来源。他的解释与R.卢森堡的积累理论有些相似。第二次世界大战后对垄断资本主义的马克思主义批判性分析仍在继续。一方面,它证明资本主义不能使不发达国家工业化(P.巴兰);而另一方面,它正在研究发达资本主义国家的经济和社会结构中的新变化(阶级力量的关系、国际分工、新殖民主义及其他)。最后提到的研究路线尚在创始阶段。而至今我们仍在等待一个系统理论说明垄断资本主义的基本经济规律,价值规律的作用在垄断资本主义中采取的特定形式,扩大再生产的过程及其周期性质,国民收入在各阶级和阶层之间的分配,国际分工,以及许多其他问题。

社会主义制度和资本主义制度在世界经济中共存的事实也对政治经济学提出了新的问题。至今,这个事实只以强调资本主义集团对第一批社会主义国家的经济的敌对态度的意义和向高度发达的资本主义国家学习管理方法的可能性的形式,纳入社会主义政治经济学中。而在研究社会主义的存在对资本主义经济道路和运行的影响方面,至今做得很少。世界社会主义市场对资本主义国家商业循环的历程的影响,资本主义对震荡和危机的社会抵抗力减少,以及向社会主义国家学习计划国民经济的方法之类的问题,是一个疑问。社会主义制度的存在对资本主义经济的运行和发展的规律性的影响,不能离开世界范围内社会主义和资本主义之间的相互联系和竞争的辩证法单独去研究。这个辩证法特别反映在不发达国家问题中,反映在资本主义和社会主义影响的冲突中,它们决定了这些国家的发展方向,视这些国家中阶级力量的内部关系和世界政治和经济中力量的关系而定。政治经济学在这里有一些新的行动领域。

政治经济学的辅助科学

政治经济学是一门理论科学。它从描述性经济学得到具体经济现象的知识,后者也包括经济史、经济地理和经济统计。应用经济学的各个领域(工业、农业和贸易经济学,财务和会计的经济学,以及其他)与政治经济学都有联系。它们将理论经济学和描述性经济学得到的成果应用于经济生活的某些领域或方面的详细研究。经济学得到的成果的实际应用称为经济政策,它涉及工业、农业、财政及其他部门。描述性经济学和应用经济学都是经济科学,它们是政治经济学的辅助科学。此外,政治经济学还得到了数学,特别是数理统计以及哲学和社会学的帮助。首先是在方法论中政治经济学与哲学有联系;其次,政治经济学与社会学关系也特别密切,后者对于一切社会联系问题的研究有助于人们了解经济过程和整个社会生活之间的联系。

最近政治经济学有了几门新的辅助科学。这是资本主义和社会主义经济中对经济管理提出的新需要的结果。经济计量学把数学方法(特别是数理统计)用于精确而具体地测定经济现象的相互关系(需求弹性、生产的技术系数、投资效率等等)。刺激经济计量学发展的第一个原因是垄断企业和资本主义国家需要对市场过程做更精确的分析。这是因为垄断企业能按保证最大利润的水平确定物价,而自由竞争条件下的企业做不到这一点,因为它们必须接受自发的市场机制确定的价格水平。国家的干预活动也需要知道这种活动的定量的、具体的结果。因此,第一批经济计量学著作讨论供求弹性的统计测定问题。对经济计量学研究的进一步需求来自这样一些问题,例如,进入生产成本的各种因素的分析、各种商品未来需求的预测,以及其他问题。近年来经济计量学也已应用于社会主义国家。社会主义经济的计划性质对经济相互关系的数学—定量分析有一种特殊需要。除传统的需求分析领域外,关于生产和投资的技术系数(所谓技术和投资定额)的知识是计划经济中头等重要的事情。这里应用称为投入—产出分析的平衡核算法。V.里昂惕夫发明的这个方法受到了在苏联引入的平衡核算的启发。这个方法在社会主义国家中比在资本主义国家中更广泛地应用于实践,而它最初是在资本主义国家产生的。经济计量学应用于计划国民经济有时称为计划计量学(V.涅姆钦诺夫)。值得一提的是,经济计量学诞生以前很长时间,在17和18世纪,特别是在19世纪,数学,尤其是数理统计学被应用于人寿保险和其他保险领域(精算数学)。但只是在经济计量学中,数学才被应用于范围广泛的经济问题。

正在变成当代数学的一个重要分支的规划科学与经济计量学有关。它讨论为包括大量互相依赖的人类活动的系统决定最优规划的问题。在经济领域中,它的兴趣范围是编制企业工作计划和国民经济计划(例如投资的最优分配)。发展和应用规划科学的第一人是L.康托罗维奇(《生产和组织的数学方法》,1939年版)。紧接着,第二次大战之后,规划科学和与之有关的所谓运筹学在美国和英国得到发展,大部分与军事问题有关。最近,它与日俱增地被用于苏联和其他社会主义国家。经济计量学和规划科学以及运筹学的广泛实际应用需要使用电子计算机。只有用电子计算机才能进行这么多次数的计算(例如在足够短的时间内解几百个联立方程,以保证结果能在现在对经济管理有用)。规划科学和运筹学可以看成是合理行为学的一部分,后者是理性活动的一般科学,其实际创始人是T.考塔宾斯基。合理行为学对政治经济学的方法论也有很大重要性(所谓良好管理的原则或合理管理的原则问题)。但是如果不把经济核算的任务和判断标准清楚地陈述出来,它的应用就是不可能的。经济计量学和规划论正可为此服务。这一点常常需要经济理论本身的发展。因而经济计量学和规划论提出了要由政治经济学解决的问题,并且要求对老问题给出更精确的定义,以这种方式促进它的发展。

目前控制论用于经济科学的可能性正在探讨之中。控制论创始于1948年,它是关于控制和调节由相互作用和被复杂的因果链网络连接起来的元素组成的系统的科学。这类问题发生在自动化工业装置、计算机、生物机体以及很多人类行动互相联系的社会系统中。控制论的理论工具对社会过程的自发性、控制社会过程的可能性和方式、信息在形成社会过程中的作用以及其他问题的研究有新的启发。社会主义经济的计划性质使控制论对寻找保证国民经济的有效管理及其适当运行的方式特别有用。

上述新的辅助科学作为高效率认识的精确的研究工具丰富了政治经济学，特别是社会主义政治经济学。这一点提高了政治经济学作为指导社会经济发展的一个工具的作用。社会主义已经给我们规定了历史任务：要克服至今人类历史中作为社会和经济过程的特性的自发性。它为我们规定了任务，创造了条件。人类按照科学知识的理性原则有意识和有目的地推动社会发展。政治经济学作为社会可以用来有意识地塑造它的历史命运的知识源泉，在这个任务中可以起基础性作用。以这种方式，政治经济学和为它服务的辅助科学正在变成了解自己的目标的人类心灵驾驭自发力量的盲目作用过程中的一个因素。

（原载《波兰大百科全书》第3卷）

译　后　记

马克思的名著《资本论》第1卷出版已逾百年，苏联十月社会主义革命胜利迄今也将近七十年。政治经济学这门重要的科学发生了什么变化？改进它的教学和研究应当从何处着手？兰格的这本《政治经济学》对上述问题做了有益的研究和探索。

从马克思写作《资本论》的时代到现在，人类的经济生活发生了巨大变化。那时没有无线电、电视机、汽车、拖拉机、原子能、飞机、化学塑料、合成纤维、电子计算机……生产力的发展不能不引起生产关系和上层建筑（包括政治经济学在内）的变化。

社会主义国家实行计划经济取得了成就，资本主义国家也纷纷编制全国性的经济计划。

管理资本主义经济需要经济知识，研究经济学成为一种专门职业，社会主义国家的经济学家也面临分析和设计新的经济系统的历史任务，这一切都推动着经济学的不断进步。经济学界迫切需要从马克思主义的观点、资本主义和社会主义国家的经济实践和经济学的成就中吸取营养，编写一部政治经济学教科书。

苏联科学院曾经编写的《政治经济学教科书》似乎未能满足人们的期望。兰格对它做了以下评价：

“每本书都可以用，但是每本书都必须批判地对待。

至于教科书，它的最弱的部分是关于垄断资本主义的一章。精确地说，当代资本主义的图景是在某些抽象假设的基础上描绘的。……

关于社会主义经济的一章，多多少少是描写写书时期的苏联经济；关于竞争资本主义的一章是马克思的《资本论》的谨慎的概略。”

当然，编写一部好的政治经济学教科书是很艰巨的工作。需要有渊博的知识、深刻的思想，以及冲破由成见和偏见结成的罗网的勇气。

苏联经济学界在20世纪20年代讨论了如何进行社会主义工业化的问题，思想很活跃。但是斯大林在1929年12月的一次报告中，批评了一些经济学家不支持他的政策，并且说中央统计局编的国民经济平衡表是数字游戏。1952年斯大林在《社会主义经济问题》中又明确地提出了生产力的合理组织、经济计划等不是政治经济学的问题，而是领导机关的经济政策问题。他把政治经济学的研究对象局限于生产关系。这些论点显然不符合包括马克思在内的政治经济学的传统，却对苏联以及其他国家的政治经济学教学与研究产生了很大影响。

本书作者奥斯卡·兰格(1904—1965)是波兰人，1945年被任命为驻美大使和驻联合国安全理事会代表。波兰共产党与社会党合并为统一工人党时，他当选中央委员，1957年后任国务委员会副主席。1956年受聘为华沙大学政治经济学教授。1957—1959年任联合国欧洲经济委员会主席。1965年逝世后，受到波兰国葬的礼遇。

兰格的主要著作有:

《社会主义经济理论》,1938 年;

《社会主义政治经济学》,1958 年;

《建设社会主义时期的基本问题》,1958 年;

《政治经济学》第一卷,1959 年;

《经济发展、计划和国际协作》,1961 年;

《经济计量学导论》,1962 年;

《最优决策》,1964 年;

《经济控制论导论》,1970 年。

兰格既有渊博的理论知识,又有丰富的革命建设实践经验,他立志写一部政治经济学系统性专著,并且早在 1945 年已写成第一章——“经济学的范围和方法”。由于他在二战后的社会活动,直到 1957 年才再次动笔,续写此书。原打算分为三卷,第一卷讨论政治经济学的主题,它与历史唯物主义的关系,经济规律问题,政治经济学的方法,政治经济学和人类合理行为学之间的关系,经济科学的社会条件和社会意义。第一卷在 1959 年出版,在波兰和其他许多国家引起了很大关注,已有法文、英文、意大利文、葡萄牙文、捷克文、德文、西班牙文和日文译本。

第二卷讨论再生产和积累,投资和经济增长的一般理论,商品生产和价值规律,各种社会经济制度中经济剩余的形式、分配和处理。第三卷将致力于详细分析资本主义和社会主义制度的机制,包括它们在当前历史阶段中的相互作用问题。可惜,第二卷只写了四章,兰格就与世长辞了。

兰格把经济规律分为两类:某一个社会形态特有的规律和不

同社会形态共有的规律。所以他打破苏联政治经济学教科书的模式，不把政治经济学截然划分为资本主义政治经济学和社会主义政治经济学两部分。例如，消费品的需求是相对稳定的，而设备和厂房的需求则波动较大，后者包括更新、改造、新建。就更新一项而言，若在时间上分布不均匀，就足以造成经济波动。这个问题对资本主义和社会主义都是同样存在的。所不同者，社会主义可以自觉地认识这个问题，自觉地把设备和厂房的总需求在时间过程中安排得比较恰当。对这个问题如果在资本主义经济学中讨论，又在社会主义经济学中讨论，不免会有很多重复，不如放在一起讨论好。兰格的这种方法有其独到之处。

这部书继承了从亚当·斯密到马克思的传统，把生产问题放到非常重要的位置，并且运用现代线性经济理论，把马克思的再生产理论发展到更能说明复杂的现代经济生活的程度。

在本书中，兰格讨论了经济理性原理。英国经济学家罗宾斯给经济学下的定义为“研究作为目标和有其他用途的稀缺手段之间关系的人类行为的科学”。这是把政治经济学看成是人类合理行为学的一个分支。它把生产关系以及经济系统在历史上的变革等重大问题排斥于政治经济学之外，显然是片面的。而完全否认经济理性原理在政治经济学中的地位，同样也是片面的，因为社会经济计划就是社会经济理性的实现。人类合理行为学是理性活动的一般科学。最早使用这个学科名称的是法国社会学家爱斯皮那斯，后来苏联数学家斯勒茨基也对此进行过讨论。第一本关于这个学科的专著是波兰学者考塔宾斯基在 1955 年出版的《优良工作论》。兰格认为运筹学和规划论是人类合理行为学的分支学科，控制论是人类合理行为学的辅助学科。人类合理行为学本身和数学一样,又是政治经济学的辅助学科。政治经济学的某些规律是从人类合理行为学行为原理演绎出来的结论。

兰格未能把全书写完,不仅是他个人的憾事,也是经济学界的一大损失。不过仅就已经写出来的这一部分而言,已对政治经济学的教学和研究提供了重要的价值。

王宏昌

1985 年 2 月 25 日于北京

图书在版编目(CIP)数据

政治经济学:全两卷/(波)奥斯卡·R.兰格著;王宏昌译.—北京:商务印书馆,2024
(汉译世界学术名著丛书:120年纪念版:珍藏本:增订本)
ISBN 978-7-100-23823-6

Ⅰ.①政… Ⅱ.①奥…②王… Ⅲ.①政治经济学 Ⅳ.①F0

中国国家版本馆CIP数据核字(2024)第079288号

汉译世界学术名著丛书
(120年纪念版·珍藏本·增订本)
政治经济学
(全两卷)
〔波兰〕奥斯卡·R.兰格 著
王宏昌 译

商务印书馆出版
(北京王府井大街36号 邮政编码100710)
商务印书馆发行
北京新华印刷有限公司印刷
ISBN 978-7-100-23823-6

2024年5月第1版 开本 710×1000 1/16
2024年5月北京第1次印刷 印张 35¾
定价:198.00元